城市虚拟交通系统
——基础理论、关键技术与案例分析

王 炜 华雪东 赵 德 著

科学出版社

北京

内 容 简 介

　　本书首次提出了城市虚拟交通系统的概念，针对当前与未来城市交通系统亟须解决的问题，提出了城市虚拟交通系统基础理论体系及其主要内容；在理论体系基础上研究了城市虚拟交通系统的关键技术，并开发了平台软件"交运之星-TranStar"；以城市虚拟交通系统仿真平台在重庆市、南京市等城市的实际应用为例，阐述了虚拟交通系统基础理论、关键技术与系统软件在城市交通系统的规划建设、管理控制、拥堵治理、政策制定等业务场景的应用情况与效果。

　　本书可作为交通工程及相关专业本科生、研究生的教材，以及交通运输工程领域科学研究、规划设计、行业管理等相关人员的参考用书。

图书在版编目(CIP)数据

城市虚拟交通系统：基础理论、关键技术与案例分析/王炜，华雪东，赵德著.—北京：科学出版社，2022.3
　　ISBN 978-7-03-071837-2

　　Ⅰ.①城…　Ⅱ.①王…　②华…　③赵…　Ⅲ.①城市交通系统-虚拟现实-研究　Ⅳ.①U495

中国版本图书馆 CIP 数据核字(2022)第 042218 号

责任编辑：惠　雪　曾佳佳/责任校对：王萌萌
责任印制：师艳茹/封面设计：许　瑞

科学出版社 出版
北京东黄城根北街 16 号
邮政编码：100717
http://www.sciencep.com
天津市新科印刷有限公司 印刷
科学出版社发行　各地新华书店经销
*
2022 年 3 月第 一 版　　开本：720×1000　1/16
2022 年 3 月第一次印刷　　印张：25 3/4　插页：4
字数：510 000
定价：159.00 元
(如有印装质量问题，我社负责调换)

前　　言

　　改革开放 40 多年来，我国大多数城市都经历了交通基础设施的大规模建设过程，以道路交通网络为主体的城市交通基础设施已逐步完善，大城市的轨道交通建设也全面展开。可以说，我国仅用 40 多年的时间就完成了发达国家 100 多年的城市建设过程，这期间，我国城市居民出行方式也经历了由非机动化主导向机动化主导的重大转型。

　　随着城镇化的快速推进，城市规模不断扩大，城市居民出行距离越来越长，私人小汽车大量进入家庭。快速增长的机动化交通需求总量 (小汽车出行与公交、地铁出行) 与稳步增长的机动化交通供给能力 (城市道路、地面公交与轨道交通建设) 之间不协调，城市交通系统供需失衡，造成了道路交通拥堵、交通事故频发、交通环境污染等一系列城市交通问题。

　　面对当前的城市交通问题，单靠交通基础设施建设已经无法满足日益增长的交通需求，人们开始寻求基于新一轮科技革命的高新技术来提升城市交通系统的现代化管理水平与智能化服务能力，以破解城市交通难题。而同时，我国也正在抢抓人工智能发展的重大战略机遇，构筑人工智能发展的先发优势。人工智能技术被视为提升城市精细化管理水平，破解人口膨胀、交通拥堵、环境恶化等 "大城市病" 的有效手段，类似于 "城市大脑" 这样的智慧城市系统相继在杭州、苏州、雄安、马来西亚吉隆坡等国内外城市落地，并逐渐成为大城市、特大城市的 "标配"，而作为 "城市大脑" 的核心，"城市交通大脑" (或类似的平台) 在我国很多城市也已立项建设。

　　"城市交通大脑" 试图将人、车、路和流量数据都接入系统，通过人工智能分析技术，把互联网大数据转化为业务策略，形成城市交通实时大视图，以此来完成城市交通系统的精细组织、精致设计与精准管控，比如 "互联网 ＋" 信号优化等。但是，当前的 "城市交通大脑" 建设也存在很大争议，突出问题是主导建设的互联网公司对城市交通系统的复杂性、专业性了解不够，过于相信数据特别是短时流量数据的作用，过度依赖末端 "高精尖" 的交通管理与控制，忽视甚至无视城市规划、土地开发、交通政策、设施建设等深层次因素，缺乏专业的交通建模与分析，导致 "城市交通大脑" 缺乏交通优化的思维能力，由此得到的城市交通解决方案实施效果往往不尽如人意甚至适得其反。很多城市的 "城市交通大脑" 只是一个摆设，成了相关部门向市政府领导汇报工作或向其他城市同行炫耀智能交通成果的展示平台，没有实质性作用。

　　综合理论和实践经验，我们认为，"城市交通大脑"应该采用人工智能和专业判断相结合、互联网大数据和交通模型双轮驱动的技术路线，集成互联网公司、传统智能交通企业和交通专业科研院所等各家优势，做好顶层设计，有序推进实施，才能避免很多城市已经出现的一些弊端，使"城市交通大脑"真正具有交通优化的思维能力。而"城市交通大脑"建设应以"城市虚拟交通系统"平台建设为核心和先导。

　　"城市虚拟交通系统"的作用是赋予"城市交通大脑"交通优化的思维能力，"城市虚拟交通系统"按照"以精确感知为基础，以精细建模为依据，以精明交通规划、精致交通设计、精准交通管控为策略"思路，通过互联网技术等手段获取城市交通系统的静态基础数据、动态出行数据和实时流量数据，将基于大数据的交通状态感知上升到基于交通模型的交通机理认知，研发能够将互联网大数据用于提升城市交通系统规划建设、运行组织、管理控制和政策制定水平的理论模型、系统软件、场景预案与测试平台，突破由交通状态感知上升为交通机理认知的虚拟仿真关键技术，推动城市交通从"末端管理"上溯至"前端治理"，形成涵盖城市土地利用、交通政策制定、交通设施建设、交通管理控制等环节的整体解决方案，使"城市交通大脑"具有交通优化的决策支持能力。

　　当前，我国正在全面实施"交通强国"国家发展战略，城市交通体系的高质量发展是城市交通建设与管理相关职能部门的首要任务。我们认为，城市交通体系的高质量发展需要三大关键技术的支撑：决策支持技术、工程建造技术和系统管理技术。在我国，交通基础设施的工程建造技术已经得到了长足发展，进入21世纪以来，我国各大中城市都相继建成了一批高质量、有影响力的交通基础设施，如高铁站、地铁、高架桥、城市隧道等。但这些交通基础设施"要不要建、建在什么地方、建多大规模、什么时候开始建"的决策过程科学性不足，设施建成后的系统管理跟不上城市交通现代化、智能化要求。城市交通发展中的决策支持技术、系统管理技术远远落后于工程建造技术，由此造成了一个尴尬局面：高质量的硬件基础设施、低效率的交通运输网络、低水平的居民出行服务。因此，提升城市交通发展中的决策支持技术与系统管理技术是城市交通高质量发展的当务之急。

　　"城市虚拟交通系统"是城市交通发展中的决策支持技术与系统管理技术的集成分析与仿真平台。通过构建基础数据库、分析模型库、系统软件库、策略预案库，用"统一的数据、统一的模型、统一的软件、共享的平台"实现城市交通系统多部门协同，为城市交通高质量发展中的城市土地开发、交通政策制定、交通设施建设、交通管理控制等环节的整体解决方案提供决策支持平台。

　　本书系根据作者所在研究团队在城市交通领域的多项国家自然科学基金项目、国家科技重大专项的研究报告及示范工程实践总结而成。全书结构由王炜设计，王炜、华雪东、赵德等共同撰写完成。具体分工为：王炜撰写第 1、2、4、5、10、11 章，华雪东撰写第 3、6~9、12 章，赵德撰写第 13~17 章。协助撰写与参加资料整理的还有刘丽华博士后，以及魏雪延、梁鸣璋、李东亚、郑永涛、刘毅、于维杰、屠雨、李欣然、周伟、罗小康、陶章成、王宇航、刘岩、杨楚平、吴丽霞、谢文杰、王玉杰等博士研究生与硕士研究生。

　　限于作者水平，书中疏漏之处难免，敬请读者批评指正。

作　者

2021 年 7 月 28 日于南京九龙湖

目　　录

第二篇　关键技术

第三篇　案例分析

第 1 章 绪   论

1.1 城市虚拟交通系统的提出

1.1.1 我国城市交通发展现状

改革开放以来，我国城市交通发展经历了 20 世纪末的大规模基础设施建设、21 世纪初的现代化管理、小汽车进入家庭后的机动化转型以及当前的智能化服务 4 个发展阶段[1]；我国仅用 40 年时间就走过了发达国家 100 多年的城市发展历程，发展速度之快、面临问题之复杂、技术难度之大全球罕见。这期间，我国城市道路的交通方式也经历了自行车主导、机动车与非机动车混行、机动车主导的重大转型。

城市交通系统的快速发展与我国近 40 年来的快速城镇化关系密切。快速城镇化造成了城市规模扩大，居民出行距离增加，引发城市居民的机动化出行需求量大幅度增长，私人小汽车大量进入家庭，交通基础设施建设跟不上小汽车增长速度而导致城市交通系统供需失衡，道路交通拥堵严重 (图 1-1)。如南京市 20 世纪 90 年代的城市居民平均出行距离不超过 2km，非常适合自行车出行，居民出行的自行车占比在上下班高峰小时高达 60%，但近几年南京市的居民平均出行距离已经上升到 6km 左右，需要机动化出行，私人小汽车拥有量从 2000 年的 2 万辆增加至 2020 年的 200 万辆①，20 年间私人小汽车拥有量增加了近 100 倍，而同期城市道路里程仅增加了 2.5 倍左右,相应的道路车道-里程增加也不超过 5 倍。

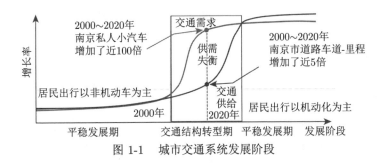

图 1-1 城市交通系统发展阶段

---

① 数据来源于南京市交通管理局 2021 年统计数据。

全国的情况也是如此，根据国家统计局 2020 年数据[①]，2004~2019 年我国私人载客汽车保有量从 1070 万辆增长至 20700 万辆 (增长了 18.35 倍)，而城市道路里程仅从 22.3 万 km 增长至 45.9 万 km (增长了 1.06 倍)。城市交通系统供需严重失衡，造成了道路交通拥堵、交通事故频发、生态环境污染等一系列城市问题。

当前，我国城市交通系统仍然处在交通结构转型期，在快速城镇化、出行机动化的双重压力下，城市交通系统严重供需失衡，单靠道路设施建设无法满足城市居民机动化出行需求。缓解城市交通系统供需矛盾的总体策略是构建公交主导的城市交通系统供需平衡体系[2,3] (图 1-2)，具体措施包括：① 在交通源头，采用以公共交通为导向的城市土地开发模式 (TOD)，降低私人小汽车出行的交通需求，引导城市综合交通系统的供需平衡；② 在交通设施建设过程中，构建以中大运量轨道交通为骨干的城市综合交通网络体系，增强城市综合交通体系的系统协同，大幅度提升交通网络的机动化运输能力来满足居民出行的机动化需求；③ 在交通末端，发展公共交通优先的城市智能化交通管理系统，提高道路交通系统的通行效率。在具体的实施过程中，需要精明的交通规划、精致的交通设计、精细的交通组织、精准的交通管控等措施为保障，以实现城市交通系统建设从增量积累到存量发展、从能力建设到效能提升的根本性转变。

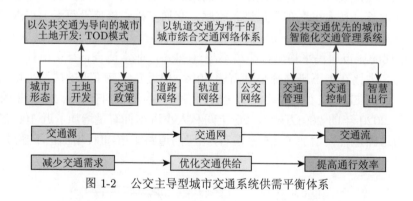

图 1-2 公交主导型城市交通系统供需平衡体系

1.1.2 城市虚拟交通系统需求分析

城市交通系统的可持续、高质量发展，要以城市交通系统的精明规划、精致设计、精细组织与精准管控为基础，而实现"四精"目标，需要一套完整的城市交通系统高质量发展决策支持与系统管理技术，但我国城市交通系近 40 年的发展过程中，决策支持技术、系统管理技术远远落后于工程建造技术。近 40 年来，我国各大城市基本建成了现代化的交通基础设施，硬件设施的建造技术已经达到

---

① 数据来源于国家统计局 2020 年数据，http://data.stats.gov.cn/easyquery.htm。

了世界先进水平，但我国在城市交通系统发展过程中的决策支持能力与系统管理水平的不足，造成已经建成的城市交通系统运输效率低 (交通功能存在问题)、服务能力差 (系统功能存在问题)。提升城市交通系统的决策支持技术、系统管理技术水平是我国城市交通系统高质量发展的当务之急，而城市虚拟交通系统及其仿真平台是提升城市交通系统决策支持能力与系统管理水平的基础。

1. 构建公交主导型城市交通系统供需平衡体系的需要

构建公交主导型城市交通系统供需平衡体系是缓解大城市交通拥堵等一系列交通问题的根本出路，而该体系的构建需要以城市虚拟交通系统为平台开展，以实现城市综合交通系统的智能化、政府职能部门之间决策的协同化。但是，当前各城市正在建设的城市智能交通系统 (ITS) 存在技术缺陷，一方面，基于大数据技术解决城市交通问题的交通分析能力与虚拟仿真能力尤其缺乏，无法支撑跨部门协同决策；另一方面，政府职能部门的业务"条块分割"，与城市交通系统相关联的业务方案论证"各自为政"，难以实现跨部门协同决策。

因此，我国亟须建立基于大数据、人工智能、虚拟仿真等前沿技术的城市交通发展协同决策支持模式。通过海量交通数据的汇集、融合、应用，交通分析模型的构建、优化，提高城市交通规划与管控的精准化、科学化水平[4,5]；运用"统一的数据、统一的模型、统一的软件"，建立城市交通系统多部门协同机制，构建共享的城市虚拟交通系统与协同决策支持平台[1]，赋予"城市交通大脑"交通优化的思维能力，切实提升对政府决策的支持能力与效率。

2. 支撑城市交通系统规划、建设与管理方案科学决策的需要

城市虚拟交通系统突破了交通大数据应用由感性的交通状态感知上升为理性的出行需求认知的技术瓶颈，使交通大数据能真正用于提升城市交通系统规划、建设与管理水平。基于相关理论模型、系统软件、测试平台，城市虚拟交通系统可对诸多政府决策环节 (如城市土地利用、交通政策制定、交通设施建设、交通管理控制等) 提供精细化、定量化、可视化、快速反应的决策支持，以确保"城市交通大脑"具有交通优化的思维能力。

城市虚拟交通系统的主要功能之一是，通过融合来源于多部门的交通数据，构建统一的标准化交通数据库，提供统一的交通模型与分析方法，建立共享的跨部门协作平台，实现对交通系统规划、建设、管理等应用场景下各类业务方案进行定量化、精细化、可视化的虚拟仿真。在共享的城市虚拟交通系统平台上，形成多部门协作的决策机制、决策方案论证的虚拟仿真一体化技术流程，可以随时待命、快速响应，有效满足政府部门的宏观、中观、微观等多方位交通方案的决策需求。

3. 实现城市交通系统虚拟仿真关键技术自主化的需要

城市综合交通系统的主体往往是由数百万居民、上百万车辆在大型交通网络上的出行行为所组成的复杂巨系统，开展超大网络交通仿真必须依托于大型平台软件。在城市道路网络仿真方面，虽然已有众多交通仿真商业软件应用于城市交通规划实践，但其基本理论多为交通分析"四阶段模型"，仅适用于分析城市交通基础设施建设对全局交通的影响，代表性软件有 TransCAD、EMME、PTV Visum、Cube 等。

当前，国内交通仿真分析软件基本上被国外仿真软件所垄断。国外软件尽管具有灵活的分析能力与丰富的显示功能，但用于我国交通业务场景往往"水土不服"。除了道路交通运行特征不同，国外交通仿真模型不能反映中国道路交通特点外，国外交通仿真软件仅侧重城市规划和交通规划，无法对基于中国特色的交通管理措施、交通控制策略、交通政策法规等业务场景开展交通网络运行仿真分析；国外仿真软件在使用过程中需要用户基于专业知识进行二次开发，而非专业人员很难根据特定的业务需求有效使用这些国外软件。因此，我国亟待开发符合我国城市交通特点、覆盖城市交通相关职能部门业务场景且操作简便的城市交通仿真分析平台软件，为我国城市交通系统开展跨部门协作提供决策支撑，助力"城市交通大脑"的建设。

1.2 城市虚拟交通系统基本原理、框架体系与系统设计

1.2.1 城市虚拟交通系统的基本原理

城市虚拟交通系统是利用数字孪生等新技术构建的与现实城市交通系统平行的数字交通系统。

城市虚拟交通系统是通过对城市居民出行需求、道路网络交通流量、公交网络乘客流量、综合交通网络结构等现实交通系统参与对象 (包括人、车、路、环境、信息等) 进行数字化抽象，通过构建仿真模型来模拟现实交通系统的演化规律与供需平衡机理，在计算机分析平台上构建的与现实交通系统具有相同交通特征的数字交通系统[6]。

城市虚拟交通系统还包括面向不同业务部门、不同应用场景而建立的预案库，以及基于"统一的数据、统一的模型、统一的软件"而构建的虚拟仿真共享平台，并为解决交通问题的各类预案提供"一键式"交通仿真技术，实现交通方案实施效果的定量化、精准化、可视化评估，以及快速反应的决策支持。

城市虚拟交通系统的目标是为"智慧城市""智慧交通"建设提供全方位的交通系统分析与仿真技术支撑，包括进行各类应用场景业务方案 (如城市土地开发、

交通政策制定、交通设施建设、交通管理控制、交通安全保障等) 对城市交通系统产生影响的定量化、可视化综合评估与方案优化设计，开展跨部门协作方案 (涉及城市规划、交通建设、交通管理、公共交通、交通政策等) 的制定，政府决策方案的论证分析，促进城市交通系统的跨部门协同与无缝衔接，支撑政府部门高效、科学的决策与管理 (图 1-3)。

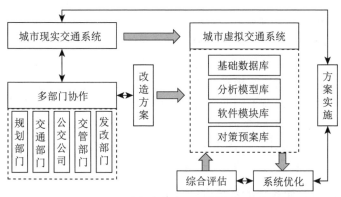

图 1-3　城市虚拟交通系统基本原理

1.2.2　城市虚拟交通系统的框架体系

城市虚拟交通系统由基础数据库、分析模型库、软件模块库、对策预案库 4 部分组成 (图 1-4)。

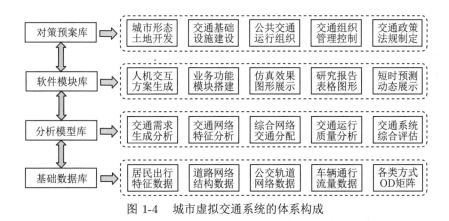

图 1-4　城市虚拟交通系统的体系构成

(1) 基础数据库是城市虚拟交通系统的基础，通过对多源交通大数据的提取、加工、融合形成标准化交通数据库，直接服务于城市虚拟交通仿真平台开展交通系统分析，并为交通方案决策提供支持。

(2) 分析模型库是城市虚拟交通系统的内核，它起到了赋予"城市交通大脑"交通优化思维能力的作用。交通分析的数学模型构建应依托交通大数据，针对新型城镇化背景下的城市交通系统构成要素与基本特征，在剖析城市交通系统的演化规律与供需平衡机理的基础上开展，以满足对城市交通系统规划建设、运行管理、安全保障、政策制定等进行交通分析的业务需求。

(3) 软件模块库是城市虚拟交通系统的重要技术支撑，它将交通分析数学模型通过计算机编程转变为实用工具，为使用者提供友好的人机交互，可靠的仿真功能，精确的评估指标、分析报告和动态直观的可视化结果。

(4) 对策预案库是城市虚拟交通系统为城市交通系统高质量发展而提供的各应用场景交通问题解决方案模板与流程设计，能实现相关业务部门对交通问题解决方案的优化设计，以及不同业务部门对同一个交通问题解决方案的跨部门协同或同一个业务部门对不同交通问题解决方案的系统协同。通过面向业务功能的"一键式"分析流程设计，可满足非专业人员在城市虚拟交通系统平台上对各类交通方案开展交通仿真分析的业务需求。

1.2.3　城市虚拟交通系统的系统设计

城市交通系统涉及多个城市职能部门，解决城市交通问题需要跨部门的协同与配合 (图 1-2)，而城市虚拟交通系统是实现城市交通问题解决方案跨部门协同的决策支持平台 (图 1-3)。

城市虚拟交通系统通过"统一的数据、统一的模型、统一的软件、共享的平台"实现城市交通问题解决方案的跨部门协同与系统优化。

(1) **统一的数据**：与城市交通相关的各职能部门，都有服务于自身业务的数据库，但只是局部数据库。由于城市交通系统的开放性与复杂性，以及部门数据库的局限性，各职能部门用各自的业务数据库分析同一个交通问题，往往会得出不同的结论。构建统一的、标准化的数据库是城市虚拟交通系统的基础。

(2) **统一的模型**：城市交通系统的基础理论研究已有几十年，交通分析模型种类繁多，每一个模型都有特定的应用场合与参数要求。同样的道理，各职能部门采用不同的模型分析同一个交通问题，也会得出不同的结论。构建统一的、且能反映跨部门协同关系的交通分析模型体系是城市虚拟交通系统的核心。

(3) **统一的软件**：长期以来，各种版本的国外交通分析软件垄断国内交通分析软件行业，这些国外软件不同版本之间差异性很大，且在我国城市交通仿真分析应用中"水土不服"。开发能覆盖城市交通系统相关部门业务需求、具有完全自主知识产权的交通分析软件是城市虚拟交通系统建设的重要任务。

(4) **共享的平台**：由于城市交通系统的开放性与关联性，某个部门采取某一措施可能会引起其他部门相关策略的改变，如，城市规划部门提高某一地块的土地开发强度，会引起周边地区交通需求量的上升，交通建设部门需要拓宽部分道路，交通管理部门需要加强停车管理等，因此，需要有一个可以共享的"虚拟平台"，来开展城市交通问题解决方案的跨部门协作 (图 1-5)。

图 1-5　城市虚拟交通系统决策支持平台跨部门协同的示意图

可见，对于同一个交通问题，不同部门的业务人员，只有在城市虚拟交通系统平台上，通过"统一的数据、统一的模型、统一的软件、共享的平台"才能形成"共识"，这个"共识"是跨部门协同的基础。只有在这个"共识"的基础上，才有可能根据相关部门的特点，开展解决同一个交通问题的实质性跨部门协作。

1.3　基础数据库：交通大数据的快速获取与融合技术

城市交通系统本身就是一个大数据源，交通领域的数据规模空前庞大，对海量交通数据的挖掘、融合、应用已成为交通领域发展的重要方向[7,8]。城市虚拟交通系统中应用的交通大数据主要分为静态基础数据库、动态出行数据库、实时流量数据库 3 类，具有体量巨大、模态多样、真假共存、价值不均等特征[9]。目前，我国城市交通领域的大数据碎片化严重，相关部门交通数据各自为政、共享程度低等现象非常突出，大数据价值未能被充分挖掘和利用。在城市虚拟交通系统的基础数据库构建中，重点开发 3 大类交通数据库 (城市交通网络信息数据库、城市人口分布信息数据库、道路交通流量信息数据库) 的快速获取与融合技术 (图 1-6)。

城市交通网络信息数据库的来源比较广泛，通常可从城市测绘部门或城市规划部门获取，城市公共交通网络基础数据通常可从公交公司获取，也可以从成熟的地图服务商 (如高德地图、百度地图、谷歌地图等) 获取城市交通网络基础数据。本书提出了一种基于国际开源地图 OSM (OpenStreetMap) 数据库的城市交通网络拓扑结构数据库快速构建技术，通过下载 OSM 开源地图的基本图元，提

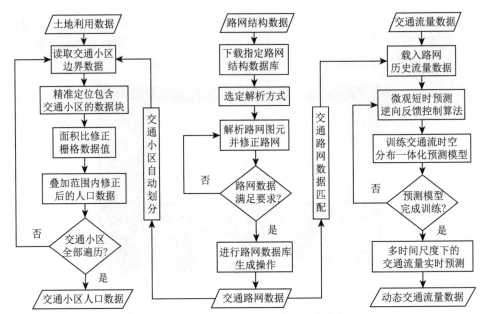

图 1-6 交通大数据的快速获取与融合技术框架图

取并解析 OSM 基本图元中节点、路段的基本信息,经过数据清洗与整合,形成交通网络的拓扑结构,并生成城市虚拟交通系统所需的路网基础数据库文件。实际应用表明,该技术可以在分钟级时间内构建一个大型城市的综合交通网络基础数据库,大大提升了城市交通网络的构建效率。

在城市人口分布信息数据库快速构建方面,传统方法是使用人口普查及居民出行调查数据,目前,基于 GPS 的移动终端数据、手机信令数据、土地利用数据等被广泛应用。本书提出了一种采用 LandScan 平台数据来推算交通小区人口分布的方法。总部在美国的 LandScan 平台采用遥感影像与地理信息系统相结合的方法来估算人口分布数据,每年发布世界范围内各城市 1km 格网分辨率的人口分布数据。本书采用一种基于面积比修正栅格数据的交通小区人口数据统计方法,对包含交通小区边界的矩形进行调整以修正栅格内的人口高程值,进而叠加得到交通小区总人口,此方法能快速构建交通区人口数据库。

道路交通流量信息数据库的主要来源有道路传感器、道路视频监控、RFID 数据等。本书提出一种基于 RFID 数据构建交通流量时间序列数据库的方法,通常,RFID 数据库提供路段实时流量、路网路段拥堵情况等信息,与居民出行和交通网络数据库之间存在较好的关联性。本书在城市交通系统路段交通流时间演化预测模型、网络交通流空间演化仿真模型的基础上,构建了城市交通网络交通流时空分布一体化预测模型、时空演变一体化推演机制,据此实现了城市交通网络宏观空间分布分析与重要交通节点微观实时推演的一体化。

1.4 分析模型库：大数据环境下的城市交通分析模型体系

当前的交通工程领域，城市交通问题解决方案的论证分析仍以传统的交通分析模型为基础，如传统的"四阶段"模型。互联网、大数据、人工智能、新一代移动通信、虚拟仿真等前沿技术为交通分析技术的发展带来新机遇，海量化和多元化的交通大数据对交通分析模型的架构产生重大影响，模型分析功能与分析精度有了巨大的提升空间，因此，基于新一轮革命性技术的城市交通分析模型体系重构势在必行。

交通大数据克服了传统居民出行抽样调查及道路交通流量调查的局限性，可以揭示新型城镇化背景下城市交通系统的演化规律与供需平衡机理。基于大数据的新一代城市交通分析模型体系应包括：交通需求生成分析模型、交通需求分布-方式组合分析模型、交通效用函数与运行分析模型、多模式交通网络交通分配模型、公共交通网络分析模型、交通管理控制影响分析模型、交通政策法规影响分析模型、城市交通系统居民出行效率/网络运行效率/社会经济效益评估模型、城市交通能源消耗/碳排放评估模型等。

长期以来，我国在解决城市交通问题上缺乏跨部门协同机制，而单一部门的业务不能反映交通系统各组成单元之间的相互作用关系。基于大数据的城市交通分析模型体系需要结合城市交通系统特征与交通要素特性，构建反映城市规划、土地开发、交通建设、交通管理、环境保护、发展政策等跨部门协同的交通要素相互作用关系模型[10] (图 1-7)。

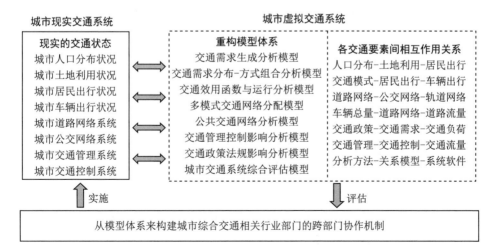

图 1-7 跨部门协同的交通要素相互作用关系

1.5 软件模块库：大规模交通网络交通仿真技术与软件实现

为满足对具有中国特色的城市交通系统规划建设、运行管理、环境保护、安全保障、政策制定等方案进行交通分析与虚拟仿真的业务需求，需要构建具有完全自主知识产权的交通仿真平台软件，本书作者所在研究团队汇集 30 多年来在城市交通领域的科研成果，组织开发了我国第一款城市虚拟交通仿真平台软件——"交运之星-TranStar"。软件功能涵盖城市土地开发、交通设施建设、交通运行管控、公共交通运营、交通政策制定等业务方向的交通方案设计与交通分析。该软件已逐步成为我国智慧城市建设、"城市交通大脑"建设不可或缺的基础软件，其具有丰富的分析功能与高效的运行速度，"万点级"超大型交通网络的"一键式"交通仿真分析过程响应时间仅为分钟级，交运之星-TranStar 支持基于方案仿真结果的更深入、更细化的评估，软件模块库的主要功能如下。

(1) 完善的基础数据支持功能。支持海量异构交通大数据的导入、分析，对不同来源的交通大数据进行快速处理与融合，如传统的交通出行调查数据、RFID数据、GPS 数据等以及基于 OSM、LandScan 平台等大数据源的快速获取与数据融合。具有数据处理能力的扩展功能，保障对多类型交通分析应用场景的应对能力，适应不同用户的使用需求。

(2) 系统的交通需求分析功能。软件模块库既可开展以传统"四阶段"模型为基础的交通发生吸引预测、交通分布、交通方式划分、网络交通分配等流程的交通分析，又可实现基于大数据的交通需求生成—方式选择—空间分布—网络配流"一体化"交通分析与虚拟仿真，以及诸如基于优势出行距离的交通方式分析、基于 RFID 数据的 OD 矩阵分析以及交通需求"一阶段"分析等专题分析。

(3) 全面的应用场景分析功能。城市虚拟交通系统具备的交通影响分析功能覆盖了土地开发、设施建设、公交运行、管理控制、政策制定等交通领域的应用场景，各应用场景中交通措施 (交通方案) 对城市交通系统的影响通过考虑方案实施引起交通需求、出行结构、网络结构、交通阻抗等的改变进行分析，以满足相关职能部门的业务需求。

(4) 科学的综合效能评价功能。城市虚拟交通系统提供了各类应用场景下交通方案实施对交通系统运行效率、居民出行效率、社会经济效益、能源消耗、碳排放等产生影响的综合评价功能。评价分定量化、精细化、可视化 3 个层面：定量化的综合评价提供整个城市交通系统的主要特征指标，便于决策者进行科学决策；精细化的综合评价提供从宏观、中观到微观的详细分析报表，便于交通分析专业人员利用这些数据进行更专业的交通分析；可视化的综合评价以动态图像形式展示交通方案实施效果，便于向公众发布，让公众参与并得到公众认可。

(5) 特色的人机交互设计功能。城市虚拟交通系统提供超强的图形编辑功能，用户可通过人机交互功能将土地开发调整、基础设施建设、公交运行组织、交通管理控制、交通政策制定等方案便捷地加载到交通基础数据库，灵活开展交通分析、系统仿真、综合评估的"一键式"交通分析与系统仿真。

1.6 对策预案库：城市跨部门协作交通方案"一键式"仿真与评估技术

1.6.1 对策预案库的主要作用

对策预案是针对城市虚拟交通系统应用场景的各类交通问题解决方案提供模板，对策预案库面向城市交通系统相关应用部门的业务需求而设计，包括与交通业务相关的各类应用场景对策预案、各应用场景下对策预案的交通仿真分析"一键式"流程设计等。对于不具有交通工程专业背景的业务人员，结合自身业务需求，在对策预案库中选取合适的预案、输入简单的特征参数即可形成初步的业务方案，通过"一键式"操作流程，可便捷开展交通方案的全方位评估，根据评估结果进行方案调整与优化，直至形成最佳方案。

对策预案库将城市虚拟交通系统分析平台的基础数据库、分析模型库、软件模块库的相关功能模块进行组合，形成针对某一应用场景交通方案的"一键式"仿真流程设计；所提供的多角度、个性化的备选策略，能够覆盖大部分城市常见类型的交通问题解决方案，为城市单一部门或多部门协作的交通方案制定提供技术支撑。

1.6.2 对策预案库的业务策略设计

面向单一部门的交通业务或跨部门协作的交通方案，城市虚拟交通系统提供了各应用场景的交通问题解决方案的备选策略预案，以及基于策略预案形成实际交通方案的操作流程与"一键式"仿真流程指引，便于各部门业务人员从备选的对策预案库中选择相应模板，通过"一键式"仿真流程来完成各应用场景业务方案的初步设计、虚拟仿真、综合评估与系统优化。目前，城市虚拟交通系统建立的业务策略备选预案包括：① 城市规划建设业务领域，包括城市土地开发强度与土地利用性质调整、城市人口规模与空间分布调整、城市空间拓展与城市形态调整等备选策略；② 交通设施建设业务领域，包括城市道路网络规划与设计、慢行交通系统规划与设计、城市道路/桥梁/隧道等设施的新建或改扩建、交通枢纽改扩建、交叉口改造等备选策略；③ 公交规划与运营业务领域，包括地面公交网络规划与调整、轨道交通网络规划与调整、多模式公交网络运行组织、客运枢纽交通组织设计、城乡公交网络一体化规划等备选策略；④ 交通管理控制业务领域，包括常规交通管控方案 (如禁行管理、尾号限行、单行线、潮汐车道、共乘车道等)、智能化交通管控方案 (如交叉口信号配时优化、干线道路绿波、公交线路绿波等)、特殊事件交通管控方案 (如大型文体活动、道路施工、突发事件) 等备选策略；⑤ 交通政策制定业务领域，包括经济杠杆政策 (如差异化停车收费、拥挤收费、公交票价)、发展绿色交通政策 (如公交优先发展策略、车牌号竞拍、私家车限购、新能源汽车优惠政策) 以及交通对碳排放、生态环境、能源消耗、经济发展的影响评价等备选策略。

1.6.3　对策预案库的定量化、精细化、可视化评估技术

城市交通系统规划建设、运行管理、政策制定等相关方案的科学性、有效性亟须定量化、精细化的评估手段，拟订方案的实际效果也需要直观呈现，因此对城市交通业务部门的交通问题解决方案以及多部门协作的交通方案进行综合评估应以定量化、精细化、可视化评估技术为基础。

在交通方案定量化、精细化评估技术方面，需要深入研究国家级交通科技计划 (如《交通强国建设纲要》、国家 "公交都市" 建设示范工程、全国城市道路交通管理 "畅通工程" 等) 评价指标体系、慢行交通/绿色交通/共享交通等热点问题，综合参考交通工程领域的前沿研究成果、规范指南，从居民出行效率、路网运行效率、交通节能减排、交通系统韧性、综合经济效益等多个维度着手，构建服务于系统评价功能的指标体系，以此支撑城市交通系统规划、建设与管理的科学决策。

在交通方案可视化评估技术方面，依托图形系统，开展交通设计方案、交通运行状态、不同方案对比的图形分析；集成包括交通网络信息、交通质量信息、交通管理信息、公共交通分析、环境影响分析等在内的图形化展示功能，提升交通仿真成果的展示度；全面实现基础路网信息、管理信息、需求预测结果、动态仿真结果的可视化，便于使用者审视所制定交通方案的路网运行状况、检验规划调整或管理策略变化对路网运行产生的影响。

1.7　城市虚拟交通系统决策支持平台

城市虚拟交通系统决策支持平台是专门为中国城市交通实际情况而定制的城市综合交通系统集成分析与系统仿真平台，依托于 "交运之星-TranStar" 平台软件。该平台主要包括 3 个子系统：交通分析子系统、人机交互子系统、图形显示子系统，各类功能模块共有上百个，基本功能涵盖了城市交通数据处理与分析、城市交通网络构建与分析、城市交通需求分析、公共交通系统分析、交通系统综合评估、交通政策及管理方案测试、城市交通网络交通状态实时推演等城市综合交通系统主要仿真分析需求，可为各类城市的土地利用开发、交通系统规划、交通工程设计、公共交通发展、交通管理控制、交通政策制定等交通方案提供详细的

虚拟仿真、系统分析与综合评价，以及交通系统的碳排放、能源消耗与生态环境影响的定量化评估，为城市虚拟交通系统决策支持平台的落地提供有力的支撑。

城市虚拟交通系统决策支持平台依托的"交运之星-TranStar"平台软件，是少数由我国自行开发的、具有完全自主知识产权的交通系统仿真分析系统软件之一，也是我国第一款能与国外交通仿真分析软件相抗衡的国产交通分析软件。借助该仿真平台软件，用户可在短时间内把握城市交通系统运行状态、诊断城市交通系统现状问题、分析交通规划与设计项目的潜在交通影响，可有效支撑城市交通问题的解决、辅助交通规划方案的制定，并对未来城市智慧交通系统的构建提供全方位支撑，是当前各城市"交通大脑"建设不可或缺的基础平台软件。

城市虚拟交通系统决策支持平台软件"交运之星-TranStar"具有以下特征：

(1) **理论基础坚实**。城市虚拟交通系统决策支持平台软件"交运之星-TranStar"的开发前后共历时数十载，倾注了我国交通工程领域多位专家学者、交通规划师、交通设计师的心血。该平台软件的研发依托了多项国家自然科学基金重点项目、国家重点研发计划、国家 973 计划、国家 863 计划、国家科技支撑计划，以及十多项国家部委、省级科学基金项目。其中，以"交运之星-TranStar"为技术支撑的"城市多模式公交网络协同设计与智能服务关键技术及应用""地面公交高效能组织与控制关键技术及其工程应用""城市交通系统管理控制的关键技术、设备开发及工程应用""道路交通系统规划的关键技术、系统软件与模拟设备""道路交叉口通行能力分析关键技术"分别获得 2018 年度、2012 年度、2007 年度、2003 年度、2002 年度国家科技进步二等奖。

(2) **数据支持全面**。平台的研发充分考虑了"互联网 + 交通""大数据"背景下交通分析模型与仿真平台对数据的实际需求，针对包括城市综合交通网络、公共交通网络、交通管理信息、城市土地利用、人口分布信息等在内的多维度交通相关数据的特征，提出了形式相对统一的交通大数据结构，并对数据的处理、分析引入了沙盒机制，实现了面向交通仿真分析需求的交通数据分类立体化存储和滚动更新。平台团队近期研发的"全球千城"城市交通大数据平台，为"交运之星-TranStar"的推广应用提供了更为广阔的大数据支持。

(3) **软件功能丰富**。仿真平台软件具有丰富的城市交通系统仿真与分析功能，可以用于城市规划与土地利用开发、城市交通基础设施规划建设、城市公共交通系统规划与运行管理、城市交通系统管理与控制、城市交通系统政策制定等业务功能的定量化、可视化分析。

(4) **工程实践广泛**。平台软件的研发经过长期的工程实践检验。近 30 年来，依托"交运之星-TranStar"(或早先的版本)，共完成了 150 多项城市交通类工程应用项目及公路交通类工程应用项目。通过大量的工程使用与反馈，更进一步锤炼了该平台软件的科学性及软件质量。

(5) **操作简单方便**。为便于技术成果的推广与落地，平台软件的技术研发考虑了在城市交通系统使用时的常用场景，提出了面向城市规划、交通建设、公共交通、交通管控、政策制定等业务功能的"一键式"流程设计技术，通过对城市虚拟交通系统决策支持平台软件及城市交通问题策略预案的封装与流程预处理，大大提升了该平台软件的易用性，便于该研究成果在我国多地区落地应用。

参 考 文 献

[1] 王炜，赵德，华雪东，等. 城市虚拟交通系统与交通发展决策支持模式研究 [J]. 中国工程科学，2021，23(3)：163-172.

[2] 王炜，薛美根，王媛，等. 交通规划与管理决策支持系统的研发应用——中国城市交通发展论坛第 24 次研讨会 [J]. 城市交通，2020, 18(1): 102-113.

[3] 杨涛，张泉. 公交优先导向下的城市总体规划——构建公交都市的空间框架 [J]. 城市规划，2011, 35(2): 22-25.

[4] 张军，王云鹏，鲁光泉，等. 中国综合交通工程科技 2035 发展战略研究 [J]. 中国工程科学，2017, 19(1): 43-49.

[5] 高柯夫，孙宏彬，王楠，等. "互联网 +"智能交通发展战略研究 [J]. 中国工程科学，2020, 22(4): 101-105.

[6] 王炜，陈峻，过秀成. 交通工程学 [M]. 南京: 东南大学出版社，2019.

[7] 《中国公路学报》编辑部. 中国交通工程学术研究综述. 2016 [J]. 中国公路学报，2016, 29(6): 1-161.

[8] 陆化普，孙智源，屈闻聪. 大数据及其在城市智能交通系统中的应用综述 [J]. 交通运输系统工程与信息，2015, 15(5)：45-52.

[9] 李德仁，姚远，邵振峰. 智慧城市中的大数据 [J]. 武汉大学学报 (信息科学版)，2014, 39(6): 631-640.

[10] 王炜，华雪东，郑永涛. 综合交通系统"多网合一"交通分析模型与算法 [J]. 交通运输工程学报，2021,21(2): 159-172.

第一篇
基础理论

第 2 章　城市交通网络交通特征分析方法与模型

城市交通网络是城市交通系统的基础,是城市交通系统规划建设、管理控制、政策制定、安全保障等交通方案实施的载体,承担着城市交通系统运行的基本功能。

城市交通网络交通特征对整个城市交通系统的运行状态有着重大影响,交通网络交通特征分析是解构城市交通系统供需平衡机理与复杂交通系统演变规律的基础,更是城市交通系统规划建设、管理控制、政策制定、安全保障等交通方案设计的依据,开展城市交通网络分析方法研究具有重要的理论与实践意义。

2.1　概　　述

城市交通网络交通特征分析通常包括交通网络拓扑结构特征分析、节点交通特征分析、路段交通特征分析、网络交通特征分析等方面。

2.1.1　交通网络拓扑结构特征

在城市交通网络交通特征分析中,交通网络拓扑分析是进行交通网络分析的基础。常用的交通网络拓扑分析方法有图论、地理信息系统、复杂网络、数学规划等[1]。图论是开展交通网络拓扑分析的基础理论,图论将交叉口抽象为点,路段抽象为边,形成交通网络拓扑结构,存储至计算机中。邻接矩阵、邻接表是较为常见的交通网络存储方式,其中邻接表由于在稀疏图中存储效率较高得到广泛应用。近年来,交通网络拓扑分析的新进展主要集中在地理信息系统与复杂网络理论。地理信息系统具有可表达空间信息丰富、几何分析功能强大等特点[2],主要用来研究几何空间网络概念、空间关系分析与交通模型构建等。随着小世界效应与复杂网络成为多学科关注的前沿热点,有学者认为,城市交通网络具有典型的复杂网络特性,复杂网络概念被用于研究城市交通网络中枢纽点的确定、时空复杂性演化、城市交通拥堵的预防控制等[3]。

2.1.2　节点交通特征

城市交通网络结构包含节点要素与路段要素。节点通常为道路交叉口的抽象表示,其交通特征主要通过节点通行能力与节点延误进行表征。节点通行能力是制约城市交通网络通行效率的关键,在城市道路网规划与评价、道路交叉口规划与设计中占有举足轻重的地位。交叉口交通特性比较复杂，通行能力的分析较为困难，目前，交叉口通行能力的分析方法大多以美国《道路通行能力手册》(*Highway Capacity Manual*, HCM)[4-8] 为基础，结合我国情况，依据不同的交通流到达模型、交叉口交通行为特征进行针对性分析。交叉口通行能力的分析方法通常可分为理论法、经验法和计算机模拟法三类[9, 10]。理论法根据间隙接受模型、车队分析模型、饱和流率模型等相关模型分析车流运行特性，从微观角度精确推算交叉口通行能力；经验法更为贴近工程实际，利用实际观测数据，考虑各种影响因素修正，可简便获得交叉口通行能力，但适用范围有限；计算机模拟法是针对交叉口的交通运行状况进行可重复、可延续的计算机模拟，从微观角度分析交叉口通行能力。

交叉口延误是交叉口服务水平的重要评价指标，直接影响交通网络通行效率分析结果。对于无信号控制交叉口 (包括主路优先交叉口、环形交叉口) 的延误计算方法主要有 Harders 模型[11]、M/G/1 排队模型、HCM 推荐模型、Kyte 经验模型[12] 等。信号控制交叉口交通流运行特性和延误与信号配时及车辆到达率有关，延误通常可认为由两项构成：均匀延误和增量延误。其中，均匀延误是假设车辆均匀到达时产生的延误，适用于饱和度不大时的交叉口延误计算；增量延误包括随机过饱和延误与连续过饱和延误两部分，随机过饱和延误是由车辆到达的波动性引起的，连续过饱和延误则是在交叉口处于过饱和态时，滞留车辆额外产生的延误[13]。对于信号交叉口的延误分析，学界提出了适用于不同交叉口运行状态的分析方法，如低交通负荷态下的 Webster 延误分析法、近饱和态下的过渡曲线分析法和过饱和态下的定数理论分析法等[14]。国内学者针对我国交通实际情况，提出了一些有价值的交叉口延误模型，主要集中在对国外现有算法的完善、对不同交通条件和控制方式下的现有算法的扩展、考虑各种影响因素对现有算法的改进等[15]。

2.1.3 路段交通特征

在城市交通网络交通特征分析中，道路路段通行能力分析占有重要地位，它也是路段交通阻抗函数的分析基础。美国从 1950 年起提出的多版本的《道路通行能力手册》(HCM)，讨论的重点对象就是路段通行能力。许多国家在美国《道路通行能力手册》的基础上结合本国具体情况进行针对性的开发和研究，编制了适合本国国情的道路通行能力手册。与国外相比，我国对于道路路段通行能力的研究起步较晚，起初大多沿用国外的研究成果。20 世纪 90 年代以来，一系列面向我国国情的道路通行能力重点研究课题立项，形成了针对我国独特交通组成、管理方式的道路通行能力分析体系。近年来，我国交通管理部门多样化的交通管制措施对路段通行能力产生了很大影响，学界对此进行了系统性的研究[16]。

道路路段交通阻抗是综合考虑的出行时间成本或运输费用成本的路段交通特征指标,是网络交通分配的最直接依据,对城市交通网络规划与交通管理具有重要影响。美国联邦公路局于 1965 年提出了经典的路段交通阻抗函数模型——BPR 函数模型[17]。BPR 函数模型形式简单,求解复杂度低,具有广泛适用性。但该模型存在饱和率较低时行程时间变化小、当流量接近通行能力时不符合实际情况等不足,为此许多学者致力于研究完善 BPR 函数模型[18-20]。国内学者根据我国的混合交通特点,也提出了一系列有价值的路段交通阻抗函数实用模型[21,22]。

2.1.4 网络交通特征

从城市交通网络整体的角度来看,交通网络具有独特的系统特征。网络交通特征是评估道路网络规划与交通管理措施合理性的重要指标,可为后续规划的调整与管理措施的完善提供依据。网络交通特征主要通过网络等级配置、网络连通性、网络最短路矩阵进行表征,国内外学者已经进行了较多有价值的研究。网络等级配置可直观表征道路网络布局合理性,用于确定合理的网络等级配置标准与计算网络等级结构比例[23,24]。网络连通性是网络可靠性评价中的重要内容,从不同角度可提出多样化的刻画指标[25-27];网络最短路矩阵是网络连通效率的评价指标,也是交通网络分析中使用频率最高的网络特征数据,网络最短路矩阵分析算法的优化能有效提升交通网络分析的效率,具有代表性的算法有 Dijkstra 算法[28]、Floyd 算法[29] 等。

由上述分析可以看出,城市交通网络交通特征分析领域的研究内容丰富,研究重点主要集中于网络结构特征、节点交通特征、路段交通特征及网络交通特征等方面。

2.2 城市交通网络结构特征表达方法

城市交通网络结构特征表达是进行城市交通网络特征分析的基础。按所表达特征关系的不同,交通网络结构特征表达方法可分为交通网络拓扑表达方法与交通网络空间表达方法两类。交通网络拓扑表达方法侧重于研究交通拓扑网络的计算机存储方式,常见存储方式有邻接矩阵、邻接表、十字链表、邻接多重表、边集数组等;交通网络空间表达方法侧重关注交通网络中空间关系的分析与空间网络的构建。

2.2.1 交通网络拓扑表达方法[30,31]

交通网络拓扑表达是指将交通网络抽象为一种与大小、距离无关的点与边的集合,并使计算机能够识别、计算与处理相关信息。

图论是分析网络拓扑结构的数学基础，本节以图 G 为例介绍交通网络拓扑结构的常见存储方式。图 $G = (V, E)$ 由非空点集 $V = \{V_1, V_2, \cdots, V_n\}$ 和边集 $E = \{e_1, e_2, \cdots, e_m\}$ 构成，点集 V 由顶点元素组成，边集 E 由边元素组成。如果构成边集的各个顶点对是有序的，那么图 G 为有向图，反之为无向图。

1. 邻接矩阵存储方式

邻接矩阵存储方式采用数组结构存储图的拓扑特征。点集信息存储于一维数组中，边集信息存储于二维数组 (称为邻接矩阵) 中。

邻接矩阵 $\boldsymbol{L}$ 是一个 n 阶方阵，其中元素 l_{ij} 表示图中顶点间的邻接关系，定义为

$$l_{ij} = \begin{cases} 1, & (i, j) \in E \\ 0, & (i, j) \notin E \end{cases} \tag{2-1}$$

邻接矩阵简洁直观，方便计算顶点的度，即依附于该顶点边的数目。邻接矩阵的第 i 行 (或第 i 列) 非 0 元素的个数即为第 i 个顶点的出度 (或入度)。

抽象交通网络如图 2-1 所示，其对应的邻接矩阵如表 2-1 所示。

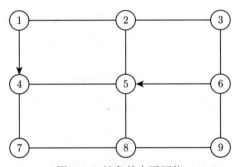

图 2-1   抽象的交通网络

表 2-1   抽象交通网络对应的邻接矩阵

i \ j	1	2	3	4	5	6	7	8	9
1	0	1	0	1	0	0	0	0	0
2	1	0	1	0	1	0	0	0	0
3	0	1	0	0	0	1	0	0	0
4	0	0	0	0	1	0	1	0	0
5	0	1	0	1	0	0	0	1	0
6	0	0	1	0	1	0	0	0	1
7	0	0	0	1	0	0	0	1	0
8	0	0	0	0	1	0	1	0	1
9	0	0	0	0	0	1	0	0	0

2. 邻接表存储方式

通常情况下，图的邻接矩阵存在大量无效元素，大大降低了计算效率。图的邻接表存储方法克服了这一不足，邻接表是一种数组与链表相结合的存储方法，可有效节省图的存储空间，并提高计算效率。

在图的邻接表存储方法中，采用单链表结构存储相邻顶点的连接信息。依附于顶点 i 的边由第 i 个单链表中的节点表示。

在顶点度的计算中，对于无向图，邻接表的顶点 i 对应的第 i 个链表的边节点数目即为顶点 i 的度；对于有向图，邻接表的顶点 i 对应的第 i 个链表的边节点数目是顶点 i 的出度。

图 2-1 所示图对应的邻接目录表如表 2-2 所示。

表 2-2 抽象交通网络对应的邻接目录表

节点 i	邻接点 j	节点 i	邻接点 j	节点 i	邻接点 j
1	2, 4	4	5, 7	7	4, 8
2	1, 3, 5	5	2, 4, 8	8	5, 7, 9
3	2, 6	6	3, 5, 9	9	6, 8

3. 十字链表存储方式

对于有向图，邻接表可以获得出度方向的顶点，入度方向的顶点可通过逆邻接表获得。同时获取有向图顶点的出度与入度需要采用图的十字链表存储方式。

在十字链表存储方式中，有向图的顶点表节点结构如表 2-3 所示。

表 2-3 十字链表顶点表节点结构

data	firstin	firstout

表 2-3 中，data 表示顶点的具体信息；firstin、firstout 是链表头指针，分别指向该顶点的入边表与出边表的第一个节点。

在十字链表存储方式中，有向图的边表节点结构如表 2-4 所示。

表 2-4 十字链表边表节点结构

tailvex	headvex	headlink	taillink

表 2-4 中，tailvex 是指边起点在顶点表的下标；headvex 是指边终点在顶点表的下标；headlink、taillink 为指针域，分别指向终点相同与起点相同的下一条边。

在图的十字链表存储方式中，创建有向图算法的时间复杂度和邻接表是相同的，因此适用于有向图的存储。

4. 邻接多重表存储方式

在无向图中对于顶点的处理，图的邻接表存储方式较为适用。但对于边的处理，邻接表存储方式较为复杂，如边的删除需要通过两次对顶点的操作才能实现。图的邻接多重表存储方式可简化无向图中对边的操作。

在邻接多重表存储方式中，无向图中的邻接多重表存储结构如表 2-5 所示。

表 2-5　邻接多重表存储结构

ivex	ilink	jvex	jlink

表 2-5 中，ivex 和 jvex 表示某条边依附的两个顶点在顶点表中的下标；ilink、jlink 为指针域，分别指向依附顶点 ivex 与 jvex 的下一条边。

在图的邻接多重表存储方式中，同一条边只需一个边表节点进行表示，便于对边的处理操作。

5. 边集数组存储方式

边集数组存储方式采用两个一维数组（分别存储顶点信息与边信息）表示图的拓扑特征。其中，由边的起点（begin）下标信息、终点（end）下标信息和权（weight）信息构成边集数组数据元素。边集数组存储结构如表 2-6 所示。

表 2-6　边集数组存储结构

begin	end	weight

边集数组关注的是边的集合，适合对边依次进行处理的操作。

2.2.2　交通网络空间表达方法

现代交通系统产生的交通信息除了具有量大、实时、多样等大数据特征外，还具有明显的空间特征。拓扑网络抽象程度较高，但只反映了交通要素的拓扑关系，不包含空间几何信息。空间网络是几何网络与拓扑网络共存的一种网络结构，几何网络模型采用绝对空间参照系，能够真实反映交通系统的空间几何位置关系，因此空间网络模型在交通网络分析中得到广泛应用。

在交通网络空间分析中，通常用地理信息系统（geographic information system，GIS）作为处理交通网络空间信息的技术平台，来表达空间网络结构[32]。在 GIS 中，网络作为复杂的空间实体，除具有图论网络中边、节点间的抽象拓扑含义之外，还具有特定的地理意义属性。因此，地理信息系统可帮助进行近邻查询、缓冲区分析等与几何位置密切相关的交通分析工作。空间关系分析与空间网络构建是交通空间网络表达研究的关键。

1. **基本空间关系分析**

在空间网络的处理中，空间关系分析是关键。空间实体间存在的具有一定空间特性的关系称为空间关系。空间关系是空间数据运用的基础，一般可分为距离关系、拓扑关系和方向关系。本节对空间对象的距离关系与拓扑关系中的常用计算方法进行简要介绍。

1) 空间对象的距离关系

距离是描述两个实体或事件之间的远近或亲疏程度的指标。常用的距离描述方法为欧氏距离，其计算公式可通过明考斯基距离 (Minkowski distance) 的特定取值获得[33]。

明考斯基距离 (广义距离)：

$$d_{ij}(q) = \left[\sum_{l=1}^{n} (x_{li} - x_{lj})^q \right]^{\frac{1}{q}} \tag{2-2}$$

式中，d_{ij} 代表两个实体或事件之间的距离；x 代表两个实体或事件的坐标值；i、j 分别代表对象 i、对象 j；n 代表空间维数。

当 $q = 2$ 时，广义距离即为欧氏距离。其模型如下：

$$d_{ij} = \left[\sum_{l=1}^{n} (x_{li} - x_{lj})^2 \right]^{\frac{1}{2}} \tag{2-3}$$

在对二维空间或三维空间进行距离计算时，一般记为

$$\begin{cases} d_{ij} = \left[(x_i - x_j)^2 + (y_i - y_j)^2 \right]^{\frac{1}{2}}, & \text{二维} \\ d_{ij} = \left[(x_i - x_j)^2 + (y_i - y_j)^2 + (z_i - z_j)^2 \right]^{\frac{1}{2}}, & \text{三维} \end{cases} \tag{2-4}$$

式中，x、y、z 分别代表两个实体或事件的 x 轴、y 轴、z 轴的坐标。

在广义距离中，当 $q = 1$ 时，广义距离即为绝对距离：

$$d_{ij}(1) = \sum_{l=1}^{n} |x_{li} - x_{lj}| \tag{2-5}$$

2) 空间对象的拓扑关系

拓扑关系是空间数据模型研究的基础，空间对象的拓扑关系是 GIS 学者研究最多的主题之一，在 GIS 中有非常广泛的应用。

空间网络中，不考虑距离和方向的空间关系称为拓扑关系。对于全集 U 的点集 A 和 B，记 ∂A 为 A 的边界，A^0 为 A 的内域，A^- 为 A 的外域。任意一个集合都由其边界与内域构成，集合 A、B 之间的关系可由它们的边界、内域和外域之间的关系确定。点集的 6 个部分构成九交 (nine-intersection) 矩阵，可以用下面的矩阵来表达[34]：

$$\boldsymbol{\Gamma}_9(a,b) = \begin{bmatrix} A^0 \cap B^0 & A^0 \cap \partial B & A^0 \cap B^- \\ \partial A \cap B^0 & \partial A \cap \partial B & \partial A \cap B^- \\ A^- \cap B^0 & A^- \cap \partial B & A^- \cap B^- \end{bmatrix} \tag{2-6}$$

2. 交通空间网络构建

基于交通要素特征分析的空间网络构建是交通空间网络表达的核心，因此构建完备表达全方位交通信息的路网模型是 GIS 领域的研究热点之一。但现有的多级路网模型往往存在数据重复储、冗余度高、网络分析困难等缺点。

为清晰表达网络要素特性及相互之间的关系，Cai 等提出了一种基于道路交通网络金字塔模型的建模思想[35]。道路交通基础网络模型的建立采用 3+1 层结构道路网络金字塔模型，其中有 3 个特征要素层，1 个背景层。特征要素层由道路级网络特征层 (第 1 层)、行车道级特征层 (第 2 层) 和车道级特征层 (第 3 层) 构成，三级特征层中分层次描述几何位置信息、属性信息和拓扑关系，通过综合叠加以满足各种详细层次要求的应用；背景层一般通过城市交通基础地理数据可视化后叠加实现。该道路交通网络金字塔模型具有表达多尺度信息的自适应能力，能够全方位表达路网交通信息，同时具备空间和拓扑数据的低冗余度优势。

道路交通网络金字塔模型特征层次如图 2-2 所示。

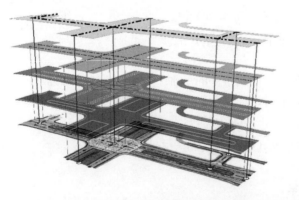

第1层: 道路级网络特征层

第2层: 行车道级特征层

第3层: 车道级特征层

第4层: 背景层

第1、2、3、4 层叠合

图 2-2　道路交通网络金字塔模型特征层次

2.3 城市交通网络节点交通特征分析模型

城市交通网络节点交通特征主要通过节点通行能力与节点延误进行表征。城市交通网络交通节点包含道路交叉口与分流合流点等,在没有特别说明的情况下,交通节点通常指道路交叉口。

城市道路通行能力主要受交叉口通行能力的制约,对交叉口通行能力的研究是城市道路通行能力研究的基础。交叉口通行能力的分析方法通常可分为理论法、经验法与计算机模拟法三类。

2.3.1 交叉口通行能力分析模型

交叉口通行能力是指在一定的道路几何要素、交通状态和环境条件下,某一交叉口在单位时间内能够通过的最大交通实体数 (车辆数或人流量)。对交叉口通行能力的分析,常用的方法有延误分析法[36]、折减系数计算法[37]、综合计算法[38]等。本节主要对交叉口通行能力分析中具有普适性的经典模型进行简要介绍。

在道路交叉口,不同的交叉口几何设计与交叉口类型产生不同的车流运行特性,因此将交叉口分为无信号控制交叉口、信号控制交叉口两类进行通行能力分析。

1. 无信号控制交叉口通行能力分析

1) 主路优先交叉口通行能力分析

主路优先交叉口通行能力可基于运行车辆车头时距分布模型,应用间隙接受理论进行分析[39]。主路车流具有优先通过交叉口的权力,而支路车流中的车辆需要等待主路车流出现足够大的间隙时才能通过。设 $f(t)$ 为主路车流的车头时距概率密度分布函数,当主路上车头时距为 t 时可以通过 $g(t)$ 支路车流。支路通行能力可表示为

$$Q_{次} = Q_{主} \int_0^\infty f(t)g(t)\mathrm{d}t \qquad (2\text{-}7)$$

式中,$Q_{次}$ 为支路通行能力 (veh/h);$Q_{主}$ 为主路通行能力 (veh/h)。

若用 t_c 和 t_f 分别表示支路车流穿越主路车流所需要的临界间隙和随车时距,则当主路车流的车头时距 t 满足 $t_c + (n-1)t_f \leqslant t \leqslant t_c + nt_f$ 时,支路可以通过 n 辆车。即 $g(t)$ 为分段函数:

$$g(t) = n, \quad t_c + (n-1)t_f \leqslant t \leqslant t_c + nt_f \ (n = 1, 2, 3, \cdots) \qquad (2\text{-}8)$$

对于不同的主路车流车头时距分布模型,可得到不同的支路通行能力计算公

式。当 $f(t)$ 服从负指数分布时，支路通行能力的计算公式为

$$Q_{次} = \frac{Q_{主}\mathrm{e}^{-qt_{\mathrm{c}}}}{1 - \mathrm{e}^{-qt_{\mathrm{f}}}} \tag{2-9}$$

式中，q 表示单位为 veh/s 的主路通行能力，$q = Q_{主}/3600(\mathrm{veh/s})$。

2) 自由通行交叉口通行能力分析

对于难以区分主次的交叉口，可假设交通流按车队自由通过交叉口，采用延误分析法中的车队分析模型进行通行能力分析[40]。

一般可认为通过交叉口的每个车队由两部分组成 (图 2-3)：先通过部分为以饱和流率通过的排队车辆，称之为饱和流部分；随后通过部分为以到达率通过的不受延误车辆，称之为随机流部分。若以 N_{S}、N_{U} 分别表示饱和流部分与随机流部分的车辆数期望值 (分 A、B 两个方向的车流)，T_{S}、T_{U} 分别表示相应的通行时间 (分 A、B 两个方向的车流)，则

$$\begin{cases} N_{\mathrm{A}} = N_{\mathrm{SA}} + N_{\mathrm{UA}} \\ N_{\mathrm{B}} = N_{\mathrm{SB}} + N_{\mathrm{UB}} \\ T_{\mathrm{A}} = T_{\mathrm{SA}} + T_{\mathrm{UA}} \\ T_{\mathrm{B}} = T_{\mathrm{SB}} + T_{\mathrm{UB}} \end{cases} \tag{2-10}$$

式中，N_{A}、N_{B} 分别表示 A、B 路车流中一个车队的车辆数期望值 (veh)；T_{A}、T_{B} 分别表示 N_{A}、N_{B} 相对应的通行时间 (s)。

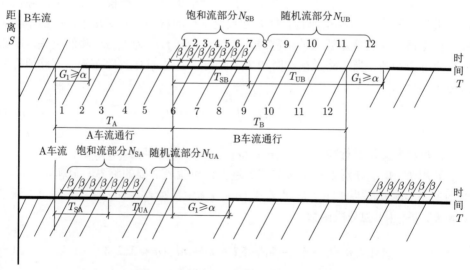

图 2-3　无控制交叉口车队通行时空图

当车流均以车队形式通行时,通过单位时间通行车队数与车队长度可获得两相交道路的通行能力 (veh/h),即

$$Q_A = N_A \cdot 3600/T = 3600 \cdot N_A/(T_A + T_B) \tag{2-11}$$

$$Q_B = N_B \cdot 3600/T = 3600 \cdot N_B/(T_A + T_B) \tag{2-12}$$

交叉口总通行能力为

$$Q = Q_A + Q_B = 3600(N_A + N_B)/(T_A + T_B) \tag{2-13}$$

3) 环形交叉口通行能力分析

环形交叉口通行能力可通过交织理论、间隙接受理论、回归分析等模型进行分析[41],其中具有代表性的环形交叉口通行能力分析方法为交织理论。交织理论认为,环形交叉口的车辆通过环道 (交织段) 上的交织行为来完成通行,其通行能力可用交叉口交织段的最大通行流量来描述[42]。最有代表性的交织理论模型为Wardrop 公式:

$$Q_M = 354W \frac{\left(1 + \dfrac{e}{W}\right)\left(1 - \dfrac{P}{3}\right)}{\left(1 + \dfrac{W}{l}\right)} \tag{2-14}$$

式中,Q_M 为交织段上最大通行能力 (veh/h);e 为环交入口引道平均宽度 (m),$e = (e_1 + e_2)/2$;W 为交织段宽度 (m);P 为交织段内交织车辆与全部车辆之比(%);l 为交织段长度 (m)。

根据经验检验,一般设计通行能力应取 Wardrop 公式计算最大值的 80%。

2. 信号控制交叉口通行能力分析

常用的信号控制交叉口通行能力计算模型有饱和流率模型、停车线法、冲突点法、城市道路设计规范推荐模型等。随着城市道路交通负荷的日益加重,我国大多数交叉口已趋于饱和,城市道路设计规范推荐模型在交叉口趋于饱和的状态下计算结果较为接近实测值,因此该方法得到广泛采用[43]。本节主要对城市道路设计规范推荐模型进行介绍[44]。

交叉口设计通行能力等于各进口道设计通行能力之和,而进口道设计通行能力等于进口各车道设计通行能力之和[44]。因此在进行信号控制交叉口通行能力分析时,需要对直行专用车道、右转专用车道、左转专用车道、直左混行车道、直右混行车道、直左右混行车道分别进行研究分析[45]。常规的十字形交叉口车道功能区分如图 2-4 所示。

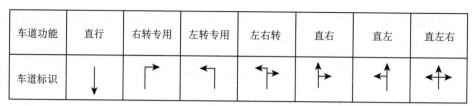

车道功能	直行	右转专用	左转专用	左右转	直右	直左	直左右
车道标识	↓	⌐→	←⌐	←⌐→	⌐↑→	←↑⌐	←↑→

图 2-4　十字形交叉口的车道功能区分

直行车道设计通行能力为

$$C_{\mathrm{s}} = \frac{3600}{T}\left(\frac{t_{\mathrm{g}} - t_0}{t_{\mathrm{i}}} + 1\right)\varphi \qquad (2\text{-}15)$$

式中，C_{s} 为一条直行车道的设计通行能力 (pcu/h)；T 为信号灯周期 (s)；t_{g} 为信号周期内的绿灯时间 (s)；t_0 为绿灯亮后首车启动、通过停车线的时间 (s)，无实际观测数据时可取值为 2.3s；t_{i} 为直行或右行车辆通过停车线的平均时间 (s/pcu)；φ 为折减系数，可取值为 0.9。

直右混行车道设计通行能力为

$$C_{\mathrm{sr}} = C_{\mathrm{s}} \qquad (2\text{-}16)$$

直左混行车道设计通行能力为

$$C_{\mathrm{sl}} = C_{\mathrm{s}}(1 - \beta_1'/2) \qquad (2\text{-}17)$$

式中，β_1' 为直左混行车道中左转车辆比例值。

直左右混行车道设计通行能力为

$$C_{\mathrm{slr}} = C_{\mathrm{sl}} \qquad (2\text{-}18)$$

当设有左转专用车道与右转专用车道时，进口道设计通行能力可由下式计算：

$$C_{\mathrm{elr}} = \sum C_{\mathrm{s}}/(1 - \beta_1 - \beta_{\mathrm{r}}) \qquad (2\text{-}19)$$

式中，$\sum C_{\mathrm{s}}$ 为本进口道直行车道通行能力之和；β_1 为本进口道车辆中左转车辆比例；β_{r} 为本进口道车辆中右转车辆比例。

当设有左转专用车道而未设右转专用车道时，进口道设计通行能力可由下式计算：

$$C_{\mathrm{el}} = \left(\sum C_{\mathrm{s}} + C_{\mathrm{sr}}\right)/(1 - \beta_1) \qquad (2\text{-}20)$$

当设有右转专用车道而未设左转专用车道时，进口道设计通行能力可由下式计算：

$$C_{\mathrm{er}} = \left(\sum C_{\mathrm{s}} + C_{\mathrm{sl}}\right)/(1 - \beta_{\mathrm{r}}) \qquad (2\text{-}21)$$

在对向到达的左转流量较大时 (如一个信号周期中左转车辆超过 3~4pcu)，本进口直行车的通行将会受到影响。因此，在计算该情形下本进口道的设计通行能力时，应对本进口各直行车道的设计通行能力进行折减。考虑直行车道通行能力折减后，进口道设计通行能力可表示为

$$C_e' = C_e - n_s(C_{le} - C_{le}') \tag{2-22}$$

式中，C_e 为进口道的设计通行能力 (pcu/h)；n_s 为进口道的直行车道数；C_{le} 为进口道左转车的设计通过量 (pcu/h)，$C_{le} = C_{oe}\beta_{ol}$，其中 C_{oe} 为对向进口道通行能力，β_{ol} 为对向进口道车流中左转车辆比值；C_{le}' 为未折减本进口各直行车道设计通行能力的对向左转车辆数 (pcu/h)，交叉口较小时，可取值为 $3n$，交叉口较大时，可取值为 $4n$，n 为每小时信号周期数。

2.3.2 交叉口延误与排队长度分析模型

延误是指运行车辆不能以期望的速度通行而产生的时间损失。交叉口延误通常是指通过交叉口的车辆理想通行时间与实际车辆通行时间的差值，其中车辆理想通行时间是假设交叉口不存在时车辆的通行时间。

车辆在交叉口的排队通常由交叉口延误或信号控制引起，排队长度依据交叉口延误大小及信号配时参数进行计算。

1. 车辆延误分析方法

1) 单车运行时间计算法

车辆的理想运行时间 TT_1 可通过每辆车在进口和出口的观测速度计算：

$$\mathrm{TT}_1 = L_{in}/v_{in} + L_{out}/v_{out} \tag{2-23}$$

式中，v_{in}、v_{out} 分别为进口和出口断面观测点测定的单车运行点速度 (在不受干扰、连续通行情况下)(km/h)；L_{in}、L_{out} 分别为进口和出口观测点距交叉口中心的距离 (km)。

单车延误 D_1 计算如下：

$$D_1 = \mathrm{TT}_i - \mathrm{TT}_1 \tag{2-24}$$

式中，TT_i 为第 i 辆车实际运行时间 (s)；TT_1 为车辆理想运行时间 (s)。

2) 车型平均运行时间计算法

车型平均运行时间计算法利用进口、出口观测到的每个时段内各车型的平均速度计算某车型的理想运行时间：

$$\mathrm{TT}_2 = L_{in}/v_{in}' + L_{out}/v_{out}' \tag{2-25}$$

式中，v'_{in}、v'_{out} 分别为进口和出口断面观测点观测到的某车型平均速度 (在不受干扰、连续通行情况下) (km/h)。

因此，延误 D_2 计算如下：

$$D_2 = \text{TT}_i - \text{TT}_2 \tag{2-26}$$

式中，TT_i 为第 i 辆车实际运行时间 (s)；TT_2 为车辆理想运行时间 (s)。

2. 交叉口平均延误与排队长度计算方法

交叉口平均延误与交叉口流量大小及饱和度有关。交叉口平均延误与流量的关系曲线是对交叉口运行状况进行分析评价的基础。建立平均延误与流量的关系曲线一般可通过 3 种途径实现：现场观测法、数学模型法和计算机模拟法，可结合多种方法以尽可能准确地建立交叉口平均延误与流量的函数关系。

通常情况下，交叉口延误由几何延误和交通延误两部分组成。其中，几何延误是由交叉口的几何尺寸和交通控制条件引起的固定延误，与车流运行状态无关；而交通延误是由交叉口车辆之间相互影响引起的延误，与车流运行状态紧密相关[46]。

1) 无信号控制交叉口延误计算

(1) 主路优先交叉口延误计算

在主路优先交叉口延误分析中，假设主路车辆的运行不受支路车辆通行的影响，支路车辆的运行受主路车辆通行的影响而产生延误。常用延误计算模型有 Harders 模型、M/G/1 排队模型、HCM 2010 推荐模型、Kyte 经验模型等，其中 HCM2010 推荐模型考虑因素较为全面，被广泛应用于主路优先交叉口延误分析中。

运用时间相关解法和坐标同轴转换方法可得到 HCM 推荐模型，其计算公式如下[8]：

$$d = t_{\text{s}} + 900T \left(x - 1 + \sqrt{(x-1)^2 + \frac{h_{\text{d}}x}{450T}} \right) + 5 \tag{2-27}$$

式中，d 为交叉口车辆平均延误 (s/veh)；t_{s} 为服务时间 (s)；T 为分析时段 (h)；x 为主车道饱和度，$x = vh_{\text{d}}/3600$，v 为主车道交通量 (pcu/h)；h_{d} 为车头时距 (s)。

分析时段 T 内的平均排队长度可通过每辆车的平均延误和相关流向流率的乘积获得，计算公式为

$$Q_{95} = \frac{900T}{h_{\text{d}}} \left(x - 1 + \sqrt{(x-1)^2 + \frac{h_{\text{d}}x}{150T}} \right) \tag{2-28}$$

式中，Q_{95} 为 95% 位的排队长度 (veh)。

(2) 自由通行交叉口延误计算

无明显优先通行权的交叉口处，车辆的通行呈现车队特征，因而其延误的计算可以采用车队分析法[40]。在车队分析法中，相互交替通过交叉口的每一车队中，随机流部分的通行车辆不产生延误，而饱和流部分的通行车辆均产生延误。由车辆通过交叉口的时空图 (图 2-3) 可以看出，对于自由通行的无信号交叉口，当两路车流以车队形式通过时，其通行方式与信号交叉口相仿，故可用类似于信号控制交叉口延误分析的方法进行估算。

(3) 环形交叉口的延误计算

环形交叉口的延误计算可通过间隙接受理论、排队论[47] 等方法进行分析，本节主要对 HCM2010 推荐的环形交叉口延误计算方法进行介绍[8]。

$$d = \frac{3600}{c} + 900T \left(x - 1 + \sqrt{(x-1)^2 + \frac{\frac{3600x}{c}}{450T}} \right) + 5 \min[x, 1] \qquad (2\text{-}29)$$

式中，d 为交叉口车辆平均延误 (s/veh)；c 为主车道通行能力 (pcu/h)；T 为分析时段 (h)；x 为主车道饱和度。

分析时段 T 内的平均排队长度可通过每辆车的平均延误和相关流向流率的乘积进行计算，计算公式为

$$Q_{95} = 900T \left(x - 1 + \sqrt{(x-1)^2 + \frac{\frac{3600x}{c}}{150T}} \right) \left(\frac{c}{3600} \right) \qquad (2\text{-}30)$$

2) 信号控制交叉口延误计算

在信号控制交叉口，车辆通行延误受多种因素影响，精确的延误模型很难获得，通常用近似方法来估计延误。在信号交叉口，车辆延误主要包括两部分：一部分是假设车辆均匀到达时产生的相位延误，即均匀延误；另一部分是车辆到达率随机波动或过饱和态下时滞留车辆产生的附加延误，即增量延误。常见的信号控制交叉口延误计算模型有 Webster 模型、HCM2010 推荐模型等。

Webster 模型公式适用于进口道饱和度较小时的延误计算，而在饱和度较大时，Webster 模型公式计算结果偏大，故本节主要介绍 HCM2010 推荐模型的信号控制交叉口延误计算方法。

当交叉口无初始排队长度时，HCM2010 推荐模型的信号控制交叉口延误计算公式如下[8]：

$$d = d_1 + d_2 \qquad (2\text{-}31a)$$

$$d_1 = \frac{0.5\left(1 - \dfrac{g}{C}\right)^2}{1 - \left[\min(1, X)\dfrac{g}{C}\right]} \tag{2-31b}$$

$$d_2 = 900T\left[(X - 1) + \sqrt{(X - 1)^2 + \frac{8kIX}{cT}}\right] \tag{2-31c}$$

式中，d 为交叉口车辆平均延误 (s/veh)；d_1 为信号控制延误 (s/veh)；d_2 为增量延误 (s/veh)；g 为车道组的有效绿灯时间 (s)，即定时信号控制模式下的绿灯时间，或者感应控制模式下的平均有效绿灯时间；C 为信号周期长 (s)，即定时控制信号模式下的周期长度，或者感应控制模式下的平均信号周期长度；$X = v/c$，即车道组的饱和度；T 为分析时段，即分析持续时间长度 (h)；k 为增量延误参数，通常取 0.50；I 为考虑交叉口上游汇入或限流的修正系数；c 为车道组通行能力 (pcu/h)。

同理，信号交叉口的排队长度参照延误的计算方法，分为平均排队长度和增量项两部分进行计算，其计算方式如下：

$$Q = Q_1 + Q_2 \tag{2-32a}$$

$$Q_1 = \mathrm{PF}_2 \frac{\dfrac{v_{\mathrm{L}}C}{3600}\left(1 - \dfrac{g}{C}\right)}{1 - \left[\min(1, X_{\mathrm{L}})\dfrac{g}{C}\right]} \tag{2-32b}$$

$$\mathrm{PF}_2 = \frac{\left(1 - R_{\mathrm{p}}\dfrac{g}{C}\right)\left(1 - \dfrac{v_{\mathrm{L}}}{S_{\mathrm{L}}}\right)}{\left(1 - \dfrac{g}{C}\right)\left(1 - R_{\mathrm{p}}\dfrac{v_{\mathrm{L}}}{S_{\mathrm{L}}}\right)} \tag{2-32c}$$

$$Q_2 = 0.25c_{\mathrm{L}}T\left[(X_{\mathrm{L}} - 1) + \frac{Q_{\mathrm{bL}}}{c_{\mathrm{L}}T} + \sqrt{\left((X_{\mathrm{L}} - 1) + \frac{Q_{\mathrm{bL}}}{c_{\mathrm{L}}T}\right)^2 + \frac{8k_{\mathrm{B}}X_{\mathrm{L}}}{c_{\mathrm{L}}T} + \frac{16k_{\mathrm{B}}Q_{\mathrm{bL}}}{(c_{\mathrm{L}}T)^2}}\right] \tag{2-32d}$$

式中，Q 为在信号周期内从停车线开始，车辆排队的最大长度 (veh)；Q_1 为平均排队长度 (veh)；Q_2 为增量项；PF_2 为信号联动影响修正系数；v_{L} 为车道组中每条车道的交通流率 (veh/h)；C 为信号周期长度 (s)；g 为有效绿灯时间 (s)；X_{L} 为流率与通行能力之比 $(v_{\mathrm{L}}/c_{\mathrm{L}})$；$R_{\mathrm{p}}$ 为成队列行驶的车辆比例；S_{L} 为车道组中每条车道的饱和交通流率 (pcu/h)；c_{L} 为车道组中每条车道的车辆通行能力 (pcu/h)；T 为分析时段长度 (s)；k_{B} 为与车辆早期到达有关的修正系数；Q_{bL} 为分析时段开始时车道组中每车道的初始排队长度 (veh)。

2.4 城市交通网络路段交通特征分析模型

城市交通网络路段是交通网络的重要组成要素,其交通特征对个体出行者的路径选择与整体交通网络的运行效率有着直接影响。在路段交通特征的分析中,路段通行能力可反映该路段的几何特性与交通特性,并影响路段交通阻抗特征,是路段的基本交通特征;路段行程速度可直观反映路段的交通运行质量,是路段的重要交通特征;路段交通阻抗是交通分配和路网效率评估的重要依据,是路段的核心交通特征。

2.4.1 路段通行能力分析模型

在城市道路网络中,路段通行能力的影响因素较多。城市道路路段通行能力分析通常从理论通行能力的分析开始,在理论通行能力的基础上,进行影响因素(如道路环境、车辆之间的相互作用、交通信号影响等)修正,以获得实用的路段设计通行能力。

1. 路段基本通行能力分析

基本通行能力,也称为理论通行能力,是指在理想的道路条件与交通条件下,由行驶性能相同的标准车,以最小的车头间距连续行驶的理想交通流,在单位时间内通过道路断面的最大车辆数。

在一条车道连续行驶的车流中,跟随运行的前后相邻两车的车头间隔,可用空间距离或时间距离来表示,分别称为车头间距 (m) 与车头时距 (s)。某车道的通行能力可通过下式计算:

$$C_0 = 3600/h_t \quad \text{或} \quad C_0 = 1000v/h_d \tag{2-33}$$

式中,C_0 为单条车道的基本通行能力 (pcu/h);h_t 为饱和连续车流的最小车头时距 (s);v 为行驶速度 (km/h);h_d 为连续车流的最小车头间距 (m)。

连续车流条件下的最小车头间距 h_d 可采用下式进行计算:

$$h_d = L_0 + L_1 + U + I \cdot v^2 \tag{2-34}$$

式中,L_0 为停车时的车辆安全间距 (m);L_1 为车辆的车身长度 (m);U 为驾驶员的反应距离 (m),$U = v \cdot t$,$t \approx 1.2s$;I 为与车辆重量、路面阻力系数、路面黏着系数及路段坡度有关的系数;v 为行驶速度 (km/h)。

路段设计通行能力可根据单车道理论通行能力通过影响因素修正得到:

$$N_a = C_0 \cdot n' \cdot C \cdot \gamma \cdot \eta \tag{2-35}$$

式中，N_a 为单向路线设计通行能力 (pcu/h)；n' 为车道数影响修正系数；C 为交叉口影响修正系数；γ 为行人、自行车影响修正系数；η 为车道宽度影响修正系数。

下面详细分析影响路段通行能力的影响因素及修正参数选取。

2. 路段通行能力影响因素分析

1) 多车道对路段通行能力的影响

在多车道道路上，同向行驶车辆的驾驶行为 (如超车、绕越等) 会对邻近车道的通行能力产生影响。一般而言，多车道对车道通行能力的影响随车道与路中心线间距离的增大而增大。多车道影响程度可用多车道折减系数来表示。

根据观测数据统计分析[46]，与路中心线距离最近的车道的折减系数可假设为 1.00，随距离增大其他车道的折减系数依次可取值为：第二条车道 0.80~0.89；第三条车道 0.65~0.78；第四条车道 0.50~0.65；第五条车道 0.40~0.52。

2) 交叉口对路段通行能力的影响

在城市交通网络中，交叉口对道路通行能力有较大影响，尤其当交叉口间距较小时，影响很大。如遇信号控制交叉口，车辆必须根据信号灯状态改变驾驶行为 (如红灯时减速停车)。即使没有遇到红灯或是通行无信号控制交叉口，车辆也要减速通行，因此交叉口状况也是造成路段通行能力下降的原因之一。

交叉口通行能力折减系数 $\alpha_{交}$ 可用于表示交叉口对路段通行能力的影响[47]：

$$\alpha_{交} = \frac{交叉口之间无阻的行程时间}{交叉口之间实际的行程时间}$$

交叉口通行能力折减系数的值可按交叉口有、无信号控制 2 种不同管制的情况进行计算：

$$\alpha_{交} = \frac{l/v}{l/v + \beta_1 v/2a + \beta_2 v/2b + \Delta} \tag{2-36}$$

式中，l 为交叉口之间的距离 (m)；v 为路段上的行车速度 (m/s)；a 为车辆重新启动时的平均加速度 (m/s²)，其建议取值：小型汽车 $a = 0.60 \sim 0.67 \text{m/s}^2$，大型载货汽车及大型客车 $a = 0.42 \sim 0.46 \text{m/s}^2$，铰接公交车辆 $a = 0.43 \sim 0.49 \text{m/s}^2$，以中型载货汽车为主的混合行驶车辆的平均值可取 $a = 0.50 \text{m/s}^2$；b 为车辆采取制动时的平均减速度 (m/s²)，其建议取值：小型汽车 $b = 1.66 \text{m/s}^2$，大型载货汽车及大型客车 $b = 1.30 \text{m/s}^2$，混合行驶车辆的平均值可取 $b = 1.5 \text{m/s}^2$；Δ 为车辆在交叉口的平均停候时间 (s)，信号控制交叉口可取红灯时间的一半，一般 $\Delta = 15 \sim 20 \text{s}$；无信号控制交叉口 $\Delta = 0$；β_1、β_2 为对应计算参数。

3) 行人过街、自行车通行等因素对路段通行能力的影响

行人过街对路段通行能力有显著影响，在计算路段通行能力时应考虑行人过街流量进行折减。据北京市实测数据，当双向过街流量为 500 人次/h 时，行人过街折减系数可以取 0.63。

自行车通行对路段最右侧车道通行能力的影响与自行车交通流量大小有关。自行车流量较小时，折减系数可取 0.90；自行车流量较大时，应根据自行车侵占机动车道的宽度对路段通行能力进行相应折减。

4) 车道宽度对路段通行能力的影响

车道宽度对路段通行能力有影响。车道过窄将会导致车速降低，从而降低路段通行能力。为保证路段通行能力，最小车道宽度设定为 $b_{\min} = 3.50\mathrm{m}$。当车道宽度 $b \geqslant 3.50\mathrm{m}$ 时，不影响通行能力；当 $b < 3.50\mathrm{m}$ 时，相应路段的通行能力应按照相关标准进行折减。

2.4.2 路段行程速度分析模型

速度是描述交通流运行状态的基本参数，是指车辆在单位时间内通过的距离。道路交通流速度有多种定义，如地点速度、平均行驶速度、平均行程速度等。地点速度是车辆在某一时刻的瞬间速度或车辆通过某一地点时的瞬间速度；平均行驶速度是指车辆的行驶距离与行驶时间之比，其中行驶时间不包括由于各种原因引发的车辆停驶时间；平均行程速度是指行驶里程与行程时间的比值，与行驶时间不同，行程时间包括车辆中途停车等时间损失。

由于考虑了可能的车辆停驶时间，所以平均行程速度更能够全面表征车辆的运行状态。平均行程速度是评价道路行车通畅程度的重要指标，其计算方式为

$$\overline{V} = \frac{\sum\limits_{i=1}^{q_t} v_i}{q_t} \tag{2-37}$$

式中，$\overline{V}$ 为平均行程速度 (km/h)；q_t 为在 t 时间段内的交通量 (pcu)；v_i 为第 i 辆车的行程速度 (km/h)。

计算得到路段平均行程速度后，可以推导出路段的平均行程时间：

$$T = L/U \tag{2-38}$$

式中，T 为路段平均行程时间 (h)；L 为路段长度 (km)；U 为路段平均行程车速 (km/h)。

交通信号引起的车辆延误会对车辆的平均行程速度产生影响。每辆车的平均停车延误主要取决于信号交叉口的绿信比、绿灯时车辆抵达的比例和交通量、各

信号交叉口信号联动情况等。整个路段上的车辆行程速度 (包括由于交叉口影响而损失的时间和其他停车造成的延误) 一般要比相应的行驶车速小。

2.4.3　路段交通阻抗分析模型

路段交通阻抗是指路段行程时间与路段交通流量的关系，随着路段交通流量的不断增大，路段的行程时间增大，路段平均行程速度降低。交通阻抗函数是描述路段行程时间与路段交通流量之间的关系模型。

1. 基于排队论的路段交通阻抗分析

在 Greenshields 模型中，当通行需求大于通行能力时，该时段内通过与通行能力相同的车辆数，剩余车辆数按一定速度排队通过，直至通行需求减少时排队消散，车辆的排队积累与消散过程如图 2-5 所示。

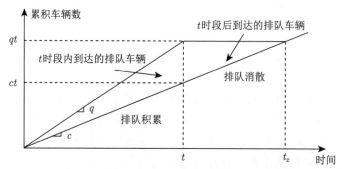

图 2-5　车辆到达数大于通行能力时车辆排队积累及消散示意图

如图 2-5 所示，当单位时间内到达的车辆数 q 超过单位时间的通行能力 c 时，在时段 t 内车辆排队积累，至 t 时段末排队最长，排队长度为 $qt - ct$。假设 t 时段后到达的车辆只能在 t 时段内到的排队车辆之后等候通行，则可进一步假定在排队消散过程中，路段上的交通流以临界速度 v_m 匀速通过。那么在 t 时段内到达的排队车辆的消散时间可由图 2-5 中的几何关系推导如下：

在时间 t 内到达的车辆总数为

$$N = t \cdot q$$

所有在 t 时段内到达的车辆总延误为

$$D = \frac{t \cdot q \cdot (t_x - t)}{2}$$

由图中的相似三角形得出：

$$\frac{t_x - t}{t_x} = \frac{q - c}{q} \Leftrightarrow \frac{x}{t + x} = \frac{q - c}{q} \Leftrightarrow x = t \cdot (q/c - 1)$$

式中，x 为排队消散的总时间，$x = t_x - t$。

在 t 时段内到达车辆通过路段的平均延误时间为

$$\overline{d} = \frac{1}{2}x = \frac{1}{2}t \cdot (q/c - 1)$$

在 $t + \overline{d}$ 时间内实际行驶距离为

$$l = t \cdot v_{\mathrm{m}}$$

则所有在 t 时间内到达的车辆的平均行程速度为

$$V = \frac{l}{t + \overline{d}} = \frac{2v_{\mathrm{m}}}{1 + q/c} = \frac{v_0}{1 + q/c} \tag{2-39}$$

式中，V 为车辆平均行驶速度；v_0 为车辆自由流速度，$v_0 = 2v_{\mathrm{m}}$。

上式假设排队车辆以 v_{m} 匀速通过直至排队消散，因此在 $q/c > 1$ 时，预测的速度往往偏大。但实际上，排队消散过程中极易因车流不稳定而导致延误，甚至阻塞。因此需引入系数对上式进行修正[48]：

$$V = \frac{v_0}{1 + \alpha(q/c)^{\beta}} \tag{2-40}$$

式中，α、β 为修正系数，该式在形式上与美国联邦公路局 (BPR) 路段交通阻抗函数模型完全一致。

2. 路段交通阻抗函数

路段交通阻抗函数是路段平均车速与路段平均交通负荷之间的函数关系，是交通网络运行分析的基础模型之一，其表达方式如下：

$$U = f(V/C) \tag{2-41}$$

式中，U 为道路平均车速 (km/h)；V/C 为道路交通负荷 (饱和度)。

1) BPR 路段交通阻抗函数模型

路段交通阻抗函数一般通过对交通负荷、车辆速度的实测数据进行回归分析确定。美国联邦公路局基于大量的城际公路交通调查数据，通过回归分析方法获得 BPR 路段交通阻抗函数模型，其公式如下：

$$U = \frac{U_0}{1 + \alpha(V/C)^{\beta}} \tag{2-42}$$

式中，U_0 为设计车速 (km/h)；V 为路段机动车交通量 (veh/h)；C 为路段实用通行能力 (veh/h)；α、β 为回归参数，通常 $\alpha = 0.15$，$\beta = 4$。

BPR 路段交通阻抗函数模型的另一种表达形式为

$$t = t_0[1 + \alpha(V/C)^\beta] \tag{2-43}$$

式中，t 为机动车路段行程时间 (h)；t_0 为机动车路段自由流行程时间 (h)。

2) 机非混行路段交通阻抗函数

机非混行路段交通阻抗函数是考虑我国城市交通的机非混行实际情况，采用以下形式的线性或非线性回归关系作为城市道路的路段交通阻抗函数[30]：

$$t = t_0 \left[1 + k_1 \left(\frac{V_1}{C_1} \right)^{k_3} + k_2 \left(\frac{V_2}{C_2} \right)^{k_4} \right] \tag{2-44}$$

或

$$t = t_0 \left[1 + k_1 \frac{V_1}{C_1} + k_2 \frac{V_2}{C_2} \right] \tag{2-45}$$

式中，V_1、V_2 分别表示机动车、非机动车路段交通量 (veh/h)；C_1、C_2 分别表示机动车、非机动车路段实用通行能力 (veh/h)；k_1、k_2、k_3、k_4 为回归参数。

3) 路段交通阻抗函数实用模型

路段交通阻抗函数实用模型是考虑道路上不同交通运行状态下的车流运行速度与交通负荷关系模式，即速度-交通负荷关系可根据交通负荷值分为自由车流、正常车流及饱和车流 3 种情况进行考量。当交通负荷很小时，车流近似以自由流速度行驶；交通负荷在超过一定阈值后，车辆速度随着交通负荷的增加而线性下降；当交通负荷基本接近饱和时，车辆速度与交通负荷呈以横轴为渐进线的非线性关系。

上述速度-交通负荷关系模型可根据研究区域实测数据标定获得。当实测数据缺失时，建议用以下模型作为路段交通阻抗函数[30]：

$$U = \begin{cases} U_0 \left(1 - 0.94 \dfrac{V}{C} \right), & \dfrac{V}{C} \leqslant 0.9 \\[3mm] \dfrac{U_0}{7.4 \dfrac{V}{C}}, & \dfrac{V}{C} > 0.9 \end{cases} \tag{2-46}$$

式中，U_0 为机动车自由流速度 (km/h)。

车流的最大速度和最小速度与道路等级、车道宽度、交叉口间距、自行车及行人干扰等影响因素有关[49]。

2.5 城市交通网络系统特征分析模型

城市交通网络系统特征分析侧重于从系统角度分析整体交通网络的交通运行特征。如，网络等级配置结构可直观表征道路网络系统布局合理性；网络连通性、网络最短路表达网络中点与边的连接情况，是网络可靠性与畅通性评价中的重要依据。

2.5.1 网络等级配置分析模型

城市道路网络等级配置又称为网络等级结构，通常指城市 4 种道路类型 (快速路、主干路、次干路、支路) 总长度之间的比值。

合理的城市道路网络等级结构能够保障城市道路交通流的有序汇集与疏散。通常情况下，快速路主要承担通过性交通流或长距离交通流，主干路与次干路承担居民出行等城市活动的主要交通流，支路主要起交通流集散作用。由国内外经验表明，各级道路里程 (密度) 应呈 "金字塔" 形结构，即从高等级道路向低等级道路数量逐渐增加。2019 年起实施的国家标准《城市综合交通体系规划标准》(GB/T 51328—2018) 提出，城市道路网络布局应综合考虑城市空间布局的发展与控制要求、开发密度、用地性质、客货交通流量流向、对外交通等，结合既有道路系统布局特征，以及地形、地物、河流走向和气候环境等因地制宜确定[50]。

城市道路等级配置的基本分析思路是依据供需平衡理论进行合理配置。对于城市交通，2 个最基本的要素是交通载体 (城市交通网络) 和交通个体 (人的出行或车的通行)，城市交通系统运行状态本质上可归纳为交通载体与交通个体的供需平衡问题[8]。由此可知，网络等级配置可依据出行距离分布函数、交通方式分担率等相关因素对交通需求量进行合理估算，进行城市道路网络功能匹配分析，以获得合理的网络等级配置。

按照各级道路容量与各级道路承载量成正比的原则，道路网络等级结构比例可用下式计算[51]：

$$I_1 : I_2 : I_3 : I_4 = \frac{Q_1}{v_1 \cdot n_1 \cdot \eta_1} : \frac{Q_2}{v_2 \cdot n_2 \cdot \eta_2} : \frac{Q_3}{v_3 \cdot n_3 \cdot \eta_3} : \frac{Q_4}{v_4 \cdot n_4 \cdot \eta_4} \qquad (2\text{-}47)$$

式中，I_1、I_2、I_3、I_4 分别表示快速路、主干路、次干路、支路的长度 (km)；Q_1、Q_2、Q_3、Q_4 分别表示快速路、主干路、次干路、支路分担的承载量 (pcu·km/h)；v_1、v_2、v_3、v_4 分别表示快速路、主干路、次干路、支路中单位长度的单车道容量 (pcu/h)；n_i 为各级道路平均车道数；η_i 为各级道路机动化系数，可取 η_1 为 1，η_2 为 0.95，η_3 为 0.8，η_4 为 0.75。

2.5.2　网络连通性分析模型

在现有的城市道路网络评价指标体系中，网络连通性是不可或缺的指标。道路网络连通性能够通过度量网络的拓扑性质，直观表征道路网络中交叉口的密度和道路连接的通达程度。该指标可以反映城市道路网的可达性，并推断道路网络中是否存在断头路、丁字路口、交叉口车流转向等不足。

连通度指数是城市道路网规划评价体系中的常用指标，它能够表示道路网总节点数和总边数的关系。从不同角度刻画连通度有不同的计算方法，常用的道路网连通度计算公式如下：

$$J = \frac{\sum\limits_{i=1}^{N} m_i}{N} = \frac{2M}{N} \tag{2-48}$$

式中，J 为道路网的连通度；N 为道路网的总节点数；m_i 为第 i 节点邻接的边数；M 为道路网的总边数 (路段数)。

运用上述道路网络连通度进行计算，可以在网络特征值中得到道路网络连通性。通常，道路网连通度反映了道路网络的通达程度，因此其值越大表明网络成网率越高。高连通性的道路网能够分散主干道交通量，有效缩减公共设施连接和服务的成本。方格网是中国最常见的城市道路网形式，标准方格网交通网络的连通度为 3.7~3.9，通常中小城市的道路网络连通度的合理取值范围为 3.2~3.5，大城市道路网络连通度的合理取值范围为 3.5~3.8[52]。

2.5.3　网络最短路分析模型

1. 最短路矩阵分析

在城市交通网络交通分析中，最短路矩阵是使用频率最高的数据文件，网络最短路算法的优劣直接影响到交通网络分析效率。网络最短路分析，国际上采用比较多的是 Dijkstra 算法、Floyd 算法与 SPFA 算法 (shortest path faster algorithm)。Dijkstra 算法通常适用于网络中所有边的权值均非负的单源最短路问题求解；Floyd 算法可求解多源最短路径，复杂度较高；SPFA 算法是 Bellman-Ford 算法的一种队列优化变体，适用于稠密图的计算。

Dijkstra 算法计算效率高且适用范围较广，是交通网络最短路分析中最常用的算法。Dijkstra 算法具体计算步骤如下[28]：

步骤 1：开始给起点 v_1 标上编号 W，则 $W(v_1) = 0$，表示从 v_1 到 v_1 的最短路权为 0；其余各点标上 T 标号，其中 $T(v_j) = +\infty$，表示从 v_1 到各点的最短路权上界为 $+\infty$。S 为已经得到 W 标号的点的集合，即 $S = \{v_1\}$，$\overline{S} = \{v_2, v_3, \cdots, v_n\}$。

步骤 2：按照 $\min\{T(v_j), W(v_i) + w_{ij}\}$ 对 $T(v_j)$ 进行修正，其中 $W(v_1)$ 已知。

步骤 3：根据所有修正后的 $T(v_j)$，求出最小者 $T(v_k)$，其中，顶点 v_k 是从顶点 v_1 所能一步到达的顶点 v_j 中距离最短的一个；因为所有的 $W(v) \geqslant 0$，所以任何从其他顶点 v_j 中转而到达顶点 v_k 的路径上的距离都要大于从顶点 v_1 直接到顶点 v_k 的距离 $T(v_k)$，因此 $T(v_k)$ 实际就是 v_1 到 v_k 的最短距离。于是，在算法中令 $W(v_k) = T(v_k)$，并从 S 中删去 v_k。若 $k = n$，则 $W(v_k) = W(v_n)$ 就是 v_1 到 v_n 的最短路径，计算结束；否则，令 $v_i = v_k$，再转到步骤 2，继续运算一直到 $k = n$ 为止。这样每次迭代，都会得到顶点 v_1 到顶点 v_k 的距离，重复上述过程一直到 $v_k = v_n$，计算结束。

Dijkstra 算法可进行堆优化，具体介绍可参见 4.3.1 节。

2. 平均最短距离分析

在复杂网络理论中，网络中两点间最短路径所含边的数量称为两点之间的距离。所有节点对的平均最短距离是网络的重要拓扑特征之一，该统计参数能够表明网络中节点间的分离程度，从而表征网络的全局连通特征[53]。平均最短距离可采用下式计算：

$$l = \frac{1}{N(N+1)} \sum_{i,j \in N(i \neq j)} d_{ij} \tag{2-49}$$

式中，l 为网络平均最短距离；N 为网络中节点数；d_{ij} 为节点 i 与 j 之间的最短距离。

2.6 本 章 小 结

本章首先对城市交通网络交通特征研究领域的发展脉络进行梳理，提出本章研究的关键问题与分析框架。在此基础上，分别对于节点、路段及网络自身的交通特征进行具体分析，并介绍代表性理论与常用计算方法。对于节点交通特征，侧重于对各类交叉口通行能力与交叉口延误进行分析；对于路段交通特征，侧重于对路段通行能力与路段阻抗函数进行分析；对于网络交通特征，侧重于对网络等级配置与连通度等整体交通特征分析。通过本章的分析介绍，可全面了解城市交通网络的基本交通特征，为后续章节的研究工作奠定基础。

参 考 文 献

[1] Kuby M, Tiemey S, Roberts T, et al. A comparison of geographic information systems complex networks, and other models for analyzing transportation network topologies[S]. NASA/CR-2005-2l3522. 2005.

[2] 汤国安, 刘学军, 闾国年, 等. 地理信息系统教程[M]. 北京: 高等教育出版社, 2007.

[3] 高自友, 赵小梅, 黄海军, 等. 复杂网络理论与城市交通系统复杂性问题的相关研究 [J]. 交通运输系统工程与信息, 2006, 6(3): 41-47.

[4]   National Research Council. Highway Capacity Manual[R]. USA: Washington D. C., Transportation Research Board, 1950.

[5]   National Research Council. Highway Capacity Manual[R]. USA: Washington D. C., Transportation Research Board, 1965.

[6]   National Research Council. Highway Capacity Manual[R]. USA: Washington D. C., Transportation Research Board, 1985.

[7]   National Research Council. Highway Capacity Manual[R]. USA: Washington D. C., Transportation Research Board, 2000.

[8]   National Research Council. Highway Capacity Manual[R]. USA: Washington D. C., Transportation Research Board, 2010.

[9]   高海龙. 公路交叉口通行能力分析方法[D]. 南京: 东南大学, 2000.

[10] 王炜, 高海龙, 李文权. 公路交叉口通行能力分析方法[M]. 北京: 科学出版社, 2001.

[11] 李文权, 王炜. 无信号交叉口混合车流的通行能力模型[J]. 东南大学学报 (自然科学版), 2000(1): 107-110.

[12] Kyte M, Zegeer J, Lall B K. Empirical models for estimating capacity and delay at stop-controlled intersections in the United States[C]//Intersections without traffic signals II. Proceedings of an International Workshop. Springer, Berlin, Heidelberg, 1991: 335-361.

[13] Virkler M R. Pedestrian compliance effects on signal delay[J]. Transportation Research Record, 1998, 1636(1): 88-91.

[14] 陈峻, 徐良杰, 朱顺应. 交通管理与控制[M]. 北京: 人民交通出版社, 2012.

[15] 辛泽昊. 面向交通网络分配的交叉口延误模型研究[D]. 南京: 东南大学, 2018.

[16] 阙方洁. 交通管理措施影响下的城市道路路段通行能力与行驶时间研究[D]. 南京: 东南大学, 2018.

[17] Manual T A. Urban planning division[R]. US Department of Commerce, Washington D. C., 1964.

[18] Davidson K B. A flow travel time relationship for use in transportation planning[C]//3rd Australian Road Research Board (ARRB) Conference, Sydney, 1966, 3(1): 183-194.

[19] Akçelik R. Travel time functions for transport planning purposes: Davidson's function, its time dependent form and alternative travel time function[J]. Australian Road Research, 1991, 21(3): 49-59.

[20] Spiess H. Technical note—conical volume-delay functions[J]. Transportation Science, 1990, 24(2): 153-158.

[21] 王炜, 张桂红. 城市道路路阻函数研究[J]. 重庆交通学院学报, 1992, 11(3): 84-92.

[22] 任刚, 刘晓庆, 全林花. 混合交通条件下的城市道路实用路阻函数[J]. 中国公路学报, 2009, 22(4): 92-95.

[23] 王建军, 王吉平, 彭志群. 城市道路网络合理等级级配探讨[J]. 城市交通, 2005, 3(1):37-42.

[24] 张水潮, 任刚, 王炜. 城市道路网络功能匹配度分析模型[J]. 系统工程理论与实践, 2010, 30(9): 1716-1721.

[25] 施耀忠, 陈学武, 刘小明. 公路网规划的技术评价指标与评价标准研究[J]. 中国公路学报, 1995, 8(S1): 120-124.

[26] 杨吾扬, 张国伍, 王富年, 等. 交通运输地理学[M]. 北京: 商务印书馆, 1986.

[27] 周伟, 张生瑞, 高行山. 基于模糊理论和神经网络技术的公路网综合评价方法研究 [J]. 中国公路学报, 1997, 10(4): 77-84.

[28] Dijkstra E W. A note on two problems in connexion with graphs[J]. Numerische Mathematik, 1959, 1(1): 269-271.

[29] Floyd R W. Algorithm 97: Shortest path[J]. Communications of the ACM, 1962, 5(6): 345.

[30] 王炜, 陈学武. 交通规划 [M]. 2 版. 北京: 人民交通出版社, 2017.

[31] 程杰. 大话数据结构 [M]. 北京: 清华大学出版社, 2011.

[32] 蔡先华. GIS-T 空间数据库管理与应用关键技术研究[D]. 南京: 东南大学, 2007.

[33] 郭仁忠. 空间分析 [M]. 北京: 高等教育出版社, 2001.

[34] Egenhofer M J, Frank A U, Jackson J P. A topological data model for spatial databases[C]. First Symposium, on the Design and Implementation of Large Spatial Databases, Santa Barbara, 1989: 47-66.

[35] Cai X H, Bai C G, Dou W. Road network pyramid model[J]. Applied Mechanics and Materials, 2012, 253-255: 1201-1208.

[36] 王炜. 道路平面交叉口通行能力的延误分析法[J]. 中国公路学报, 1998, 11(S1): 1-6.

[37] 高海龙, 王炜, 项乔君, 等. 无信号交叉口通行能力折减系数计算法[J]. 公路交通科技, 2000, 17(5): 65-68.

[38] 高海龙, 王炜, 常玉林, 等. 交叉口通行能力的综合计算法[J]. 公路交通科技, 2001, 18(1): 69-72.

[39] Tanner J C. The capacity of an uncontholled intersection[J]. Biometrika, 1967, 54(3-4): 657-658.

[40] 王炜. 无控制交叉口通行能力及延误的车队分析法[J]. 重庆交通学院学报, 1990, 9(1): 70-79.

[41] 项乔君, 王炜, 陈冰, 等. 环形交叉口通行能力理论模型研究[J]. 中国公路学报, 1999, 12(4): 72-75.

[42] 贾丰源, 严凌, 董洁霜, 等. 基于信号控制的城市道路环形交叉口通行能力分析研究 [J]. 中山大学学报 (自然科学版), 2008, 47(S1): 20-24.

[43] 袁晶矜, 袁振洲. 信号交叉口通行能力计算方法的比较分析[J]. 公路交通技术, 2006, 22(5): 123-128, 132.

[44] 北京市市政设计研究院. 城市道路设计规范[M]. 北京: 中国建筑工业出版社, 1991.

[45] 王炜, 陈峻, 过秀成. 交通工程学[M]. 3 版. 南京: 东南大学出版社, 2019.

[46]　陈宽民, 严宝杰. 道路通行能力分析[M]. 2 版. 北京: 人民交通出版社, 2010.

[47]　邱荣华, 李文权. 低渠化环形交叉口延误理论模型研究[J]. 交通运输工程与信息学报, 2005, 3(1): 104-107, 112.

[48]　王炜. 公路交通流车速-流量实用关系模型[J]. 东南大学学报 (自然科学版), 2003, 33(4): 487-491.

[49]　王炜, 徐吉谦, 杨涛, 等. 城市交通规划理论及其应用[M]. 南京: 东南大学出版社, 1998.

[50]　中华人民共和国住房和城乡建设部. 城市综合交通体系规划标准: GB/T 51328—2018[S]. 北京: 中国建筑工业出版社, 2019.

[51]　周竹萍. 基于交通方式分担的城市道路等级配置方法研究[D]. 南京: 东南大学, 2009.

[52]　陆建, 王炜. 城市道路网规划指标体系[J]. 交通运输工程学报, 2004, 4(4): 62-67.

[53]　吴建军. 城市交通网络拓扑结构复杂性研究[D]. 北京: 北京交通大学, 2008.

第3章　城市交通系统交通需求分析方法与模型

交通需求分析理论是交通领域近年来研究的热点之一。自 20 世纪 60 年代学者 Campbell[1] 把交通需求分析过程细分为交通生成、交通分布、方式划分以及交通分配 4 个步骤以来，这一方法开始逐渐被学者所熟知与接受，并被命名为四阶段法。四阶段法由于具有逻辑关系明确、步骤界限清晰等特点，在交通工程项目实践中随即得到了广泛应用。这一过程中，在广大学者与交通工程师的不懈努力下，四阶段法的各阶段都逐渐开始完善并相应形成了系列模型。但是，四阶段法由于阶段划分主观性强、分析过程数据需求大、结果易受模型及参数取值影响等问题，亟待理论层面的改善及创新。

本章重点围绕交通生成、交通分布、方式划分 3 个阶段，在梳理国内外研究进展的基础上，整理并提出了交通需求分析的传统模型与改进模型，并对可能条件下的交通需求组合模型发展及应用进行探讨。

3.1　概　　述

3.1.1　交通需求分析方法概述

自四阶段法被提出以来，学者们从交通调查方法到需求分析理论、从交通需求建模到应用热点，对交通需求涉及多方面开展研究，并在交通出行的各个阶段取得了成果。

交通生成分析主要通过梳理交通、土地与出行的关系，进而获取各交通区内的交通生成量，具体包括交通发生与交通吸引两部分。交通生成分析模型按照分析数据源的颗粒度不同，分为集计模型、非集计模型。集计模型是以交通区为单位统计与分析交通出行的次数，其分析的关键要点分别为单位指标、增长系数与生成函数关系，常用模型有原单位法、增长率法与函数法。非集计模型则是以个体的出行选择概率分析为基础，估计每个出行者的出行次数，并统计获得交通系统的总体出行情况，主要模型有 Logit 模型、基于神经网络的分析模型等。相比集计模型而言，非集计模型由于分析精度高、适用范围广的优点，虽然起步发展略晚，但是其已经成为研究的主流与热点并逐渐用于交通生成分析。交通生成分析理论框架如图 3-1 所示。

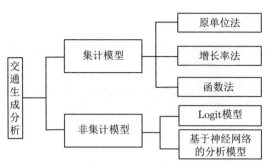

图 3-1　城市交通生成分析理论与模型

交通分布分析的任务是将各交通区的交通生成转换为交通区与区之间的分布，并通过整理获得交通区之间起讫点 (origin-destination, OD) 矩阵。交通分布分析模型 (图 3-2) 分为增长系数模型、综合类模型。增长系数模型是假定未来的 OD 矩阵与现有 OD 矩阵的分布趋势相同，并基于这一假设进行 OD 分布分析，更适用于中短期交通分布分析，包括简单增长系数模型、Fratar 模型、Furness 模型和 Detroit 模型等[2]；综合类模型则是通过对 OD 分布规律的剖析，构建相应的数学模型来处理交通分布的演化问题，包括重力模型[3,4]、熵模型[5]、介入机会模型等。相比较而言，综合类模型更适合于中长期交通分布分析。

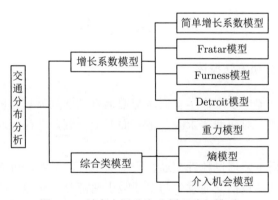

图 3-2　城市交通分布分析理论与模型

交通方式划分基于出行者的出行方式选择行为，分析出行选择规律，预测不同交通方式在出行过程中所占比例。按照分析对象的统计单位不同，同样可以将交通方式划分分析模型分为集计模型与非集计模型，见图 3-3。与交通生成模型类似，采用集计模型分析时，是以交通区为单位整体统计与分析交通区交通方式选择比例，常用模型包括转移曲线模型、交叉分类模型、回归分析模型等[6]；非集计模型是以个体的方式选择行为为基础，估计每个出行者的方式选择概率，进而获得交通区范围内每种方式的出行比例，常用的方法包括 Logit 模型、Probit 模型和 MD 模型等[7]。需要特别说明的是，本书重点介绍的优势出行距离模型，其实质属于集计模型，建模思路类似于转移曲线模型。由于影响方式选择的因素较多，在进行交通方式划分分析过程中，包括出行时间、乘车距离、小汽车拥有情况、空间结构等关键因素对出行方式选择结果的影响也是上述模型分析过程中的重点[8,9]。

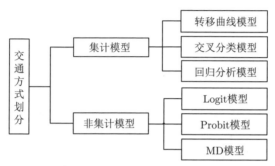

图 3-3 城市交通方式划分分析理论与模型

这里具体说明"交通区"的概念，需要特别说明的是，交通区 (traffic analysis zone) 是进行交通理论分析的基本空间单元。根据交通区的面积大小不同，可细分为交通小区、交通中区与交通大区。本书中提到的"交通区"可指代以上三种情况。

3.1.2 交通需求分析软件概述

随着计算机软硬件的进步，以及人们对城市交通分析与决策工作重要性认识的加深，研究人员意识到单纯依靠手动分析与计算无法满足交通系统精准分析的需求，并着手研发功能丰富、形式多样的交通分析软件，用于辅助交通需求分析的开展，常用的软件以 TransCAD、EMME/2、TRIPS、VISUM 等国外软件为主。国内的交通分析软件方面，东南大学团队研发了交通网络系统分析软件"交运之星-TranStar"，是少数国内自行开发、具有完全自主知识产权的交通分析软件。关于主流交通分析软件的基本情况及应用介绍详见第 7 章。

3.2 城市交通需求生成分析模型

交通需求生成分析是交通需求分析的第一阶段，主要用于求取各个对象地区交通需求的总量，即交通生成量，以及各交通区的交通发生量与吸引量。按照分析对象不同，可进一步将其细分为客运生成 (常住人口、流动人口) 和货运生成分析。

3.2.1　交通需求生成分析集计模型

经典的交通区发生、吸引量分析方法大致可分为：原单位法、增长率法、函数法。

1. 原单位法

原单位法包括基本原单位法、交叉分类法、类型分析法，这三种方法的区别在于后两者对家庭类型、家庭结构等进行更详细的划分。

1) 基本原单位法

基本思想：以出行者或家庭作为基本单位，以基本单位诱发的交通量作为原单位，分析区域范围内原单位的交通生成情况，则原单位与出行者或家庭数量的乘积即为交通生成量。

原单位的选取：考虑到国内个体的交通行为多由个体意志决定，我国多以单个个体的出行者平均出行交通量作为原单位；部分国家 (如美国) 则以户为单位。

研究区域总交通生成量的计算公式如下：

$$T = \sum_{m} \sum_{n} a_n^m P_n \tag{3-1}$$

式中，T 为研究对象地区的生成交通量；a_n^m 为属性为 n、目的为 m 的生成原单位；P_n 为属性为 n 的人口数。

2) 交叉分类法

基本思想：首先把家庭按照人口规模、机动车保有情况、收入情况等因素进行分类，随后获取不同类型家庭的平均出行次数；根据人口密度的加权平均值，求得各类型家庭的出行次数，再求和得到各个交通区的居民出行生成量。

3) 类型分析法

类型分析法由交叉分类法演变而来，同样是以家庭为基本单元，将研究范围内所有家庭按照结构、收入水平、机动车保有量分类，研究假定某一时期内某一类家庭的出行产生率相对稳定，通过统计得到单位时间内家庭平均出行率，参照交叉分类法，用此数值乘以各交通区所有分类中家庭单元的数量，累加后为各个交通区的居民出行生成量。

2. 增长率法

基本思想：交通区的交通发生、吸引量 T_i' 等于基准年此交通区的发生、吸引交通量 T_i 乘以其到目标年的增长率 F_i，即

$$T_i' = T_i \cdot F_i \tag{3-2}$$

增长率 F_i 的确定是上式分析的关键，可以将其理解为各个交通区活动指标的增长率，例如，

$$F_i = \alpha_i \cdot \beta_i \tag{3-3}$$

式中，α_i、β_i 分别是人口和人均自行车拥有量的增长率。

3. 函数法

函数法也称为多元回归分析法，是利用函数式分析交通出行需求的方法，包括回归分析模型、时间序列模型。

1) 回归分析模型

回归分析模型主要通过构建交通生成和主要影响因素间的函数关系进行交通生成分析，其内涵用数学语言可描述为，交通产生或吸引受到人口、就业、经济、土地利用等多个因素的影响。回归分析模型适合用于宏观分析，尤其适合于城市用地类型复杂、用地混合度较高区域的交通生成预测研究。

2) 时间序列模型

时间序列模型基于时间序列分析的思想，依托历史数据分析发展规律，对交通生成进行回归，并据此回归关系分析交通生成的演化情况。该模型由于需要长期的交通需求生成资料，同时精度随着时间的推移显著下降，因此不适用于远期分析。

3.2.2 交通生成分析非集计模型

1. Logit 模型

利用非集计模型进行交通生成分析的基本思路为，通过非集计模型计算个体出行者的出行次数 (或概率)，进而集计形成交通系统的总生成量。采用 Logit 模型预测交通生成量，需要先计算出行者 n 的出行概率 $P_n(1)$，计算公式如下：

$$P_n(1) = \frac{1}{1 + e^{\beta(x_{0n} - x_{1n})}} \tag{3-4}$$

式中，$P_n(1)$ 为出行者 n 决定出行的概率；β 为需要标定的生成系数向量；x_{0n} 为出行者 n 在个人效用中决定出行的解释变量；x_{1n} 为出行者 n 在个人效用中决定不出行的解释变量。

由此，交通生成量 T 就可以表示为

$$T = \sum_{n=1}^{P} P_n(1) \tag{3-5}$$

式中，T 为交通区的交通生成量；P 为交通区内的人口总量。

式 (3-5) 中暗含一个假设，即交通区范围内出行者的选择具有一致性，这与实际情况是不一致的。因此在工程应用中，通常会按照某种原则划分出行者，再对每一类出行者分别采用式 (3-5) 进行分析。

2. 其他非集计模型

除了 Logit 模型外，其他的成熟非集计模型方法如灰色模型、神经网络等也可以用来分析个体的出行次数，进而获取交通生成量。

灰色理论及其模型由模糊数学派生，用于解决缺少数据的不确定性问题，将分析对象视作灰色系统来开展研究。在交通生成分析时，灰色模型根据已知或非确定性信息，构建一个可以由过去贯穿至未来的模型，用于确定交通需求在未来的发展变化规律，这为交通需求分析提供新思路。

神经网络是一种非线性动力系统，具有高并行性、好容错性、优记忆力、强自适性等优势，可实现对信息的高效分析及运算。借助神经网络，可以构建一套基于个体出行者属性的交通出行需求分析与预测模型，实现对交通生成量的精准分析。

3.3　城市交通需求分布分析模型

交通需求分布分析是把交通需求发生与吸引量分析获得的各交通区需求，转换成交通区之间的空间分布，即获得 OD 矩阵的过程。本部分主要介绍典型的交通分布分析模型。

3.3.1　增长系数模型

基本思路：在历史交通分布给定的情况下，可以基于特定的增长系数分析获得未来的 OD 矩阵。假定某城市设置有 n 个交通区，待分析的 OD 矩阵可以表示为 $\begin{bmatrix} d'_{11} & d'_{12} & \cdots & d'_{1n} \\ d'_{21} & d'_{22} & \cdots & d'_{2n} \\ \vdots & \vdots & & \vdots \\ d'_{n1} & d'_{n2} & \cdots & d'_{nn} \end{bmatrix}$。其中，交通区 i 至交通区 j 的交通量分布值为 d'_{ij}，是需要通过模型分析得到的。

以上 OD 矩阵首先要满足交通发生与交通吸引的平衡，即 $P'_i = \sum_j d'_{ij}$、$A'_j = \sum_i d'_{ij}$、$D' = \sum_i P'_i = \sum_j A'_j$。其中，$P'_i$ 为交通区 i 的待分析年交通发生量，A'_j 为交通区 j 的待分析年交通吸引量，D' 为待分析年交通生成量。

随后，需要对 OD 矩阵进行迭代分析。令 $F_i^{(m)} = P_i^{(m)}/P_i^{(m-1)}$、$G_j^{(m)} = A_j^{(m)}/A_j^{(m-1)}$，分别为第 m 次迭代时交通区 i 发生量增长系数、交通区 j 吸引量增长系数，由此得到迭代公式：

$$d_{ij}^{(m+1)} = d_{ij}^{(m)} \times f\left(F_i^{(m)}, G_j^{(m)}\right) \tag{3-6}$$

式中，$f\left(F_i^{(m)}, G_j^{(m)}\right)$ 为增长函数；$d_{ij}^{(m)}$ 为第 m 次迭代时交通区 i 至交通区 j 的交通量分布值。

对于式 (3-6)，当每一步计算完成后，需要重新计算公式中的各项指标。若重新计算得到的交通区 i 发生量增长系数、交通区 j 吸引量增长系数小于某设定的阈值时迭代结束，得到待分析年的交通量分布值，即 $d_{ij}' = d_{ij}^{(m)}$，此时的 OD 矩阵为最终的待分析 OD 矩阵。

根据增长函数 $f\left(F_i^{(m)}, G_j^{(m)}\right)$ 形式的不同，增长系数模型分为如下 4 种。

1. 简单增长系数模型

1) 常增长系数模型

基本思想：交通区 i 和 j 之间交通量增长会以某一固定比例进行，基于此可以给出此时的增长系数函数：

$$f\left(F_i^{(m)}, G_j^{(m)}\right) = C \tag{3-7}$$

式中，C 为增长率常数，其他参数含义同前。

该方法假定交通出行分布的增长为常数，忽视了不同交通区间的特征差异，对交通发生与吸引之间的内在联系考虑也不足，因而该方法的分析结果最为粗糙。但考虑到常增长系数的操作便捷性，该方法常被用于对交通分布的快速估计计算。

2) 平均增长系数模型

基本思想：交通量 d_{ij} 的增长与交通区 i 发生量和交通区 j 吸引量均相关，且两者对 d_{ij} 增长的贡献是相当的。平均增长系数模型的增长函数如下所示：

$$f\left(F_i^{(m)}, G_j^{(m)}\right) = \frac{1}{2}\left(F_i^{(m)} + G_j^{(m)}\right) \tag{3-8}$$

2. Fratar 模型

Fratar 模型认为 d_{ij} 的增长不仅与交通区 i 发生量和交通区 j 吸引量的增长系数有关，还与整个区域内其他交通区的增长系数有关，其增长函数为

$$f\left(F_i^{(m)}, G_j^{(m)}\right) = F_i^{(m)} \times G_j^{(m)} \times \left(\frac{L_i + L_j}{2}\right) \tag{3-9a}$$

$$L_i = \frac{F_i^{(m)}}{\sum\limits_j d_{ij}^{(m)} G_j^{(m)}} \tag{3-9b}$$

$$L_j = \frac{G_j^{(m)}}{\sum\limits_i d_{ij}^{(m)} F_i^{(m)}} \tag{3-9c}$$

式中，L_i，L_j 为交通区的地区性 (位置) 因素，其他参数含义同前。

除简单增长系数模型以外，Fratar 模型的收敛速度相较其他方法都要快，且分析精度高于简单增长系数模型，是交通分布分析中较为常用的方法之一。

3. Detroit 模型

Detroit 模型是假设 d_{ij} 与交通区 i 发生量和交通区 j 吸引量的增长系数的乘积成正比，和交通需求生成总量的增长系数成反比，其增长函数为

$$f\left(F_i^{(m)}, G_j^{(m)}\right) = \frac{F_i^{(m)} \times G_j^{(m)}}{D^{(m)}/D^{(m-1)}} \tag{3-10}$$

4. Furness 模型

Furness 模型的计算相对较为复杂，需要先分析交通区的发生量平衡关系并获取交通生成相关参数 (平衡因子，记为 a_i)，之后分析交通区吸引量平衡关系并获取交通吸引相关参数 (平衡因子，记为 b_j)，最后通过计算获取交通区交通量的变化。Furness 模型由于具有双平衡因子约束，因此也被称作 Furness 双约束法。Furness 模型的迭代计算公式如下：

$$d_{ij}^{(m+1)} = a_i b_j d_{ij}^{(m)} \tag{3-11a}$$

$$\begin{cases} a_i^{(m)} = F_i^{(m)} \Big/ \sum_j b_j^{(m)} d_{ij}^{(m)} \\ b_j^{(m)} = G_j^{(m)} \Big/ \sum_i a_i^{(m)} d_{ij}^{(m)} \end{cases} \tag{3-11b}$$

对于式 (3-11a)，其核心是计算并确定平衡因子的取值。由于两者间存在关联关系，一般通过迭代来实现平衡因子的确定，迭代过程具体如下：

步骤 1. 首先令 $b_j^{(m)}$ 等于 1，并通过式 (3-11b) 的上部分求解获得 $a_i^{(m)}$，即满足生成约束条件；

步骤 2. 用求解得到的 $a_i^{(m)}$，代入式 (3-11b) 的下部分并求解获得 $b_j^{(m)}$，即满足吸引约束条件；

步骤 3. 用求解得到的 $b_j^{(m)}$，代入式 (3-11b) 的上部分并求解获得 $a_i^{(m)}$；

步骤 4. 重复步骤 2 和步骤 3，直到 $a_i^{(m)}$ 和 $b_j^{(m)}$ 的变化小于阈值时为止。

3.3.2　重力模型

重力模型的基本思想来源于万有引力定律，该模型假定交通区之间的交通量与两区之间的 "质量"(人口数量、工作岗位等) 成正比，与两区之间的 "距离"(交通阻抗) 成反比。

按照模型得到的交通区之间交通量求和与交通发生、交通吸引量是否一致，重力模型可进一步分为无约束重力模型、单约束重力模型和双约束重力模型。

1. 无约束重力模型

无约束重力模型是最早也是最经典的交通需求分布分析模型，其公式如下：

$$d_{ij} = K \frac{P_i A_j}{(C_{ij})^2} \tag{3-12}$$

式中，K 为重力模型系数；P_i 为交通区 i 的交通发生量；A_j 为交通区 j 的交通吸引量；C_{ij} 为交通区 i 与交通区 j 之间的阻抗。

式 (3-12) 拘泥于万有引力公式，导致某些场景下的分析出现误差，因此后续的分析与研究工作中采用更为一般性的表达形式：

$$d_{ij} = K P_i^\alpha A_j^\beta f(C_{ij}) \tag{3-13}$$

式中，α、β 为待定系数；$f(C_{ij})$ 为交通阻抗函数，常为幂函数、指数函数等。

2. 单约束重力模型

考虑到无约束重力模型无法保证分析结果的平衡性，在无约束重力模型的基础上加上约束条件后，发展形成了单约束的重力模型。典型的单约束重力模型有乌尔希斯重力模型、美国联邦公路局重力模型。

1) 乌尔希斯重力模型

将交通发生约束条件公式 $K = \dfrac{1}{\sum\limits_j A_j f(C_{ij})}$ 代入无约束重力模型式 (3-13) 中，即可得到

$$d_{ij} = \frac{P_i A_j f(C_{ij})}{\sum\limits_j A_j f(C_{ij})} \tag{3-14}$$

2) 美国联邦公路局重力模型

美国联邦公路局重力模型 (BPR 模型)[10] 的公式如下：

$$d_{ij} = \frac{P_i A_j f(C_{ij}) K_{ij}}{\sum\limits_j A_j f(C_{ij}) K_{ij}} \tag{3-15}$$

式中，K_{ij} 为交通调整系数。

相比乌尔希斯重力模型，BPR 模型引入了交通调整系数，具体计算流程同乌尔希斯重力模型。目前，BPR 模型在城市居民出行分布分析方面应用较多，实践证明其分析精度相较乌尔希斯重力模型更高。

3. 双约束重力模型

双约束通过在无约束重力模型中同时约束交通发生和交通吸引来实现，模型如下：

$$d_{ij} = K_i K_j P_i A_j f(C_{ij}) \tag{3-16a}$$

$$K_i = \left[\sum_j K_j A_j f(C_{ij})\right]^{-1} \tag{3-16b}$$

$$K_j = \left[\sum_i K_i P_i f(C_{ij})\right]^{-1} \tag{3-16c}$$

由于一般不存在同时满足需求守恒 (约束条件) 的参数，此模型的参数标定过程中，往往需要先确定一个收敛判别条件，当满足收敛条件后，即完成双约束重力模型的参数标定。

3.3.3　熵模型

"熵" 源于热力学，是描述信息不确定性的一种度量，目前已经扩展应用于物理学、信息科学、交通科学等领域。在交通分布分析领域，常用的熵模型为威尔逊模型和佐佐木纲模型。威尔逊模型对任意交通点对间进行分布分析时假设各目的地的选择概率相同，并将出行总费用作为第三约束表征；佐佐木纲模型是在威尔逊模型的基础上，引入了重力式先验概率，利用观测得到的历史数据进行模型检验，因而其较威尔逊模型更为实用[11]。

佐佐木纲模型中，对于交通区 i 和交通区 j 之间的交通量，采用如下的公式估算：

$$d_{ij} = h_{ij} P_i \tag{3-17}$$

式中，h_{ij} 为交通区 i 的出行者选择交通区 j 的出行概率。

假设交通区 i 的交通发生概率为 f_i，交通区 j 的交通吸引概率为 g_j，则两者可进一步通过下式计算得到

$$f_i = P_i/D \tag{3-18a}$$

$$g_j = A_j/D \tag{3-18b}$$

由此，可以构建关于交通分布的规划问题目标函数及限制条件，如下式所示：

$$\max L = -\sum_i \sum_j f_i h_{ij} \ln f_i h_{ij} - V \sum_i \sum_j f_i h_{ij} \ln f_i C_{ij}$$

$$\text{s.t.} \begin{cases} \sum_j h_{ij} = 1 \\ \sum_i (f_i h_{ij}) = g_j \end{cases} \tag{3-19}$$

式中，目标函数的第一部分为熵，第二部分为交通阻抗的期望值。求解上述的规划问题，可以得到 h_{ij} 计算式为

$$h_{ij} = \mathrm{e}^{\mu_i/f_i + \lambda_j - 1} C_{ij}^{-\gamma} \tag{3-20}$$

式中，μ_i 和 λ_j 是与式 (3-19) 约束条件有关的拉格朗日系数，可以通过反复收敛计算确定；γ 为待确定参数，由最小二乘估计得到。

由此，确定交通区 i 至交通区 j 的出行概率 h_{ij} 后，就能够求得 OD 矩阵。

3.3.4　介入机会模型

将从某一个交通区出行的交通量 (即生成量) 选择某一个交通区作为目的地的概率进行模型化，所形成的模型记为介入机会模型。模型具有如下的假定：① 出行者希望出行时间尽可能短；② 出行者选择目的地交通区时，会按照合理标准确定交通区优先顺序；③ 出行者将某小区作为目的地的概率大小与其活动规模正相关。

介入机会模型的概率选择过于笼统，交通区优先顺序的决定也存在一定主观性，导致了介入机会模型在处理城市内部交通分布，尤其是中短距离出行分析时，精度较低，因此该方法在城市交通分布分析中的应用较少。

3.4　城市交通需求方式划分分析模型

交通需求方式划分分析的核心是通过建立模型拟合交通方式选择规律，进而分析与预测城市交通方式结构。在这一过程中，可以根据城市交通系统运行状况、交通政策引导需要提出合理交通出行结构。本节针对不同类型的交通方式划分模型进行梳理。

3.4.1　交通方式划分集计模型

1. 转移曲线模型

转移曲线是在大量调查统计资料基础上绘制的曲线，用以表达不同交通方式分担率与其影响因素之间的联系。其基本思路如下：针对需要分析的交通方式，挑选 (主要) 因素作为决定参数，统计分析决定参数取值与对应交通方式选择比例进行拟合，并绘制转移曲线诺谟图。

由于转移曲线模型的方法简单且易于理解，因而在早期，交通方式划分大多是以转移曲线模型为核心。由于该方法是建立在历史数据上的，其理论基础仍旧为概率统计，需要依据大量的调查和统计分析才能保证结果的可靠和无偏，因而其对于历史数据 (质量和数量) 的要求是相对较高的。

2. 交叉分类模型

以家庭为单位的出行方式选择行为往往趋于一致。基于这一认识，交叉分类模型即以家庭为分析单位，根据对方式划分起重大影响的因素将交通区内的家庭进行分类，并针对每个类型家庭的特征进行方式选择分析。家庭特征主要包括人口、收入水平、拥有车辆数、学生数等。交叉分类模型具体如下所示：

$$P_i^k = \sum_s a_s^k N_{si} \tag{3-21}$$

式中，P_i^k 为交通区 i 第 k 种方式的出行产生量；a_s^k 为全区域内第 s 类家庭第 k 种方式的出行率；N_{si} 为交通区 i 第 s 类家庭数量。

与转移曲线模型类似，交叉分类模型同样需要大量的数据调查和统计，才能实现针对每个类型家庭的每种交通方式选择分析，其对于历史数据的要求同样较高。

3. 回归分析模型

基本思路：选择与方式选择行为密切相关且近似独立的影响要素作为自变量，并通过回归获得不同影响要素与方式分担率之间的关系。函数模型主要有线性的和非线性的 (指数、对数等)，其中线性模型使用较广泛。

线性回归分析模型具体如下所示：

$$P_i^k = b_0^k + b_1^k x_{i1} + b_2^k x_{i2} + \cdots + b_j^k x_{ij} + \cdots + b_n^k x_{in} \tag{3-22}$$

式中，$x_{ij}(j = 1, 2, \cdots, n)$ 为交通区 i 在待分析年各类独立自变量取值 (如人口数量、人均收入情况、人均机动车拥有情况、公交线网覆盖率等)；b_0^k 为线性回归常数项；$b_j^k (j = 1, 2, \cdots, n)$ 为在待分析年第 k 种方式对应各自变量 x_{ij} 的回归系数。

3.4.2　交通方式划分非集计模型

1. Logit 模型

从集计模型转向非集计模型后，交通方式划分从研究出行者整体转向分析出行者个体，假定每个出行个体的交通方式是按照自身出行最大效用进行选择的。其中，最为典型的模型为 Logit 模型。Logit 模型将可供选择的交通方式称为选择枝，每个选择枝都有一个效用函数，用以体现出行者对所选择出行方式的满意程度[12]。效用函数涉及出行时间、出行目的、出行距离等，由于影响因素无法一一测量，可以将其看作一个由效用确定项和不确定项组成的随机变量，即

$$U_{i,q} = V_{i,q} + \varepsilon_{i,q} \tag{3-23}$$

式中，$U_{i,q}$ 为选择项 i 对出行者 q 所构成的效用值；$V_{i,q}$ 为选择项 i 对 q 所构成的可确定的效用；$\varepsilon_{i,q}$ 为选择项 i 对 q 所构成的不可确定的效用。

假设各 $\varepsilon_{i,q}$ 相互独立且服从二重指数分布，则用户选择出行方式 i 的概率可以表示为

$$p_i = \frac{\exp(bV_i)}{\sum\limits_i \exp(bV_i)} \tag{3-24}$$

式中，b 为待定参数。进一步地，令 V_i 为

$$V_i = \theta_1 X_{i1} + \theta_2 X_{i2} + \cdots + \theta_k X_{ik} \tag{3-25}$$

式中，$\boldsymbol{\theta} = (\theta_1, \theta_2, \cdots, \theta_k)$ 为待标定的参数向量，$\boldsymbol{X_i} = (X_{i1}, X_{i2}, \cdots, X_{ik})$ 为个人选择枝的特性向量。

将式 (3-25) 代入式 (3-24)，同时，将 b 乘入后的 $b\theta_k$ 看成一个整体，但仍然记为 θ_k，最终得到 Logit 模型的形式为

$$p_i = \frac{\exp\left(\sum\limits_k b\theta_k X_{ik}\right)}{\sum\limits_i \exp\left(\sum\limits_k b\theta_k X_{ik}\right)} = \frac{\exp\left(\sum\limits_k \theta_k X_{ik}\right)}{\sum\limits_i \exp\left(\sum\limits_k \theta_k X_{ik}\right)} \tag{3-26}$$

当 $i = 2$ 时，表示只有 2 种出行方式，式 (3-26) 进一步简化为二项 Logit (binary-nomial logit，BNL) 模型；当 $i > 2$ 时，式 (3-26) 则可以进一步展开为多项 Logit (multi-nomial logit，MNL) 模型。

现实中的交通方式选择问题在微观层面往往更加复杂。比如，早上开车/骑车出行的人，其返程出行大概率还会选择开车/骑车方式，两次出行之间的方式选择相关且影响；再比如，出行过程涉及的目的地、采用的交通方式可能也不唯一，出行者可以在下班路上顺带购物，可以选择开车+公交的组合出行方式，等等。为了更好地适应交通方式选择的复杂性，研究人员对 Logit 模型也进行诸多改进，大致可以分为两类：① Logit 模型结构改进，将一个多项选择问题转化为更为复杂的 Logit 模型；② Logit 模型细节优化，关注模型自身内涵，对 Logit 模型的标定过程、参数设计等进行优化。

2. Probit 模型

Probit 模型作为另一种常用的非集计交通分布分析模型，与 Logit 模型随机项服从 Logistic 分布不同，该模型的基本假设是其随机项服从联合正态分布。

Porbit 模型取消了效用随机项的独立同分布假定, 以消除由此带来的偏差情况, 进而体现选择枝之间的关联。但其概率表达式为隐性, 导致 Probit 模型求解难度大, 因而其在交通工程实践中应用较少。

3. MD 模型

MD (modal demand) 模型是以概率论为基础的非集计模型。MD 模型基于出行损耗最小的原则, 同时考虑收入水平与消费水平, 得到时间价值和收入水平概率分布; 接着计算不同出行方式的时间价值, 并基于方式时间价值估算与分析各种交通方式的分担率。MD 模型因为仅选择出行费用和时间为方式划分的影响因素, 忽略出行便捷性、方式韧性等对交通方式的影响, 导致其在工程应用中同样受限。

3.4.3　优势出行距离分析模型

上面介绍的集计模型和非集计模型大体囊括了常用的交通方式划分分析方法。考虑到出行距离因素在方式选择过程中的重要影响, 参考转移曲线的思想可以得到每种出行方式在不同距离下的选择比例, 进而分析得到出行方式的优势出行距离。这一过程中, 可以得到交通方式在不同级别道路上的出行距离分布[13,14]、平均出行距离特征[15]、分担率-距离曲线[16] 等信息, 形成基于优势出行距离的方式划分分析模型、基于优势出行距离和方式结构目标值的方式划分分析模型。

1. 基于优势出行距离的方式划分分析模型

城市出行总量在整体上会随着距离的增加而减少。若将出行距离作为自变量, 通过对各种出行方式的距离数据进行拟合, 可以得到出行距离的累计分布函数, 如下式所示:

$$F(d) = 1 - e^{-\frac{\varepsilon'}{k+1}d^{k+1}} = 1 - e^{\tau d^{\xi}} \tag{3-27}$$

式中, $F(d)$ 为出行距离累计分布函数; ε' 为交通方式优势出行距离因子, 与各交通方式的优势出行距离相关, 一般情况下, 优势出行距离越长, 该值越小; k 为待定系数, 用于表达交通方式对于出行距离的敏感性; d 为出行距离 (km); ξ、τ 为待标定参数。

对以上出行距离累计分布函数 $F(d)$ 求导, 可以获得出行距离分布概率密度函数, 再乘以各方式出行总量, 得到如下的交通方式的 "出行量-距离" 转移曲线模型:

$$T_i(d) = T_i^{\text{all}} f_i(d) = T_i^{\text{all}} \tau_i \xi_i d^{\xi_i-1} e^{\tau_i d^{\xi_i}} = A_i d^{B_i} e^{\tau_i d^{\xi_i}} \tag{3-28}$$

式中, $T_i(d)$ 为第 i 种出行方式的出行量-距离函数; T_i^{all} 为第 i 种出行方式的出行总量; $f_i(d)$ 为第 i 种出行方式的距离分布概率密度函数; A_i、B_i 为待标定参数。

各交通方式在不同距离下的分担率 $g_i^0(d)$ 的计算公式为

$$g_i^0(d) = \frac{T_i(d)}{\sum\limits_i T_i(d)} \tag{3-29}$$

为了便于计算，采用文献 [17] 的方法对式 (3-29) 进行简化与近似，各交通方式的"分担率-距离"转移曲线模型主要包含 d 和 e^d 两个组成因子，简写为

$$g_i^0(d) = a_i d^{b_i} e^{c_i d} \tag{3-30}$$

式中，a_i、b_i、c_i 是待标定参数。

利用南京市的居民出行调查数据，对"分担率-距离"转移曲线模型的参数进行标定，结果如表 3-1 所示。容易看出，参数 a 随交通方式的变化波动较大，从交通应用过程中参数优化角度考虑，可以将参数 a 作为转移曲线模型的主参数优先进行标定。

表 3-1   "分担率-距离"转移曲线模型参数标定结果

交通方式	a	b	c
步行	3.0170	0.665	−1.358
自行车	0.3285	2.624	−0.883
电动自行车	0.0892	2.032	−0.345
公共汽车	0.0066	3.834	−0.515
小汽车	0.0008	3.286	−0.150
轨道交通	0.0001	4.298	−0.148

当对计算精度要求较高时，需要对"分担率-距离"转移曲线模型进行归一化处理，最终得到基于优势出行距离的"分担率-距离"函数[17]：

$$g_i(d) = \frac{g_i^0(d)}{\sum\limits_i g_i^0(d)} \tag{3-31}$$

利用上式，可以较为容易地获取每个出行距离 d 下各种出行方式的分担率比例，实现对交通方式划分的分析。

2. 基于优势出行距离和方式结构目标值的方式划分分析模型

借助上面构建的优势出行距离方式划分分析模型，可以分析不同方式的出行比例情况。除此以外，还可以通过设定城市出行方式的目标分担率，反推出标定模型的参数，进而获得不同出行方式的出行矩阵。与基于真实数据拟合得到的模型及其分析结果不同的是，目标分担率是针对城市发展方向及目标所设定的数值，是在交通分析范围内，以发展目标为指引的不同交通方式 OD 矩阵估计。

基于优势出行距离和方式结构目标值的方式划分分析模型方法依据给定的城市目标分担率，按照基于优势出行距离的方式划分分析模型方法，采取有向搜索算法进行求解。

3.5　交通需求组合分析模型

分阶段式的交通需求分析方法虽然计算与处理的过程简单，但是不能处理各阶段之间的交互关系，导致分析结果多存在与实际不符的情况。为了解决这一问题，研究者提出了交通需求的组合分析模型，将交通生成、交通分布、方式划分、交通分配等步骤中的两个或多个组合，形成修正后的组合分析模型，以改善模型分析结果。

交通需求组合模型的提出始于 20 世纪六七十年代，经过多年的发展，形成了基于土地利用、基于出行链的生成-分布组合模型，基于出行距离、基于出行总量的交通分布-方式划分组合模型，基于出行费用、基于多方式影响的方式划分-交通分析组合模型等典型成果，以及 VISEM 软件、OTM 系统等集成软件/平台。除此以外，其他的交通需求组合模型还有生成-方式划分组合模型、生成-分布-方式划分组合模型、分布-分配-方式划分组合模型等，但是由于需要借助大量的基础数据支撑，加之模型的结构复杂、求解不便等问题，这些模型相比前述模型，应用受到一定限制。常见的交通需求组合分析模型基本情况见表 3-2。

表 3-2　交通需求组合分析模型的应用

序号	组合模型类型	模型特点	主要应用
1	生成-分布组合模型	考虑因素比较周全，预测结果能体现交通阻抗的变动	无完整现状调查基础资料
2	分布-方式划分组合模型	考虑因素比较周全，预测结果能体现交通阻抗的变动	无完整现状调查基础资料
3	分布-分配组合模型	收敛速度快，迭代次数少，分析误差小	车种相对单一的交通环境
4	分配-方式划分组合模型	能够反映流量与服务水平的关系，预测效果好	适用于多方式城市客运交通需求分析
5	生成-方式划分组合模型	直接预测各方式产生量，需要基础资料多，分析结果较为粗略	适用于理论分析
6	生成-分布-方式划分组合模型	模型结构复杂，系数标定较困难	理论研究为主,实际应用较少
7	分布-分配-方式划分组合模型	模型需要多次迭代求解	理论研究为主,实际应用较少

3.6　本章小结

本章在综合国内外交通需求分析研究成果的基础上，对现代城市交通需求分析方法与模型进行系统梳理，重点围绕交通生成、交通分布、方式划分 3 个阶段的研究方法、模型成果及应用实践进行展开，最后探讨了交通需求组合分析模型的发展及应用。

参 考 文 献

[1] Campbell E W. The transportation system: An evaluation of alternative land use and transportation systems in the Chicago area[J]. Highway Research Record, 1968(238): 103-116.

[2] 杨兆升. 交通运输系统规划: 有关理论与方法[M]. 北京: 人民交通出版社, 1998.

[3] 田志立, 周海涛. 引力模型预测交通分布量的误差分析[J]. 公路交通科技, 1994, 11(2): 47-49.

[4] 王炜, 黄蓉, 华雪东, 等. 一种结合重力模型与 Fratar 模型的交通分布预测方法: 中国, CN106504535B[P]. 2018-10-12.

[5] 王炜, 孙俊. 大型交通网络 OD 矩阵推算方法研究[J]. 东南大学学报 (自然科学版), 1996, 26(S1): 47-54.

[6] 陈学武. 城市客运交通方式结构预测的层次分析法[J]. 东南大学学报 (自然科学版), 1998(3): 23-26.

[7] 关宏志. 非集计模型: 交通行为分析的工具[M]. 北京: 人民交通出版社, 2004.

[8] 周竹萍, 任刚, 王炜. 基于多级递阶层次结构模型的交通方式分担预测[J]. 吉林大学学报 (工学版), 2009, 39(S2): 116-120.

[9] Zhou Z P, Wang W, Hu Q Z. An application of hierarchical structure model for trip mode choice forecasting in China[J]. Mathematical Problems in Engineering, 2015, 2015: 925963.

[10] 田志立, 周海涛. 交通分布修正引力模型的应用[J]. 公路交通科技, 1996, 13(1): 48-53.

[11] 邵昀泓, 程琳, 王炜. 最大熵模型在交通分布预测中的应用[J]. 交通运输系统工程与信息, 2005, 5(1): 85-89.

[12] 徐任婷. 基于出行者个体行为特征的出行目的地与方式选择模型研究[D]. 南京: 东南大学, 2007.

[13] 周文竹, 王炜, 郭志勇. 基于各等级道路的交通方式出行距离分布研究[J]. 武汉理工大学学报 (交通科学与工程版), 2009, 33(5): 976-979.

[14] 周文竹, 王炜, 郭志勇. 团块状单中心大城市的出行距离分布规律研究[J]. 交通与计算机, 2008, 26(3): 9-13, 18.

[15] 万霞, 陈峻, 胡文婷. 城市小汽车的使用模式划分及预测模型[J]. 武汉理工大学学报 (交通科学与工程版), 2010, 34(4): 689-694.

[16] 李晓伟, 王炜. 综合运输体系客运方式分担率-距离转移曲线确定方法: 中国, CN2016 11052082. X[P]. 2017-05-17.

[17] 丁剑. 基于优势出行距离的方式分担率模型及软件实现[D]. 南京: 东南大学, 2017.

第 4 章　城市交通网络交通分配方法与模型

城市交通网络交通分配是通过模拟出行者对出行路径的选择行为，把各出行方式的出行需求通过分方式 OD 矩阵分配到具体的交通网络上，以获得交通网络中相关路段与交叉口的交通量，作为交通网络规划与管理方案设计和评价的依据。

交通分配可以归纳为以下问题形式：已知交通网络结构、路段交通阻抗函数、交叉口延误模型等信息，求解各路段及交叉口的交通阻抗值，依据交通阻抗将 OD 矩阵内各 OD 对的出行量加载到交通网络中，最终得到交通网络内各路段和交叉口的交通量。交通分配所需的交通网络通常用有向基本图形式表示，便于计算机识别；各出行方式的 OD 矩阵可通过实际 OD 调查获得，或通过交通分布预测及出行方式划分来估计；交通阻抗多选用包含出行时间和出行费用的广义出行成本，还可以根据分析要求增加考虑安全性、舒适性等因素，通常认为交通阻抗与所承载的交通量正相关；用一定的模型来描述网络内各出行方式和出行路径选择行为与交通阻抗之间的关系，常见的有最短路模型和多路径模型，据此将出行量加载到交通网络上，通过增量加载或网络均衡等方法求解交通网络上交通流量的合理分布。

本章首先概述城市交通网络交通分配理论与方法，然后介绍经典的交通网络交通分配模型，随后解析常用的交通网络交通分配方法，最后介绍交通网络交通分配的一体化模型体系。

4.1　概　　述

交通分配理论体系包括静态交通分配 (static traffic assignment，STA) 和动态交通分配 (dynamic traffic assignment，DTA) 两大部分[1]。静态交通分配是把确定的 OD 矩阵分配到交通网络上，即 OD 矩阵是已知的且不随时间变化，它反映的是交通网络长期稳定的均衡状态，主要广泛应用于城市交通系统规划及管理的方案设计与评估；动态交通分配的特点是在分配过程中增加了时间变量，考虑交通需求的时变性，即 OD 矩阵是随时间变化的，可以反映实时动态的交通流特征，主要服务于城市交通控制与实时诱导。

4.1.1　静态交通分配

交通分配是将出行需求 (OD 矩阵) 按一定的规则分配到交通网络中, 以达到交通网络均衡的稳定状态。由于实际交通网络的复杂性, 交通网络均衡状态很难描述, 使得交通分配问题一直是一项难度很大的工作, 多年来国内外学者不断探索能够严密定义这种均衡状态并进行数学表示的途径。

1952 年著名学者 Wardrop[2] 提出了交通网络均衡的定义及两个均衡原理, 奠定了确定性交通分配的理论基础: 第一原理是指在交通网络上, 出行者都确切地知道网络的交通状态并选择出行成本最小的路径出行, 达到均衡状态时所有被出行者选择的路径出行成本相等且小于所有没被选择的路径, 这一均衡状态称为用户均衡 (user equilibrium, UE) 或用户最优, 满足该原理的交通分配模型称为用户均衡分配模型; 第二原理则指出行者的路径选择是以使整个交通网络的系统总出行成本最小为目的, 当达到均衡状态时, 所有出行者都不可能通过单方面改变出行路径进一步降低系统总出行成本, 这一均衡状态称为系统最优 (system optimization, SO), 符合第二原理的交通分配模型称为系统最优分配模型。自 1952 年 Wardrop 提出均衡原理至今, 国内外对于 STA 理论的研究已近 70 年, 积累了丰硕的研究成果。

UE 与 SO 这两种均衡状态都建立在出行者能够掌握精确的路径出行成本的前提上, 这在现实生活中是很难实现的, 出行者往往是基于对路径出行成本的估计值来选择最小出行成本的路径。鉴于此 Daganzo 和 Sheffi[3] 将出行者在路径选择过程中对出行成本的估计值与实际值的误差看作随机变量, 提出了更为一般的随机用户均衡 (stochastic user equilibrium, SUE) 状态, 当交通网络达到 SUE 状态时, 同一 OD 对间的所有被选择路径上出行者的估计出行成本相等且最小, 考虑出行路径选择随机性的交通分配模型称为随机用户均衡分配模型。

1956 年, Beckmann 等[4] 提出了求解静态均衡交通分配的数学规划模型。1972 年, Dafermos[5] 将同一交通网络中的用户 (出行者) 进行分类, 不同类别用户具有不同的出行成本函数, 据此建立了多用户交通分配模型。1975 年, LeBlanc 等[6] 将 Frank-Wolfe 算法应用于求解 Beckmann 模型并广为流传, 该方法是一种用于求解线性约束二次规划问题的线性化算法。1979 年, Smith[7] 考虑道路交通流的相互影响, 证明了路段出行成本函数的 Jacobian 矩阵正定时均衡解存在且唯一。2002 年, Clark 和 Watling[8] 考虑均衡解受特殊矩阵及路段出行成本函数的影响, 提出基于敏感性分析的随机用户均衡分配模型。同年, Nagurney 和 Dong[9] 考虑用户时间价值差异, 基于包含出行时间和出行费用的广义出行成本, 提出了一个多用户多准则弹性需求交通分配模型。

在已有经典模型和求解算法的基础上, 大量关于静态交通分配的系列模型及求解算法不断涌现。东南大学王炜教授团队在静态交通分配模型构建和求解算法优化方面取得了丰硕的成果：首先在 Dial 算法的基础上，改进了 Logit 模型，提出了求解大型网络多路径交通分配的节点分配快速算法[10,11]；在此基础上，提出了基于改进的 Logit 路径选择模型和节点分配快速算法的公交客流分配模型[12]；并在交通网络最短路权矩阵的经典迭代算法对比分析基础上[13]，研究了交通管理措施下的阻抗及最短路搜索算法，提出了带转向延误的非对称多模式 UE 与 SUE 分配模型[14]；此外，在多模式公交超级网络特性分析算法[15]和公交网络容量限制分配、容量限制-多路径分配和随机用户均衡分配模型与算法领域[16]也取得较大进展。

4.1.2　动态交通分配

动态交通分配 (DTA) 模型分为两大类：一类基于理论分析，包括数学规划 (mathematical programming，MP) 模型、最优控制理论 (optimal control，OC) 模型和变分不等式理论 (variational inequalities，VI) 模型；另一类基于虚拟仿真，细分为宏观模型、中观模型和微观模型。

1. 基于理论分析的动态交通分配模型

MP 模型是以离散的时间序列为基础进行建模的。1978 年 Merchant 和 Nemhauser[17,18] 首次提出以数学规划法为基础的 DTA 模型，这是一个离散时间的、非凸的非线性系统最优规划模型，称为 MN 模型。基于数学规划的动态交通分配模型存在一些局限：主要针对多起点单终点交通网络设计，无法应用于多起讫点网络；将路段流量和车辆流入率同时作为规划变量使得模型求解困难；缺乏适用于大规模网络的实时算法支持。因此，最早体现 DTA 思想的 MP 模型逐渐被其他模型取代。

在 OC 模型中，假设 OD 出行率是已知的基于时间的连续函数，其约束条件与 MP 模型很类似。1989 年 Friesz 等[19] 将最优控制理论引入 DTA 建模，将 MN 模型改进为一个连续的最优控制问题，建立了基于最优控制理论的动态系统最优交通流分配模型，提出了 DTA 建模的新思路，后续学者对 DTA 的 OC 理论模型进行诸多改进[20]。虽然最优控制理论模型能够很好地解释动态交通系统，具有易于分析的特点，但利用最优控制理论构造模型的过程一般比较复杂，且模型求解需要满足对称性条件，对于一般网络仍缺乏有效的算法，所以需要对最优控制理论模型进行更加深入的研究。

VI 模型通过网络加载过程和网络分配过程，将动态交通流分配问题转化为一系列线性规划问题。网络加载过程是按预选路径，将已经分配好的交通量依据预计行驶时间，推演到按时间展开的空间网络上；网络分配过程是根据当前时间的空间网络进行一次交通分配，再将结果叠加到网络中，反复迭代直至收敛。1993

年 Firesz 等[21] 提出了组合动态最优的理论，将出发时间和出行路径选择进行融合研究，建立了动态系统最优的 VI 模型，此后诸多学者建立了一系列基于路径或路段的 VI 模型[22]。

2. 基于虚拟仿真的动态交通分配模型

动态交通分配模型使用交通仿真器描述复杂的交通流动态特性，此类模型模拟真实的交通运行情况，具有高度的保真性，对于开发实时运行策略具有重要意义，根据应用层次可分为宏观模型、中观模型和微观模型。宏观模型研究交通流的整体运行，分析交通网络特性，能够描述宏观的交通流三参数之间的关系，适用于长期的交通规划与宏观的交通管理；微观模型研究单个车辆的移动，通过对个体车辆的跟驰行为、换道行为等进行仿真，准确地描述任意时刻任意车辆的驾驶行为及其相互之间的影响，适用于中小规模交通网络的实时交通控制与诱导；中观模型综合了宏观模型和微观模型的优点，不但能解决宏观模型无法描述详细的交通状态指标的问题，而且能规避微观模型无法描述出行需求分布情况对系统状态影响的问题，适用于大中型交通网络的实时交通分析。

基于已有研究，王炜等[23] 提出一种宏观与微观交通仿真系统交互的交通分配方法，该方法中微观交通仿真系统的研究对象为交通网络中的瓶颈路段及大流量路段，将宏观交通仿真系统的输出路段流量作为微观交通仿真系统的输入参数，又将微观交通仿真系统的路段速度结果作为宏观交通仿真系统的修正输入，两套系统的数据不断交互，最终得到较为准确的交通分配结果，并可实现大型交通网络宏观交通分配与微观实时推演的时-空交通流分析一体化，该方法已集成于交通仿真平台软件"交运之星-TranStar"。

4.1.3　交通分配方法总结

依据 Wardrop 均衡原理将交通分配方法分为均衡分配方法和非均衡分配方法，前者遵循 Wardrop 均衡原理并依据严格数学推导进行均衡状态求解，包括用户均衡分配、系统最优分配和随机用户均衡分配；后者不满足 Wardrop 均衡原理，仅采用启发式算法或其他近似方法实现交通分配过程。依据 Wardrop 第二原理进行的交通分配，达到 SO 状态时网络总出行成本最小，这是交通网络的理想运行状态，但在实际生活中，出行者往往选择最短路径完成出行，即达到 UE 状态，而 UE 状态的系统总出行成本可以高达 SO 状态的 2.15 倍[24]，即通过实施各种交通管控与路径诱导措施，使得出行者的实际出行路径选择结果尽可能接近符合 SO 原理的路径分配结果，可以将网络通行效率提高 1.15 倍。两种均衡状态下网络通行效率的差距也是激发各种交通管理措施开发、路径诱导方案设计及相关交通政策制定的重要驱动力。

尽管 DTA 模型能反映实时变化的交通状况，但动态交通分配在实际应用中存在实时 OD 难以获取、模型约束条件苛刻、模型求解复杂等问题，且本书论述的 "城市虚拟交通系统" 面向的交通网络规划、交通设施建设、交通运行组织、交通管理控制、交通政策制定等主要交通业务适合采用 STA 模型，除非特别注明，后续内容所提及的交通分配模型均为 STA 模型。

4.2　城市交通网络交通分配模型

本节介绍经典交通分配模型：用户均衡模型、系统最优模型和随机用户均衡模型。

4.2.1　用户均衡交通分配模型

1. 基本符号

基于图论知识，可将城市交通系统看作一个抽象的有向基本图 $G=(N, A)$，网络的节点是城市道路的交叉口，节点之间的有向线段是城市道路的单向通行路段。本节涉及的相关符号[25] 定义如下：

N：节点的集合；

A：有向路段的集合，$a \in A$；

R：出行需求 O 点的集合，$r \in R$；

F：出行需求 D 点的集合，$s \in F$；

q^{rs}：OD 对 r-s 间的出行需求量；

x_a：路段 a 的交通流量，$a \in A$；

$\boldsymbol{X}$：所有路段的交通流量向量，$\boldsymbol{X} = (\cdots, x_a, \cdots)^{\mathrm{T}}$

t_a：路段 a 的交通阻抗，$a \in A$；

$t_a(x_a)$：路段 a 的交通阻抗函数，以 x_a 为自变量，$a \in A$；

K^{rs}：OD 对 r-s 间所有可行路径的集合，$k \in K^{rs}$；

f_k^{rs}：OD 对 r-s 间路径 k 上的交通流量；

c_k^{rs}：OD 对 r-s 间路径 k 的交通阻抗；

τ^{rs}：OD 对 r-s 间的最小交通阻抗；

$\delta_{a,k}^{rs}$：路段 a 与 OD 对 r-s 间路径 k 的关联关系，布尔变量，如路径 k 经过路段 a，$\delta_{a,k}^{rs} = 1$，否则 $\delta_{a,k}^{rs} = 0$。

2. 数学规划模型

交通分配需满足的基本守恒与约束条件包括：① 路段流量等于所有经过该路段的路径流量之和；② OD 对的所有可行路径流量之和等于 OD 对的出行需求

量；③ 在仅考虑路段出行阻抗的情况下，假定路段交通阻抗仅为该路段流量的严格增函数，与其他路段交通流量无关，则所有路径出行阻抗等于组成路径的各路段出行阻抗之和；④ 路段和路径流量满足非负约束。

根据 Wardrop 第一原理，Beckmann[4] 采用如下数学形式表达 UE 状态：

$$c_k^{rs} - \tau^{rs} \begin{cases} = 0, & f_k^{rs} > 0 \\ \geqslant 0, & f_k^{rs} = 0 \end{cases}, \quad \forall r, s, k \tag{4-1}$$

假设路段交通阻抗函数为凸函数，UE 分配问题可以看作一个凸规划问题，Beckmann 构建的与式 (4-1) 等价的数学规划模型为

$$\min Z(X) = \sum_a \int_0^{x_a} t(\omega) \, \mathrm{d}\omega \tag{4-2}$$

$$\text{s.t.} \begin{cases} \sum_k f_k^{rs} = q^{rs}, & \forall r, s \\ \sum_{rs} \sum_k f_k^{rs} \delta_{a,k}^{rs} = x_a, & \forall a \\ \sum_a t_a(x_a) \delta_{a,k}^{rs} = c_k^{rs}, & \forall r, s, k \\ x_a \geqslant 0, & \forall a \\ f_k^{rs} \geqslant 0, & \forall k, r, s \end{cases} \tag{4-3}$$

式中，目标函数是交通网络内所有路段交通阻抗函数积分之和，虽然目标函数本身没有确切的经济含义或直观描述出行者出行行为的含义，但经过严格的数学推导可以证明该模型的解与式 (4-1) 完全等价。同时该模型的约束条件由线性等式约束和非负约束构成，约束集是凸的，且目标函数是严格凸函数，因此模型求解的路段流量具有唯一最优解，但路径流量的最优解不具备唯一性[26]。

上述 UE 状态中的出行需求量是固定的，即为固定需求 UE 状态，当考虑弹性需求时，往往将弹性需求看作最小交通阻抗的函数[27]，即

$$q^{rs} = D^{rs}(\tau^{rs}), \quad \forall r, s \tag{4-4}$$

式中，$D^{rs}(\cdot)$ 表示 OD 对 r-s 的弹性需求函数。弹性需求下的 UE 状态可表达为

$$\begin{cases} f_k^{rs}(c_k^{rs} - \tau^{rs}) = 0, & \forall r, s, k \\ \sum_k f_k^{rs} = D^{rs}(\tau^{rs}), & \forall r, s \\ c_k^{rs} - \tau^{rs} \geqslant 0, \quad f_k^{rs} \geqslant 0, & \forall r, s, k \end{cases} \tag{4-5}$$

对应等价的弹性需求下 UE 模型为[28]

$$\min Z\left(X\right) = \sum_a \int_0^{x_a} t\left(\omega\right) \mathrm{d}\omega - \sum_{rs} \int_0^{q^{rs}} D^{{rs}^{-1}}\left(w\right) \mathrm{d}w \qquad (4\text{-}6)$$

式中，$D^{{rs}^{-1}}\left(\cdot\right)$ 为需求函数 $D^{rs}\left(\cdot\right)$ 的逆函数，约束条件不变。

4.2.2　系统最优交通分配模型

系统最优模型的约束条件与用户最优模型一样，其目标函数是使交通网络的所有出行者交通阻抗之和最小，可表达为[26]

$$\min Z\left(X\right) = \sum_a x_a t_a\left(x_a\right) \qquad (4\text{-}7)$$

约束条件仍为式 (4-3)。

通过阻抗函数的等价变换，SO 模型与 UE 模型进行转换[29]：

$$\tilde{t}_a\left(x_a\right) = t_a\left(x_a\right) + x_a\frac{\mathrm{d}t_a\left(x_a\right)}{\mathrm{d}x_a}, \quad \forall a \qquad (4\text{-}8)$$

$$
\begin{aligned}
\min Z\left(X\right) &= \sum_a \int_0^{x_a} \tilde{t}_a\left(\omega\right) \mathrm{d}\omega \\
&= \sum_a \int_0^{x_a} \left[t_a\left(\omega\right) + \omega\frac{\mathrm{d}t_a\left(\omega\right)}{\mathrm{d}\omega}\right] \mathrm{d}\omega \\
&= \sum_a \int_0^{x_a} \left[t_a\left(\omega\right) \mathrm{d}\omega + \omega\mathrm{d}t_a\left(\omega\right)\right] \\
&= \sum_a \int_0^{x_a} \mathrm{d}\left[\omega t_a\left(\omega\right)\right] = \sum_a x_a t_a\left(x_a\right)
\end{aligned} \qquad (4\text{-}9)
$$

因此，在式 (4-8) 的阻抗函数下用 UE 模型进行分配，得到的分配结果即为满足 SO 均衡分配的解。

4.2.3　随机用户均衡交通分配模型

1. 随机用户均衡状态描述

UE 与 SO 状态均假定出行者对交通网络的确定性交通状况是完全了解的，而在实际生活中出行者很难准确掌握交通网络的交通状况，对各可行路径的出行时间、费用等信息只能进行估计，且估计能力具有一定随机性。此时若出行者的路径选择符合 Wardrop 第一原理，则实际上出行者选择的最短路径是其估计的具有最小出行成本的路径，而不一定是具有实际最小出行成本的路径。当交通网络达到均衡状态时，网络中的所有出行者都选择了估计出行成本最短路径完成出行。

出行者的估计出行成本 C_k^{rs} 包含两部分：一部分是实际出行成本 c_k^{rs} 这一确定项，另一部分是估计偏差 ε_k^{rs} 这一随机项，可表达为

$$C_k^{rs} = c_k^{rs} + \varepsilon_k^{rs}, \quad \forall r, s, k \tag{4-10}$$

路径 k 被选择的概率 P_k^{rs} 为

$$P_k^{rs} = \mathrm{Pr}\left(C_k^{rs} \leqslant C_p^{rs}\right), \quad \forall r, s, \forall k, p \in K^{rs} \tag{4-11}$$

式中，$\mathrm{Pr}\left(\cdot\right)$ 表示事件发生的概率。路径 k 被分配的交通流量满足

$$f_k^{rs} = q^{rs} P_k^{rs}, \quad \forall r, s, k \tag{4-12}$$

由此可得 SUE 状态的数学表达式为[3]

$$\begin{cases} f_k^{rs}\left(f_k^{rs} - q^{rs}P_k^{rs}\right) = 0, & \forall r, s, k \\ \sum_k f_k^{rs} = q^{rs}, & \forall r, s \\ f_k^{rs} \geqslant 0, & \forall r, s, k \end{cases} \tag{4-13}$$

目前广泛使用的 SUE 交通分配模型依据的随机路径选择模型有 Logit 模型和 Probit 模型。若假设出行者对路径出行成本的估计误差独立同分布且服从 Gumbel 分布，则采用 Logit 模型进行路径选择概率求解，而 Probit 模型假设随机项的联合分布密度函数服从正态分布。

2. 数学规划模型

在路段实际出行阻抗函数 $t_a\left(x_a\right)$ 是关于路段流量 x_a 的严格单调增函数的假设下，路段关于 SUE 状态所对应的极小值问题可表达为[3,30]

$$\min Z\left(X\right) = -\sum_{rs} q^{rs} E\left[\min_k\left(C_k^{rs}\right)|c_k^{rs}\right] + \sum_a x_a t_a\left(x_a\right) - \sum_a \int_0^{x_a} t_a\left(\omega\right)\mathrm{d}\omega$$

s.t. 式 (4-3)

$$\tag{4-14}$$

式中，$E\left[\min_k\left(C_k^{rs}\right)|c_k^{rs}\right]$ 是随机变量的期望，恒有

$$\frac{\partial E\left[\min_k\left(C_k^{rs}\right)|c_k^{rs}\right]}{\partial c_k^{rs}} = P_k^{rs} \tag{4-15}$$

SUE 模型与 UE 模型的转换，可通过在式 (4-10) 中增加参数 σ 的方法实现：

$$C_k^{rs} = c_k^{rs} - \frac{1}{\sigma}\varepsilon_k^{rs} \tag{4-16}$$

式中，σ 表示出行者对交通阻抗估计的准确度：当 σ 比较小时，出行者对出行阻抗的估计存在较大偏差，按照式 (4-11) 的概率进行随机路径选择，即可达到 SUE 的分配结果；当 $\sigma \to \infty$ 时，表示出行者能够对路径的出行阻抗做出精准估计，出行者根据实际出行阻抗最小原则选择出行路径，最后达到的均衡状态即为 UE 均衡分配的结果。

4.3　城市交通网络交通分配方法

在 Beckmann 变换式成功求解之前，交通均衡分配问题的求解通常借助模拟和近似的方法，形成了一些无须获得均衡分配模型最优解的算法，称为非均衡分配方法。均衡分配方法的优点在于算法模型结构严谨、求解思路明确，缺点是维数高且约束条件多，求解过程相对复杂；非均衡分配方法概念明确、算法结构简单、计算流程简便且效果良好，在实际工程中得到广泛应用。无论是均衡分配方法还是非均衡分配方法，当不考虑路径选择的随机性时，每一次分配过程中依据最短路径原则进行全有全无流量加载，当考虑路径选择的随机性时，依据一定的有效路径确定原则，在多条有效路径之间按照概率进行多路径的流量加载。本节先介绍最基础的最短路交通分配方法和多路径交通分配方法，在此基础上展开考虑拥堵效应的增量加载交通分配方法 (非均衡分配方法) 和考虑交通均衡的网络均衡交通分配方法 (均衡分配方法) 的原理介绍及实现流程解析。

4.3.1　最短路交通分配方法

最短路交通分配是将每一 OD 对的 OD 量全部分配到连接该 OD 对的最短路径上，其他道路上不分配交通量，因此最短路交通分配又叫"全有全无分配法"，或"0-1 分配法"，是一种最简单的分配方法，也是其他分配方法的基础。最短路交通分配方法的核心是最短路算法。

1. 最短路搜索算法原理

交通分配需要通过有效的最短路径计算方法寻找 OD 对之间的最小交通阻抗路径，简称最短路径，最短路径的确定是求解交通分配问题的关键步骤。任何交通分配方法都是建立在最短路径的基础上，整个交通分配算法的执行时间大部分都用于最短路径搜索。

经典的最短路搜索算法为 Dijkstra 算法，已在 2.5.3 节详细介绍，除此之外，矩阵迭代法 (逐次逼近算法) 是借助路权 (交通阻抗) 矩阵的迭代运算来求解最短路权的常用算法, 可一次获得网络内任意两点间的最短路权。该算法的基本思想为: 采用节点间只经过一条边到达某一点的最短路权构造路权矩阵, 对路权矩阵依据式 (4-17) 进行迭代运算, 便可以得到经过 m 条边到达某一点的最短路权, 当 $\boldsymbol{D}^m = \boldsymbol{D}^{m-1}$ 时迭代停止, 此时 $\boldsymbol{D}^m$ 即为网络内任意两节点之间的最短路权矩阵:

$$\begin{cases} \boldsymbol{D}^m = \boldsymbol{D}^{m-1} * \boldsymbol{D} = \left[d_{ij}^m \right], & m = 2, 3, \cdots, n-1 \\ \left[d_{ij}^m \right] = \min \left[d_{ik}^m + d_{kj} \right], & k = 1, 2, \cdots, n \end{cases} \tag{4-17}$$

式中, $*$ 为矩阵逻辑运算符; n 为网络节点数; d_{ik}, d_{kj} 为路权矩阵 $\boldsymbol{D}$ 中的相应元素。

2. 最短路交通分配算法流程

最短路交通分配算法中, 路权为常数, 即该算法未考虑交通负荷对出行时间和交通均衡情况的影响。在交通分配时, 每一 OD 对的全部交通量都被分配到连通 OD 对的最短路径上, 即加载到组成该最短路径的所有路段上。最短路交通分配方法流程包括三步:

步骤 1. 确定各路段路权。计算自由流条件下各路段的路权。

步骤 2. 确定各 OD 对的最短路径。利用最短路搜索算法, 确定各 OD 对的最短路径。

步骤 3. 路段流量加载与更新。依次将 OD 对的交通量全部加载到最短路径的各个路段上, 并将同一路段上加载的流量不断累加, 直至所有 OD 对的交通量完成加载, 即得到交通网络最短路分配的最终结果。

具体流程如图 4-1 所示。

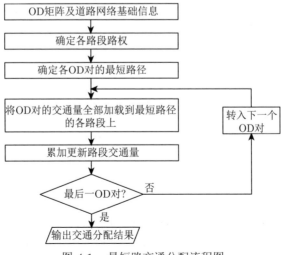

图 4-1 最短路交通分配流程图

4.3.2　多路径交通分配方法

前述最短路交通分配方法是基于出行者对路网基本情况有充足认知并能进行精准预测的假设下发展而来，道路出行者往往能选择最短路径出行。但实际情况是，交通网络结构复杂，出行路径众多，出行者在路径选择上难免存在一定的随机性，他们会在其认为的合理备选路径集 (通常包含多条路径) 中进行路径选择。最常用的多路径交通分配方法是利用随机效用理论和离散选择模型，计算出行者选择各备选路径的概率，进而对多条路径进行流量加载。这种多路径加载过程是 SUE 分配模型的基础，它能够充分体现出行者路径选择的最短路与随机性双重特征，捕获出行者对道路认知缺乏所产生的影响，并有效解决单路径分配时最短路径上流量积聚的问题。

1. 多路径分配概率模型

Logit 模型是最常用的路径选择概率模型，优点在于形式简单而且具有成熟有效的实现算法，但是存在两点不足[31]：① 由于该模型假定备选路径的估计交通阻抗分布相互独立，故无法体现网络拓扑结构对路径选择的影响，从而容易导致将过多的交通流量加载到互有重叠的路径上，给重叠路段带来所谓的 “分配拥堵”；② 模型假定路径估计交通阻抗分布的固定方差不随路径特征变化而变化，而事实上出行者对路径交通阻抗精确估计的可能性随阻抗的增大会减小，即实际阻抗越大的路径应该具有越大方差的误差项。Logit 模型虽然存在以上不足，但在实际应用中通过网络编码等规避措施，仍能得到高可靠的分配结果，因此依然在交通网络分析等领域被广泛应用。

Dial[32] 于 1971 年提出了初始的分配概率模型，反映出行路径被选择的概率随交通阻抗的增加而减小的规律，是实现 Logit 模型随机网络加载的有效算法。Florian 和 Fox[33] 于 1970 年对 Dial 模型进行修正，认为出行者从连接 r-s 两交通小区的备选路径集中选用路径 k 的概率 P_k^{rs} 为

$$P_k^{rs} = \frac{\exp\left(-\sigma c_k^{rs}\right)}{\sum_l \exp\left(-\sigma c_l^{rs}\right)} \tag{4-18}$$

式中，σ 为交通分配参数；c_k^{rs} 为路径 k 上的出行成本；c_l^{rs} 为 OD 对 r-s 间路径 l 的出行成本，$l \in K^{rs}$。

该多路径分配概率模型提出后被广泛应用于欧美各国城市交通规划中。该模型的不足是采用绝对出行成本分析时，交通分配参数 σ 的确定比较困难，σ 是一个带量纲的参数，并与可选择路径的多少、路径长度、路网规模、路径长度量纲

等有关，取值范围很大，而该参数的取值直接影响到交通分配结果，导致分配结果的可靠性较低。

鉴于 Dial 模型的不足，王炜[10,11] 提出以下改进的多路径分配概率模型：

$$P_k^{rs} = \frac{\exp\left(-\sigma c_k^{rs}/\bar{c}^{rs}\right)}{\sum\limits_l \exp\left(-\sigma c_l^{rs}/\bar{c}^{rs}\right)} \qquad (4\text{-}19)$$

式中，$\bar{c}^{rs}$ 为各出行路径的平均出行成本；σ 为无量纲交通分配参数。

改进的多路径分配概率模型有效解决了 Logit 模型中路径选择概率依赖于路径绝对出行成本的缺陷，且分配参数 σ 为无量纲，其标定不依赖于道路网络尺寸大小或出行成本的单位计量，因此对于不同交通网络 σ 值相对稳定。

2. 有效路经与节点分配法原理

根据王炜提出的节点分配算法[11]，对于某一 OD 对的交通分配，节点分配法是从起点开始逐个节点进行分配。分配过程中，引入了有效路段及有效出行路径两个概念，对于网络中的某一个节点 i，与节点 i 邻接的节点 j，定义路段终点 j 比路段起点 i 更靠近出行目的地 s 的路段 $[i\text{-}j]$ 为有效路段，即沿有效路段前进能更接近出行终点，用 c^{is} 和 c^{js} 分别表示节点 i、j 至出行终点 s 的最短路权，则有效路段 $[i\text{-}j]$ 满足：

$$c^{js} < c^{is} \qquad (4\text{-}20)$$

有效路段是相对于 OD 对而言的，OD 对 (r,s) 在进行节点 i 的出行量分配时，如果节点 i 邻接的路段中，有 m 条路段为有效路段，则节点 i 就有 m 条有效出行路径通向终点 s，只在这 m 条有效出行路径上进行出行量分配。在节点 i，连接有效路段 $[i\text{-}j]$ 至终点 s 的有效出行路径 $k(i\text{-}j, s)$ 的长度记为 c_k^{is}，定义 c_k^{is} 为有效路段 $[i\text{-}j]$ 的路权 d_{ij} 与路段终点 j 至出行终点 s 的最短路权 c^{js} 之和：

$$c_k^{is} = d_{ij} + c^{js} \qquad (4\text{-}21)$$

出行者在出行过程中，在某一交通节点对出行路径的选择，只与出行终点有关，与出行起点无关，则在分配通过某一交通节点的出行量时，可以将具有相同终点的出行量进行合并分析，无须考虑它们来自哪个交通小区、通过哪些上游节点。因而在某一节点可以将具有相同终点的出行量进行"批分配"，以提高分配速度，称该方法为节点分配法。具体地说，对于节点 i，需先累计由该点发出或途经该点且具有相同终点 s 的出行量 T^{is}，再根据各有效出行路径的长度，把出行量 T^{is} 分配到节点 i 邻接的有效路段上，见式 (4-22)：

$$T_{ij}^{is} = P_k^{is} T^{is} \tag{4-22}$$

式中，T_{ij}^{is} 为节点 i 邻接的有效路段 $[i\text{-}j]$ 的分配交通量；P_k^{is} 为出行量 T^{is} 在有效路径 $k(i\text{-}j, s)$ 上的分配率；T^{is} 为节点 i 处终点为 s 的出行量总和。

节点分配法在某一节点只对该节点邻接的有效路段分配交通量，由式 (4-21) 确定有效路径长度 c_k^{is}，再由式 (4-19) 确定有效出行路径的分配率 P_k^{is}，其中可选路径集为节点 i 邻接的终点为 s 的所有有效路径，最后由式 (4-22) 计算该节点各有效路段的分配交通量，并转入其他节点的分配流程。需特别说明的是，节点分配法中，有效路段、有效路径的判定仅限于当前分配的节点，当转入其他节点的分配流程时需重新确定。

3. 交通网络节点分配快速算法流程

对于大规模交通网络分析，传统交通分配方法的响应时间不能满足交通仿真分析的速度要求，如 "万点级" 的大规模交通网络交通分配响应时间要控制在 2min 内，就需要开发交通分配的快速算法。不管采用什么样的交通分配方法，各交通节点间、各 OD 对间的最短路矩阵计算是必需的，也是在整个交通分配过程中最花费计算时间的。如何提高最短路矩阵的计算速度，并避免最短路矩阵的重复计算，是提升交通分配算法效率的关键。

面向实际工程应用中的大型城市交通网络，王炜等[34] 采用了 "优先队列优化" 的 Dijkstra 算法分析最短路矩阵，大幅提升了计算速度，并通过 OD 矩阵转置，利用 Dijkstra 算法一次计算能获取所有交通节点至某一 OD 作用点的 "一批" 最短路径这一特点，通过 "一批" 最短路径与节点分配法中每次分配具有相同终点的 "一批" 出行量匹配，可一次完成 "一批" 出行量的交通分配。王炜等[36] 所提出的节点分配快速算法中采用了 "快速排序算法" 确定网络节点的交通分配顺序，对于某一个出行终点 s，采用 "优先队列优化" 的 Dijkstra 算法分析所有交通节点至 s 点的最短路径，并快速排序，从距离 s 点最远的交通节点开始，按顺序从远到近进行节点交通分配。

传统的交通分配是针对每一个 OD 对进行的，通过分析每一个 OD 对间的最短路、每条路径的分配率，形成网络上每个路段的交通量。如果拟分配的 OD 矩阵为 $M \times M$ 阶 (M 为交通小区数)，则需进行 M^2 次分配过程。而在节点分配法中，OD 矩阵是按批进行分配的，每一次分配具有相同终点的所有出行量 (OD 矩阵中的一列)，对于 $M \times M$ 阶的 OD 矩阵，只需进行 M 次分配，其交通分配工作量只为传统交通分配的 $1/M$。大城市交通小区数 M 往往有数百个，甚至数千个，也就是说，节点分配法的交通分配速度比传统的分配方法提高了数百倍，甚至数千倍。交通网络交通分配的节点分配快速算法流程图如图 4-2 所示。

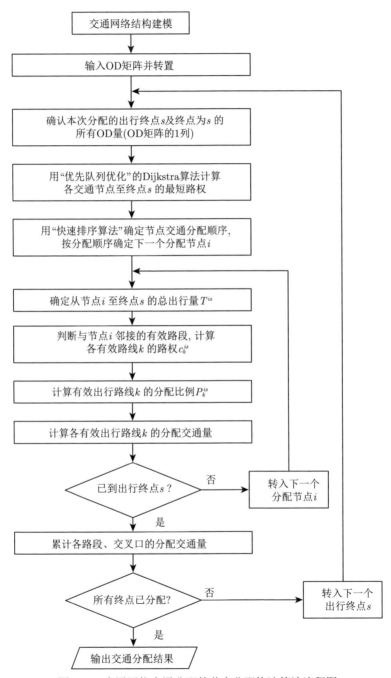

图 4-2　交通网络交通分配的节点分配快速算法流程图

4.3.3 增量加载交通分配方法

前述最短路交通分配方法、多路径交通分配方法都属于单次分配的非均衡交通分配方法，并没有考虑交通阻抗与交通负荷之间的关系，这与实际道路网络中交叉口、路段存在通行能力限制的情况有一定出入，而多次加载的增量加载交通分配方法能够弥补该不足。增量加载交通分配将每个 OD 对的出行量依据一定的原则分成若干份，然后根据当前交通网络交通阻抗，每次将一份 OD 量分配到备选路径上，每加载一次阻抗修正一次。根据加载过程中依据的路径加载原则，又可分为最短路-增量加载交通分配方法和多路径-增量加载交通分配方法。

1. 最短路-增量加载交通分配方法

最短路-增量加载分配方法的基本思想是将 OD 矩阵依据一定的出行量拆分比例分成若干个 OD 分矩阵 (与原矩阵阶数相同)，在每次迭代后根据交通网络已加载的交通量更新路段交通阻抗，并依据最短路分配原则将下一个 OD 分矩阵加载到交通网络上，并更新累计的路段交通量。这种逐次加载的非平衡分配方法，在合理的拆分份数和拆分比例下能较好地逼近均衡解，具体算法流程如图 4-3 所示，基本流程包括以下四步，其中 N 代表拆分的份数，n 代表当前加载的次数：

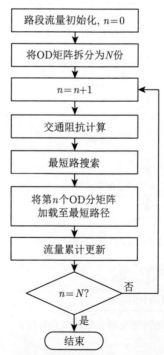

图 4-3　最短路-增量加载交通分配算法流程图

步骤 1. 拆分原 OD 矩阵为 N 个 OD 分矩阵。首先将原始 OD 矩阵进行拆分，分成 N 个 OD 分矩阵，令加载次数 $n = 1$。

步骤 2. 更新并计算路权。确定当前流量状态下，交通网络的实际最短路权矩阵。

步骤 3. 最短路交通分配。用最短路交通分配方法对第 n 个 OD 分矩阵进行分配。

步骤 4. 流程停止判断。若 $n = N$，则分配结束；反之，令 $n = n+1$，返回步骤 2。

通常拆分的份数越多,最短路-增量加载交通分配方法的结果就越接近均衡解，但不可避免地增加计算工作量，且非平衡分配方法不能保证结果完全满足 UE 条件，OD 矩阵不拆分时该方法就是最短路交通分配方法。王炜等[34] 建议按"先多后少"的原则将 OD 矩阵分成不等的 N 个 OD 分矩阵 (N 视网络规模而定)，每次加载 1 个 OD 分矩阵，第 i 次加载比例 p_i 为

$$\begin{cases} p_i = (N - i + 1)/f(N) \\ f(N) = N(N+1)/2 \end{cases} \tag{4-23}$$

通常的增量加载次数 N 建议取 5~10。随着迭代的进行每次加载的 OD 分矩阵占原有总量的比例逐渐减小，递减拆分的算法相对于等分拆分 OD 矩阵的算法能获得更接近均衡解的结果。特别地，当 $N = 1$ 时，便成为单次交通分配；当 $N \to \infty$ 时，便趋向于均衡交通分配。

2. 多路径-增量加载交通分配方法

多路径-增量加载交通分配方法，一方面通过多路径加载原则考虑了将出行者在路径选择时对交通网络复杂程度、道路交通状况的认知差异性，另一方面通过增量加载方式将交叉口、路段通行能力限制下的拥挤效应也考虑在内，使分配结果更加合理。与最短路-增量加载交通分配方法相似，多路径-增量加载交通分配方法也需要将原 OD 矩阵拆分成 N 个 OD 分矩阵，然后分 N 次用多路径分配原则加载 OD 分矩阵，每次仅分配一个 OD 分矩阵，且每分配一次路权就要进行一次更新，直至 N 个 OD 分矩阵分配完毕。

多路径-增量加载交通分配方法的基本流程与最短路-增量加载分配方法基本相同，不同之处在于，步骤 3 用多路径交通分配方法对第 n 个 OD 分矩阵进行分配。

增量加载分配法的优点是简单可行，易于编程，可通过分割数 N 来调整精度，实践中经常被采用。

4.3.4　网络均衡交通分配方法

网络均衡交通分配模型大部分可归结为一个维数很高的凸规划问题或非线性规划问题。在 Wardrop 交通网络均衡的概念和定义被提出后，Beckmann 等提出了一种用于描述 UE 原理的数学规划模型，LeBlanc 等引入 Frank-Wolfe 算法成功求解这个模型，从而形成了现在实用的均衡交通分配方法。

1. 最短路-网络均衡交通分配方法

Frank-Wolfe 算法是用于求解线性约束二次规划问题的一种线性化算法，在 1956 年由 Frank 和 Wolfe 首先提出，简称 F-W 算法[35]。作为一种迭代法，该方法在每步迭代中需要先找到最优下降方向，再确定在最优下降方向上截取的最优步长，进而得到下一步迭代的起点，重复迭代直到找到最优解为止。若在每次迭代中都解决一个线性规划问题，会产生巨大计算量而影响实际应用，但将线性规划问题变换为一次全有全无网络加载时，可以避免该问题，因此 F-W 算法特别适合于交通分配问题中 UE 规划的求解，这也是目前广泛应用的一种既严格又实用的均衡交通分配方法。最短路-网络均衡交通分配方法主要是采用 F-W 算法对交通网络流量分配问题进行求解。具体算法包括如图 4-4 所示的六大步骤。

步骤 1. 初始化。置迭代次数 $n=0$，令 $t_a^0 = t_a(0), \forall a$，采用最短路交通分配方法，依据自由流阻抗 (自由流情况下，路段交通流量为 0) 将 OD 矩阵分配到交通网络上，得到第 $n=1$ 次迭代下的路段流量 $\{x_a^n\}$。

步骤 2. 更新交通阻抗。计算 $t_a^n = t_a(x_a^n), \forall a$。

步骤 3. 搜索目标函数的下降方向。依据更新的交通阻抗，采用最短路交通分配方法得到一组附加流量 $\{y_a^n\}$。

步骤 4. 确定下降步长。采用线性搜索方法求得满足式 (4-24) 的最优下降步长 λ^*：

$$\lambda^* = \arg\min \sum_a \int_0^{x_a^n + \lambda(y_a^n - x_a^n)} t_a(\omega)\, \mathrm{d}\omega, \quad \lambda \in [0,1] \tag{4-24}$$

步骤 5. 更新流量。计算 $x_a^{n+1} = x_a^n + \lambda^*(y_a^n - x_a^n)$。

步骤 6. 收敛性检查。若满足给定收敛准则，则完成分配；若不满足，令 $n = n+1$，返回到步骤 2。

2. 多路径-网络均衡交通分配方法

类似于最短路-网络均衡交通分配方法，多路径-网络均衡交通分配方法也是基于均衡解算法 (如 F-W 算法)，考虑出行者对不同路径的选择情况，结合多路径加载方式将 OD 矩阵分配到交通网络上。

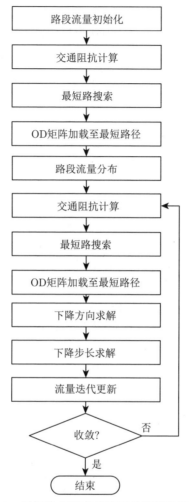

图 4-4 最短路-网络均衡交通分配算法流程图

多路径-网络均衡交通分配方法是在初始化阶段首先使用多路径交通分配方法，根据给定条件的路段费用，将 OD 矩阵分配到交通网络上，后续交通网络流量的更新过程与 F-W 算法相似，只是每次迭代过程中依据多路径交通分配方法完成单次分配的流量加载。

3. 连续平均法

连续平均法是另一种迭代算法，介于增量加载法和网络均衡分配法之间，求解过程类似于网络均衡分配法，在每次迭代中不断更新已分配到各路段上的交通量来逐渐逼近均衡解，但 F-W 算法每次迭代步长是通过线性搜索严格确定的，而连续平均法每次迭代的步长是确定的，即 $1/n$，故连续平均法属于非均衡交通分配的一种启发式算法，可以简单便捷地获得最接近于均衡解的分配结果，如果 λ 严格按照线性搜索的最优步长取值，那么它就是 F-W 算法。

由于算法结构上的相似性，连续平均法和 F-W 算法的程序代码经过简单的修改能够相互转换，这为交通分配程序模块的一体化设计带来了方便。

4.4　交通网络交通分配的一体化模型

我国城市交通系统的规划建设、运行管理、系统控制、安全保障与政策制定涉及多个政府职能部门，如城市规划局、城乡建设局、交通运输局、交通管理局、发展和改革委员会等，这些部门在开展与交通相关的业务策略设计与决策时均会涉及交通网络交通分析。由于应用需求不同，目前各部门预测特定场景下的网络交通流量时使用的交通系统分析软件和交通分配方法并不相同，这些软件的分析模型和分配方法的差异性可能产生不一致，甚至有争议的分析结果。针对此类问题，本节介绍一种嵌入"交运之星-TranStar"平台软件的交通网络交通分配一体化模型，从基础模型与算法、模型关键参数设计和交通阻抗函数设计等层面进行一体化框架设计与一体化组合流程设计，从而在实现交通分析结果可靠性的基础上，保障多应用场景下各类综合交通分析结果的连贯性与一致性，为同一个交通问题的解决方案在不同部门之间形成共识提供理论与技术支撑。

4.4.1　交通分配方法族谱体系

如前所述，当前用于交通网络分析的交通分配方法众多、模型繁杂、体系混乱，且效率很低，分析精度与响应时间不能满足交通分析与仿真的要求。通过对国际上常用的城市交通网络交通分配方法进行梳理、分析，根据路径选择原则、拥堵效应处理和分配次数等要素进行组合、归纳，王炜等[36,37] 构建了能覆盖大部分常用交通分配方法的族谱体系，包含如表 4-1 所示的 6 种交通分配方法。

表 4-1　交通分配方法族谱体系

分配类型	单路径型交通分配	多路径型交通分配
单次分配	最短路交通分配	多路径交通分配
多次加载	最短路-增量加载交通分配	多路径-增量加载交通分配
均衡迭代	最短路-网络均衡交通分配	多路径-网络均衡交通分配

表 4-1 对经典的交通分配方法进行了梳理归类。从路径选择的角度，可分为基于单路径和基于多路径的路径选择原则；从拥堵效应的处理角度，可分为单次分配方法、多次加载方法和均衡迭代方法。

4.4.2 交通网络交通分配的一体化模型框架

1. 交通分配方法的一体化架构设计

交通分配方法的一体化架构需要涵盖交通分配方法族谱中的所有算法，以满足城市交通系统规划建设、管理控制及政策制定等多应用场景对交通分配方法的需求。因此，一体化模型体系设计由"交通网络交通分配基础模型与快速算法"+"模型关键参数"+"交通阻抗函数"三部分组成，使用共享的交通分配模型 (基础模型与快速算法)、各自的交通分配策略 (模型关键参数与交通阻抗函数) 满足城市交通系统规划建设、管理控制与政策制定等不同的应用场景。

交通分配方法的一体化构架中，所有交通分配方法共享同一个"交通网络交通分配基础模型与快速算法"基础模块，通过不同的模型关键参数确定交通分配的路径选择原则与交通分配迭代方法，依据不同场景确定交通阻抗函数，以满足城市交通系统中交通规划、交通管理、交通设计、交通政策制定等不同类型应用场景对网络交通流分析的要求。通过"交通网络交通分配基础模型与快速算法""模型关键参数"和"交通阻抗函数"模块的不同组合，建立城市交通网络交通分配一体化模型体系，满足我国城市交通系统的规划建设、运行管理、系统控制、安全保障与政策制定等各个职能部门业务工作对交通网络交通分析的需求。结合交通分配方法族谱体系，交通分配方法的一体化架构设计如图 4-5 所示。

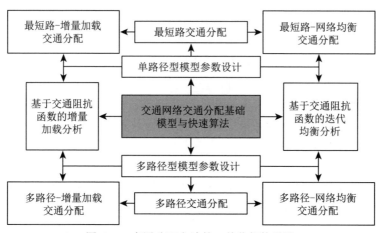

图 4-5 交通分配方法的一体化架构设计

2. 交通分配基础模型与快速算法

"交运之星-TranStar"试图寻找一种能涵盖各种交通网络分析应用场景的交通分配模型作为交通分配基础模型。传统的 Logit 模型 (式 (4-18)) 分配参数的最优值随交通网络的不同而不同，需要在模型用于每个网络交通分配之前对其进行参数校准，这就降低了模型的可靠性与实用性，特别是在现实网络流量数据无法用于模型校准的情况下。

为了解决这一问题，王炜[11] 提出了改进的 Logit 模型 (式 (4-19)) 来描述路径选择，是以相对路径出行成本而不是以绝对值作为自变量来衡量备选路径的差异，这使得出行者感知误差的方差成为相应 OD 对的平均路径出行成本的关联函数；我们利用北京市、南京市近 2000 万条出行轨迹大数据对车辆出行/居民出行时路径选择的行为特征分析，对模型分配参数进行校准。一方面两个城市交通网络中分配参数的最优值非常接近，且校准后的模型能够较好地模拟观测到的交通流；另一方面当分配参数改变时，估值性能受到的影响较小，显示了改进模型具有较强的鲁棒性。

尽管改进的 Logit 模型是针对多路径交通分配提出的，但该模型通过与模型参数、交通阻抗函数组合，能支持交通分配方法族谱体系中的所有交通分配方法，并满足不同应用场景对普适性和可靠性的要求，因此，我们采用改进的 Logit 模型 (式 4-19) 作为交通分配一体化模型体系的基础模型。

而该交通分配基础模型的快速算法即为 4.3.2 节所述交通网络节点分配快速算法，此处不再赘述。

3. 交通分配基础模型参数设计

在交通分配基础模型中，分配参数 σ 表征出行者的道路认知程度，它衡量了不同路径感知出行成本的分散程度。从物理上讲，分配参数 σ 可以解释为出行者对交通状况的了解程度，σ 值越大，说明了解程度越高，在这种情况下出行者很可能选择出行成本最小的路径；当 σ 值较小时 (如接近于 0)，说明了解程度较低，在这种情况下，出行者选择每条路线的可能性几乎相同。因此，σ 的取值需要用实际数据进行校准，由于基础模型的分配结果不依赖于网络的规模，σ 的校准值对于不同网络是相对稳定的。

分配参数 σ 的决定性因素是有效路径条数。根据交通分配基础模型的分配方法设计及有效路径定义，出行量的分配是按节点进行的，逐点分配，直至终点。对于每个 OD 对，在某个节点上有不同的有效路径条数，并且该条数不超过该节点的连接路段数。大部分城市交通网络的交通节点连接路段平均数为 3 左右。通过对南京、重庆两个特大城市交通网络大数据的分析，发现城市交通网络中 95% 以上的节点可选择有效路径为 1 条或 2 条，而 1 条路径为确定性选择，参数大小不影响交通分配结果。因此，确定分配参数的关键是 2 条路径可供选择的分配参数。

通过数值分析发现，由于负指数函数的特征，利用基础模型进行交通分配时，若参数值为 100，则交通分配结果与最短路交通分配结果几乎完全一致，即基础模型的交通分配方法等同于最短路交通分配方法, 将 OD 矩阵全部分配到出行成本最小的路径上; 若参数值为 0, 则各有效路径的分配率相同, OD 矩阵会被等分给所有有效路径, 即基础模型的交通分配方法为平均交通分配方法 (实践中很少采用); 若参数值介于 0 和 100 之间, 则各条有效路径被分配的概率由基础模型计算, 即基础模型的交通分配方法, OD 矩阵分配给所有有效路径。根据北京市、南京市近 2000 万条出行轨迹大数据分析, 参数 σ 值的变化区间为 1~12, 最佳值分布区间为 6.18~8.87, 对于通常的城市交通网络, 建议采用 $\sigma = 7.2$。

从表 4-2 可以看出, 交通分配方法族谱体系中的 6 种常用交通分配方法 (表 4-1) 都可以统一在基于式 (4-19) 的交通分配基础模型中。用同一个基础模型, 不同的分配参数 (7.2 或 100)、不同的分配流程 (一次性或增量加载) 构成了 6 种常用交通分配方法, 这种一体化模型体系大大增强了交通分配方法的通用性。

表 4-2 多路径交通分配基础模型分配参数 σ 设计

序号	交通分配类型	路径选择	σ 的建议值
1	一次性交通分配	最短路 (确定性)	100
2		多路径 (概率性)	7.2
3	增量加载交通分配	最短路 (确定性)	100
4		多路径 (概率性)	7.2
5	网络均衡交通分配	最短路 (确定性)	100
6		多路径 (概率性)	7.2

4. 交通阻抗函数结构设计

交通阻抗函数取决于交通网络类型 (道路交通网络、地面公交网络、轨道交通网络)、分配的交通方式 (步行出行、自行车出行、机动车出行、公共交通出行等)、分析的应用场景 (各类交通建设方案、交通发展政策、交通管理措施等)。因此, 可以通过交通阻抗函数的结构设计使 "交通网络交通分配基础模型与快速算法" 满足城市交通系统规划建设、管理控制与政策制定等不同的应用场景。

国际上常用的交通阻抗函数多数是在 BPR 函数 (式 (2-42)) 的基础上, 针对不同的交通网络类型、交通方式及特定应用场景修改而成。本节将服务于交通分配一体化的交通阻抗函数设计为 "路段阻抗 + 节点延误 + 附加阻抗" 的广义交通阻抗函数结构, 见图 4-6。

路段阻抗计算包括通行能力计算与行程时间计算两个基础部分。根据路段的道路等级及基本几何信息计算不同交通方式的通行能力, 考虑所分析的应用场景, 如路侧停车管理、公交专用道设置等交通管理策略, 对不同交通方式的路段通行能力进行合理修正；采用修正后的路段通行能力计算路段行程时间，结合路段禁止通行、尾号限行等交通管理策略的实施情况，对不同交通方式的行程时间进行修正，得到不同交通方式路径选择所依据的路段阻抗信息。

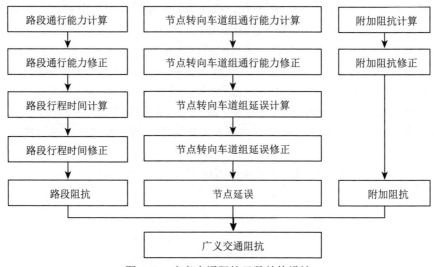

图 4-6　广义交通阻抗函数结构设计

　　节点延误计算包括通行能力计算和延误计算两个基础部分。根据节点控制类型和邻接边转向车道组情况，计算不同交通方式在各转向车道组下的通行能力，考虑所分析的应用场景，如交通绿波设置、公交优先信号等，对车道组通行能力进行合理修正；采用修正后的通行能力，基于节点延误模型计算节点转向车道组延误，结合禁止转向等交通管理策略的实施情况，对不同交通方式的节点延误进行修正，得到不同交通方式各转向车道组的节点延误。

　　附加阻抗计算可将费用、舒适感、出行偏好等影响路径选择的附加信息转换为等价的时间，纳入广义交通阻抗函数内；不依赖于路段和节点的时间信息，如出租车的候车时间、公交站点的接入时间等，也可通过附加阻抗的形式直接纳入路径选择时所依据的广义交通阻抗信息。

　　基于以上广义交通阻抗函数结构，不同交通网络类型可通过路段、节点基础信息进行区别描述，不同交通方式在路段通行能力与行程时间、节点通行能力与延误计算环节可通过参数选择实现一一对应，不同应用场景可通过对不同交通方式的路段通行能力与行程时间、节点通行能力与延误的组合修正实现量化模拟。因此，通过路段阻抗、节点延误和附加阻抗的修正与组合，可获得给定交通网络在选定应用场景下分配特定 OD 矩阵所需的广义交通阻抗。

4.4.3 交通分配方法的一体化组合流程

交通分配方法族谱体系中,最基础的是最短路交通分配与多路径交通分配,其余算法是在此基础上,基于交通阻抗函数进行增量加载分析或均衡迭代分析来实现的。

由于分配参数取 100 时,多路径交通分配结果与最短路交通分配结果一致,因此可以将基于式 (4-19) 的交通分配基础模型作为多路径交通分配、最短路交通分配的共享模型 (分配参数分别取 7.2、100)。基于 4.4.2 节所述一体化模型框架,各类交通分配方法的一体化组合流程设计如表 4-3 所示。

表 4-3 交通分配方法一体化组合设计

序号	分配类型	交通分配方法	分配参数	交通阻抗函数	迭代误差控制	基础模型
1	单次分配	最短路交通分配	100	不涉及		
2		多路径交通分配	7.2			共享
3	多次加载	最短路-增量加载交通分配	100			"交通网络交通
4		多路径-增量加载交通分配	7.2	不同场景下的	收敛偏差	分配基础模型与
5	均衡迭代	最短路-网络均衡交通分配	100	"交通阻抗函数"	控制 0.1%	快速算法"
6		多路径-网络均衡交通分配	7.2			

单次交通分配方法:传统的最短路交通分配、多路径交通分配都是单次交通分配,即用交通分配的基础模型与快速算法,把出行量一次性全部分配到交通网络上,不进行交通阻抗分析与迭代计算。最短路交通分配时,基础分配参数取 $\sigma = 100$;多路径交通分配时,取 $\sigma = 7.2$。

增量加载交通分配方法:根据分配需求在广义交通阻抗函数结构下获得所需交通阻抗;依据选定的拆分份数 N 和每次加载比例确定规则,将 OD 矩阵进行拆分,如选用递减规则,按式 (4-23) 确定第 i 次加载比例 p_i。通常的增量加载次数 N 建议取 5~10。

网络均衡交通分配方法:将出行 OD 矩阵按自由流下的基础阻抗用交通分配的基础模型与快速算法进行单次交通分配,记录初始分配结果;根据上次分配结果更新路段阻抗并进行更新分配,获得最优下降方向,采用线性搜索获得最优步长,进而确定更新后的分配结果;依据收敛判定条件进行迭代循环至满足收敛条件,如选用式 (4-25) 所示的平均绝对百分偏差作为收敛标准,第 k 次迭代偏差 $\varepsilon^{(k)}$ 统计过程中,排除第 k 次和上次迭代分配结果相同的路段及上次分配后路段流量 $x_a^{(k-1)}$ 为 0 的路段,参与偏差统计的路段总数为 $M^{(k)}$,给定判别标准取值范围建议为 0.1%~1%。

$$\varepsilon^{(k)} = \frac{1}{M^{(k)}} \sum_a \left| \frac{x_a^{(k)} - x_a^{(k-1)}}{x_a^{(k-1)}} \right| \times 100\% \qquad (4-25)$$

4.5　本 章 小 结

本章首先概述了城市交通网络静态交通分配与动态交通分配理论与模型。其次，对用户均衡、系统最优和随机用户均衡的经典交通网络交通分配模型进行介绍。再次，从最短路交通分配、多路径交通分配的算法原理入手，对增量加载交通分配方法和网络均衡交通分配方法进行具体解析。最后，构建了覆盖大部分常用交通分配方法的族谱体系，并介绍了一种嵌入交通分析平台软件 "交运之星-TranStar" 的交通网络交通分配一体化模型。

参 考 文 献

[1] 高自友, 任华玲. 城市动态交通流分配模型与算法 [M]. 北京: 人民交通出版社, 2005.

[2] Wardrop J G. Road paper. Some theoretical aspects of road traffic research[J]. Proceedings of the Institution of Civil Engineers, 1952, 1(3): 325-362.

[3] Daganzo C F, Sheffi Y. On stochastic models of traffic assignment[J]. Transportation Science, 1977, 11(3): 253-274.

[4] Beckmann M J, McGuire C B, Winsten C B, et al. Studies in the Economics of Transportation[M]. New Haven: Yale University Press, 1956.

[5] Dafermos S C. The traffic assignment problem for multiclass-user transportation networks[J]. Transportation Science, 1972, 6(1): 73-87.

[6] LeBlanc L J, Morlok E K, Pierskalla W. An efficient approach to solving the road network equilibrium traffic assignment problem[J]. Transportation Research, 1975, 9(5): 309-318.

[7] Smith M J. The existence, uniqueness and stability of traffic equilibria[J]. Transportation Research Part B, 1979, 13(4): 295-304.

[8] Clark S D, Watling D P. Sensitivity analysis of the probit-based stochastic user equilibrium assignment model [J]. Transportation Research Part B, 2002, 36(7): 617-635.

[9] Nagurney A, Dong J. A multiclass, multicriteria traffic network equilibrium model with elastic demand[J]. Transportation Research Part B, 2002, 36(5): 445-469.

[10] 王炜. 一种动态的多路径交通分配模型 [J]. 东南大学学报, 1990, 20(1): 63-68.

[11] 王炜. 多路径交通分配模型的改进及节点分配算法 [J]. 东南大学学报, 1994, 24(6): 21-26.

[12] 牛学勤, 王炜. 基于最短路搜索的多路径公交客流分配模型研究 [J]. 东南大学学报 (自然科学版), 2002, 32(6): 917-919.

[13] 任刚, 王炜. 交通网络最短路权矩阵的迭代算法 [J]. 交通与计算机, 2005, 23(5): 8-12.

[14] 任刚. 交通管理措施下的交通分配模型与算法 [M]. 南京: 东南大学出版社, 2007.

[15] 付旻. 城市多模式公共交通网络计算机模型构建技术研究 [D]. 南京: 东南大学, 2018.

[16] 丁浩洋. 城市多模式公交网络快速构建与客流分配研究 [D]. 南京: 东南大学, 2018.

[17] Merchant D K, Nemhauser G L. A model and an algorithm for the dynamic traffic assignment problems[J]. Transportation Science, 1978, 12 (3): 183-199.

[18] Merchant D K, Nemhauser G L. Optimality conditions for a dynamic traffic assignment model[J]. Transportation Science, 1978, 12 (3): 200-207.

[19] Friesz T L, Luque J, Tobin R L, et al. Dynamic network traffic assignment considered as a continuous time optimal control problem[J]. Operations Research, 1989, 37(6): 893-901.

[20] 殷亚峰. 动态交通分配模型建模研究 [D]. 北京: 清华大学, 1996.

[21] Friesz T L, Bernstein D, Smith T E, et al. A variational inequality formulation of the dynamic network user equilibrium problem[J]. Operations Research, 1993, 41(1): 179-191.

[22] Chen H K, Hsueh C F. A model and an algorithm for the dynamic user-optimal route choice problem[J]. Transportation Research part B, 1998, 32(3): 219-234.

[23] 王炜, 丁浩洋, 汪宇轩. 一种宏观与微观交通仿真系统交互的交通分配方法: 中国, ZL2017109757650[P]. 2020-06-09.

[24] Roughgarden T, Tardos É. How bad is selfish routing?[J]. Journal of the ACM, 2002, 49(2): 236-259.

[25] Manheim M L. Fundamentals of transportation systems analysis, Volume 1: basic concepts[M]. Cambridge, Mass: MIT Press, 1979.

[26] Sheffi Y. Urban Transportation Networks: Equilibrium Analysis with Mathematical Programming Methods[M]. New York: Prentice Hall, 1985.

[27] Gartner N H. Optimal traffic assignment with elastic demands: A review part I. Analysis framework[J]. Transportation Science, 1980, 14(2): 174-191.

[28] Gartner N H. Optimal traffic assignment with elastic demands: A Review Part II. Algorithmic approaches[J]. Transportation Science, 1980,14(2): 192-208.

[29] 王炜. 交通规划 [M]. 北京: 人民交通出版社, 2007.

[30] Daganzo C F. Unconstrained extremal formulation of some transportation equilibrium problems[J] . Transportation Science, 1982, 16(3): 332-360.

[31] 任刚. 交通管制下的交通分配算法研究 [D]. 南京: 东南大学, 2003.

[32] Dial R B. A probabilistic multipath traffrc assignment model which obviates path enumeration[J]. Transportation Research, 1971, 5(2): 83-111.

[33] Florian M, Fox B. On the probabilistic origin of Dial's multipath traffic assignment model[J]. Transportation Research, 1970, 10(5): 339-341.

[34] 王炜, 徐吉谦, 杨涛, 等. 城市交通规划 [M]. 南京: 东南大学出版社, 1999.

[35] Frank M, Wolfe P. An algorithm for quadratic programming[J]. Naval Research Logistics Quarterly, 1956, 3(1-2): 95-110.

[36]　王炜, 王建, 华雪东, 等. 基于网络交通分配方法族谱的交通分配一体化技术与工程应用 [J]. 交通运输系统工程与信息, 2021, 21(5): 30-39.

[37]　Wang W, Wang J, Zhao D, et al. A revised logit model for stochastic traffic assignment with a relatively stable dispersion parameter[J]. IEEE Intelligent Transportation Systems Magazine, 2021: 2-14.

第 5 章　城市公共交通系统分析理论与方法

公共交通是城市交通系统的重要组成部分，公共交通主要包括常规公交、快速公交与轨道交通等。不同于其他交通方式，公共交通具备特定的运行线路与运营频率，并存在线路交错、共线和共用场站的情况，因此，公共交通系统具有比道路网络更复杂的网络结构和独有的乘客出行特征。同时，公交网络布局和公交运营策略决定了城市公共交通系统的运行效率，合理的网络布局和运营策略能够有效减少乘客出行成本、降低企业运营费用，进而提升乘客出行满意度，引导城市居民出行结构向公共交通转移。

本章从公共交通客流分析、公交网络布局规划和公交线路运营策略优化 3 个层面对城市公共交通系统相关理论与方法进行总结，为城市公共交通系统规划设计与运营管理提供量化依据与分析方法。

5.1　概　　述

5.1.1　公交网络客流分析

公交网络客流分析是公共交通系统分析、公交网络布局规划及线路运营策略优化的基础。其主要内容是根据乘客出行需求和公共交通系统供给条件，分析乘客在公交网络中的分布情况、公交线路各断面客流量及站点客流信息，得到乘客等待时间、车内行程时间、系统换乘率、系统运营成本以及运输效率等关键指标，进而判别公共交通系统运行效果，指导公共交通系统规划设计及运营策略优化。

公交网络客流交通分配是公共交通客流分析的核心，其分配主体为城市范围内乘坐公共交通工具 (如公交汽车、地铁、轻轨等) 的乘客客流。出租车虽然也是公共交通工具，由于没有固定的发车频率和行驶路线，则不纳入公交网络客流分配的范畴。公交网络客流分配方法最初是照搬道路交通网络的交通分配方法，但公共交通系统存在其固有的网络特性，公交网络客流分配有别于道路网络交通分配，主要表现在以下两个方面：

(1) 道路网络交通分配基于由城市快速路、主干路、次干路、支路组成的城市道路网，而公交网络客流分配基于公交线路组成的城市公交线网。与城市道路网不同，城市公交线网可以根据城市交通需求及土地利用情况即时调整；多条公交线路可以在同一条城市道路上运营，公交网络存在线路交错、共线和共用场站的情况，导致乘客的路径选择更为复杂。

(2) 道路网络交通分配的分配对象是当量标准小汽车，而公交网络客流分配的分配对象是公交乘客。分配对象的不同导致差异化的分配结果：道路网络交通分配结果更加关注道路流量与空间占有率，而公交网络客流分配主要用于确定线路客流量及站点客流信息，并计算乘客等待时间、出行时间和换乘次数等关键指标。这些指标与车辆到达时间分布、服务频率、乘客到站时间分布、车辆协同调度等因素都存在相关性。

因此，传统的道路网络交通分配方法在公交网络客流分配方面的适用性不断遭受质疑，众多学者开始根据公共交通系统固有特征，构建针对公交网络的客流分配理论体系。经过五十多年的发展，公交网络客流分配模型逐步成熟，总体上可概括为以下两类：基于频率 (frequency-based) 和基于时刻表 (schedule-based) 的公交网络客流分配模型。考虑乘客认知和公交网络运行状态的不确定性，公交网络分配可进一步细分为确定型模型和随机型模型。根据拥挤情况下客流的分布特征，又可细分为均衡模型和非均衡模型。具体如下：

1. 基于频率和基于时刻表的公交网络客流分配

基于频率的分配模型仅仅考虑公交线路的平均频率，属于集计模型的范畴，适用于拥有较短发车时间间隔的城市公共交通系统以及无明确时刻表的中长期规划方案的制定。其输入数据为公交线路走向、运行时间及发车频率，较低的数据要求和计算复杂度使得基于频率的分配模型在网络层面的客流分布分析上具有可行性；基于时刻表的公交客流分配属于非集计模型，分配过程考虑精确的时刻表信息并模拟每个车次的运行情况，适用于较长发车时间间隔的郊区公共交通线路或轨道交通线路。除公交线网和发车频率以外，基于时刻表的分配模型还需要精准的公交时刻表信息作为必要输入数据，并且可以融合时变的公交供给和需求形成动态分配模型，但较高的数据要求和计算复杂度使其难以在网络层面实际应用。

2. 确定型和随机型公交网络客流分配

确定型分配模型假设乘客能够精确获知每条路径的出行阻抗，并且乘客对路径的选择偏好和对广义出行成本的认知是一致的；而随机型分配模型则认为乘客的认知、偏好和网络运行状态存在不确定性，具体表现在以下 4 个方面：

(1) 乘客对公交网络整体运行状况的认知存在差异；

(2) 不同线路的运行时间存在时变性；

(3) 不同乘客对拥挤程度和服务质量的敏感程度存在差异；

(4) 不同乘客对公交线路的选择偏好存在差异。

3. 均衡和非均衡公交网络客流分配

与道路网络交通分配相似，公共交通系统中的流量增加所产生的拥挤效应也会对广义出行阻抗产生影响，从而影响乘客的路径选择。因此，公共交通系统的客流分析也存在均衡分配的概念。但与机动车道路交通分配不同的是，公共交通系统中乘客流量的增加会从多个方面影响广义出行阻抗，比如，乘客拥挤会降低公交服务的舒适度、更多的上下客会增加车辆在站点的停靠时间、车辆满载导致乘客无法上车并产生额外的等待时间。加上公共交通系统中独有的共线问题，导致公交网络客流的均衡分配变得异常复杂。已有研究证明[1]，在考虑站点上下客拥挤的情况下，拥有相同起讫点的乘客需要表现出异质性并选择不同的出行策略才能使系统达到均衡状态。公交均衡分配仍然是现阶段的研究热点并有待进一步完善。但在现实情况中，乘客在公交网络中的分布是难以达到均衡状态的。

5.1.2　公交线网布局规划

公交线网布局规划是指在一定的交通设施、运营车辆、运营资金等条件下，通过调整公交线路走向及运营频率获取最大的社会经济效益，即城市公共交通系统以更低的成本、较短的行程时间运送更多的乘客。公交线网错综复杂，且具体线路布设受众多因素影响，导致线网布局规划存在一定难度。总体而言，公交线网布局规划应遵守以下基本原则[2]：

(1) 尽可能保证公交线网客流的均匀分布；

(2) 尽可能保证公交线网客流的直达输送；

(3) 尽可能按最短距离布设公交线路；

(4) 尽可能保证线路走向与客流流向一致；

(5) 尽可能提高公交线网服务的空间覆盖。

影响城市公交线网布局的因素有很多，在公交线网布局规划时应主要考虑以下影响因素：

(1) 城市公共交通客流需求：公共交通需求是影响公交线网布局的首要因素，城市公交线网布局应能够为绝大多数乘客提供出行服务，具有服务范围广的特点。

(2) 道路条件：道路条件是公交线网布局规划的基本前提。公交线网布局需要考虑道路路面条件、几何线型、路侧空间等因素，在有条件开通公交服务的路段上规划公交线路。

(3) 场站条件：公交线路起终点站原则上应布设两个停车场。公交线网布局应根据可用土地空间、线路配置车辆等确定起终点站的位置及规模。

(4) 车辆条件：车辆条件包括车辆的载客数量、性能特性及车辆数量。公交线网布局应根据公共交通客流需求确定车辆载客能力与路线车队规模之间的相互关系。

结合以上影响因素，城市公交线网布局规划主要从公共交通乘客、公共交通运营企业两个角度出发，以不同的优化目标构建公交线网布局规划模型。自 20 世纪 60 年代以来，国内外众多学者对城市公交线网布局规划的求解算法进行探索和研究。最初，公交线网布局规划多采用专家定线的方式，即在公交线路布设的过程中，采纳专家或者权威机构的专业意见。一般而言，专家定线方法会不可避免地涉及专家的主观臆断，仅仅从公交线路布设原则和公交线网功能特性的角度出发给出定性分析，很难进行量化解释与客观论证。20 世纪 60 年代至 80 年代初，公交线网布局主要通过运用运筹学和系统工程学科的相关原理方法，从乘客出行成本和企业运营成本的角度提出规划目标，基于目标求解实现量化分析。由于初期的城市道路路网相对简单，数学寻优法可以将公交线网布局抽象为虚拟的拓扑结构，通过分析出行供需关系，确定最优线网布局。

从 20 世纪 80 年代至今，公交线网布局规划的相关研究越来越重视出行者和运营方之间的博弈关系。对出行者和运营方各项成本的综合考虑，以及日益复杂的公交网络和客流分配算法，导致所构建的规划模型开始呈现非线性和非凸性，难以通过数学解析方法求得最优解。因此，以模拟退火算法、蚁群算法、遗传算法等为代表的启发式算法逐渐替代传统的数学寻优方法，成为求解公交线网布局规划问题的主流方法。

5.1.3　公交线路运营策略优化

由于公交线路沿线的城市土地利用存在差异，并且乘客出行频率随时间变化，公共交通客流需求具备时空异质性的特点，导致公交网络客流分布不均衡。虽然公交线网布局优化能够起到均衡交通需求分布的作用，但是在线网布局规划过程中往往涉及多条公交线路的调整，一经确定便难以修改，仅能面向过于集中的交通需求进行静态优化。相比之下，公交线路运营策略优化能够通过公交车辆的合理调度，动态调整特定线路上的客流分布，避免线路乘客拥挤、提高公交系统运行效率，进而减少乘客的广义出行成本，提升公交系统服务水平。

常见的公交线路运营策略包括：区间车调度、跳站调度、滞站调度、放车调度、快车调度和跨线调度等[3]。各自的含义分别如下所示：

(1) 区间车调度：指公交车辆在运行路线中途掉头转到对向线路继续行驶，适用于对向线路运行间隔过大的情况。区间车调度可以减少对向线路乘客的等待时间，但会导致掉头处下游车站内的乘客等待时间延长。

(2) 跳站调度：指当一辆公交车辆落后于预先制定的行车时刻表或与前车的车头时距较大时，在某些站点不停靠的调度方法。跳站调度可以减少车内乘客的出行时间和下游站点乘客的等待时间，但被越过车站内的乘客等待时间延长。

(3) 滞站调度：指当某公交车辆超前于预先制定的行车时刻表或与前车的行车间隔较小时，延缓其发车时间或增加其在站点停留时间的调度方法，是最常用的调度策略。

(4) 放车调度：指公交车辆以空车状态从始发站出发并经过数个公交站点，之后开始按站点次序依次停车提供服务的调度形式。放车调度主要是为解决停靠车站的乘客拥挤问题。

(5) 快车调度：为提高长线路的客流输送效率采取的一种车辆快速运行的调度形式，包括大站车和直达车。与跳站调度相似，快车调度增加了被越过车站的乘客等待时间，但可以减少停靠车站的乘客等待时间。

(6) 跨线调度：为平衡相邻线路之间客流负荷采取的一种车辆跨线运行的调度形式，即公交车辆跨出本线路，进入另一条邻近线路继续行驶。跨线调度可以减少乘客的换乘次数，进一步提高公交系统的运输效率。

现阶段，国内外相关研究主要关注于选择合适的公交线路运营策略并考虑多种运营策略的组合。随着交通信息系统日趋成熟，车辆调度的时效性和可操作性更高，公交线路的运营策略变得更加灵活，一条线路可开设多种服务模式并以各自的频率运营，使得线路运营策略优化模型更为复杂，通常呈现非线性和非凸性。因此，公交线路运营策略也多采用启发式算法进行求解。

5.2 公交客流分析模型

公交客流分析的实质是在一定的需求和供给条件下，分析公交客流在公交网络上的传播和分布。其核心是明确乘客在公交线网中路径选择的影响因素，构建公交客流分配模型。本节从基于频率和基于时刻表两个方面，对公交系统客流分析的关键问题和基本假设进行描述，并介绍公交客流分配的常用模型。

5.2.1 基于频率的公交客流分配模型

基于频率的公交客流分配模型发展时间较长、模型构建简单，在城市公共交通系统规划建设和运营管理中被广泛应用。公交共线是客流分配模型中的关键问题，具体而言，当两点之间存在多条公交线路时，乘客将面临两种情况的抉择，即选择第一个到达的车辆以减少等待时间或继续等待后续较快线路的公交车辆。很多学者围绕上述问题开展了公交客流分配的研究，大多数方法将两点间的共线线路视为一条虚拟路段，并且认为该虚拟路段的运行频率是所有共线线路的发车频率之和。假设乘客随机到达站点，乘客会选择第一个到达的车辆以减少等待时间[4]。这样，乘客在站点的期望等待时间和每条线路被选择的概率按下式计算：

$$W(R_i^+) = \frac{\alpha}{\sum\limits_{r \in R_i^+} f_r}, \quad \alpha > 0 \tag{5-1}$$

$$p_r(R_i^+) = \frac{f_r}{\sum\limits_{r \in R_i^+} f_r} \tag{5-2}$$

式中，R_i^+ 为从站点 i 出发的线路集；f_r 为线路 r 的发车频率；α 为等待时间计算参数，当 $\alpha = 1$ 时，在各个站点车辆到达时间间隔服从均值为 $1/f_r$ 的指数分布；当 $\alpha = 1/2$ 时，车辆到达时间间隔为定值 $1/f_r$。

上述等待时间计算方法为近似估计，但在实际工程应用中最为广泛。此外，参数 α 也可用于模拟乘客对等待时间和车内行程时间的不同感知，通过调整系数 $1/\alpha$ 来决定路段发车频率对于期望等待时间和路段被选择概率的影响程度。

基于上述假设，Chriqui 和 Robillard[5] 在两点间所有共线线路组成的集合中定义了最佳吸引线路子集，并将乘客的路径选择行为转化为最小化问题。即乘客在共线线路集合中选择一部分线路作为吸引线路集，并且通过吸引线路集中第一个到达的车辆完成出行，以达到期望的行程时间最小 (包括乘客的等待时间和车内行程时间)：

$$\min_{\{x_r\}} \frac{1 + \sum\limits_{r=1}^{k} t_r \cdot f_r \cdot x_r}{\sum\limits_{r=1}^{k} f_r \cdot x_r}, \quad x_r = 0, 1; \quad \forall r \in R_i^+ \tag{5-3}$$

式中，t_r 为线路 r 在两点间的行程时间；x_r 为 0 或 1 的变量，表示线路 r 是否纳入吸引线路集。上述最小化问题为双曲线规划问题的特例，可通过启发式算法求解。

Spiess 和 Florian[6] 在吸引线路集的基础上提出了最优策略理论。乘客在出行过程中的每一个选择所组成的集合被称为一种出行策略。这些选择包括：在当前站点上车还是步行至其他站点；若选择在当前站点上车应考虑哪些备选线路；若选择某条线路应在哪个站点完成换乘。能够最小化乘客行程时间的出行策略即为最优策略，具体模型如下：

$$\min \left(\sum_{a \in A} c_a v_a + \sum_{i \in I} \omega_i \right) \tag{5-4}$$

约束条件：

$$v_a \leqslant f_a \omega_i, \quad a \in A_i^+, \, i \in I \tag{5-5}$$

$$\sum_{a \in A_i^+} v_a - \sum_{a \in A_i^-} v_a = g_i \tag{5-6}$$

式中，A 表示公交网络中所有虚拟路段的集合；c_a 表示虚拟路段 a 的期望行程时间；v_a 表示虚拟路段上分布的乘客量；I 表示公交网络中所有站点的集合；ω_i 为乘客在站点 i 的期望等待时间；f_a 表示虚拟路段的联合运行频率；A_i^+ 表示以站点 i 为起始点的虚拟路段集合；A_i^- 表示以站点 i 为终点的虚拟路段集合；g_i 表示从站点 i 到终点 j 的乘客需求。

现有的研究多采用启发式算法对上述最优策略模型进行求解。首先，依据从任意出发站点 i 至到达站点 u 的期望总出行时间 u_i^*，计算最优策略 $\bar{A}^*$；然后，将公交站点流量根据出发线路的发车频率按照式 (5-1) 和式 (5-2) 分配到每条公交线路中；最后，按照从出发站点至到达站点的顺序依次实现公共交通客流分配。

针对传统公交网络表示方法的不足，Nguyen 等[7,8] 基于有向图理论提出超级路径 (hyper paths) 的概念，即每一种出行策略都可通过一条超级路径来表示。超级路径由节点和有向弧段构成。其中，路径费用是构成该路径的弧段费用和节点费用之和，而超级路径的费用则根据路径和节点选择概率对所包含的路径费用进行加权求和，具体模型如下：

$$\gamma_l = \sum_{(i,j) \in E_p} c_{ij} + \sum_{i \in N_p} \tau_{ip}, \quad \forall l \in Q_p \tag{5-7}$$

$$\gamma_p = \sum_{(i,j) \in E_p} \alpha_{ijp} c_{ij} + \sum_{i \in N_p} \beta_{ip} \tau_{ip} \tag{5-8}$$

式中，γ_l, γ_p 分别代表路径费用和超级路径费用；(i,j) 代表由节点 i 到节点 j 的弧段；l 代表一条路径；p 代表一条超级路径；E_p, N_p 分别代表超级路径包含的弧段集和节点集；c_{ij}, τ_{ip} 分别代表弧段费用和节点费用；Q_p 为超级路径 p 所包含的所有路径的集合；α_{ijp}, β_{ip} 分别代表弧段和节点在出行策略中被选择的概率。

最优出行策略和超级路径理论的引入大大提高了模型的精度和效率，但早期研究认为公交线网容量无限大，并未考虑公交拥挤的影响。当出现公交拥挤现象时，乘客的出行时间会随之增加，具体表现为：如果第一辆到达的公交车辆过于拥挤，乘客会继续等待下一辆公交车辆或者选择其他线路，导致等待时间的增加[9]。为此，国内外学者通过考虑公交拥挤下的路段和站台延误来对最初的模型进行改进。

Spiess 和 Florian[6] 在最优策略理论的基础上引入乘客在路段上的舒适费用函数或在不同流量下的车辆出行时间，以此考虑路段拥挤对于公交客流分配的影响。此时，对于特定路段，公交的路段出行时间不再为固定值，而是路段流量的连续增加函数，具体模型如下：

$$\min \left(\sum_{a \in A} \int_0^{v_a} c_a(x)\mathrm{d}x + \sum_{i \in I} \sum_{j \in J} \omega_i^j \right) \tag{5-9}$$

约束条件:

$$v_a^j \leqslant f_a \omega_i^j, \quad a \in A_i^+, i \in I, j \in J \tag{5-10}$$

$$\sum_{a \in A_i^+} v_a^j = \sum_{a \in A_i^-} v_a^j + g_i^j, \quad i \in I, j \in J \tag{5-11}$$

式中，$c_a(x)$ 代表虚拟路段的出行时间函数；ω_i^j 代表从站台 i 至站台 j 的期望等待时间；I 为起点站台集合；J 为终点站台集合；v_a^j 代表以 j 为终点的需求分布在路段上的客运量；f_a 为共线线路总的运行频率。

不同于路段公交拥挤的研究，De Cea 等[10,11] 认为公交线路容量不足造成的拥挤主要体现在站点上，以最短路径分配算法为基础，引入有效频率来研究拥挤现象对于乘客站台等待时间的影响，有效频率会随着乘客数量的增加而减少。此时，采用增长的车头时距来模拟增加的乘客站台等待时间，站点吸引路径集也会随之变化。拥挤状态下修正路网 $G(N, \psi)$ 的可行流量满足用户均衡模型 (user equilibrium model, UEM):

$$\sum_{k \in R_w} h_k^w = T_w, \quad w \in W \tag{5-12}$$

$$\sum_{w \in W} \sum_{k \in R_w} \delta_{ak} h_k^w = v_a, \quad \forall a \in \psi \tag{5-13}$$

$$v_{l,a} = f_{l,a} \cdot \omega_a \cdot v_a, \quad \forall l \in \bar{A}_a, a \in \psi \tag{5-14}$$

式中，w 代表 OD 对；R_w 代表 OD 对 w 间的路径集合；h_k^w 代表 OD 对 w 的公交需求分配在路径 k 上的公交乘客流量；T_w 代表 OD 对 w 的公交需求；W 代表所有 OD 对的集合；δ_{ak} 为 0 或 1 变量，当路径 k 经过路段 a 时，取值为 1，否则为 0；v_a 代表路段 a 的公交乘客流量；ψ 代表公交网络的路段集合；$v_{l,a}$ 代表路段 a 对应线路 l 的公交乘客流量；$f_{l,a}$ 代表路段 a 对应线路 l 的有效频率；ω_a 代表路段 a 的候车时间，$f_{l,a}$ 与 ω_a 均为非线性，与路段 a 的公交乘客流量 v_a 有关；$\bar{A}_a$ 代表拥挤状态下路段 a 的吸引线路集。

在考虑上述流量均衡公式的基础上，Lam 等[12] 研究拥挤状态下的随机用户均衡模型 (stochastic user equilibrium model, SUEM) 并给出相应的求解算法。当公交系统的承载能力达到上限后，采用拉格朗日乘子来表征乘客的超载延误，能够较为准确地模拟乘客在拥挤状态下的出行路径选择行为并计算出行总耗时。模型具体如下:

$$\min \left[\sum_{a \in \psi} (t_a + \omega_a) v_a + \sum_{w \in W} \sum_{k \in R_w} h_k^w (\ln h_k^w - 1) \right] \tag{5-15}$$

约束条件:

$$\sum_{k \in R_w} h_k^w = T_w, \quad w \in W \tag{5-16}$$

$$v_a = \sum_{w \in W} \sum_{k \in R_w} \delta_{ak} h_k^w, \quad a \in \psi \tag{5-17}$$

$$v_a \leqslant p_a \tag{5-18}$$

式中,t_a 为路段 a 的实际车内时间;p_a 为路段 a 的载客能力。

现有的研究工作都是基于同站换乘的情况对公交客流分配展开的,然而在当前复杂多模式的公交系统下,可能会存在异站换乘和公交网络接入、接出等多种出行过程。国内研究将公交出行过程进行细分,以乘客广义出行费用最小为目标,基于超级网络对多模式公交网络平衡分配模型进行构建[13]。θ 为与广义费用随机项相关的参数。当 θ 趋近于无穷时,最短路径选择概率趋于 1,其余有效路径选择概率趋于 0,即所有乘客均选择最短路径;当 θ 趋近于 0 时,各有效路径选择概率相等,即乘客会均匀分布在所有有效路径上。因此,可通过调整 θ 的值表征出行者对路网的熟悉程度。模型具体如下:

$$\min Z(f) = \sum_w \sum_m \int_0^{x_w} F_w^m(x) \mathrm{d}x + \frac{1}{\theta} \sum_i \sum_j \sum_k (f_k^{i,j} \ln f_k^{i,j} + \theta M_k^{i,j} f_k^{i,j}) \tag{5-19}$$

约束条件:

$$\sum_k f_k^{i,j} = q^{i,j}, \quad \forall i,j; \quad k \in K^{i,j} \tag{5-20}$$

$$f_k^{i,j} \geqslant 0, \ \forall i,j; k \in K^{i,j} \tag{5-21}$$

$$x_w = \sum_i \sum_j \sum_k f_k^{i,j} \delta_{w,k}^{i,j} \tag{5-22}$$

式中,上标 i,j 对应 OD 对 i-j;F_w^m 代表有向弧 w 的阻抗,其中 $m=1$ 表示行驶弧,$m=2$ 表示同站换乘弧,$m=3$ 表示异站换乘弧,$m=4$ 表示公交接入弧,$m=5$ 表示公交接出弧;x_w 代表有向弧 w 的公交流量;$f_k^{i,j}$ 代表第 k 条有效路径分配的客流量;$M_k^{i,j}$ 表示 OD 对 i-j 间第 k 条公交出行路径的出行费用修正值;$q^{i,j}$ 代表公交需求;$K^{i,j}$ 代表有效路径集;$\delta_{w,k}^{i,j}$ 为 0-1 变量,若有向弧 w 包含于第 k 条有效路径,则 $\delta_{w,k}^{i,j}=1$,否则 $\delta_{w,k}^{i,j}=0$。

5.2.2　基于时刻表的公交客流分配模型

基于时刻表的公交客流分配模型是一种利用公交线网布局和详细时刻表信息作为必要输入数据的精准公交客流分配方法。假设乘客在路径搜索时可以获得时刻表信息并且根据第一辆公交线路的出发时间制订出行计划，包括出行时间、选择站点和线路等环节，进而计算每个 OD 的连接路径。

基于时刻表的公交客流分配过程基本可划分为：路径搜索、路径选择与流量分配。其中，路径搜索过程是基于时刻表的公交客流分配模型的关键。在给定出发和到达站点、出发时间、时刻表信息以及公交线网的基础上，基于时刻表的公交客流分配模型所要解决的主要问题是寻找最小费用路径。一般而言，通过考虑出行时间和出行费用，运用权重系数进行加权计算，选取最小阻抗路径为最优路径。

路径阻抗为出行时间和换乘次数的组合，一般包含以下元素：接入时间、在车时间、换乘时间、接出时间、车票等价时间。换乘时间取决于换乘次数和换乘惩罚系数：如果换乘惩罚系数较小，乘客更倾向于选择出行时间最短的路径；当换乘惩罚系数较大时，乘客更倾向于选择换乘次数较少的路径。

在现有研究中，分支定界法被广泛应用于基于时刻表的公交客流分配模型，以实现路径搜索过程[14]。算法的主要思路为：对于每一个出发站点生成一个搜索树，存储所有满足条件的路径，包含最优路径以及大量次优路径。其中，树的宽度很大程度上取决于公交线路车次，而树的深度取决于最大换乘次数。采用分支定界法生成的路径树如图 5-1 所示。

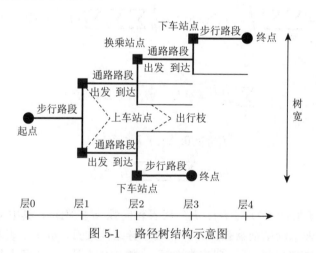

图 5-1　路径树结构示意图

对于特定路径 c，总行程时间为 $J(c)$；出发时间为 $D(c)$；到达时间为 $A(c)$；换乘次数和换乘时间分别表示为 $N(c)$ 和 $T(c)$；车票等价时间为 $F(c)$。车票费用包括公交线路的固定费用和基于距离的费用，通过考虑时间价值系数，换算为车票等价时间，如下式所示：

$$F(c) = \sum_{i \in I(c)} (\mathrm{SF}_i + L_i(c) \cdot \mathrm{SD}_i) \cdot v \tag{5-23}$$

式中，SF_i 为公交线路 i 的固定费用；$L_i(c)$ 为线路 i 的行驶距离；SD_i 为单位距离票价；$i \in I_c$，I_c 为路径 c 运用的所有公交线路的集合。

整条路径的阻抗 $\mathrm{IMP}(c)$ 可定义为

$$\mathrm{IMP}(c) = a_1 \cdot J(c) + a_2 \cdot T(c) + a_3 \cdot F(c) \tag{5-24}$$

式中，a_1, a_2, a_3 为自定义的模型权重系数。

从起点开始运用分支定界算法，对于每一个处于当前层的通路路段，所有可能的后继通路路段均得到考虑。设 $s_{x,y}^*$ 为当前处理的通路路段，出发站点为 x，到达站点为 y。c_y^* 为从出发站点至到达站点新建立的通路，通过添加 $s_{x,y}^*$ 到通路 c_x^* 中得到，且 C_y 代表连通 y 的所有已知通路的集合。将 $s_{x,y}^*$ 插入通路树中时，需要对每个可能的通路路段重复判断以下条件，才能完成树建立。这些判断准则包括：

(1) 换乘衔接：乘客在通路路段 $s_{x,y}^*$ 的出发时间与在通路 c^* 的到达时间的差值应该介于最小换乘时间 MINT 与最大换乘时间 MAXT 之间。

$$D(s_{x,y}^*) - A(c_x^*) \in [\mathrm{MINT}, \mathrm{MAXT}] \tag{5-25}$$

(2) 最优选择：如果 c_y^* 相对于所有已知到达 y 的通路 c，具备出发时间更迟、或到达时间更早，或阻抗更小、或换乘次数更少的特性，就可被插入到集合中，即

$$D(c) \geqslant D(c_y^*) \tag{5-26}$$

$$A(c) \leqslant A(c_y^*) \tag{5-27}$$

$$\mathrm{IMP}(c) \leqslant \mathrm{IMP}(c_y^*) \tag{5-28}$$

$$N(c) \leqslant N(c_y^*) \tag{5-29}$$

(3) 容量限制：c_y^* 必须满足以下条件：

$$\mathrm{IMP}(c_y^*) \leqslant b_1 \cdot \min_{c \in C_y} \mathrm{IMP}(c) + b_2 \tag{5-30}$$

$$J(c_y^*) \leqslant c_1 \cdot \min_{c \in C_y} J(c) + c_2 \tag{5-31}$$

$$N(c_y^*) \leqslant d_1 \cdot \min_{c \in C_y} N(c) + d_2 \tag{5-32}$$

$$N(c_y^*) \leqslant \text{MAXN} \tag{5-33}$$

式中，b_i, c_i, d_i 为自定义的容量限制参数；MAXN 为一条路径中的最大换乘次数。

当遍历完一个层次后，算法会自动考虑处于下一层次的通路路段。因此，通常采用两个队列来分别存储当前层次和下一层次未处理的路段。当队列为空或达到最大换乘次数时，分支定界算法结束。部分信息被存储于网络点中，如最小行程时间、最小步行时间、最小换乘次数和最小车票费用等，其他描述路径整体特性的值被存储于相应的分枝上。

在完成路径搜索后，流量加载被用于解决分配公交需求在不同路径间的分布比例。公交网络的多路径流量加载方法与道路网络的多路径流量加载方法基本一致。采用时间负效用 d_c^I 来模拟乘客期望出发时间与路径 c 的实际出发时间的差值，即 $d_c^I = \text{dist}(x_c, I), d_c^I \geqslant 0$。

此时，一个路径的阻抗 v_c^I 包含期望行程时间 t_c^p、时间负效用 d_c^I 和车票等价时间 f_c，即

$$v_c^I = \gamma^t t_c^p + \gamma^d d_c^I + \gamma^f f_c, \ \gamma^t \geqslant 0, \gamma^d \geqslant 0, \gamma^f \geqslant 0 \tag{5-34}$$

通过采用标准 Logit 模型中的效用转化函数 $g(v) = \mathrm{e}^{-\beta v}$，将上述路径阻抗转化为路径效用 u_c^I，即 $u_c^I = g(v_c^I)$。在时间段 I 内，分配到路径 c 的公交需求与其效用呈一定的比例关系：

$$p_c^I = \frac{u_c^I}{\displaystyle\sum_{c \in C} u_c^I} \tag{5-35}$$

根据式 (5-35) 求出各路径在该时间段内的出行需求比例，乘以出行需求总量，即可得到各路径所分配的交通流量。此外，该模型可以通过加入容量限制条件，或添加附加项的形式进一步修正和完善。

5.3　公交线网布局规划理论与方法

针对当前的城市交通问题，交通管理部门与相关运营企业更加注重公交线网的全局性规划，合理的公交线网布局对于提升公交服务水平、提高公交运营效率、保障乘客出行满意度与企业经济效益具有现实意义。因此，本节主要从模型构建和求解算法两个方面对公交线网布局规划的理论与方法进行介绍。

5.3.1　公交线网布局规划模型

公交线网布局规划通常以乘客出行成本和企业运营成本 (或运营利润) 为基础构建规划目标，并通过一系列约束条件使线路走向和运营频率达到公交系统所要求的线网水平、服务水平及运营水平。本节首先介绍乘客广义出行成本和企业

广义运营成本的构成，然后阐述公交线网布局规划的约束条件，最后介绍线网布局规划常用的模型求解方法[15]。

1. 公交线网的乘客出行成本和运营成本

1) 乘客广义出行成本

乘客广义出行成本主要包括乘客车内行程时间成本、乘客等待成本、乘客换乘成本以及系统未能满足的需求所产生的额外成本：

$$C_{\text{user}} = \text{TIV} + c_\omega \cdot \text{TW} + c_t \cdot \text{TT} + c_d \cdot \text{TUD} \tag{5-36}$$

式中，C_{user} 代表乘客的广义出行成本；TIV, TW, TT 分别代表乘客车内行程时间、乘客等待时间和乘客换乘次数，如第 2 章所述，乘客的车内行程时间包括公交车辆在城市道路上的行驶时间和在信号交叉口的停留时间；TUD 代表未满足的公交出行需求；c_ω, c_t, c_d 分别代表乘客等待时间、乘客换乘次数、未满足乘客需求的惩罚系数。在某些研究中，未满足需求 (TUD) 也可作为约束条件，强制要求规划的公交线网和运营频率满足所有的出行需求。

假设 OD 点对 w 之间的可选出行路径集合为 K_w，选择某一条路径 $k(k \in K_w)$ 的人数为 $d_{w,k}$，并且路径 k 可以根据换乘点分割成 q_k 个区段，则上述各项出行成本可按下式计算：

$$\text{TIV} = \sum_{w \in W} \sum_{k \in K_w} d_{w,k} \cdot t_{w,k} \tag{5-37}$$

$$\text{TW} = \sum_{w \in W} \sum_{k \in K_w} d_{w,k} \cdot \omega_{w,k} \tag{5-38}$$

$$\text{TT} = \sum_{w \in W} \sum_{k \in K_w} d_{w,k} \cdot (q_k - 1) \tag{5-39}$$

式中，W 表示所有的 OD 点对集合；$d_{w,k}$ 可由 5.2 节中所述的公交客流分配模型确定；$t_{w,k}$ 表示路径 k 的车内行程时间；$\omega_{w,k}$ 表示选择路径 k 出行的等待时间；$q_k - 1$ 表示路径 k 的换乘次数。由于线路走向及频率设置面向公共交通系统的长期规划，在大多数研究中，公交客流分析均采用基于频率的集计客流分配模型，并且不考虑公交拥挤及站点上下客对路径阻抗的影响。因此，路径 k 的车内行程时间和等待时间可按下式计算：

$$t_{w,k} = \sum_{i=1}^{q_k} t_{k_i} \tag{5-40}$$

$$\omega_{w,k} = \sum_{i=1}^{q_k} \omega_{k_i} \tag{5-41}$$

式中，k_i 表示路径 k 依据换乘点分割而成的第 i 个区段；t_{k_i} 为路径 k 第 i 个区段的车内行程时间；ω_{k_i} 为选择路径 k 的乘客在第 i 个换乘点的等待时间，$\omega_{k_i} = \alpha / f_r$，$f_r$ 为线路 r 的运营频率，参数 α 取决于车辆到达分布。若区段 k_i 不存在共线线路，则 k_i 对应唯一的公交线路 r，t_{k_i} 则为线路 r 从第 i 个换乘点 ($i = 1$ 时为起始点) 到第 $i+1$ 个换乘点 ($i = q_k$ 时，$i+1$ 为终止点) 的行程时间；若区段 k_i 存在多条可选共线线路，则等待时间与共线线路的联合运营频率相关，即

$$\omega_{k_i} = \alpha \Big/ \sum_{r \in R_i^+} f_r。$$

2) 企业运营成本与运营利润

在公交线网布局规划中，对运营方而言最重要的是在有限的运营资源下尽可能地满足出行需求并提升服务质量。衡量运营资源最主要的指标是公交系统运营所需的车队规模，车队规模取决于每条线路从起始站到终点站的往返运营时长和运营频率，具体可按下式计算：

$$\text{TFS} = \sum_{r \in R} t_r \cdot f_r \tag{5-42}$$

式中，TFS 表示公交系统运营所需的车队规模；R 表示系统中所有公交线路的集合；t_r 表示线路 r 从起始站到终点站的往返运营时长；f_r 为线路 r 的运营频率。多数研究直接采用所需车队规模来表征企业运营成本，即运营成本 $C_{\text{operator}} = \text{TFS}$。在此基础上，部分研究进一步细化了运营成本的计算，并建立了企业运营利润的相关指标。细化后的运营成本 TC 可通过下式计算：

$$\text{TC} = c_p \cdot \text{TFS} \tag{5-43}$$

式中，c_p 表示平均单车运营成本，包括司机薪酬、车辆维护、车辆折旧、车辆保险、运营业务等各项费用支出。公交系统运营收益 TR 为

$$\text{TR} = c_f \cdot \sum_{w \in W} d_w \tag{5-44}$$

式中，c_f 为公交系统单位票价；d_w 为 OD 点对 w 之间的出行需求。据此，公交系统运营利润 C_{profit} 为 TR 与 TC 的差值：

$$C_{\text{profit}} = c_f \cdot \sum_{w \in W} d_w - c_p \cdot \sum_{r \in R} t_r \cdot f_r \tag{5-45}$$

通常情况下，城市公共交通系统的单位票价 c_f 为定值，若线网布局规划不考虑弹性需求，则运营收益 TR 也为定值。此时，最大化运营利润等价于最小化运营成本，规划模型的构建可直接采用运营成本来表征运营方的利益。

2. 约束条件

一般而言，公交线网布局规划是在给定的公交线路数量下对线路走向和运营频率进行规划。对于一个规划方案 $S_i = (R, F)$，可能存在公交线网不连通的情况。即使线网连通度可以得到保证，仍有可能出现换乘次数过多或出行需求超过线网承载能力的情况，从而导致公交系统服务质量不高甚至无法满足出行需求。结合公交系统线网、服务质量及运营水平的要求，一个合理的规划方案应满足以下约束条件：

$$\text{TUD} = 0 \tag{5-46}$$

$$\forall w(w \in W), k(k \in K_w) : q_k - 1 \leqslant \varepsilon \tag{5-47}$$

$$\forall r(r \in R) : \frac{\max \phi_r(x)}{f_r} \leqslant \text{CAP} \cdot \text{LF} \tag{5-48}$$

$$f_{\min} \leqslant f_r \leqslant f_{\max} \tag{5-49}$$

$$l_{\min} \leqslant l_r \leqslant l_{\max} \tag{5-50}$$

$$V_r(n) \leqslant 1 \tag{5-51}$$

式中，ε 为公交出行允许的最大换乘次数；R 代表所有公交线路的集合；$\phi_r(x)$ 代表公交线路 r 上第 x 段所承载的交通流量；CAP 代表每辆车的承载能力；LF 代表最大承载系数；$f_{\min}$、$f_{\max}$ 分别代表每条公交线路预设的发车频率最小值和最大值；l_r 代表公交线路 r 所途经站点的数量；$l_{\min}$、$l_{\max}$ 分别代表公交线路中预设的站点数量最小值和最大值；$V_r(n)$ 代表公交线路 n 的走向包含站点 n 的次数，约束条件 $V_r(n) \leqslant 1$ 可避免环线的产生。

对于上述约束条件，如果公交线网布局规划方案满足 $\text{TUD} = 0$，说明该方案能在满足所有需求下完成乘客出行，即该方案的网络连通度可以得到保证；设定公交发车频率的最大值和最小值有助于保证公共交通系统基本服务质量，并且可避免公交车内部乘客拥挤和公交车辆聚集的情况；设定公交线路中站点数量有助于避免驾驶员疲劳、降低线路运营难度。

3. 模型构建

乘客期望公交线网布局规划能够最大程度地减少乘客广义出行成本，运营方则期望公交线网布局规划能最大程度地减少企业的运营成本，但是，这两个目标是相互冲突的。具体而言：线路拥有更高的运营频率可以有效减少乘客在站点候车的等待时间，但线路的高频率运营也增加了运营成本，需要运营方扩大车队规模才能得以维持；公交线网的密度越大、覆盖度越高，乘客的绕行率和车内行程时间就会越低，但高密度、高覆盖度的公交线网需要更多的公交线路和更长的运营里程来支撑；同样，公交线网的连通度越高，乘客的换乘次数越少，但此时线路的运营里程越高，运营成本也越高。

若综合考虑出行者和运营方的成本构建规划模型，两者之间的这种博弈关系以及复杂的客流分配模型将导致该规划问题表现出非线性和非凸性。并且，公交线网布局规划不存在唯一的全局最优解，而是二者之间的均衡解集，即帕累托最优 (Pareto optimality) 解集。帕累托最优是资源分配的一种理想状态，达到帕累托最优时，不可能在参与资源分配的一方利益不受损的前提下，使另一方获得更大的利益。

针对上述问题，现有研究的公交线网布局规划建模方法通常分为两种形式，即单目标规划和多目标规划。单目标规划是通过引入权重系数将多个目标合并为一个总体目标，即

$$\min Z = \alpha_1 \cdot C_{\text{user}} + \alpha_2 \cdot C_{\text{operator}} \tag{5-52}$$

式中，α_1 代表乘客广义出行成本的权重系数；α_2 代表公交系统运营成本的权重系数。决策者可以通过调整 α_1 和 α_2 的权重大小，产生更偏向出行者或更偏向运营方的规划方案。当 $\alpha_1 = 0$ 时，表示公交线网布局规划不考虑乘客广义出行成本；当 $\alpha_2 = 0$ 时，表示公交线网布局规划不考虑公交系统运营成本。

上述单目标规划求解相对简单，但存在一定的局限性：其一，权重系数的取值对于最优解的影响较大，确定合理的权重系数需要大量主观经验与定性分析；其二，单目标规划模型采用的加权方法无法解决非凸规划问题，无法准确反映乘客出行成本与公交系统运营成本之间的均衡关系，对于实际决策过程的参考价值有限。

考虑到单目标规划在解决公交线网布局问题上的局限性，已有研究开始构建多目标规划模型，即最小化乘客广义出行成本和最小化公交系统运营成本：

$$\min C_{\text{user}} = \text{TIV} + c_\omega \cdot \text{TW} + c_t \cdot \text{TT} + c_d \cdot \text{TUD} \tag{5-53}$$

$$\min C_{\text{operator}} = \sum_{r \in R} t_r \cdot f_r \tag{5-54}$$

相较于单目标规划，上述多目标规划无需为两个相互冲突的目标设置权重系数，完全去除了主观影响。同时，面向多目标优化的启发式算法日益成熟，可以高效地逼近非凸问题的帕累托前沿，并精确地得到出行者和运营方之间的均衡解集。

5.3.2　公交线网布局规划求解方法

1. 单目标规划和多目标规划的求解流程

在单目标规划中，通常将公交线路走向作为上层决策变量。公交线路走向确

定之后，将公交客流分析和公交运营频率规划作为下层子问题，采用循环迭代的形式，通过客流分配结果不断调整公交线路运营频率，使得运营频率刚好满足公交线路上分布的最大客流量[16]。在确定客流分布和运营频率之后，以乘客出行成本和企业运营成本为导向，通过启发式算法进一步调整公交线路走向，在上层线路走向规划和下层子问题 (客流分析和运营频率设置) 之间形成循环迭代的结构，不断优化线路走向和与之配合的运营频率直至算法结束[17]。

在多目标规划中，公交线路走向及运营频率可以同时进行协同规划，并通过公交客流分配模型获取给定线路走向和运营频率下的客流分布情况。进而，以乘客出行成本和企业运营成本为导向，通过多目标启发式算法不断调整线路走向及运营频率，直至算法结束。

上述单目标规划模型与多目标规划模型的求解流程如图 5-2 所示。相对而言，单目标规划每次只能得到一个最优解，而多目标规划可以一次得到多个帕累托最优解。若企业运营成本采用车队规模为表征，则帕累托最优解集可理解为所有可能的资源配置条件下最有利于出行者的线网布局方案。

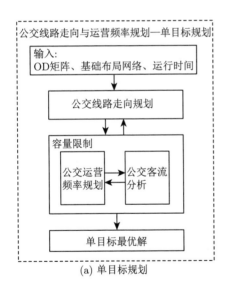

(a) 单目标规划

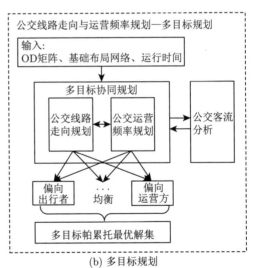

(b) 多目标规划

图 5-2 公交线网布局规划流程图

2. 单目标规划和多目标规划的求解算法

1) 单目标规划模型求解算法

常见的单目标规划模型求解算法包括模拟退火算法、遗传算法等启发式算法。模拟退火算法 (simulated annealing algorithm, SAA)[18] 基于 Monte Carlo 迭代求解策略，是一种随机寻优算法。该算法根据物理中固体物质退火过程模拟一般组合优化问题的求解机制。模拟退火算法首先给定某一初始温度，在算法过程中温度参数不断下降，并根据概率突跳特性在解空间中随机寻找目标函数的全局最优解，使得算法能以一定概率跳出局部最优解并最终趋于全局最优。上述机制的核心是赋予搜索过程一种时刻变化且最终趋于零的概率突跳性，从而形成可有效避免陷入局部最优的串行结构的优化算法。

　　遗传算法 (genetic algorithm, GA)[19] 是一种基于自然选择原理和自然遗传机制的搜索算法，能够在人工系统上实现特定目标的优化。该算法模拟生物的进化和遗传机制，以 "生存竞争" 和 "优胜劣汰" 为基本原则，通过选择、交叉、变异等操作使搜索结果逐渐逼近最优解。同时，该算法具备全局优化搜索能力，并具有简单易用、鲁棒性强、应用广泛等特点。模拟退火算法和遗传算法的寻优流程分别如图 5-3 和图 5-4 所示。

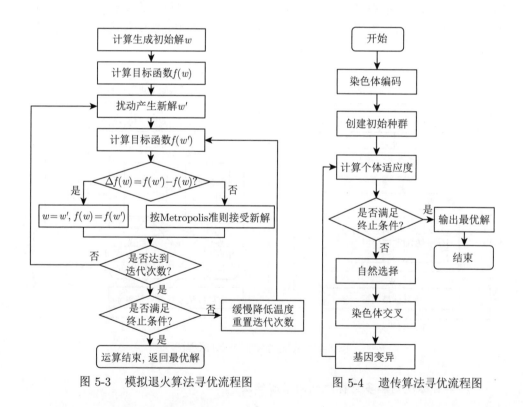

图 5-3　模拟退火算法寻优流程图　　　　　图 5-4　遗传算法寻优流程图

2) 多目标规划模型求解算法

　　常见的多目标规划模型求解算法包括 NSGA-II 算法[20,21]，即带有精英保留策略的快速非支配多目标优化算法，它是目前最为常用的多目标遗传算法之一，具有以下 3 个方面的显著特点：提出快速非支配排序算法，降低复杂度的同时尽可能保留优良的种群个体；引进精英策略，防止优良的种群个体在进化过程中丢失，提高算法的鲁棒性；采用拥挤度和拥挤度比较算子，使得非支配前沿中的个体均匀地扩展到整个帕累托域，同时保证种群的多样性。NSGA-II 算法的寻优流程如图 5-5 所示。

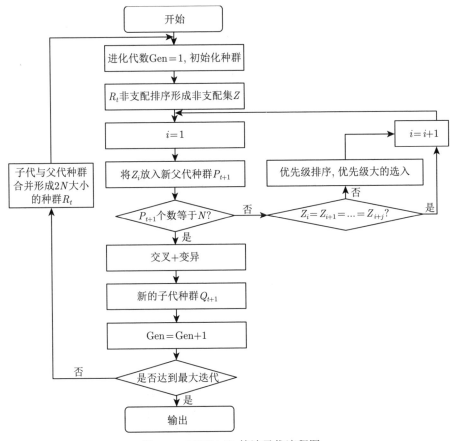

图 5-5 NSGA-II 算法寻优流程图

5.4 公交线路运营策略优化理论与方法

为了更加明确地阐述公交线路运营策略优化的概念，区分其与传统公交服务的区别，本节首先对公交线路运营策略优化问题和其涉及的基本定义进行说明。在此基础上，分别对公交线路运营策略优化模型和基本算法进行介绍。

5.4.1　公交线路运营策略优化问题描述及基本定义

1. 问题描述

假设公交网络 $G = (N, E)$，包含节点集合 N 和有向边集合 $E = \{e_{ij} | i, j \in N\}$。$N$ 中的每个节点均表示一个公交车站，E 中的有向边 e_{ij} 依次连接公交站点 i 与公交站点 j，其对应的边权表示公交车辆在两个站点间的行驶时间。给定乘客出行 OD 矩阵 $M = \{d_w | w \in W\}$ 和确定线路走向的公交线路集合 R，公交线路运营策略优化即为每条公交线路设计多种服务模式，每种服务模式具备不同的车辆调度方法及运营频率，使公交线路更加契合时空异质性的交通需求，进一步降低乘客广义出行成本与企业广义运营成本[22]。

2. 基本定义

1) 公交线路

一条公交线路 $r(r \in R)$ 可以通过其途经的站点序列进行表述，即 $r = \langle r^i | i \in \{1, 2, \cdots, 2q_r\}, r^i \in N \rangle$。公交线路 r 为往返线路，假设线路往返所途经的车站数目为 $2q_r$，且出站方向的路径与入站方向相反，则两个方向上的站点序列为倒序关系：$\forall i \in \{1, 2, \cdots, q_r\} : r^i = r^{2q_r + 1 - i} \in N$。

2) 服务模式

定义 S_r 为公交线路 r 上的公交服务集合，每一个服务 $s(s \in S_r)$ 的具体模式可以表达为一个由 0-1 变量组成的序列，即 $p_s = \langle p_s^i | i \in \{1, 2, \cdots, 2q_r\} \rangle$。序列 p_s 中的元素与公交线路途经站点序列 r 中的元素一一对应，$p_s^i = 1$ 代表服务 s 为线路 r 上的第 i 个站点提供服务，而 $p_s^i = 0$ 则代表该服务会直接跳过第 i 个站点。

上述 0-1 变量的不同组合可以表征跳站、放车、区间车、快车等不同的车辆运营调度模式。比如，$p_s^{q_r} = 0, p_s^{q_r + 1} = 0$ 表示该服务采用区间车调度模式，即公交车辆在中途掉头，不为线路两端的站点提供服务；$p_s^1 = 0, p_s^{2q_r} = 1$ 表示该服务在出站方向上采用放车调度模式；$\forall i : p_s^i = 1$ 表示该服务为传统的全站停靠服务模式。

3) 出行路径

对于任意出行 OD 对 $w(w \in W)$，可选路径集定为 K_w。出行路径 $k(k \in K_w)$ 可以表示为以换乘点为分割的出行区段的集合，即 $k = \{k_i | i \in \{1, 2, \cdots, q_k\}\}$，$q_k$ 表示出行路径 k 包含的区段数量，$q_k - 1$ 为选择路径 k 出行的换乘次数。$r(k_i)$ 表示区段 k_i 对应的公交线路，$s(k_i)$ 表示区段 k_i 对应的公交服务，$x(k_i)$ 表示线路 $r(k_i)$ 中区段 k_i 的起始站点标号，$y(k_i)$ 表示线路 $r(k_i)$ 中区段 k_i 的终止站点标号。图 5-6 展示了 OD 对间单次换乘的出行路径。

从 O 点到 D 点的一次换乘路径 k 的示例: $k=\{k_1, k_2\}$,
$r(k_1)=r1$, $s(k_1)=s1$, $x(k_1)=2$, $y(k_1)=6$,
$r(k_2)=r2$, $s(k_2)=s1$, $x(k_2)=1$, $y(k_2)=4$,
$r1^2=O$, $r2^4=D$, $r1^6=r2^1$ 为换乘站点 S。

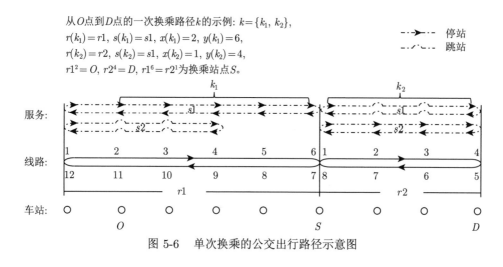

图 5-6　单次换乘的公交出行路径示意图

5.4.2 公交线路运营策略优化模型

1. 乘客广义出行成本与运营成本

与公交线网布局规划类似,公交线路运营策略优化也可以从出行者和运营方两个角度衡量方案实施效果。与面向规划层面的线网布局规划不同,公交线路运营策略优化面向更加具体的车辆调度设计,其对各项成本的计算精度要求更高,具体如下:

1) 乘客广义出行成本

公交乘客的广义出行成本由乘客在途旅行时间、乘客等待时间、乘客换乘次数构成,计算公式如下:

$$C_{\text{user}} = \text{TIV} + c_\omega \cdot \text{TW} + c_t \cdot \text{TT} \tag{5-55}$$

$$\text{TIV} = \sum_{w \in W} \sum_{k \in K_w} d_{w,k} \cdot t_{w,k} \tag{5-56}$$

$$\text{TW} = \sum_{w \in W} \sum_{k \in K_w} d_{w,k} \cdot \omega_{w,k} \tag{5-57}$$

$$\text{TT} = \sum_{w \in W} \sum_{k \in K_w} d_{w,k} \cdot (q_k - 1) \tag{5-58}$$

上述各符号定义与式 (5-36)~ 式 (5-39) 相同,区别在于,OD 点对间出行路径的行程时间需要综合考虑车辆在站点的停靠时间,以及进站和出站的加减速时间。行程时间 $t_{w,k}$ 具体可按下式计算:

$$t_{w,k} = \sum_{k_i \in k} \sum_{n=x(k_i)}^{y(k_i)-1} \left(e_{r(k_i)^n, r(k_i)^{n+1}} + \tau_{s(k_i)}^n \cdot p_{s(k_i)}^n + \delta \cdot p_{s(k_i)}^n \right) \tag{5-59}$$

式中，$e_{r(k_i)^n,r(k_i)^{n+1}}$ 表示公交车在车站 $r(k_i)^n$ 与 $r(k_i)^{n+1}$ 之间的行驶时间，如第 2 章所述，行驶时间包括公交车辆的行驶时间和信号交叉口的等待时间；τ_s^n 表示公交服务 s $(s \in S_r)$ 在公交车站 r^n 的停靠时间；δ 表示两个连续停站之间每辆公交车的平均加速时间与平均减速时间之和，为常量。当公交车辆在公交车站 r^n 实行跳站策略时，即 $p_{s(k_i)}^n = 0$，对应公交车辆站点停靠时间、加速时间和减速时间的函数组成项均为 0。当公交车正常停靠时，停靠时间根据公交车上客时间和下客时间的最大值确定，即

$$\tau_s^n = \max(\beta \cdot B_s^n, \alpha \cdot A_s^n) \tag{5-60}$$

式中，β, α 分别代表每位乘客的平均上车时间和下车时间；B_s^n, A_s^n 分别代表公交服务 s 在站点 r^n 的上车乘客数量和下车乘客数量，具体值通过公交客流分配模型获取。

由于运营策略优化将一条公交线路拆成了多个具备各自运营频率的服务，因此，可将每个服务视为独立的公交线路。这样，等待时间可按 5.2.2 节中所述方法进行计算。

2) 运营成本

对于公交线路 r 的服务 s 而言，车队规模与发车频率和往返时间相关。保证公交系统正常运营所需的车队规模可以表示为

$$C_{\text{operator}} = \sum_{r \in R} \sum_{s \in S_r} f_s \cdot t_s \tag{5-61}$$

$$t_s = \sum_{n=(\mu_s,\rho_s) \cup (\mu_s',\rho_s')} (e_{r^n,r^{n+1}} + \tau_s^n \cdot \rho_s^n + \delta \cdot p_s^n) \tag{5-62}$$

式中，t_s 表示服务 s 从起始站到终点站的往返行程时间；μ_s, ρ_s 分别表示出站方向上服务 s 在其所属线路上的起始站点标号与终止站点标号；μ_s', ρ_s' 分别表示入站方向上服务 s 在其所属线路上的起始站点标号与终止站点标号，即 $r^{\mu_s} = r^{\rho_s'}, r^{\rho_s} = r^{\mu_s'}$。此外，每种公交服务的车队规模 (可能计算为非整数) 应向上取整为最接近的整数，以保证公交系统有足够的车队规模维持运营。基于上述公式，可根据单位车辆平均运营成本和平均票价收益来计算公交系统的总体运营成本和利润。

2. 约束条件

公交线路运营策略优化需要综合考虑公交服务质量、出行需求满足程度及相关行业规范和标准。一般而言，存在以下约束条件：

(1) 为避免公交车拥堵同时保证服务质量，所有公交线路服务的频率均应满足以下约束：

$$\forall r \in R, s \in S_r: \; f_{\min} \leqslant f_s \leqslant f_{\max} \tag{5-63}$$

式中，$f_{\min}, f_{\max}$ 分别代表设定的发车频率最小值和最大值。

(2) 车辆的实时载客人数应不超过公交车辆的最大载客量，即

$$\forall r \in R, s \in S_r, g \in \{1, 2, \cdots, 2q_r\}: \sum_{n=1}^{g} (B_s^n \cdot p_s^n - A_s^n \cdot p_s^n) \leqslant \mathrm{CAP} \cdot \gamma \quad (5\text{-}64)$$

式中，CAP 代表公交车辆的座位数；γ 代表荷载系数。

(3) 为了保证公交线路运营的整体性，一条线路上开设的服务不能同时跳过同一个站点，并且每种服务在出站和入站方向上的停站次数应超过两次，即

$$\forall r \in R, g \in \{1, 2, \cdots, 2q_r\}: \sum_{s \in S_r} p_s^g \geqslant 1 \quad (5\text{-}65)$$

$$\forall r \in R, s \in S_r: 2 \leqslant \sum_{n=1}^{q_r} p_s^n \leqslant q_r \quad (5\text{-}66)$$

$$2 \leqslant \sum_{n=q_r+1}^{2q_r} p_s^n \leqslant q_r \quad (5\text{-}67)$$

(4) 每种服务不宜跳过过多站点，否则会增加乘客的换乘次数，或降低公交服务的可达性。为了确保整个公交系统的服务质量，公交运营策略优化结果应确保所有乘客在可接受的换乘次数内完成出行，即

$$\sum_{w \in p} d_w = 0 \quad (5\text{-}68)$$

式中，$p = \{w | K_w = \phi \vee \forall k \in K_w, q_k > \varphi\}$ 表示乘客无法在规定换乘次数内完成出行的 OD 对集合；φ 表示乘客可接受的最大换乘次数。

(5) 研究表明，当公交线路上已存在两种公交服务时，即使继续增加公交服务的数量也无法显著提升交通系统运行效率[23]。并且，考虑到实际应用中需要向公交乘客提供清晰的公交运营信息，一般情况下，每条公交线路最多允许开设两种不同的服务模式：

$$\forall r \in R: 1 \leqslant |S_r| \leqslant 2 \quad (5\text{-}69)$$

式中，$|S_r|$ 表示集合 S_r 中元素的个数，即公交线路 r 开设的服务数量。

3. 模型构建

与公交线网布局规划类似，公交线路运营策略优化可采用加权求和的方法构建总成本最小化的单目标优化模型，也可构建最小化乘客广义出行成本和最小化运营成本的多目标优化模型。无论采用哪种建模方式，不同的服务模式和运营频率依然会在出行者和运营方之间产生均衡影响，具体分析如下：

更高的运营频率产生更少的等待时间，降低了乘客出行成本，但运营频率的提高需要更多车辆参与运营，运营成本也相应提升；公交线路开设的服务若跳过更多站点，车辆可节省停靠时间和停车延误 (进站和出站的加减速时间损耗)，从而缩减运行时间、降低运营成本及部分乘客的车内行程时间。但是，若有些乘客出行的起始站点、中间换乘站点或终止站点被跳过，则这些乘客的可选出行路径会减少甚至根本无法找到路径完成出行。即便有其他可选路径，其平均等待时间也会增加，其他可选路径的换乘次数也可能更多。也就是说，服务模式跳过的站点过多，虽然可以降低运营成本，但其对乘客等待时间和换乘次数的增加可能会抵消部分乘客所减少的行程时间，从而造成乘客总体出行成本的增加。因此不同的服务模式在出行者和运营方之间也会产生平衡效应，且优化模型依然会呈非线性和非凸性。

综上所述，单目标优化相比多目标优化依然具有权重系数难以确定、依赖主观定性和无法精确求解非凸问题等局限性。综合各项成本的计算方法和约束条件，公交线路运营策略的多目标优化模型可总结如下：

优化目标：

$$\min C_{\text{user}} = \sum_{w \in W} \sum_{k \in K_w} d_{w,k} \left(\sum_{k_i \in k} \sum_{n=x(k_i)}^{y(k_i)-1} \left(e_{r(k_i)^n, r(k_i)^{n+1}} + \tau_{s(k_i)}^n \cdot p_{s(k_i)}^n + \delta \cdot p_{s(k_i)}^n \right) \right. $$
$$\left. + c_\omega \cdot \omega_{w,k} + c_t (q_k - 1) \right) \tag{5-70}$$

$$\min C_{\text{operator}} = \sum_{r \in R} \sum_{s \in S_r} \left(f_s \cdot \sum_{n=(\mu_s, \rho_s) \cup (\rho_s', \mu_s')} \left(e_{r^n, r^{n+1}} + \tau_s^n \cdot p_s^n + \delta \cdot p_s^n \right) \right) \tag{5-71}$$

约束条件：

$$\forall r \in R, s \in S_r, g \in \{1, 2, \cdots, 2q_r\} \tag{5-72}$$

$$p_s^g \in \{0, 1\} \tag{5-73}$$

$$f_{\min} \leqslant f_s \leqslant f_{\max} \tag{5-74}$$

$$\sum_{n=1}^g \left(B_s^n \cdot p_s^n - A_s^n \cdot p_s^n \right) \leqslant \text{CAP} \cdot \gamma \tag{5-75}$$

$$\sum_{s \in S_r} p_s^g \geqslant 1 \tag{5-76}$$

$$2 \leqslant \sum_{n=1}^{q_r} p_s^n \leqslant q_r \tag{5-77}$$

$$2 \leqslant \sum_{n=q_r+1}^{2q_r} p_s^n \leqslant q_r \tag{5-78}$$

$$\sum_{w \in p} d_w = 0, p = \{w | K_w = \phi \vee \forall k \in K_{od}, q_k > \varphi\} \tag{5-79}$$

$$\tau_s^n = \max(\beta \cdot B_s^n, \alpha \cdot A_s^n) \tag{5-80}$$

$$1 \leqslant |S_r| \leqslant 2 \tag{5-81}$$

5.4.3 公交线路运营策略优化算法框架

上述非线性、非凸优化属于 NP 难问题，通常使用启发式算法进行求解。因此，公交线路运营策略优化依然可以套用公交线网布局规划的计算框架，如图 5-7 所示。对于单目标优化框架，可在上层确定各公交线路的服务模式，下层通过公交客流分布分析结果不断调整上层给定服务模式的运营频率，以总成本为导向通过启发式算法不断优化服务模式，形成循环迭代的计算流程，直至算法结束；对于多目标优化框架，可将客流分布分析作为子问题模拟给定服务模式和运营频率下的乘客路径选择行为，并获取出行成本和运营成本，并以总成本为导向通过多目标启发式算法同时优化服务模式和运营频率。

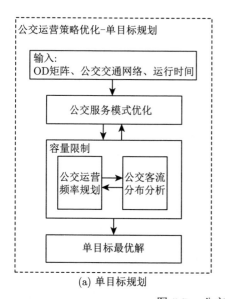
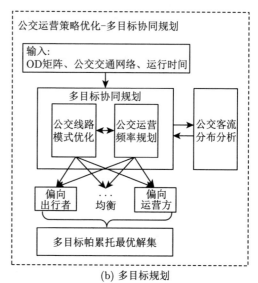

(a) 单目标规划 (b) 多目标规划

图 5-7 公交服务模式优化流程图

虽然两者可共用一套计算框架，但公交线路运营策略优化属于精细化的调度设计问题，考虑车辆停靠时间的影响以及不同服务、不同线路间的共线和换乘关系，需要更复杂的公交网络模型和客流分配模型支撑。此外，虽然都可通过启发式算法求解，但两者的决策变量不同，需要不同的编码形式对公交线路走向和线路运营策略进行合理的描述。

5.5　本章小结

本章主要从公共交通客流分析、公交线网布局规划和公交线路运营策略优化三个方面阐述城市公交系统分析理论方法。在公共交通客流分析方面，总结了基于频率和基于时刻表的公交客流分配模型；在公交线网布局规划方面，阐述了公交线网布局规划的建模方法及求解算法；在公交线路运营策略优化方面，对基本问题、关键要素定义、建模方法及求解算法进行描述，并简要说明线网布局规划与运营策略优化在模型和算法上的区别。上述城市公共交通系统分析理论与方法的总结，为城市公交系统的线网布局规划、运营方案制定与量化评价分析提供了理论依据，也为后续相关技术的实际应用提供了基础。

参 考 文 献

[1] Larrain H, Muñoz J C. Public transit corridor assignment assuming congestion due to passenger boarding and alighting[J]. Networks Spatial Econ, 2008, 8(2-3): 241-256.

[2] 王炜, 杨新苗, 陈学武, 等. 城市公共交通系统规划方法与管理技术 [M]. 北京：科学出版社，2002.

[3] Ibarra-Rojas O J, Delgado F, Giesen R, et al. Planning, operation, and control of bus transport systems: A literature review[J]. Transportation Research Part B, 2015, 77: 38-75.

[4] Dial R B. A probabilistic multipath traffic assignment model which obviates path enumeration[J]. Transportation Research, 1971, 5(2): 83-111.

[5] Chriqui C, Robillard P. Common bus lines[J]. Transportation Science, 1975, 9(2): 115-121.

[6] Spiess H, Florian M. Optimal strategies: A new assignment model for transit networks[J]. Transportation Research Part B, 1989, 23(2): 83-102.

[7] Nguyen S, Pallottino S, Gendreau M. Implicit enumeration of hyperpaths in alogit model for transit networks [J]. Transportation Science, 1998, 32(1): 54-64.

[8] Nguyen S, Pallottino S. Equilibrium traffic assignment for large scale transit networks [J]. European Journal of Operational Research, 1988, 37(2): 176-186.

[9] 葛亮, 王炜, 杨明, 等. 基于站点的公交网络配流实用模型与算法研究 [J]. 公路交通科技, 2004, 21(10): 105-108.

[10] De Cea J, Bunster J P, Zubrieta L, et al. Optimal strategies and optimal routes in public transit assignment models: An empirical comparison [J]. Traffic Engineering and Control, 1988, 29(10): 520-526.

[11] De Cea J, Fernández E. Transit assignment for congested public transport systems: An equilibrium model [J]. Transportation Science, 1993, 27(2): 133-147.

[12] Lam W H K, Gao Z Y, Chan K S, et al. A stochastic user equilibrium assignment model for congested transit networks [J]. Transportation Research Part B, 1999, 33(5): 351-368.

[13] 丁浩洋. 城市多模式公交网络快速构建与客流分配研究 [D]. 南京: 东南大学,2018.

[14] Blain L. Capacity constrained transit assignment [C]. 15th International EMME/2 User' Group Conference. Vancouver, Canada, 2000.

[15] Liang M, Wang W, Dong C, et al. A cooperative coevolutionary optimization design of urban transit network and operating frequencies [J]. Expert Systems with Applications, 2020, 160: 113736.

[16] 牛学勤, 陈茜, 王炜. 城市公交线路调度发车频率优化模型 [J]. 交通运输工程学报, 2003, 3(4): 68-72.

[17] 单连龙, 高自友. 城市公交系统连续平衡网络设计的双层规划模型及求解算法 [J]. 系统工程理论与实践,2000, 20(7): 85-93.

[18] Steinbrunn M, Moerkotte G, Kemper A. Heuristic and randomized optimization for the join ordering problem[J]. The VLDB Journal, 1997, 6(3): 191-208.

[19] Holland J H. Genetic algorithms [J]. Scientific American, 1992, 267(1): 66-72.

[20] Srinivas N, Deb K. Muilti-objective optimization using nondominated sorting in genetic algorithms[J]. Evolutionary Computation, 1994, 2(3): 221-248.

[21] Deb K, Agrawal S, Pratap A, et al. A Fast Elitist Non-dominated Sorting Genetic Algorithm for Multi-objective Optimization: NSGA-II [M]. Berlin Heidelberg:Springer Berlin Heidelberg, 2000.

[22] Liang M, Zhang H M, Ma R, et al. Cooperatively coevolutionary optimization design of limited-stop services and operating frequencies for transit networks[J]. Transportation Research Part C: Emerging Technologies, 2021, 125: 103038.

[23] Leiva C, Muñoz, J C, Giesen R, et al. Design of limited-stop services for an urban bus corridor with capacity constraints [J]. Transportation Research Part B: Methodological, 2010, 44(10): 1186-1201.

第 6 章　城市交通系统综合评价方法与模型

每个城市的交通系统都有其特点，系统在运行中都面临各式各样的困难。怎样评估城市交通与城市的匹配程度，交通系统设置的合理性？如何判断交通系统运行可改善程度，以及以何种角度切入来优化系统？解决上述问题需要一套切实有效、易于操作、全面综合的评价体系，通过对城市交通系统的综合评价，为系统运行状况的研判提供依据，并为系统优化策略和改进措施制定提供理论基础。

本章首先对城市交通系统综合评价的相关研究进行探索，构建丰富、科学的城市交通系统综合评价体系，阐释评价体系中各指标的含义及计算模型，最后根据分级评价规范特点，采用模糊评价作为综合评价方法。

6.1　概　　述

本节通过对国内外已有相关研究的梳理，从城市居民出行效率、道路网络运行效率、公交系统运行效率、环境影响与能源消耗、交通系统经济性能以及城市交通系统综合评价 6 个方面概述城市交通系统评价理论内涵及发展历程。

6.1.1　城市居民出行效率

城市居民出行效率评价是以城市中居民多方式出行数据为基础，通过构建出行效率分析模型，从出行距离与时耗、出行延误、交通方式结构等角度剖析城市交通出行特征演变规律，对居民出行效率进行评价，其理论发展主要集中在效率分析模型、评价角度以及评价体系等方面。作为城市居民出行的主要部分，通勤出行一直是城市居民出行效率评价研究的重点。研究者通过分析居民出行时空特征、时耗与交通方式分布特征，选取主要特征因素作为评价指标，利用 Logit 模型、层次分析法等对各方式出行效率进行评价。随着信息技术的快速发展，研究数据的获取从依赖专家调查、问卷调查以及居民出行调查等传统方式，发展为利用基于 GPS 的浮动车数据、手机信令出行链数据等大数据采集模式，为居民出行效率分析模型的创新打下了坚实的基础，同时研究者积极融合信息熵等其他学科概念来进行模型的改进，针对不同区域、城市的地形及路网特点开展针对性研究，提升了城市居民出行分析模型的多样性及有效性。

6.1.2　道路网络运行效率

道路网络运行效率评价是以城市路网交通运行数据为基础，进行道路网络运行时空特性分析及供需平衡分析，针对交通设施的特性选取合适的评价方法及指标，对路网整体或局部区域运行的效率进行评价，其理论发展主要体现在评价指标与内涵、评价模型与方法、评价主体与角度等方面。传统的道路网络运行效率量化评价指标按理论依据可分为基于出行时间、公路通行能力手册 (HCM) 和排队论这三类指标。随着研究的发展，上述单一性指标逐步发展为更加全面的综合评价指标，如拥挤度、拥堵持续指标等，以及考虑其他特征的评价指标，如碳排放指标等。研究者以路网现状调查、数学模型、仿真平台以及实时动态监测数据等为基础，从城市交通供需平衡理论、评价主体感受、局部微观畅通度等方面入手，通过分析路网运行效率影响因素、交通需求和出行者路径选择行为，综合考虑用户满意度和交通密度、路网拥堵程度及成因等角度，丰富了道路通行能力等模型、评价指标体系与具体指标的内涵及适用范围，采用模糊评价法、聚类分析法、数据包络法、灰色关联度分析法、层次分析法、单纯矩阵法、综合函数评价法等模型方法，对道路网络运行效率进行逐层评价。

6.1.3　公交系统运行效率

公交系统运行效率评价是基于城市公交系统运行数据，从可达性、出行时间、直达系数等方面构建评价指标体系，其理论发展主要集中在分析模型、指标体系等方面。在指标体系方面，国际公共交通联会 (UITP) 从硬件设施与运行服务 2个层面提出了 10 个核心指标，其中，硬件设施层面：公交线路数、车站数、车辆数；运行服务层面：行驶车公里、客流量、乘客公里、平均运距、平均人次、服务人口、服务面积。为了进一步评价公交系统的运行服务情况，国际公共交通联会 (UITP) 提出了 5 个单位数值指标，即人口密度指标、服务指标、供给指标、使用指标和平均运距。国内研究者以实测数据、仿真数据及 GIS 等平台为研究基础，综合考虑技术性能、经济效益、优先发展度、环境影响、服务质量与水平等因素，研究了私家车与公交系统之间的转移关系、公交系统服务质量影响要素等问题，选取可达性、出行时间、可靠性、直达系数、服务频率、客流密度等指标，构建了多层次、多角度的城市公共交通系统评价体系，采用包括模糊聚类分析方法、神经网络方法、灰色聚类分析模型、区间数方法等模型作为评价方法，提出基于层次分析—熵—物元分析的运行管理综合评价模型等。随着综合立体交通与智能化的发展，针对公交系统一体化衔接与智能公交的评价研究也在快速发展。

6.1.4　环境影响与能源消耗

环境影响与能源消耗评价以城市道路网络交通运行数据为基础，如路段与交叉口的交通量、行驶速度以及排队延误等，通过考虑不同车型机动车在不同工况下的能源消耗及各种污染物排放因子，计算获得交通系统能源消耗及污染物排放情况，结合资源供给及环境容量限制条件，评价交通系统在环境与能源方面的表现。其理论发展主要集中于能源消耗与污染物排放因子测算、能源消耗与污染物计算、扩散模型构建、交通结构优化研究等方面[1]。机动车排放量测算的研究方法主要包括隧道实验、遥感测试、车载测试和实际道路测试，其中前三者需要在实验室中进行测试，这 4 种测算方法具有不同功能，可满足不同研究场景的需要。基于研究者在时空层面上分辨率要求的不同，机动车排放清单可分为宏观—中观—微观 3 个层次，即地区—道路—车辆。基于机动车排放因子的计算模型研究主要包括以车辆运行平均速度为基础的统计模型、燃油消耗排放模型、机动车比功率模型以及物理模型等。道路交通空气污染物扩散模型根据研究应用范围及场景，主要分为开阔型道路扩散模型、峡谷街道扩散模型、交叉型道路扩散模型以及基于高斯烟羽的综合模型等。研究者通过统计分析方法，分析城市交通系统在不同时期大气污染物贡献比，以及采取交通管控措施前后的空气质量的变化情况，从而以科学支撑城市交通结构及管理与控制措施的优化决策。

6.1.5　交通系统经济性能

交通系统经济性能评价是基于居民出行时间与延误、社会经济、能源价格与污染治理成本等数据，采用一定的估价方法，将交通拥堵与事故、空气污染以及设施建设过程通过换算形成经济成本，便于量化分析与评价，其理论发展主要集中于评价角度与范围、估价模型与方法等方面。美国学者于 20 世纪 70 年代最先开始分析交通系统的经济成本与效益，主要从设施成本、事故成本、拥堵成本以及污染成本等方面着手。根据经济成本是否可直接换算，将交通系统经济成本分为直接经济成本与环境成本。研究者使用公共利益损失货币化的方法量化环境成本，从而实现对交通系统的社会经济效益评价。经济成本与公共利益损失主要有出行时间损失、车辆损耗及燃油消耗、交通事故损失及对当地经济活动的负面影响。环境成本与公共利益损失主要有机动车噪声、机动车空气污染、危险运输品带来的危险、拥堵道路带来的阻隔效应以及自然资源消耗量。针对交通拥堵的经济成本计算，研究者采用基于特定参数的成本估价法、交通拥堵外部性抽样等方法，得到交通拥堵的外部性估价，提出了定量与定性相结合的经济性分析方法，对包括经济、环境、技术等方面的可量化及不可量化损失分别进行成本分析。

6.1.6　城市交通系统综合评价

城市交通系统综合评价基于对城市交通系统的整体考量，建立一套完整的综合评价体系，实现对交通系统的全面分析评价，其理论发展主要体现在不同视角指标体系建立、评价模型优化以及评价系统平台开发等方面。受制于系统理论基础研究的发展水平，城市交通系统综合性能评价从 20 世纪 70 年代才开始起步，随后在硬件设施建设、基本功能、运行管理和发展协调度等方面分别建立了有针对性的城市综合交通系统评价指标体系，并逐渐开始在实践中得以运用。由于城市交通系统综合评价涉及诸多方面与诸多参数，因而所用的评价模型相应也较为复杂，如数据包络分析法、层次分析法及模糊综合评价法等。

6.2　城市交通系统综合评价体系与指标

评价体系是开展城市交通系统综合评价的基本逻辑前提与功能技术框架。对城市交通系统进行综合评价一般包括两层含义：一方面是从宏观角度评价交通系统整体利用效率，分析各项交通功能的发挥程度，以及能源消耗、环境污染情况；另一方面是从微观的出行角度评估系统性能，分析出行者的效率及成本。以优化宏观系统规划设计、改善居民出行效率体验为总体目标，构建全面、科学、准确的城市交通系统综合评价体系，筛选形成系列评价指标，必须遵循系统性、科学性、可比性、实用性以及综合性的原则。

在遵循以上原则，并充分把握畅通工程、公交都市、绿色交通、慢行交通等热门问题与发展方向的基础上，综合参考了国内外最新研究成果和国内相关规范和指南，根据一定的准则进行评价体系构建，具体包括以下 5 个准则层面：居民出行效率、路网运行效率、公交运行效率、城市节能减排和系统经济效益。

以评价体系中 5 个方面的准则为指导，综合考虑准则间的独立性与互补性、评价指标的系统性与实用性，挑选指标加入对应的评价准则中，形成评价体系。居民出行效率准则主要表征在城市交通系统中居民个人出行的效率情况，评价内容主要包含出行距离、出行时耗及出行延误等方面，对改善城市居民出行效率体验具有重要意义，是城市交通系统综合评价的出发点及落脚点之一。路网运行效率准则主要表征城市交通系统路网整体运行的效率情况，评价内容主要包含网络车速、拥堵情况及供需均衡度等方面，能够有力支撑宏观系统规划的优化设计，为提升交通系统整体运行效率奠定基础。公交运行效率准则主要表征城市交通系统中公共交通的整体运行效率情况，评价内容主要包含公交线网分布、公交系统运行效能等方面，可以动静结合地对公共交通系统供给及运营进行科学评价，对采取针对性措施持续优化公交系统具有指导意义。城市节能减排准则主要表征城市交通系统中的能源消耗与空气污染情况，评价内容主要包含系统能源消耗量、空气污染物排放量及相应的人均出行能耗与污染等方面，能够量化明确交通系统能源需求量及空气质量环境影响，为有效改善居民出行与人居环境、建设绿色交通系统与可持续发展城市提供数据支撑。系统经济效益准则主要表征城市交通运行过程中的经济效益成本情况，评价内容主要包含居民出行成本、交通系统运营成本、拥堵经济损失等方面，将城市交通系统运行的社会成本与出行者的私人成本货币化，有助于决策者从市场化角度考虑城市交通运行成本，从而构建更为高效的交通系统。

　　基于评价体系的总体目标、原则及以上 5 个准则，建立目标与层级明确的城市交通系统综合评价体系 (图 6-1)，向交通行业从业者及交通政策决策者提供科学、全面的交通系统信息，辅助支持城市交通规划、建设与管理的科学决策。以下分别从城市居民出行效率评价、公交系统运行效率、环境影响与能源消耗评价、交通系统经济性能评价 5 个方面依次介绍每个准则层所包含指标的内涵及计算模型[2]。

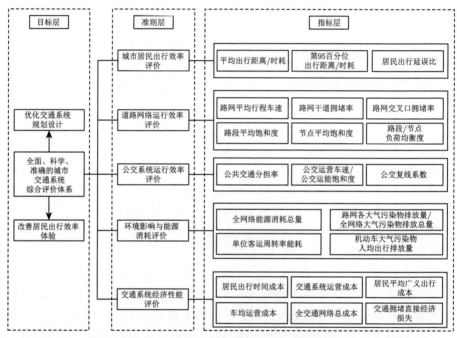

图 6-1　城市交通系统综合评价指标体系

6.2.1　城市居民出行效率评价

1. 平均出行距离

　　平均出行距离反映了城市交通系统出行长度的平均情况，分为分方式平均出行距离和全方式平均出行距离。分方式平均出行距离涉及城市中常见的私家车、公交车、地铁、出租车、摩托车、自行车及步行共 7 种出行方式，其评价计算公式如式 (6-1) 所示。

$$P_{1i} = \frac{L_i}{Q_i} \tag{6-1}$$

式中，P_{1i} 为第 i 种交通方式的平均出行距离 (km)；L_i 为第 i 种交通方式的总客运周转量 (人次 · km)；Q_i 为第 i 种交通方式的总出行量 (人次)；$i \in \{1, 2, 3, 4, 5, 6, 7\}$ 分别代表私家车、公交车、地铁、出租车、摩托车、自行车及步行 7 种交通方式。

全方式平均出行距离为各种出行方式出行距离按各方式客运周转量的平均值，评价计算公式如式 (6-2) 所示。

$$P_2 = \frac{L}{Q} \tag{6-2}$$

式中，P_2 为全方式平均出行距离 (km)；L 为全方式总客运周转量 (人次 · km)；Q 为全方式总客运量 (人次)。

2. 第 95 百分位出行距离

考虑到少量存在的长距离出行会对交通系统整体平均出行距离造成偏离影响，采用第 95 百分位出行数据计算出行距离能够很大程度减少偶然性极值的影响，从而更好地反映交通系统中出行距离的分布情况。根据修正后的 OD 最短路出行距离分布获取分方式的第 95 百分位值 P_{3i} 和全方式的第 95 百分位值 P_4。

$$P_{3i} = 95^{\text{th}} L_i(l_{\text{OD}}^i) \tag{6-3}$$

$$P_4 = 95^{\text{th}} L(l_{\text{OD}}) \tag{6-4}$$

式中，P_{3i} 为第 i 种出行方式修正后 OD 最短出行距离的第 95 百分位值；P_4 为全出行方式修正后 OD 最短出行距离的第 95 百分位值；$L_i(l_{\text{OD}}^i)$ 为第 i 种出行方式修正后 OD 最短出行距离降序排列分布；$L(l_{\text{OD}})$ 为全出行方式修正后 OD 最短出行距离降序排列分布；l_{OD}^i 为第 i 种出行方式修正后 OD 最短出行距离集合；l_{OD} 为全出行方式修正后 OD 最短出行距离集合。

3. 平均出行时耗

平均出行时耗表征城市交通系统中居民完成一次出行所消耗时间的平均值，包括分方式平均出行时耗和全方式平均出行时耗。分方式平均出行时耗考虑了不同交通方式出行的时间消耗差异，其评价计算公式如式 (6-5) 所示。

$$P_{5i} = \frac{T_i}{Q_i} \tag{6-5}$$

式中，P_{5i} 为第 i 种交通方式的平均出行时耗 (min)；T_i 为第 i 种交通方式全部出行的总出行时耗 (人次 · min)；Q_i 为第 i 种交通方式的总出行量 (人次)。

全方式平均出行时耗为城市各种交通方式出行的平均时耗，评价计算公式如式 (6-6) 所示。

$$P_6 = \frac{T}{Q} \tag{6-6}$$

式中，P_6 为全方式平均出行时耗 (min)；T 为全方式总出行时耗 (人次 · min)；Q 为全方式总客运周转量 (人次)。

4. 第 95 百分位出行时耗

考虑到少量存在的长时间出行会对交通系统整体平均出行时耗造成偏离影响，采用第 95 百分位出行数据计算出行时耗能够很大程度减少偶然性极值的影响，从而更好地反映交通系统中出行时耗的分布情况。将分方式及全方式修正后 OD 最短路出行时耗降序排布，读取各种方式第 95 百分位出行时耗 P_{7i} 和全方式第 95 百分位出行时耗 P_8。

$$P_{7i} = 95^{\text{th}} T_i(t_{\text{OD}}^i) \tag{6-7}$$

$$P_8 = 95^{\text{th}} T(t_{\text{OD}}) \tag{6-8}$$

式中，P_{7i} 为第 i 种出行方式修正后 OD 最短出行时耗的第 95 百分位值；P_8 为全出行方式修正后 OD 最短出行时耗的第 95 百分位值；$T_i(t_{\text{OD}}^i)$ 为第 i 种出行方式修正后 OD 最短出行时耗降序排列分布；$T(t_{\text{OD}})$ 为全出行方式修正后 OD 最短出行时耗降序排列分布；t_{OD}^i 为第 i 种出行方式修正后 OD 最短出行时耗集合；t_{OD} 为全出行方式修正后 OD 最短出行时耗集合。

5. 居民出行延误比

居民出行延误比表征居民出行实际时间消耗与自由流水平下时间消耗的比值，体现了交通系统的拥堵情况，包括分方式出行延误比和全方式出行延误比。分方式出行延误比反映特定交通方式出行延误情况，其评价计算公式如式 (6-9) 所示。

$$P_{9i} = \frac{T_i}{\text{TF}_i} \tag{6-9}$$

式中，P_{9i} 为第 i 种交通方式的出行延误比；T_i 为第 i 种交通方式的总出行时耗 (min)；TF_i 为自由流水平时完成第 i 种交通方式所有出行的总时耗 (min)。

全方式出行延误比为城市居民全方式出行总实际时耗与自由流水平下总时耗之比，评价计算公式如式 (6-10) 所示。

$$P_{10} = \frac{T}{\text{TF}} \tag{6-10}$$

式中，P_{10} 为全方式出行延误比；T 为全方式总出行时耗 (min)；TF 为假设行程速度为自由流水平时完成全方式所有出行的总时耗 (min)。

6.2.2 道路网络运行效率评价

1. 路网平均行程车速

路网平均行程车速表征了城市交通系统路网中所有路段的平均行程车速，通过计算每条路段长度与路段流量之积的和，除以所有路段上所有车辆的平均行程时间与下游交叉口进口道平均延误时间之和的流量加权平均而得，评价计算公式如式 (6-11) 所示。

$$P_{11} = \frac{\sum (l_i \times Q_i)}{\sum [(t_i + d_i) \times Q_i]} \tag{6-11}$$

式中，P_{11} 为路网平均行程车速 (km/h)；l_i 为路段 i 长度 (km)；Q_i 为路段 i 平均交通量 (pcu/h)；t_i 为路段 i 平均行程时间 (h)；d_i 为路段 i 下游交叉口进口道平均延误时间 (h)。

2. 道路网络干道拥堵率

道路网络干道拥堵率指标反映了道路网络中干道的拥堵程度，是道路网络中快速路、主干路、次干路中服务水平为 E 级、F 级的道路长度与快速路、主干路、次干路总长度的比值。道路网络干道拥堵率评价计算公式如式 (6-12) 所示。

$$P_{12} = \frac{L_{cs}}{TL} = \frac{\displaystyle\sum_{i=1}^{N_{cs}} L_{csi}}{\displaystyle\sum_{j=1}^{N} L_j} \tag{6-12}$$

式中，P_{12} 为服务水平为 E 级、F 级的快速路、主干路、次干路的长度比例；L_{cs} 为服务水平为 E 级、F 级的快速路、主干路、次干路的长度之和 (km)；TL 为快速路、主干路、次干路总长度 (km)；N_{cs} 为服务水平为 E 级、F 级的快速路、主干路、次干路的路段数量；N 为快速路、主干路、次干路的路段数量；L_{csi} 为服务水平为 E 级、F 级的快速路、主干路、次干路路段 i 的长度 (km)；L_j 为快速路、主干路、次干路路段 j 的长度 (km)。

考虑到上述公式没有考虑路段上交通流量的大小及其分布情况，无法表达出交通系统整体车流的拥堵情况，因此，在上述公式的基础上，进一步考虑道路流量的影响，提出考虑流量加权的道路网络干道拥堵率评价指标，如式 (6-13) 所示。

$$P_{13} = \frac{\displaystyle\sum_{i=1}^{N_{cs}} L_{csi} \times Q_{csi}}{\displaystyle\sum_{j=1}^{N} L_j \times Q_j} \tag{6-13}$$

式中，P_{13} 为考虑流量加权的服务水平为 E 级、F 级的快速路、主干路、次干路的里程比例；Q_{csi} 为服务水平为 E 级、F 级的快速路、主干路、次干路路段 i 的交通量 (pcu/h)；Q_j 为快速路、主干路、次干路路段 j 的交通量 (pcu/h)。

3. 道路网络交叉口拥堵率

道路交叉口作为城市交通网络中的主要节点，尤其是主次干道中的交叉口，其拥堵情况决定着路网整体的运行效率。道路网络交叉口拥堵率为道路网络中主干路、次干路上服务水平为 E 级、F 级的交叉口数量占比，评价计算公式如式 (6-14) 所示。

$$P_{14} = \frac{N_{cn}}{N_n} \tag{6-14}$$

式中，P_{14} 为节点 (交叉口)E 级、F 级服务水平比重；N_{cn} 为主干路、次干路服务水平为 E 级、F 级的节点 (交叉口) 数量；N_n 为主干路、次干路交叉口数量。

4. 路段平均饱和度

路段平均饱和度反映路段交通运行与承载能力的匹配状况，为城市路网中各路段饱和度的加权平均值，以各路段的路段长度作为权重取值，评价计算公式如式 (6-15) 所示。

$$P_{15} = \frac{\sum_{i=1}^{m} \frac{Q_i}{C_i} \times l_i}{\sum_{i=1}^{m} l_i} \tag{6-15}$$

式中，P_{15} 为路段平均饱和度；Q_i 为路段 i 的交通量 (pcu/h)；C_i 为路段 i 的实际通行能力 (pcu/h)；m 为路网中的路段总数；l_i 为路段 i 的长度 (km)。

5. 节点平均饱和度

节点平均饱和度为路网中所有节点饱和度的算术平均值，用以表征城市交通系统中节点处的整体运行饱和情况，评价计算公式如式 (6-16) 所示。

$$P_{16} = \frac{1}{n} \sum_{j=1}^{n} \frac{Q_j}{C_j} \tag{6-16}$$

式中，P_{16} 为节点平均饱和度；Q_j 为节点 j 的交通量 (pcu/h)；C_j 为节点 j 的实际通行能力 (pcu/h)。

6. 路段负荷均衡度

路段负荷均衡度是基于路网中各路段的饱和度数据来计算其标准差，用以表征城市路网中路段上交通负荷的均衡程度，评价计算公式如式 (6-17) 所示。

$$P_{17} = \sqrt{\frac{1}{L} \sum_{i=1}^{m} l_i \left(S_{1i} - P_{15}\right)^2} \tag{6-17}$$

式中，P_{17} 为路段负荷均衡度；m 为路网中路段总数；L 为路网中所有路段的总长度 (km)；l_i 为路段 i 的长度 (km)；S_{1i} 为路段 i 的饱和度。

7. 节点负荷均衡度

节点负荷均衡度是基于路网中各节点的饱和度数据来计算其标准差，用以表征城市路网中节点处交通负荷的均衡度，评价计算公式如式 (6-18) 所示。

$$P_{18} = \sqrt{\frac{1}{n} \sum_{j=1}^{n} \left(S_{2j} - P_{16}\right)^2} \tag{6-18}$$

式中，P_{18} 为节点负荷均衡度；n 为路网中的节点总数；S_{2j} 为节点 j 的饱和度；P_{16} 为节点平均饱和度。

6.2.3 公交系统运行效率评价

1. 公共交通分担率

公共交通分担率指城市居民经由公共交通系统出行的交通量在城市各方式总出行量中的比例，也可称为全方式出行公交分担率。与之相对的另外一个指标为机动化出行公交分担率，即为城市中公交出行量占机动化出行量的比率。评价计算公式分别如式 (6-19)、式 (6-20) 所示。

$$P_{19} = \frac{\sum Q_{ij}^{\text{public}}}{\sum Q_{ij}^{\text{public}} + \sum Q_{ij}^{\text{car}} + \sum Q_{ij}^{\text{nommot}}} \tag{6-19}$$

$$P_{20} = \frac{\sum Q_{ij}^{\text{public}}}{\sum Q_{ij}^{\text{public}} + \sum Q_{ij}^{\text{car}}} \tag{6-20}$$

式中，P_{19} 为全方式出行公交分担率；P_{20} 为机动化出行公交分担率；Q_{ij}^{public} 为 i 小区到 j 小区采用公共交通出行的出行量；Q_{ij}^{car} 为 i 小区到 j 小区小汽车出行的总出行量；Q_{ij}^{nommot} 为 i 小区到 j 小区非机动化出行的总出行量。

2. 公交运营车速

公交运营车速指城市公交车系统中所有车辆运营的平均行程车速，能够反映城市公交系统整体的运行效率，用公交运营线路网长度除以运营时间（包括路段行驶时间、交叉口延误及站点停靠时间), 评价计算公式如式 (6-21) 所示。

$$P_{21} = \frac{L_{\text{route}}}{t_{\text{section}} + t_{\text{node}} + t_{\text{stop}}} \tag{6-21}$$

式中, P_{21} 为公交运营车速; L_{route} 为公交运营线路网长度 (km); t_{section} 为路段行驶时间 (h); t_{node} 为交叉口延误 (h); t_{stop} 为站点停靠时间 (h)。

　　3. 公交运能饱和度

公交运能饱和度是衡量城市公交系统供给与需求均衡度的重要指标, 是路网中各路段公交运能饱和度的算术平均值, 评价计算公式如式 (6-22) 所示。

$$P_{22} = \frac{\sum\limits_{i=1}^{m} \dfrac{Q_i}{\sum\limits_{j=0}^{\text{bn}_i} f_{ij} C_{ij}}}{m} \tag{6-22}$$

式中, P_{22} 为公交运能饱和度; f_{ij} 为表示研究时段内经过路段 i 的第 j 条公交线路的班次; C_{ij} 为经过路段 i 的第 j 条公交线路的载客数量 (人次); m 为路网中路段数量; bn_i 为经过路段 i 的公交线路数量; Q_i 表示路段 i 的公交出行总需求量 (人次)。

　　4. 公交复线系数

公交复线系数是公交运营线路网长度与公交纯线网长度的比值, 可以表征城市公交系统的分布均匀性及站点停靠能力等, 评价计算公式如式 (6-23) 所示。

$$P_{23} = \frac{L_{\text{route}}}{L_{\text{broad}}} \tag{6-23}$$

式中, P_{23} 为公交复线系数; L_{route} 为公交运营线路网长度 (km); L_{broad} 为公交纯线网长度 (km)。

6.2.4　环境影响与能源消耗评价

　　1. 全网络能源消耗总量

全网络能源消耗总量通过计算目标时段内城市路网所有机动车在路段及交叉口行驶过程中消耗的燃油总量, 来表征城市交通系统的总体能源消耗情况。根据机动车在匀速、怠速、加速及减速行驶等不同运行状态下燃油消耗情况，分析获得全网络能源消耗总量，评价计算公式如式 (6-24) ~ 式 (6-26) 所示。

$$P_{24} = \left(\sum_{l=1}^{m} Y_l + \sum_{i=1}^{n} Z_i \right) \times \rho \div 1000 \tag{6-24}$$

$$Y_l = \begin{cases} (V_l + \mathrm{Nl}_l) \times L_l \times \mathrm{ENF}\,(s_l), & s_l \neq 0 \\ \mathrm{Nl}_l \times T \times \mathrm{ENF}\,(s_0), & s_0 = 0 \end{cases} \tag{6-25}$$

$$Z_i = \sum_{j=1}^{J} (\mathrm{UFC}_{j0} \times N_{ij} \times d_i) + \sum_{j=1}^{J} (\mathrm{UFC}_{j0} \times V_{ij} \times p_{id} \times t_d) + \sum_{j=1}^{J} (\mathrm{FC}_j \times V_{ij} \times p_{id}) \tag{6-26}$$

式中，P_{24} 为全网络能源消耗总量 (t/h)；Y_l 为路段 l 的能耗消耗 (L/h)；Z_i 为交叉口 i 的能源消耗 (L/h)；ρ 为燃油密度，取 0.72kg/L；$\mathrm{ENF}\,(s_l)$ 为平均车速为 s_l、车型为 j 的机动车综合能源消耗因子 (L/km)；$\mathrm{ENF}\,(s_0)$ 为平均车速为 0、车型为 j 对应的机动车综合能源消耗因子 (L/h)；V_l 为路段 l 上的交通量 (pcu)；Nl_l 为路段 l 中排队车辆数 (pcu)；L_l 为路段 l 的长度 (km)；T 为路段 l 平均速度为 0 的持续时间 (h)；UFC_{j0} 为 j 型车的单位怠速油耗 (mL/s)；p_{id} 为交叉口 i 的延误率，绿信比取 0.5；t_d 为机动车减速延误；FC_j 为 j 型车的加速油耗 (mL)；d_i 为交叉口 i 的平均排队延误 (s)；V_{ij} 为交叉口 i 上 j 型车的交通量 (pcu)；N_{ij} 为交叉口 i 上 j 型车的排队车辆数 (pcu)；m 为路网中路段数量；n 为路网中交叉口数量；J 为车辆类型数量。

2. 单位客运周转率能耗

单位客运周转率能耗进一步表征了城市交通系统的能源利用效率，通过路网燃油消耗总量与路网客运总量之比表示，评价计算公式如式 (6-27) 所示。由于该指标剔除了客运量对能耗的影响，因而可用于不同区域、不同城市间的比较。

$$P_{25} = \frac{C}{\displaystyle\sum_{l=1}^{m} \sum_{j=1}^{J} V_{lj} \times r_j \times L_l} \tag{6-27}$$

式中，P_{25} 为单位客运周转量消耗 (L/(人次 ·km))；V_{lj} 为路段 l 上车型 j 车辆数 (pcu)；r_j 为车型 j 车辆的平均载客人数 (人)；L_l 为路段 l 长度 (km)；m 为路网中路段数量；J 为客运车辆类型数量；C 为路网客运交通的燃油消耗量 (L)，计算公式同全网络能源消耗总量，只考虑客运车型。单位货运周转率能耗计算基本原理同单位客运周转率能耗计算原理，只需把客运车辆替换为货运车辆。

3. 路网各大气污染物排放量

路网各大气污染物排放量评价指标主要是通过分析及计算机动车在路网不同部分运行的不同工况条件下所产生的 5 种主要污染物的排放量，包括一氧化碳 (CO)、碳氢化合物 (HC)、氮氧化物 (NO_x)、可吸入颗粒物 (PM_{10} 与 $PM_{2.5}$)。以一氧化碳 (CO) 为例，评价计算公式如式 (6-28) 所示。

$$P_{26} = \left[\sum_{i=1}^{n} \left(\frac{1}{3600} EI_{CO}^{PCU} \times N_i^{PCU} \times D_i \right) + \sum_{l=1}^{m} \left(L_l \times \sum_{j=1}^{J} (V_{lj} \times E_{COj}) \right) \right]$$
$$\times 10^{-6} \begin{pmatrix} 1 & 0 \\ 0 & 1 \end{pmatrix} \tag{6-28}$$

式中，P_{26} 为道路交通污染物 CO 排放总量 (t/h)；L_l 为路段 l 的长度 (km)；E_{COj} 为车型 j 在不同速度下运行时 CO 排放因子 (g/(veh·km))；V_{lj} 为路段 l 上车型 j 车辆的流量 (pcu)；EI_{CO}^{PCU} 为标准小汽车 CO 单位怠速排放因子 (g/(pcu·h))；N_i^{PCU} 为交叉口 i 排队的当量小汽车交通量 (pcu/h)；D_i 为交叉口 i 平均排队延误 (s)；m 为路网中路段数量；n 为路网中交叉口数量。

路网 HC、NO_x、PM_{10}、$PM_{2.5}$ 的排放量计算基本原理与路网 CO 排放量类似，只需将模型中的 CO 各种类型排放因子替换成对应污染物的排放因子即可。

4. 全网络大气污染物排放总量

全网络大气污染物排放总量表示整个路网范围内所有车辆排放的五种空气污染物的总和，该指标能够从宏观层面有效反映城市交通系统运行过程中产生的各种污染物排放总量，评价计算公式如式 (6-29) 所示。

$$P_{31} = P_{26} + P_{27} + P_{28} + P_{29} + P_{30} \tag{6-29}$$

式中，P_{31} 为全网络大气污染物排放总量 (t/h)；P_{26} 为道路交通一氧化碳 (CO) 排放总量 (t/h)；P_{27} 为道路交通碳氢化合物 (HC) 排放总量 (t/h)；P_{28} 为道路交通氮氧化物 (NO_x) 排放总量 (t/h)；P_{29} 为道路交通可吸入颗粒物 PM_{10} 排放总量 (t/h)；P_{30} 为道路交通可吸入颗粒物 $PM_{2.5}$ 排放总量 (t/h)。

5. 机动车大气污染物人均出行排放量

由于不同城市交通系统的供需量级存在显著差异，因此仅通过大气污染物排放总量不能客观合理地评价城市交通系统的污染程度。机动车污染物人均出行排放量指标能够有效反映城市交通系统在客观交通需求条件下的人均出行大气污染物排放情况，可通过全网络大气污染物排放量除以总出行人次得到，评价计算公

式如式 (6-30) 所示。

$$P_{32} = \frac{P_{31} \times 10000}{N_{\text{totalsum}}} \qquad (6\text{-}30)$$

式中，P_{32} 为机动车大气污染物人均出行排放量 (t/(h · 万人次))；N_{totalsum} 为总出行量 (人次)；P_{31} 为大气污染物排放总量 (t)。

6.2.5 交通系统经济性能评价

1. 居民出行平均时间成本

居民出行平均时间成本指标为居民平均时间价值 VOT 与平均出行时耗的乘积，评价计算公式如式 (6-31) 所示。其中，居民平均时间价值可以根据城市社会经济情况，如国内生产总值等指标分析获得。

$$P_{33} = \text{VOT} \times P_6 \qquad (6\text{-}31)$$

式中，P_{33} 为居民出行平均时间成本 (万元)；P_6 为平均出行时耗，可替换为不同出行方式的平均时耗，结果即为各方式出行的平均时间成本；VOT 为居民的平均时间价值 (万元/h)，$\text{VOT} = \text{perGDP}/T$，其中 perGDP 为城市年人均 GDP(万元)，T 为人均年工作小时数，一般取 2000h。

2. 交通系统运营成本

交通系统运营成本为城市交通系统各交通方式运营成本的和，主要包括小汽车和公共交通两大类，评价计算公式如式 (6-32) 所示。其中，小汽车运营成本主要包括燃油消耗成本、维修保养成本及轮胎磨损成本；公共交通系统运营成本主要包括人工成本、业务成本 (燃料、维修、安检) 及折旧费用。

$$P_{34} = \text{CT}_f + \text{CT}_r + \text{CT}_t + \text{CT}_p + \text{CT}_b + \text{CT}_z \qquad (6\text{-}32)$$

式中，P_{34} 为交通系统运营成本 (万元/h)；CT_f 为燃油消耗成本 (万元/h)；CT_r 为维修保养成本 (万元/h)；CT_t 为轮胎磨损成本 (万元/h)；CT_p 为人工成本 (万元/h)；CT_b 为业务成本 (万元/h)；CT_z 为折旧费用 (万元/h)。

3. 全交通网络总成本

综合以上指标，全交通网络总成本为居民出行时间总成本与交通系统运营成本之和，评价计算公式如式 (6-33) 所示。其中，居民出行时间总成本可通过居民出行平均时间成本与城市交通系统总出行量相乘获得。

$$P_{35} = P_{33} \times N_{\text{totalsum}} + P_{34} \qquad (6\text{-}33)$$

式中，P_{35} 为全交通网络总成本 (万元/h)；P_{33} 为居民出行平均时间总成本 (万元)；N_{totalsum} 为总出行量 (人次/h)；P_{34} 为交系统运营成本 (万元/h)。

4. 车均运营成本

考虑到不同城市的机动车保有量存在差异，可采用车均运营成本表征城市交通系统运营的经济成本情况，为交通系统运营总成本除以当量小汽车出行量，评价计算公式如式 (6-34) 所示。

$$P_{36} = \frac{P_{34}}{V_{tp}} \tag{6-34}$$

式中，P_{36} 为车均运营成本 (万元/pcu)；P_{34} 为交通系统运营成本 (万元/h)；V_{tp} 为当量小汽车出行量 (pcu/h)。

5. 居民平均广义出行成本

居民平均广义出行成本为全交通网络总成本除以总出行量，可以表征在城市交通系统中居民出行的平均花费，评价计算公式如式 (6-35) 所示。

$$P_{37} = \frac{P_{35}}{N_{totalsum}} \tag{6-35}$$

式中，P_{37} 为居民平均广义出行成本 (万元/人次)；P_{35} 为全交通网络总成本 (万元/h)；$N_{totalsum}$ 为总出行量 (人次/h)。

6. 交通拥堵直接经济损失

交通拥堵直接经济损失为高峰小时全网时间成本减去自由流全网时间成本，该指标可以表征城市交通系统因交通拥堵造成的直接经济损失，评价计算公式如式 (6-36) 所示。

$$P_{38} = CT_{peak} - CT_{ff} \tag{6-36}$$

式中，P_{38} 为交通拥堵直接经济损失 (万元/h)；CT_{peak} 为高峰小时全网时间成本 (万元/h)；CT_{ff} 为自由流全网时间成本 (万元/h)。

6.3　城市交通系统综合评价方法

城市交通系统包含众多属性各异的指标，对其进行综合评价需要从整体全局角度出发，是一个典型的多层次综合评价问题。在进行分析计算的过程中，既有可以直接依据规范标准确定结果优劣的评价指标，也存在无法明确判别归属的评价指标，考虑到评价指标结果的分级评判存在一定的模糊性，因此选用模糊综合评价方法对城市交通系统综合评价体系进行评价。

对城市交通系统综合评价体系进行模糊评价的基本步骤如下：① 确定城市交通系统综合评价的因素集和评价集；② 根据是否有明确评价标准选取方法计算因

素隶属度, 建立模糊评价矩阵, 并通过层次分析法计算因素权重; ③ 根据模糊运算的函数与算子特性, 选择算子, 并基于权重矩阵与模糊评价矩阵计算模糊合成值, 据此获得城市交通系统综合评价结果。

6.3.1 设置因素集 (指标集)

评价对象的特定属性可以用具有代表性的因素 (指标) 来描述, 而用于综合评价系统性能的指标合集通常被称为因素集 (指标集)。城市交通系统评价因素集应基于全面、准确的巨量交通数据, 充分融合交通各领域研究者的学术成果与相关建议, 并经过严谨的归纳总结与对比分析后得出。根据城市交通系统因素集 U 中各因素之间的属性关系, 可将表征属性较为接近的一类因素分在一个因素子集中, 共形成 n 个因素子集, 因素子集命名为 U_i, 且 U_i 之间存在如下关系: $U = (U_1, U_2, \cdots, U_i, \cdots, U_n)$。

在城市交通系统综合评价中, 首先根据综合评价的细化准则将总目标分为 5 个因素子集 (评价准则层), 即 $U = \{U_1$(城市居民出行效率), U_2(道路网络运行效率), U_3(公共交通系统运行效率), U_4(环境影响与能源消耗), U_5(交通系统经济性能)$\}$。各因素子集 U_i 中包含的因素记为 u_{ij}, 则 5 个因素子集分别如下: $U_1 = \{u_{11}$(平均出行距离), u_{12}(第 95 百分位出行距离), u_{13}(平均出行时耗), u_{14}(第 95 百分位出行时耗), u_{15}(居民出行延误比)$\}$; $U_2 = \{u_{21}$(路网平均行程车速), u_{22}(道路网络干道拥堵率), u_{23}(道路网络交叉口拥堵率), u_{24}(路段平均饱和度), u_{25}(节点平均饱和度), u_{26}(路段负荷均衡度), u_{27}(节点负荷均衡度)$\}$; $U_3 = \{u_{31}$(公共交通分担率), u_{32}(公交运营车速), u_{33}(公交运能饱和度), u_{34}(公交纯线网长度)$\}$; $U_4 = \{u_{41}$(全网络能源消耗总量), u_{42}(单位客运周转率能耗), u_{43}(路网污染物排放量), u_{44}(全网络大气污染物排放总量), u_{45}(机动车污染物人均出行排放量)$\}$; $U_5 = \{u_{51}$(居民出行平均时间成本), u_{52}(交通系统运营成本), u_{53}(全交通网络总成本), u_{54}(车均运营成本), u_{55}(居民平均广义出行成本), u_{56}(交通拥堵直接经济损失)$\}$。

6.3.2 设置评语集

评语集是评价者针对系统某一属性, 基于相关标准或规范与指标表现, 所给出的分等级评价结果的集合 (V), 如 $\{V_1$(优), V_2(良), V_3(一般), V_4(较差), V_5(很差)$\}$。由于尚无统一标准来度量城市交通系统综合评价体系中的各个指标, 评价者需要根据因素对应的相关标准与规范明确其评价分级标准, 从而获得该指标的评价值, 再通过划分评价值区间, 得到因素所在等级。在本章的城市交通系统综合评价中评语集采用 [0,100] 评分标准, 将评价按评分分为五等, 具体评语集划分准则见表 6-1。

表 6-1　评语集

评价等级	评价等级	评分区间	中间值
优	一	[90,100]	95
良	二	[80,90)	85
一般	三	[70,80)	75
较差	四	[60,70)	65
很差	五	[0,60)	30

6.3.3　计算隶属度

隶属度可以表征因素 (指标) 属于所在评价等级的程度, 对于有明确评价标准的指标可通过构造因素评价值对应等级的隶属度函数计算得到。隶属度函数一般指某一类常用的函数模型, 如分段函数、高斯函数等, 也可通过概率论方法构建特定的隶属度函数。鉴于城市交通系统综合评价体系中存在部分没有明确评价标准的定量指标, 该部分指标的隶属度一般可通过专家打分法计算得到。

1. 有明确评价标准的指标

对于有明确评价标准的定量指标, 如路网平均行程车速、路段平均饱和度、道路网络交叉口拥堵率、公共交通分担率等指标, 隶属度函数可选用分段函数、高斯函数等常用模型。将评价集划分成 5 个等级, 各自的评语等级分别为优、良、一般、较差和很差, 其各自对应的临界值分别为 r_{ij1}、r_{ij2}、r_{ij3}、r_{ij4}、r_{ij5}, 某指标 u_{ij} 对应于准则 k 的隶属度分别定义为 r_{ij}^k。在本章的城市交通系统综合评价中, 使用升、降半梯形隶属函数计算指标对各个评价等级的隶属度。

(1) 逆指标隶属度 (u_{ij} 值越大越差)

$$r_{ij}^1 = \begin{cases} 1, & u_{ij} \leqslant r_{ij1} \\ \dfrac{u_{ij} - r_{ij2}}{r_{ij1} - r_{ij2}}, & r_{ij1} < u_{ij} < r_{ij2} \\ 0, & u_{ij} \geqslant r_{ij2} \end{cases} \tag{6-37}$$

$$r_{ij}^k = \begin{cases} 0, & u_{ij} \leqslant r_{ij(k-1)}或u_{ij} \geqslant r_{ij(k+1)} \\ \dfrac{u_{ij} - r_{ij(k-1)}}{r_{ijk} - r_{ij(k-1)}}, & r_{ij(k-1)} < u_{ij} \leqslant r_{ijk} \\ \dfrac{r_{ij(k+1)} - u_{ij}}{r_{ij(k+1)} - r_{ijk}}, & r_{ijk} < u_{ij} < r_{ij(k+1)} \end{cases} \quad k = 2,3,4 \tag{6-38}$$

$$r_{ij}^5 = \begin{cases} 0, & u_{ij} \leqslant r_{ij4} \\ \dfrac{u_{ij} - r_{ij4}}{r_{ij5} - r_{ij4}}, & r_{ij4} < u_{ij} < r_{ij5} \\ 1, & u_{ij} \geqslant r_{ij5} \end{cases} \tag{6-39}$$

(2) 正指标隶属度 (u_{ij} 值越大越好)

$$r_{ij}^1 = \begin{cases} 1, & u_{ij} \geqslant r_{ij1} \\ \dfrac{u_{ij} - r_{ij2}}{r_{ij1} - r_{ij2}}, & r_{ij2} < u_{ij} < r_{ij1} \\ 0, & u_{ij} \leqslant r_{ij2} \end{cases} \quad (6\text{-}40)$$

$$r_{ij}^k = \begin{cases} 0, & u_{ij} \geqslant r_{ij(k-1)} \text{或} u_{ij} \leqslant r_{ij(k+1)} \\ \dfrac{u_{ij} - r_{ij(k-1)}}{r_{ijk} - r_{ij(k-1)}}, & r_{ijk} < u_{ij} \leqslant r_{ij(k-1)} \\ \dfrac{r_{ij(k+1)} - u_{ij}}{r_{ij(k+1)} - r_{ijk}}, & r_{ij(k+1)} < u_{ij} < r_{ijk} \end{cases} \quad k = 2,3,4 \quad (6\text{-}41)$$

$$r_{ij}^5 = \begin{cases} 0, & u_{ij} \geqslant r_{ij4} \\ \dfrac{u_{ij} - r_{ij4}}{r_{ij5} - r_{ij4}}, & r_{ij5} < u_{ij} < r_{ij4} \\ 1, & u_{ij} \leqslant r_{ij5} \end{cases} \quad (6\text{-}42)$$

2. 暂无明确评价标准的指标

对于尚无明确评价标准的指标, 如平均出行距离、公交纯线网长度、全网络能源消耗总量等指标, 可采用专家打分法、模糊聚类法等方法。

专家打分法是基于城市交通专家对各项指标评价值的等级判定, 统计各指标所属等级的频率, 并以此作为指标对于各个等级的隶属度。在同时对多个城市或对某一城市多种状态下的交通系统进行综合评价时, 可以基于各个指标的实际值, 通过模糊聚类的方法获得各指标的评定等级与隶属度。从评价效率角度出发, 对于目标城市的评价可以参考相似典型城市的指标评价值, 并将其作为构建隶属度函数的基础。

6.3.4 确定权重

在得到各指标评价等级及隶属度后, 确定指标权重就是影响综合评价结果的关键步骤。由于指标权重判定过程中存在一定的主观性, 需要将该部分主观判断转化为量化表达, 对于判定方法的系统性、灵活性及便捷性均有较高要求。因此, 本章选择较为常用的层次分析法来确定各评价指标的权重, 该方法主要包括以下4 个步骤。

步骤 1. 构建递阶层次结构。首先基于城市交通系统中各个指标的属性及评价体系准则, 将所有指标划分到相互独立的准则层中, 如居民出行效率准则层中包含如下指标: 平均出行距离/时耗、第 95 百分位出行距离/时耗、居民出行延误比。准则层中的指标值只隶属于该准则层, 与其他准则层及其中指标相互独立, 形成递阶层次结构, 并以层次框图的形式描述指标与准则之间的从属关系。

步骤 2. 构造两两比较判断矩阵。在确定评价指标与准则层的从属关系后，需要通过构造两两比较判断矩阵的方式，确定准则层内包含指标的相对重要度。准则层 Z 中包含指标 $f_1, f_2, \cdots, f_n$，通过九级标度法获得各指标两两比较的相对重要程度 (记为%)，各个重要度的赋值说明见表 6-2。通过以上对比，相对于准则层，下层 n 个被比较的元素构成了 $n \times n$ 的判断矩阵：

$$\boldsymbol{A} = (a_{ij})_{n \times n} \tag{6-43}$$

式中，a_{ij} 表示元素 f_i 与 f_j 相对于准则层 Z 的重要性，用 1~9 的整数作为重要性标度。

表 6-2　层次结构分析的比率度

重要性标度	描述
1	f_i 和 f_j 同等重要
3	f_i 比 f_j 稍微重要
5	f_i 比 f_j 明显重要
7	f_i 比 f_j 强烈重要
9	f_i 比 f_j 极端重要
2, 4, 6, 8	两标度之间中值

步骤 3. 单一准则下元素相对权重的计算。基于步骤 2 构造的准则层内指标判断矩阵，通过正则化等矩阵运算操作计算其特征向量，进一步计算矩阵的最大特征根、一致性指标 CI 及其比重，求出 n 个指标对于准则层 Z 的权重 $\boldsymbol{W} = (w_1, w_2, \cdots, w_n)^{\mathrm{T}}$。

步骤 4. 合成各准则层中指标相对于总目标的权重。基于步骤 1 中建立的递阶层次结构，通过计算准则层元素对于总目标的权重，结合步骤 3 得到各指标对于准则层的权重，两类权重相乘，可合成各准则层中指标相对于总目标的权重 $\boldsymbol{W} = (w_{11}, w_{12}, \cdots, w_{21}, w_{22}, \cdots, w_{ij}, \cdots, w_{mn})^{\mathrm{T}}$。

6.3.5　综合评价

在确定各评价指标 u_{ij} 的隶属度函数 r_{ij}，并得到相应模糊关系矩阵 $\boldsymbol{R}$ 后，可得到各评价指标的权重矩阵 $\boldsymbol{w}$。城市交通系统综合评价的最后一个步骤需要选择合适的合成算子 "$*$"，以计算模糊合成值 $\boldsymbol{B} = \boldsymbol{w} * \boldsymbol{R}$。

模糊综合评价中合成算子 "$*$" 指的是对权重与指标值进行数学运算的方式，常用的合成算子包括 $M(\vee, \wedge)$ (取大取小法) 和 $M(\cdot, +)$ (环合法)2 种。

若按 $M(\vee, \wedge)$ 计算 ($\vee$ 表示取大，$\wedge$ 表示取小)，则有

$$B = \vee \{(w_{11} \wedge u_{11}), (w_{12} \wedge u_{12}), \cdots, (w_{ij} \wedge u_{ij}), \cdots, (w_{mn} \wedge u_{mn})\} \tag{6-44}$$

若按 $M(\cdot, +)$($\cdot$ 表示相乘，$+$ 表示相加) 计算，则有

$$B = (w_{11}u_{11}) + (w_{12}u_{12}) + \cdots + (w_{ij}u_{ij}) + \cdots + (w_{mn}u_{mn}) \tag{6-45}$$

在计算模糊合成值时，选用不同的算子会导致模糊评价函数性质发生变化。如果采用 $M(\vee, \wedge)$ 算子，模糊评价函数为单调连续递增函数，不具备可加性、正则性。而如果采用 $M(\cdot, +)$ 算子，该函数不仅具有单调连续递增的特性，而且具有可加性、正则性。在城市交通系统综合评价中，需要对 5 个准则层中各个指标的运算结果进行相加求和，因此应选择更为常用的 $M(\cdot, +)$ 算子进行模糊综合评价计算。

6.4 本章小结

本章通过梳理国内外相关研究，首先概述城市交通系统综合评价中 6 个方面相关的理论内涵、发展历程及与交通仿真的关系，然后从目的性与原则性两方面介绍城市交通系统综合评价指标体系建立的意义与要求，并从整体角度阐释评价体系的组织架构，在筛选指标过程中以评价体系的内生特点为基础，紧扣指标的合理性、代表性、差异性等特征，详尽说明各个指标的含义、适用范围及计算方法，全方位、全过程保证评价体系的适配性与可用性。在评价方法层面，由于评价体系中存在部分指标无法确定的分级评价，综合考虑评价方法的适用性与准确性，本章采用模糊评价法对城市交通系统进行综合评价。

参 考 文 献

[1] 王炜. 城市交通系统可持续发展规划框架研究 [J]. 东南大学学报 (自然科学版), 2001, 31(4): 31-35.
[2] 韩婧. 公交主导型城市交通系统效能评价方法研究 [D]. 南京: 东南大学，2017.

第二篇

关 键 技 术

第 7 章　城市虚拟交通系统技术框架与平台软件

城市虚拟交通系统基础理论在交通领域的推广与实践,很大程度上依赖于交通仿真技术。通过梳理虚拟交通系统理论模型间的数据及流程关系,提出城市虚拟交通系统仿真技术,串联并实现虚拟交通系统理论模型功能。

本章梳理了城市虚拟交通系统基础理论、关键技术与平台软件内涵,明确虚拟交通系统关键技术组织形式及技术框架,并从平台软件发展历程入手,分析城市虚拟交通系统平台软件功能,给出平台软件操作流程。

7.1　概　　述

城市虚拟交通系统基础理论的提出,为解决我国城市交通数据应用水平低、需求分析精度差、协同决策能力弱的问题提供了理论支撑。依托城市虚拟交通系统基础理论,可以实现对交通网络动静态特征的梳理,可以获取交通系统需求时空演化,可以把握交通流量在交叉口和路段的分布与运行情况,也可以全方位地评估城市交通系统的效率、能耗、经济性等多项指标。但是,理论模型往往相对独立,其对于数据输入、参数标定也有较多要求,彼此间并不能直接连接与交互。此外,也不可能单纯依靠交通理论模型而不借助如信息技术、大数据算法等新技术手段来实现对城市交通系统的全面分析。

正是意识到城市虚拟交通系统基础理论在实践层面的局限,本书进一步提出了城市虚拟交通系统仿真技术。通过梳理理论模型之间的数据差异以及流程逻辑关系,补充关键性的技术模块,将独立的虚拟交通系统理论模型串联,实现对应分析功能。城市虚拟交通系统仿真技术主要包括交通数据库构建技术 (数据库)、交通运行分析技术 (模型库)、交通分析策略实现技术 (策略库)。

从技术与理论之间的逻辑关系看,城市虚拟交通系统关键技术是对基础理论的实际映射,是开展工程实践应用的保障,而基础理论则是研发关键技术的前提基础,是支撑虚拟交通系统实践的基石。通过提出虚拟交通系统关键技术逻辑架构框架,并在框架下集成交通数据、理论模型与人机交互等计算机技术,形成虚拟交通系统关键技术体系。

考虑到虚拟交通系统的功能模块非常多,如果单纯通过工程技术人员手工操作显然费时费力,没办法实现高效、标准化的虚拟仿真分析。因此,需要通过虚拟交通仿真软件,实现对理论与技术的集成,便捷地实现各项虚拟仿真分析功能。

目前,在虚拟交通仿真软件方面,已经逐步开发了 AimSun、CUBE、Dynameq、Paramics、TransCAD 等商业软件,以及 SUMO、MITSIM、TrafficSim、DTALite 等开源软件。特别是主流商业交通仿真分析软件经过几十年的发展,已经形成了各具特色、较为完善的交通分析功能,且基本在应用市场处于垄断地位,但是,以上软件在中国交通城市交通系统仿真分析中的应用存在两方面的不足:一方面,上述主流交通仿真软件皆由国外团队开发,未考虑到国内复杂交通环境与需求,其模型不能完全适用于国内城市交通系统仿真分析;另一方面,上述软件一般以功能导向作为开发思路,比较适合专业人员使用,对于实际应用中可能面临的各类情景,需要用户自行判断来逐一操作与配置,非专业人员使用体验感并不友好。基于上述软件构建的城市虚拟交通系统仿真平台普遍存在着多模式交通网络融合分析能力弱、分析结果精度差、计算效率低等问题,难以保障智能交通系统发展和交通治理能力提升。

正是考虑到如上问题,着眼中国交通发展特色,我们提出了以"交运之星-TranStar"为核心的城市虚拟交通系统,集成了虚拟交通系统基础理论与关键技术,实现了中国自有交通仿真分析软件零的突破。作为业务导向型的交通仿真分析软件,城市虚拟交通系统既可实现城市土地开发、交通系统规划、交通网络设计与建设、交通管理及政策方案等功能的仿真分析,也可实现各方案间的协同分析,有效解决了交通系统作为复杂巨系统涉及的城建、交通、交管、发改委等交通相关部门间可能出现的协作难题。同时,城市虚拟交通系统可与在人工智能浪潮中诞生的"城市大脑"等智慧城市系统互为补充,智慧城市系统中的海量数据可作为城市虚拟交通系统进行交通仿真的数据基础,城市虚拟交通系统可以补全"城市大脑"缺乏的专业交通建模与分析短板,对交通问题进行深层次的分析,提供更为有效的城市交通解决方案,给"城市大脑"赋予"思维能力"。

7.2　城市虚拟交通系统关键技术

7.2.1　关键技术组织

城市虚拟交通系统的关键技术主要包括数据库构建技术、需求分析技术、运行仿真技术、公交分析技术、场景设计与人机交互技术、一键式流程设计技术等 6 大部分,可具体分成 3 个层次。

层次一:数据库构建技术。将城市虚拟交通系统所必需的数据标准化后,构建后续分析工作所必需的数据库,便于虚拟仿真与交通分析的输入数据获取与结果输出组织。数据库构建技术将产生虚拟交通系统数据库,服务于虚拟交通系统全部基础理论及关键技术。

层次二:需求分析技术、运行仿真技术、公交分析技术。该层次为虚拟交关键技术的核心，将实现城市交通系统的需求分析、运行分析、公交分析等关键性功能。上述技术对应于虚拟交通系统的需求分析、特征分析、交通分配与公交分析基础理论，并将产生面向应用的虚拟交通系统模型库。

层次三：场景设计与人机交互技术、一键式流程设计技术。该层次的关键技术是对前述技术的综合梳理与整合，在结合实际交通应用场景分析需求的基础上，将虚拟仿真与分析所需要的数据与模型流程化处理，辅以便捷的操作功能，实现分析过程快速化与分析结果可视化。该部分的技术一方面承接全部的关键技术，同时又融合了综合评价理论模型，并将产生虚拟交通系统仿真策略库。

城市虚拟交通系统关键技术的流程组织及其与基础理论的关系如图 7-1 所示。

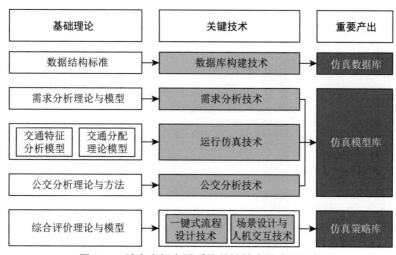

图 7-1　城市虚拟交通系统关键技术的流程组织

7.2.2　关键技术框架

城市虚拟交通系统关键技术的基本功能架构如图 7-2 所示。

城市虚拟交通系统的功能实现离不开一定的环境设定及方案数据，包括多模式交通网络、人口与用地信息、交通区设置、交通管控与政策方案、相关模型参数与配置方案等。这一过程正是在数据库构建技术的支持下才得以完成大规模、多类型、全时空数据的接入接出。借助数据库构建技术，可以实现对城市道路网络的自动构建、交通区与小区人口的自动生成，并能够自动匹配互联网大数据的公交系统相关数据。为了便于数据的统一管理及快速交互，特别制订了涵盖交通网络结构、交通管理信息、公交系统信息、交通需求信息在内的数据库标准结构，并提出数据交互与结构转换方法。

仿真模型库构建关键技术主要包括需求分析技术、运行仿真技术、公交分析技术。需求分析技术侧重于对城市多模式交通系统需求的数量、时空分布规律以及其出行/运输的方式情况进行分析，包括交通生成分析/预测、交通分布分析/预测、交通方式划分分析/预测、交通结构优化分析、交通方式选择预测等技术功能。运行仿真技术是在已有交通需求分布矩阵的基础上，通过交通分配获取不同方式的路段/节点交通流量、速度、延误等指标的分析技术，包括阻抗分析、网络分配、集成分析、运行指标分析等技术。公交分析技术是在交通网络、公交网络、公交线路等不同维度下分析公交需求分布、评价公交运行状态，包括公交愿望客流分布分析、交通网络客流分布分析、公交网络客流分布分析等技术。由于公交分析技术往往同时涉及公交网络与道路网络，其分析与运算的时间一般是最长的。

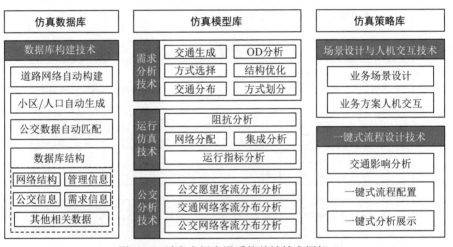

图 7-2　城市虚拟交通系统关键技术框架

仿真策略库是城市虚拟交通系统在面向交通业务需求时的分析策略整合与集成，是对核心数据和模型的快速流程转化，可以有效降低城市虚拟交通系统分析的难度，包括场景设计与人机交互技术、一键式流程设计技术。场景设计与人机交互技术重点关注日常交通应用的业务场景，通过设计好不同业务场景下的功能流程，串联起基础理论与关键技术，并利用人机交互实现相关方案的输入输出。一键式流程设计技术则是在场景设计的基础上，进一步集成数据、模型、功能，实现典型业务场景的一键式仿真分析。

7.3　城市虚拟交通系统平台软件

7.3.1　平台软件开发介绍

城市虚拟交通系统平台软件"交运之星-TranStar"的研发始于 1986 年。彼时，我国的城市交通规划工作大多基于实践经验总结，并没有一个城市的交通规划方案是完全量化分析的。在这样的背景之下，开发了"交运之星-TranStar"的原型程序 NETASYSTIM，并支撑了全国首个量化分析的交通规划方案——南京市交通规划方案的诞生。1990 年前后，考虑到我国城市大规模交通基础设施建设的分析需要，在增加了交通网络状态分析、交通运行基础评价等功能，修改了软件漏洞、优化了算法后，StaTram 正式发布。依托 StaTram，南京、苏州、扬州、宁波等数十个城市的交通规划项目得以完成，有效指导了城市交通基础设施的建设工作。

进入 21 世纪后，为有效提升道路交通管理水平、大力解决城市交通的主要问题与矛盾，2000 年 2 月起，我国开始实施"畅通工程"计划。在增加了交通需求管理、交通系统管理、交通运行组织规划以及城市道路网络系统调整分析等功能后，"交运之星-TranStar"(Transportation Network System's Traffic Analysis Software) 的 V1.0 版本正式推出，并在 2001 年被公安部、建设部指定为"畅通工程"的推广软件。为了调整我国城市交通出行结构，交通运输部于 2011 年正式下发《关于开展国家公交都市建设示范工程有关事项的通知》(交运发〔2011〕635 号)，启动了公交都市创建工程。在 TranStar V1.0 版本的基础上，城市虚拟交通系统平台软件更新了对多模式公交网络的分析与评价功能后，推出了 V2.0 版本，并在江苏、安徽、江西、山西等省份的交通规划项目中得到应用。2018~2020 年，"交运之星-TranStar"面向我国交通强国、"新基建"的时代新需求，结合"互联网＋"、大数据、人工智能等技术发展，增加了交通大数据、并行计算、长短时一体化仿真、宏微观一体化展示等功能，并陆续推出了 V3.0 和 V4.0 版本。

"交运之星-TranStar"的研发依托了 2 项国家重点研发计划项目，18 项国家自然科学基金项目，11 项国家 973 计划、国家 863 计划、国家科技支撑计划项目，12 项国家部委、省级科学基金项目。此外，该软件通过长期的工程实践不断地改进和完善。以软件研发单位东南大学为例，其直接应用"交运之星-TranStar"完成或支撑完成的工程应用项目超 100 项。

这一过程中，以"交运之星-TranStar"为技术基础的"城市多模式公交网络协同设计与智能服务关键技术及应用""地面公交高效能组织与控制关键技术及工程应用""城市交通系统管理控制的关键技术、设备开发及工程应用""道路交通系统规划的成套技术及仿真设备开发"和"公路通行能力研究的装备与技术"研究成果分别获 2018 年度、2012 年度、2007 年度、2003 年度和 2002 年度国家科技进步奖二等奖。获奖奖状见图 7-3。

城市虚拟交通系统平台软件"交运之星-TranStar"针对城市交通系统日常运行与管理过程中最根本的分析需求，提供了从规划建设、管理控制到政策制定全过程的仿真分析、评价与结果展示功能，覆盖步行、自行车、私人小汽车、出租车、公交车、地铁等城市常见交通出行方式，可有效服务城市规划、建设、交通、交管、公交公司、发改委等交通相关业务部门。从实现仿真流程的层面，城市虚拟交通系统平台软件"交运之星-TranStar"具有完整的功能，包括交通仿真方案组织、图形编辑、方案分析、方案评价、结果展示，相关功能可以独立运行，也可以按需组合。

2002年　　2003年　　2007年　　2012年　　2018年

图 7-3　城市虚拟交通系统平台软件理论获奖

软件的开发主要基于 C/C++、Qt、Python 语言。2000 年以前，城市虚拟交通系统平台软件"交运之星-TranStar"的开发基于 Borland C 环境。这一阶段，"交运之星-TranStar"在人机交互方面较弱，在方案的输入、修改等方面则不够便捷，均需要人工进行。2000 年后，"交运之星-TranStar"引入 Microsoft 公司的 Visual C++ 作为基础开发软件更新部分模块，并基于 MFC、MapInfo 开发"交运之星-TranStar"的人机交互与结果展示模块，这一阶段，"交运之星-TranStar"存在 C、C++ 两种语言环境。2014 年起，"交运之星-TranStar"以 Microsoft Visual Studio 2013 为开发环境，对全部分模块进行更新，并基于 Qt 语言完全重写软件的人机交互与结果展示模块。对于软件中一些需要融合大数据、调用 API 的功能，"交运之星-TranStar"还小范围地引入了 Python，开发诸如交通网络数据在线下载与解析等功能。

7.3.2　平台软件功能架构

城市虚拟交通系统平台软件"交运之星-TranStar"具有完整的城市交通分析功能，业务领域覆盖城市土地利用、交通政策制定、交通设施建设、交通管理控制等多个领域，可以为交通部门、交管部门、发改部门、规划部门等部门提供基础数据快速获取技术、决策方案快速生成技术、交通分析系统集成技术、实施效果虚拟仿真技术等定量化、可视化的决策支持。

与 TransCAD、CUBE、EMME 等国外相对成熟的商业化交通仿真软件 (表 7-1) 相比，城市虚拟交通系统平台软件"交运之星-TranStar"在功能上已经形成成熟的功能架构，具备交通分析仿真的全部核心功能，如交通需求分析、交通分配、交通评价等。此外，还具有一些国外软件不具备的"特殊"功能，比如针对我国限行限号、交通管控措施的分析功能。从分析效率看，"交运之星-TranStar"在性能上已经达到甚至超过国外同类软件，对超过1万节点的交通网络多模式交通系统的系统分析时耗小于1min。

表 7-1 国外主流交通规划软件概况

软件名称	开发商	应用范围	特点
TransCAD	美国 Caliper 公司	综合交通规划、交通设计、交通管理、城市交通战略规划和总体规划	提供四阶段交通需求分析/预测模型，具有便捷的图形分析与可视化功能、良好的数据接口，能够进行二次开发
CUBE/Trips	美国 Citilabs 公司	综合交通模拟、宏观交通规划	优秀的建模数据管理，具备公交拥挤建模、交叉口类型抽象、灵活的分配控制功能
EMME/2	加拿大蒙特利尔大学开发，后由INRO 咨询公司继承	城市交通规划、交通影响分析、交通需求分析、路网设计	提供多种选择的需求分析及网络分析与评价模型，具有路阻函数编辑功能和宏功能，提供控制分配迭代和分配变量的方法
VISUM	德国 PTV 公司	宏观交通规划、交通需求分析、交通网络分析、交通数据管理	提供多种交通分配模型，提供基于出行链和活动链的交通需求分析方法；采用开放、面向目标的编程概念，允许用户编写特定模块
VISEM	德国 PTV 公司	交通供需评估、人口结构变化评估、出行活动或出行方式分析	出行组群分类考虑了交通工具发展、组群变化、出行链等参数；结构框架清晰，数据获取便捷
VISSIM	德国 PTV 公司	交通流仿真，交通状况模拟、城市交通控制系统仿真	可模拟多方式交通流，如交通系统中任一种路段、任一种驾驶行为；提供接口与其他常用软件互通

为了便于交通仿真分析，"交运之星-TranStar"梳理城市交通系统的常见业务，针对不同业务的决策支持需求，将信息输入—功能实现—结果输出这一流程涉及的功能模块进行组合与集成，形成以交通业务仿真评价与方案优化为导向的业务功能模块组合，这也是城市虚拟交通系统平台软件的特色所在。

(1) 针对城市规划、发改委等部门关于城市形态调整、人口调整、土地利用调整、大型公共设施建设等的交通影响评估业务需求，整合与强化交通生成分析、交通分布分析等功能，形成面向城市规划与土地利用开发业务功能模块组合。

(2) 针对公交公司与主管部门关于公交网络规划与优化、公交运行组织与管理等的交通影响分析及公交客流预测业务需求，整合与强化交通方式划分、多模式交通分配等功能，形成面向城市公交系统规划与管理业务功能模块组合。

(3) 针对交通管理部门关于交通管理规划、单向交通组织、公交专用道组织、路边停车组织等的交通影响评估业务需求，整合与强化交通阻抗分析、OD 矩阵修正等功能，形成面向城市交通系统管理与控制业务功能模块组合。

（4）针对城市建设、交通等部门关于交通网络规划、交通设施新建或改建等的交通影响评估业务需求，整合与强化交通阻抗分析、OD 矩阵修正等功能，形成面向城市交通基础设施规划建设业务功能模块组合。

（5）针对各级政府、交通管理部门关于拥堵收费、公交票价、停车费用、车辆购买等的交通影响评估业务需求，整合与强化交通生成分析、交通分布分析、OD 矩阵修正等功能，形成面向城市交通系统政策制定业务功能模块组合。

7.3.3　平台软件操作流程

城市虚拟交通系统平台软件 "交运之星-TranStar" 具备较为细致的操作性与流程性设计功能，便于操作人员使用。从软件的基本操作属性来看，可以将其分成软件启动-管理和软件运行-结果共两大类操作，并细分为项目管理、方案管理、数据库设置、软件配置、功能运行、结果查看共 6 大步骤，具体平台软件操作流程如图 7-4 所示。

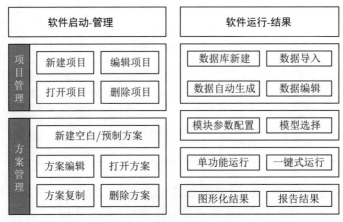

图 7-4　平台软件操作流程图

软件启动-管理类操作是进行虚拟交通仿真分析的基础，该类操作依托项目-方案两层架构实现管理城市虚拟交通系统的各项功能，包括项目管理与方案管理 2 个步骤。其中，项目是虚拟交通系统平台软件管理的第一级架构，负责整体方案的管理，需要包含至少 1 个方案；方案则是虚拟交通系统平台软件的第二级架构，负责对具体虚拟仿真业务的组织。软件启动-管理类操作的设置并不直接影响结果，但是会影响操作的便捷性。

软件运行-结果类操作是进行虚拟交通仿真分析的核心，该类操作具有典型的流程化特征，包含依次进行的数据库设置、软件配置、功能运行、结果查看 4 个步骤，均需要基于特定项目下的特定方案开展。其中，数据库设置是前提，需要新建数据或者通过其他软件/平台导入已有数据并进行一定的设置；软件配置是在此基础上，对于需要分析的方案进行分析模块的配置，选择合适的模型，并对模型的参数进行设置的过程；功能运行是在设置完成相关模块、模型与参数后，运行全部/部分选定功能，实现对于方案的分析与计算；结果查看是通过图形、文字等形式对最后的结果进行呈现的过程。

1. 项目管理

在启动城市虚拟交通系统平台软件之后，可以通过菜单栏选择新建项目或者打开已存在的项目。对于新建项目，通过流程式引导，可以输入新项目的属性，完成项目的新建并转至方案管理阶段。打开已存在项目则可以在之前已经建立项目上，完成后续的操作。此外，对于已经存在的项目，可实现对项目属性的编辑，以及对项目的删除操作。

2. 方案管理

平台软件的方案管理包括对于方案的新建、删除、重命名、位置调整以及方案对比、方案设计等功能。方案的新建可以选择依托已有方案进行复制新建，也可以新建空方案后进行人工进一步处理，还可以选择软件提供的交通规划、城市开发、交通管控、交通政策、公共交通 5 种定制方案。方案对比可以选择 2 个不同的方案，平台软件在后续运行中会自动对比两个方案的运行分析结果。方案设计则会进入方案的编辑界面，通过人机交互实现对交通规划建设、管理控制、政策等的具体输入。

3. 数据库设置

新建数据提供基于 OSM 的路网新建，以及基于人口的交通区自动划分、交通需求自动分析功能；导入已有数据可以实现对本平台软件或者其他诸如 Tran-SCAD、EMME 等软件数据的导入。

4. 软件配置

配置过程需完成模块配置、模型配置以及参数设置。其中，模块配置阶段选择并确定软件运行的各项功能，模型配置阶段针对选择的模块确定模块具体运行的模型，参数设置则是对每一个模型进一步确定参数的取值。若在方案管理阶段，选择 5 种定制方案之一，平台软件将自动完成软件配置的全部过程，否则需要根据实际的分析需求进行软件配置。

5. 功能运行

完成上述操作之后，可以通过点击 "运行" 按钮 "一键式" 运行全面的功能；或者点击需要单独运行的功能按钮，实现单一功能的运行。

6. 结果查看

平台软件运行完成后，将会产生包括研究报告、数据报告、各类分析图形，供使用者进行方案对比、选择。

7.4　本 章 小 结

本章主要对城市虚拟交通系统关键技术与平台软件进行阐述，介绍了关键技术的组织架构和平台软件的具体实现流程。首先梳理了城市虚拟交通系统基础理论、关键技术与平台软件的内涵与关系，在此基础上，明确了关键技术的组织形式及其技术框架；然后从平台软件开发历程入手，分析平台软件的架构实现，给出平台软件操作流程。

第 8 章　城市虚拟交通系统数据库构建技术

城市虚拟交通系统数据库是城市虚拟交通系统的重要组成部分，是城市虚拟交通系统软件平台的基础。城市虚拟交通系统数据库构建技术是支撑城市虚拟交通系统的基础性技术，为城市虚拟交通系统基础分析、交通需求及运行分析、公共交通系统分析、交通系统综合评估等功能技术提供基础数据支持。

本章分为三部分。第一部分介绍数据库架构的方案及设计，第二部分详细介绍四类基础数据库的分类与数据文件说明，第三部分详细介绍数据库快速构建技术的主要内容及流程。

8.1　数据库架构

8.1.1　数据库架构设计

城市虚拟交通系统数据库共包含以下两类交通信息数据：一是空间数据，主要利用坐标和相对位置等信息描述交通网络结构和地理空间布局，可以借助 GIS 技术将整个交通网络描绘在电子地图上；二是属性数据，主要面向交通决策制定和交通微观设计提供描述经济和交通基本信息的数据。

对于城市虚拟交通系统数据库的构建，一般倾向于将空间数据和属性数据进行差异化管理，但是这一做法同时增加了属性信息和空间关系的匹配难度。如若将空间数据和属性数据合并，并直接基于 GIS 技术构建数据库，可以大大简化数据库的结构，降低数据库的构建与操作难度，但是数据库操作时须将全部数据调入系统，将影响系统运行级运算的效率，尤其是小规模体量级别运算[1]。

为了充分发挥 GIS 技术的优点，结合目前交通仿真数据库构建过程中的问题，提出城市虚拟交通系统数据库构建方案[2]，如图 8-1 所示。

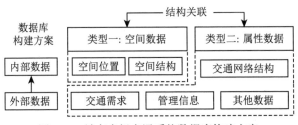

图 8-1　城市虚拟交通系统数据库构建方案

1. 分层式数据架构

将数据库从结构上划分为内部数据层、外部数据层。其中，内部数据层主要存储系统常用数据，该层数据将常驻内存，以提升系统读取与写入数据的效率；外部数据层则存储其余数据，并仅在需要时读入内存，以降低内存占用。

2. 交互式数据类型

根据数据分类及其主要作用，将全部的空间数据，以及以交通网络结构为主的属性数据归入内部数据层，将其余属性数据归入外部数据层。此时，对于属性数据，以交通网络数据为轴构建属性数据交互关系；对于空间数据，以空间坐标为关键构建空间数据交互关系。

3. 索引式数据关联

将数据库中的数据进行基本预处理运算，以交通网络及其坐标为关键，构建数据库索引，实现全部数据的索引式关联。

基于上述数据库架构设计，可以在发挥 GIS 数据库存储空间数据与属性数据优势基础上，进一步梳理数据库存储结构后形成数据库文件，见 8.2 节，保障城市虚拟交通系统数据存储结构优化的同时，实现对系统运算效率的提升。

8.1.2　数据库架构方案

在明确了城市虚拟交通系统的数据库架构后，需要进一步设计数据库的具体方案。对于空间数据可以直接基于 GIS 技术，实现对数据点、弧段的位置与结构信息存储。由于不同城市往往已建成相对成熟的 GIS 空间数据，因而直接采用既有空间数据可以节省大量数据库构建时间。对于属性数据，如图 8-1 所示，主要包括交通网络结构基础数据库、交通需求信息基础数据库、交通管理信息基础数据库、其他信息基础数据库，其中，交通网络结构基础数据库可细分为道路网络结构基础数据库和公共交通网络基础数据库两部分，是数据库架构构建中必备关键数据。

道路网络结构基础数据库存储与道路网络结构相关的数据，包括交通网络节点坐标、交通网络节点类型、交通区与节点对应关系、交通网络邻接关系、交通网络要素设计信息、交通网络要素参数修正信息等。道路网络结构基础数据库以交通网络节点坐标为关键点，构建交通网络节点与空间数据间的基本关联关系，之后其他的数据则以交通网络节点为基础进行构建。

公共交通网络基础数据库在道路网络结构基础数据库的基础上，存储常规公交、快速公交、轨道交通等公交系统数据，数据信息类型包括公交系统基础设施信息、公交系统线路布局及走向信息、公交系统运营管理及票价信息等。类似于道路网络结构基础数据库，公共交通网络基础数据库是以公交站点信息中的坐标构建其与空间数据间的基本关联关系，之后进一步借助公交站点来构建其他的公交相关数据。

交通管理信息基础数据库存储交通系统的管理策略，包括节点、路段、区域的交通管理信息表，以及路段、区域的交通拥堵收费信息。该数据库主要存储了交通管理所影响的点、线、面范围，以及具体影响交通系统运行的关键指标 (通行费用、通行阻抗)。在没有实施交通管理的情况下，交通管理信息基础数据库可以为空。

交通需求信息基础数据库存储与交通出行需求相关的数据，包括交通区人口信息、出行目的结构信息、居民职业结构信息、小区土地利用信息、小区区位权重信息、交通生成信息、OD 矩阵等。一般而言，交通需求数据是进行虚拟交通系统分析的重要数据，将直接影响后续分析的结果，尤其是其中的交通生成信息、OD 矩阵等数据。因此对交通需求信息基础数据库的构建，需要考虑不同数据源及分析方法对需求结果多样性的影响，存储时采取一定措施进行区别化处置。

其他信息基础数据库为除了以上信息外的其他仿真用数据，包括实测的交通运行流量、流向、流速数据，交通事故数据、手机信令数据、网约车/出租车轨迹数据、ETC 刷卡数据、移动互联网签到数据等。该数据库并不是支撑虚拟仿真分析的必要数据，一般用于对仿真过程参数标定，以及对仿真结果的校核。

8.2 数据库文件

本节将以实例的形式，对数据库架构方案中属性数据做进一步的描述。图 8-2 所示为一个包含 5 个交通节点、8 条路段、4 个交通区的简单城市交通网络，下面的数据库文件如若不做特殊说明，均以图 8-2 为例展开。

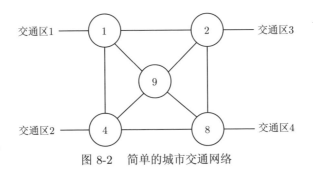

图 8-2 简单的城市交通网络

8.2.1 道路网络结构基础数据库

道路交通网络结构基础数据库涵盖与网络节点、网络路段和交通区相关的多个数据文件。其中，以下 5 个数据文件是必备的：道路交通网络邻接目录表、道路交通网络节点坐标信息表、交通区与网络节点对照表、道路交通网络节点类型表以及道路交通网络几何要素表。

1. 道路交通网络邻接目录表

道路交通网络邻接目录表存储交通网络节点间拓扑关系信息，记录节点间的连接关系，如表 8-1 所示。

表 8-1　道路交通网络邻接目录表 (道路节点数为 5)

节点编号	邻接边数	邻接节点的编号			
1	3	2	4	9	
2	3	1	8	9	
4	3	1	8	9	
8	3	2	4	9	
9	4	1	2	4	8

2. 道路交通网络节点坐标信息表

道路交通网络节点坐标信息表存储交通网络节点的坐标信息，即节点的空间位置，如表 8-2 所示。

表 8-2　道路交通网络节点坐标信息表

节点编号	X 坐标	Y 坐标
1	20.00	25.00
2	40.00	25.00
4	20.00	5.00
8	40.00	5.00
9	30.00	15.00

表中，X、Y 坐标可采用任何比例尺与坐标原点，但需要保证 X、Y 坐标方向相互垂直，如图 8-3 所示。需要注意的是，节点坐标要与空间数据的坐标体系保持一致。

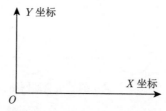

图 8-3　道路交通网络节点坐标信息表坐标方向

3. 交通区与网络节点对照表

交通区与网络节点对照表存储交通区作用点的信息，如表 8-3 所示。

表 8-3　交通区与网络节点对照表 (交通区数为 4)

交通区编号	交通区作用点的节点编号
1	1
2	4
3	2
4	8

4. 道路交通网络节点类型表

道路交通网络节点类型表存储交通网络节点的类型信息，如表 8-4 所示。

表 8-4　道路交通网络节点类型表

节点编号	类型编码
1	3
2	2
4	1
8	5
9	4

表中，类型编码的对应关系为：0—无延误节点、1—信号控制交叉口、2—无控制交叉口、3—环形交叉口、4—规划交叉口、5—停车让行交叉口、6—主路优先交叉口、7—车站/码头节点。

5. 道路交通网络几何要素表

道路交通网络几何要素表存储交通网络路段的几何要素信息，如表 8-5 所示。

表 8-5　道路交通网络节点类型表

路段起点的节点编号	路段终点的节点编号	路段长度/km	类型编码	机动车道数	机动车道宽度/m	非机动车道宽度/m	机动车道与非机动车道之间分隔方式编码	路段名称
1	2	20.00	2	1	3.4	3.6	0	*** 路
1	4	15.00	8	0	0.0	0.0	0	** 航线
1	9	16.00	1	2	8.0	6.0	1	*** 路
2	1	20.00	2	1	3.4	3.6	0	*** 路
2	8	15.00	3	1	5.0	4.0	1	*** 路
2	9	16.00	1	2	8.0	6.0	1	*** 路
4	1	15.00	8	0	0.0	0.0	0	** 航线
4	8	20.00	4	2	6.0	3.0	1	*** 路
4	9	16.00	1	2	8.0	6.0	1	*** 路
8	2	15.00	3	1	5.0	4.0	1	*** 路
8	4	20.00	4	2	6.0	3.0	1	*** 路
8	9	16.00	7	0	0.0	0.0	0	1 号线
9	1	16.00	1	2	8.0	6.0	1	*** 路
9	2	16.00	1	2	8.0	6.0	1	*** 路
9	4	16.00	1	2	8.0	6.0	1	*** 路
9	8	16.00	7	0	0.0	0.0	0	1 号线

表中，路段的类型编码对应关系为：0—城市高架道路、1—城市快速干道、2—城市主干道、3—城市次干道、4—城市支路、5—郊区公路、6—高速公路、7—轨道交通线路、8—水运航线、9—步行连接线。机动车道与非机动车道之间的分隔方式编码对应关系为：0—无分隔带、1—有分隔带，第 9 列为路段名称。

6. 交通网络路段参数修正表

交通网络路段参数修正表用于对交通网络中部分无法通过一般性描述的路段，进行针对性参数修正，如表 8-6 所示。

表 8-6　交通网络路段参数修正表 (需要进行参数修正的路段数量为 16)

路段起点编号	路段终点编号	机动车修正通行能力/(pcu/h)	机动车修正自由流速度/(km/h)	机动车阻抗函数参数1的修正值	机动车阻抗函数参数2的修正值	非机动车修正通行能力/(pcu/h)	非机动车修正自由流速度/(km/h)	非机动车阻抗函数参数1的修正值	非机动车阻抗函数参数2的修正值
1	2	2200	70	−1	3.6	−1	−1	−1	−1
1	3	1200	40	−1	−1	800	−1	−1	−1
1	9	−1	−1	0.13	4.2	−1	17	−1	−1
2	6	−1	−1	−1	−1	1250	−1	0.5	4.1
2	8	3250	−1	−1	−1	−1	−1	1	4.3
2	9	2240	65	−1	−1	−1	15	−1	−1
3	7	1912	50	−1	−1	−1	13	−1	−1
4	8	1762	−1	−1	−1	900	10	−1	−1
4	9	−1	90	0.1	−1	875	−1	0.2	−1
8	2	−1	90	0.1	−1	1100	−1	0.2	−1
8	4	1780	−1	0.16	3.9	−1	12	0.18	4.5
8	9	3180	−1	0.16	3.9	−1	12	0.2	4.5
9	7	−1	−1	−1	−1	600	−1	−1	−1
9	2	−1	−1	−1	−1	430	−1	−1	−1
9	4	2930	−1	−1	−1	−1	12	−1	−1
9	6	2505	70	−1	−1	−1	12	−1	−1

表中，若某一修正值为 −1，表明该值不存在或不用修正。

8.2.2　公共交通网络基础数据库

公共交通网络基础数据库包含多模式公交线路及公交站点的基本属性信息，支撑建立层次化的公交网络拓扑结构。公共交通网络基础数据库的构建，需要在道路网络节点和路段等要素的基础上，构建公交系统站点与公交线路间的空间衔接映射关系。

1. 多模式公交网络站点信息表

公交站点是公交系统的重要组成部分，能够为公交乘客提供候车及上下车的场所。从功能上，公交站点可以分为首末站、枢纽换乘站、中间停靠站等类型；从停靠形式上，公交站点又可分为直线式、半港湾式和全港湾式等形式。多模式公交网络站点信息表主要记录公交站点的基本属性信息，具体如表 8-7 所示。

表 8-7 多模式公交网络站点信息表 (多模式公交网络站点的数目为 4)

站点编号	站点名称	类型编码	标准停靠时间/s	站点所属系统编码	站点接入步行系统的时间/min	站点对应节点编号	站点指向路段的方向/rad
500101	*站	5	30	1	0	1	45
500102	*站	2	30	1	0	9	45
500103	*站	3	30	1	1	8	45

表中，站点类型编码对应关系为：1—封闭式公交路内双向合用站台、2—封闭式公交路内双向站台、3—地面公交路外直线式站台、4—地面公交路外半港湾式站台、5—地面公交路外港湾式站台、6—地面公交路外双港湾式站台、7—轨道交通地上站台、8—轨道交通地下站台。站点所属系统编码对应关系为：1—普通公交站点、2—快速公交站点、3—轨道交通站点、4—水运交通站点。

2. 公共交通线路走向信息表

公共交通线路走向信息表用于记录多模式公交网络所经过的道路网络节点，以确定并存储公交线路走向信息。根据公交系统基础网络的不同，可细分为常规公交、快速公交、轨道交通和水运公交线路走向信息表。不同类型公交系统的线路走向信息表，结构大致相同，如表 8-8 所示。

表 8-8 公共交通线路走向信息表 (单向公共交通线路条数为 1)

线路编号	经过道路网络节点数	依次经过的道路网络节点编号		
1	3	1	9	8

3. 公共交通线路站点信息表

公共交通线路站点信息表与公共交通线路走向信息表结构大体近似，不同的是线路站点信息表记录的是公交线路经过的站点而非道路节点，具体如表 8-9 所示。

表 8-9 公共交通线路站点信息表 (单向公共交通线路条数为 1)

线路编号	经过站点数	依次经过的公交站点编号		
1	3	500101	500102	500103

4. 公共交通线路配车信息表

公共交通线路配车信息表存储了公交线路的基本运营信息，同样需针对每种不同类型的公交系统分别建立，如表 8-10 所示。

表 8-10　公共交通线路配车信息表 (单向公共交通线路条数为 1)

线路编号	配车车辆数	配车车辆的小汽车当量系数	线路发车间隔时间/min	配车的载客容量	线路平均运营速度/(km/h)	线路名称
1	40	2	10	60	25	1 路

5. 公共交通线路票价信息表

公共交通线路票价信息表存储不同线路的票制票价信息，需针对每种不同类型的公交系统分别建立，如表 8-11 所示。

表 8-11　公共交通线路票价信息表 (单向公共交通线路条数为 1)

公交线路编号	线路票价制式	线路票价/元
1	1	2

表中，线路票价制式：1—固定票价收费、2—按里程收费、3—按车站数收费。根据具体的线路票价制式确定对应的线路票价，具体分为以下 3 种类型。

(1) 固定票价收费制式：线路票价列仅有 1 个数字，为具体金额 (单位为元)；

(2) 按里程收费制式：线路票价列首先给出按里程收费的区间数量，之后每 2 个数据为一组，依次为收费区间结束里程 (单位为 km)、该区间的累计收费金额 (单位为元)；

(3) 按车站数收费制式：线路票价列首先给出按车站数收费的区间数量，之后每 2 个数据为一组，依次为收费结束站点 (单位为站点数)、该区间的累计收费金额 (单位为元)。

6. 多模式公交网络换乘信息表

两公交站点间的换乘时间存储了两个公交站点间的平均换乘时间 (单位为 min)。当两个公交站点间距离较近，且站点间存在特殊情况导致换乘时间与模型估计差异较大时，需要记录在此表中，如表 8-12 所示。

表 8-12　多模式公交网络换乘信息表 (需要记录的换乘站点对数量为 1)

换乘出发站点的编号	换乘到达站点的编号	站点间的实际平均换乘时间/min
500101	500102	5

8.2.3　交通管理信息基础数据库

交通管理信息基础数据库涵盖节点、路段以及区域交通管理信息表，可以表征现有的大部分交通管理措施和策略，是对我国目前交通系统重管理的呈现。

1. 节点交通管理表

节点交通管理表存储了节点处的转向限制信息，具体如表 8-13 所示。

表 8-13 节点交通管理表 (交通网络中实施节点转向限制的节点数目为 2)

实施节点转向限制的节点编号	实施转向限制的规则数	实施转向限制的规则序列	限制转向的规则		
			转向起点编号	转向开始节点编号	转向终点节点编号
9	2	1	8	9	4
9	2	2	8	9	2
1	1	1	9	1	2

2. 路段交通管理表

路段交通管理表储存了路段上特殊交通管控措施信息，包括公交专用道、路侧停车、绿波交通设置，具体如表 8-14 所示。

表 8-14 路段交通管理表 (路段交通管理的数量为 2)

道路段起点编号	道路段终点编号	公交专用道数目	路侧停车对通行能力的影响	绿波交通设置情况
8	9	1	0	1
9	1	0	1	2

表中,该路段的公交专用道数目:0—无公交专用道、1—1 条公交专用道、2—2条公交专用道。路侧停车对通行能力的影响:0—无影响/严格禁止停车、1—轻微影响/停车需求少且规范、2—中度影响/停车需求较大且规范、3—较严重影响/停车需求较大且部分不规范、4—严重影响/停车需求大且不规范、5—阻塞道路/停车需求大且混乱。绿波交通设置情况:0—无绿波交通、1—有公交绿波设置、2—有交通绿波设置。

3. 车种禁行交通管理表

区域及路段车种禁行交通管理表存储车种禁行交通管理措施下,不同车辆类型的禁行信息如表 8-15 所示。

表 8-15 车种禁行交通管理表 (车种禁行交通管理数量为 2 时)

车种禁行路段的起点编号	车种禁行路段的终点编号	路段禁止通行信息							
		非机动车	小客车	摩托车	步行	货车	常规公交车	轨道交通	水运航线
8	9	0	1	1	0	0	0	1	1
9	1	0	0	0	0	0	0	1	1

表中,路段禁止通行信息:0—可以通行、1—禁止通行。

4. 尾号限行交通管理表

尾号限行交通管理表存储尾号限行管理措施下,不同车辆类型的尾号限制信息，如表 8-16 所示。

表 8-16　尾号限行交通管理表 (尾号限行路段数量为 2 时)

尾号限行路段的 起点编号	尾号限行路段的 终点编号	限制的小客车 尾号个数	限制的摩托车 尾号个数	限制的货车 尾号个数
1	4	L1	L1	A1
2	8	L1	L1	A1

表中，第 3~5 列分别为同一时段所限制的小客车、摩托车、货车的尾号个数。特别地，如果尾号限行管理方案仅针对路段，则在其限制的尾号个数之前添加标识符 "L"；如果尾号限行管理方案隶属于区域交通管理，则在其限制的尾号个数之前添加标识符 "A"。

5. 拥堵收费信息表

拥堵收费信息表存储拥堵收费管理措施的费率信息，如表 8-17 所示。

表 8-17　拥堵收费信息表 (拥堵收费数量为 2 时)

拥堵收费路段 起点编号	拥堵收费路段 终点编号	拥堵收费的基本 费率/(元/次)	区域内居民拥堵收 费费率/(元/次)	拥堵收费费率 上限/(元/d)
1	4	10	2	20
2	8	5	5	5

8.2.4　交通需求信息基础数据库

交通需求信息基础数据库是进行城市交通需求分析的基础，主要涉及城市人口、用地等信息，以及交通需求分析的中间过程数据及最终结果。

1. 交通区常住人口信息表

交通区常住人口信息表存储交通区的常住人口信息，如表 8-18 所示。

表 8-18　交通区常住人口信息表

交通区编号	交通区的常住人口数量
1	4588
2	9336
3	9256
4	1587

2. 居民出行目的结构信息表

居民出行目的结构信息表根据城市居民出行目的对应存储日均出行次数信息，如表 8-19 所示。

表 8-19 居民出行目的结构信息表

出行目的分类	出行目的的日均出行次数/(次数/(d · 人))
上班	0.75
上学	0.23
公务商务工作	0.07
购物	0.02
文体活动	0.03
探亲访友	0.02
看病就医	0.02
其他	0.03
回程	1.13

3. 居民职业结构信息表

居民职业结构信息表存储城市居民的职业比例与各个职业的日均出行次数信息，如表 8-20 所示。

表 8-20 居民职业结构信息表

城市居民职业分类	所占比例	日均出行次数/(次数/(d · 人))
小学生	0.02	2.06
中学生	0.03	2.02
大中专学生	0.04	2.12
工人	0.15	2.28
服务员	0.06	2.11
职员	0.41	2.44
个体劳动者	0.09	2.3
家庭主妇	0.07	2.3
其他	0.13	2.29

4. 交通区流动人口信息表

交通区流动人口信息表存储交通区的流动人口数量信息，如表 8-21 所示。

表 8-21 交通区流动人口信息表

交通区编号	交通区流动人口
1	498
2	1867
3	1851
4	873

5. 交通区土地利用信息表

交通区土地利用信息表存储各个交通区不同类型的土地利用面积信息，如表 8-22 所示。

表 8-22   交通区土地利用信息表

交通区编号	不同类型用地面积/m²				
1	41619.6	5549.3	...	13873.2	13873.2
2	4201.2	560.2	...	1400.4	1400.4
3	...	...	...	...	...
4	...	...	...	...	...

表中，从左到右用地类型分别为：居住用地、教育科研用地、特殊用地、行政用地、商业服务业设施用地、工业用地、物流仓储用地、对外交通用地、公用设施用地、绿地用地。

6. 土地类型利用强度信息表

土地类型利用强度信息表存储各种土地利用类型在面向不同交通需求的发生吸引权重信息，如表 8-23 所示。

表 8-23   土地类型利用强度信息表

小区土地利用类型	上班出行发生权重	上班出行吸引权重	上学出行发生权重	上学出行吸引权重	弹性出行发生权重	弹性出行吸引权重
居住用地	0.9	0.00	1.00	0.00	0.90	0.08
教育科研用地	0.01	0.12	0.00	1.00	0.01	0.05
特殊用地	0.00	0.00	0.00	0.00	0.01	0.00
行政用地	0.02	0.29	0.00	0.00	0.02	0.11
商业服务业设施用地	0.02	0.12	0.00	0.00	0.02	0.38
工业用地	0.02	0.20	0.00	0.00	0.02	0.05
物流仓储用地	0.01	0.05	0.00	0.00	0.01	0.01
对外交通用地	0.00	0.06	0.00	0.00	0.00	0.05
公用设施用地	0.01	0.05	0.00	0.00	0.01	0.05
绿地	0.00	0.00	0.00	0.00	0.00	0.02

7. 交通区区位权重信息表

交通区区位权重信息表存储交通区的发生区位权重信息与吸引区位权重信息，如表 8-24 所示。

表 8-24   交通区区位权重信息表

交通区编号	发生区位权重	吸引区位权重
1	2.0	2.0
2	1.5	1.5
3	1.0	1.0
4	...	...

8. 用地货运量信息表

用地货运量信息表存储各个交通区不同年份的发生量、吸引量、用地面积,如表 8-25 所示。根据不同类型的用地,需要分别进行存储。

表 8-25 用地货运量信息表 (可供分析的用地历史货运量数据年数为 3 时)

| 交通区编号 | 第 1 条历史数据 | | | 第 2 条历史数据 | | | 第 3 条历史数据 | | | 规划年各交通区的用地面积/m² |
	交通区用地面积/m²	货运发生量	货运吸引量	交通区用地面积/m²	货运发生量	货运吸引量	交通区用地面积/m²	货运发生量	货运吸引量	
1	41619	0	2982	41646	0	3000	41696	0	2996	41716
2	4201	0	364	4251	0	358	4291	0	366	4312
3	4165	0	322	4205	0	325	4281	0	331	4323
4	...	...	...	...	...	...	...	...	...	

8.3 数据库快速构建

城市交通系统数据库涵盖内容丰富,城市多模式交通网络往往包含海量的节点和路段数据,因此构建精准的城市交通网络需要耗费大量的时间与精力。此外,人口、用地等数据的采集与处理也同样具有难度。

对于交通网络的构建,在有矢量化底图的情况下,主要是对底图进行格式转换;若仅具有栅格化底图,则需要人工进行道路网络绘制,建立道路网络数据库[3]。对于其他的人口、用地等数据,则主要通过人口调查和统计获取[4]。总的来看,上述方法虽然能有效构建相关数据库,但是却存在时间分辨率低、更新周期长、精度低、不利于可视化和空间分析操作等问题[5]。

为提升城市虚拟交通系统数据库的构建效率,面向道路交通网络、公共交通网络、交通区、人口等数据的获取提出数据库快速构建技术,实现数据库快速构建的同时,减少人工操作导致的数据错误等问题。

8.3.1 城市道路网络自动构建技术

城市道路网络自动构建技术的基础是 OpenStreetMap(OSM)。OSM 开源地图项目创始于 2004 年,该项目基于影像数据的栅格矢量化数据、航空摄影照片、卫星视频等开源数据,通过专业人员人工校准并结合本地知识制作而成。能够实时动态获取地图数据服务,具有较广的覆盖范围与较高的定位精度[3]。

基于 OSM 的道路网络构建技术,可实现对任意区域范围内道路网络相关数据的下载与解析,从而快速构建城市交通网络数据库。道路网络自动构建技术具有数据来源覆盖广、数据获取速度快、数据融合难度低等优点,但对于部分偏远地区也存在数据更新不及时、数据解析度不高等问题。

城市道路网络自动构建技术包括路网提取、路网生成、路网修正和路网输出 4 个步骤[3]。结合图 8-4 对各步骤说明如下。

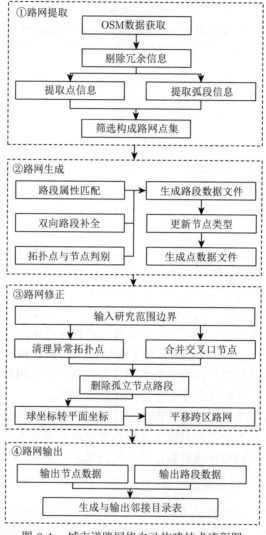

图 8-4   城市道路网络自动构建技术流程图

1. 路网提取

OSM 项目的数据使用 XML 格式封装，通过标签记录交通网络特征属性信息。除了网络数据外，OSM 项目还包括土地利用兴趣点、行政区边界、用地性质等数据，这类数据与道路网络之间并不相关，需要剔除后再进行后续的操作。

提取 OSM 数据中的节点数据时，以该点的 ID 作为唯一标识，将经纬度等信息一并存储；提取 OSM 数据中的路段数据时，以该路段的 ID 作为唯一标识，将路段属性信息一并存储。为减少数据空间占用，将不属于任何路段的节点剔除。

2. 路网生成

路网生成主要处理 OSM 数据与交通网络数据之间的结构差异问题，包括路段属性匹配、双向路段补全、拓扑点与节点判别 3 个主要步骤。

路段属性匹配：由于 OSM 道路分类标准与我国《城市道路工程设计规范》规定的道路类型及相关属性存在差异，需要先构建两者间的映射关系，并对解析后的 OSM 道路进行重新匹配。

双向路段补全：在 OSM 数据中，对于低等级道路，通常采用一条无向路段来表示，这与城市虚拟交通系统数据"一条道路的一个方向即为一条路段"的存储原则相悖，需要对 OSM 数据中的无向路段进行修正，将其扩充为两条路段，并调整路段的宽度。

拓扑点与节点判别：OSM 数据解析得到的节点数据包含代表交叉口的道路节点数据以及描述道路形状的拓扑点数据两类，需要对道路节点和拓扑点加以区分，并将拓扑点进行隐藏，得到最终的道路网络结构。

3. 路网修正

由于部分 OSM 路网数据是由用户所持 GPS 设备的定位数据和轨迹数据生成，数据采集环境、设备定位精度等指标参差不齐，使得电子地图中上传的道路节点与拓扑点数据存在位置漂移的情况[6]，导致路段形状失真、道路网络结构与真实路网结构存在偏差。道路网络修正的首要步骤是将异常定位的节点删除。其次，路网修正的重要工作是修正道路网络中的交叉口表达。OSM 路网数据中采用如图 8-5(a) 所示的单节点表示法。对 OSM 数据中某交叉口存在的 4 个节点进行合并，得到如图 8-5(b) 所示的单节点形式。图 8-5(c) 为 OSM 开源地图中的道路网络图像，经解析后得到如图 8-5(d) 所示的初步道路网络。通过对交叉口的节点进行合并，得到如图 8-5(e) 所示的修正道路网络。

在删除异常定位节点并修正交叉口表达的基础上，对交通网络的连通性进行测试，确保整个网络不存在孤立节点、孤立路段及小网络，以保证交通流量可以加载到全网络上。

4. 路网输出

完成路网修正步骤后，将修正后的城市道路网络要素分别以节点数据集、路段数据集和拓扑点数据集的形式进行存储并输出。根据节点和路段的映射关系构

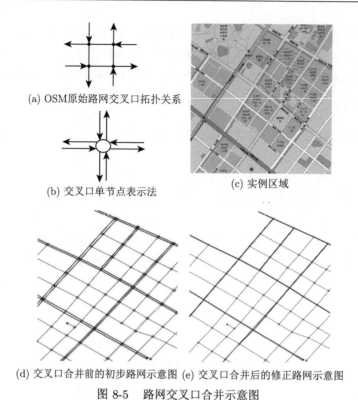

(a) OSM原始路网交叉口拓扑关系

(b) 交叉口单节点表示法

(c) 实例区域

(d) 交叉口合并前的初步路网示意图　(e) 交叉口合并后的修正路网示意图

图 8-5　路网交叉口合并示意图

建道路网络邻接目录，得到可用于实际交通流量分析的连通性网络，完成城市道路网络的自动构建。

8.3.2　公交站点和线路数据自动生成技术

公交站点与线路数据的自动生成主要基于互联网开放平台，通过抓取开放平台的相关数据并进行处理，实现对公交站点与线路数据的自动生成。该技术主要包括范围确认、站点爬取、线路爬取和数据输出 4 个步骤，具体流程如图 8-6 所示。

1. 范围确认

自动生成公交站点和线路数据需要预先确认目标行政区信息。一般而言，电子地图开放平台能够提供街道级别的行政区编码。用户可以借助平台的应用程序接口 (application programming interface，API) 查询行政区编码，并对行政区边界进行下载与解析，返回行政区面积、行政区分级等基本属性信息。

2. 站点爬取

地面公交和轨道交通站点在互联网开放平台中一般属于交通设施服务类兴趣

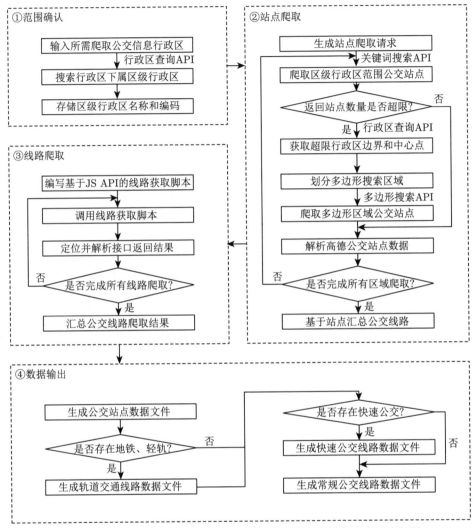

图 8-6 基于高德开放平台的公交站点和线路数据文件自动生成流程图

点（point of interest，POI），并有各自的 POI 编码。公交站点爬取主要利用互联网开放平台的搜索服务 API，通过关键词搜索，查询与获取确认范围内公交站点 POI，可以获取查询范围内多模式公交站点信息。根据城市虚拟交通仿真对于公交站点爬取的精度需求，自定义选择下载站点名称、站点 ID、站点类型、站点经纬度坐标、经过该站点的公交线路及站点的运营时刻表等属性数据。

3. 线路爬取

公交线路爬取工作通过编写 JS 脚本调用数据平台的 API，分为以下两个步骤：① 编写 JS 脚本，基于 JS API 提供的数据查询服务定制化获取公交线路的基本数据集；② 使用 Python 调用前述 JS 脚本，以获取到的公交线路名称为索引，定位公交线路所属城市，进而针对性地获取公交线路详细属性数据，包括首末站点、途经站点、公交线路营运信息、线路票价信息以及表征线路走向的拓扑点坐标等信息。

4. 数据输出

在城市多模式公交系统中，需要对不同公共交通类型的数据文件进行差异化存储。因此，需要根据公交线路类型，对应生成公交线路数据文件，并将自动爬取与处理生成的公交站点和线路数据存储进对应的数据文件中。

8.3.3　道路网络与公交网络匹配技术

上述方法得到的公交站点数据和公交线路数据是相互独立的，公交线路网络的构建需要将所有的公交站点和公交线路匹配到城市道路网络上，并借助公交站点和道路网络构建公交换乘弧，实现公共交通与道路交通的相互转换。为实现城市道路网络与公交网络的相互匹配，城市虚拟交通系统的公交网络数据库为站点数据设置所属路段前后节点 ID 的字段，为线路数据设置所经过路段节点 ID 的数据库文件。道路网络与公交网络的匹配流程如图 8-7 所示。

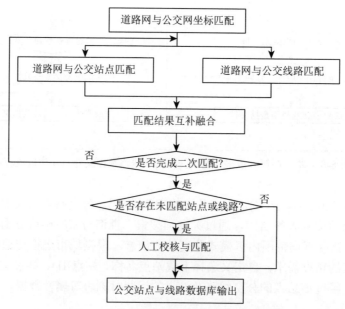

图 8-7　城市道路网络与公交网络匹配流程

1. 坐标匹配

国内导航地图提供给用户的坐标为"火星坐标"(GCJ02 坐标),是将真实 GPS 坐标 (WGS84 坐标) 经保密加偏处理后得到的。而 OSM 数据则是基于 WGS84 坐标转换得到的 UTM 平面坐标系。因此,利用 OSM 数据生成的道路网络坐标与利用国内网络开放平台爬取得到的公交站点和公交线路拓扑点坐标之间存在差异。为实现道路网络与公交网络的匹配,需要将公交网络中的公交站点和公交线路拓扑点坐标同样转化为 UTM 平面坐标。

2. 道路网络与公交站点匹配

由于公交线路需要依附于道路网络进行设置,公交站点在空间位置上主要位于道路两侧,因此需要将道路网络与公交站点进行匹配。因为存在定位精度差异与坐标转换误差,匹配过程中会出现部分公交站点与道路网络位置存在偏差的情况,需要将存在偏差的公交站点统一平移至对应道路通行方向的右侧。道路网络与公交站点的匹配主要通过对比判断道路周边 20m 范围内的公交站点,当经过该公交站点的公交线路走向与道路走向同向,且偏差角度小于某一阈值,则认为此公交站点是依附于该道路的,需要进行公交站点的坐标纠偏,使得公交站点位于道路右侧。

3. 道路网络与公交线路匹配

公交网络中的线路数据仅包含线路所经过的公交站点信息,其与道路网络的节点及路段是相互独立的。因为公交线路需要依附于道路网络进行设置并且公交车辆需要在道路网络上运行,因此有必要将道路网络与公交线路进行匹配,从而获取公交线路经过的路段和交叉口信息。道路网络与公交线路匹配技术需要将公交线路转换为一段段的向量,同时将道路路段也对应转换为向量,在精度允许的范围内,找寻两者在向量角度、向量空间距离上相当的情况,并将道路路段的起终节点依次存储到公交线路数据中。

4. 匹配结果融合与二次匹配

由于道路网络和公交网络的数据获取渠道不同,数据标准会存在细微差异。并且坐标转化过程也会引入部分误差,导致部分公交站点和公交线路无法匹配到道路网络上,需要融合分析匹配结果进行二次匹配:若经过某公交站点的公交线路没有经过此站点所属路段,则需要对公交线路数据进行二次匹配。二次匹配的方法与第一次基本相似,不同点在于需要进行向量计算。

5. 人工修正

对于经过上述步骤还未完成匹配的数据,需要人工介入进行修正。一般而言修正的方法包括两类。第一,对于道路线形差异导致的自动匹配失败,可以对应修正道路线形，使其与公交线路走向一致，之后再进行自动匹配；第二，对于一些走向特别复杂的道路，则需要人工完成道路网络与公交线路的匹配工作。

8.3.4　交通区及人口数据自动生成技术

交通区及人口数据的自动生成，主要基于对人口空间分布的把握，在此基础上考虑人口与土地利用面积关系进行交通区自动划分，进而统计各交通区内人口数量。其中，人口空间分布可以通过高分辨率的遥感数据获取，也可以通过将人口数据栅格化处理获得；在人口数据匮乏的情况下，可以通过夜间灯光强度数据表征人类活动的特性，回归推算得到人口的分布情况[7]。交通区划分则主要通过人口密度、交通区人口数阈值、交通区面积阈值确定交通区大小，并通过 GIS 技术确定交通区边界。

交通区及人口数据自动生成技术包括人口数据载入、交通区自动划分、交通区人口统计 3 个主要步骤。

1. 人口数据载入

如前文所述，人口数据的载入分为通过人口数据直接载入、灯光数据间接载入两类。若是人口数据直接载入，只需将人口数据的坐标系与交通网络、用地等数据的坐标保持一致就可以完成载入。若是灯光数据间接载入，在完成数据载入后，还需要根据灯光数据与人口分布数据之间的关系推算出人口分布。

一般来说，人口数据直接载入比灯光数据间接推算的数据具有更高的精确度[8]。

2. 交通区自动划分

交通区的自动划分主要基于人口密度及交通区面积，通过阈值判断各交通区的合适人口及面积数据，进而确定每一个交通区的面积，再通过 GIS 技术确定交通区的边界范围，包括如下步骤：① 在城市中以 100m×100m 的矩形为单位，搜索并确定人口密度最大的区域。② 确定交通区自动划分的人口阈值上、下限 (PU、PL)，交通区面积阈值上、下限 (AU、AL)，人口和交通区面积阈值分别代表自动划分交通区的人口数量及交通区面积限制，一般可以根据城市等级、规模、人口密度，以及划分交通区的目的来确定。③ 以第一步确定的人口密度最大的区域为起点，向四周逐步扩大区域面积，并统计扩大后区域的人口数及面积。当满足如下情况时停止扩大面积：扩大后区域的人口数大于 PL 且面积大于 AL，或人口数小于 PL 且面积大于 AU，或人口数大于 PU 且面积小于 AL，此时记录该交通区的面积，并通过 GIS 技术生成交通区的边界。④ 以上一步生成的交通区边界为起点，重复上一步骤，直到完成交通区的划分。

3. 交通区人口统计

完成了交通区的自动划分后，按照交通区边界自动统计交通区人口。需要注意的是，在统计交通区人口时，可能会出现交通区边界切割人口分布数据的情况。此时，可以依据人口分布在多个交通区的面积比例切分人口。

8.4 本章小结

本章面向城市虚拟交通系统中的数据库构建，首先分析城市虚拟交通系统数据库的架构方案与架构设计，在此基础上结合实例详细描述数据文件内容。考虑到数据库构建效率提升需求，介绍面向道路交通网络、公共交通网络、交通区、人口等数据的数据库快速构建技术。

参 考 文 献

[1] 李伟. 辽宁省公路网管理决策支持系统 [D]. 南京: 东南大学, 2005.

[2] 李伟, 王炜, 邓卫. 省域公路网管理系统信息可视化研究及软件设计 [J]. 公路交通科技, 2005, 22(7): 123-127.

[3] 丁浩洋. 城市多模式公交网络快速构建与客流分配研究 [D]. 南京: 东南大学, 2018.

[4] 柏中强, 王卷乐, 杨飞. 人口数据空间化研究综述 [J]. 地理科学进展, 2013, 32(11): 1692-1702.

[5] 胡云锋, 王倩倩, 刘越, 等. 国家尺度社会经济数据格网化原理和方法 [J]. 地球信息科学学报, 2011, 13(5): 573-578.

[6] 唐炉亮, 杨雪, 牛乐, 等. 一种众源车载 GPS 轨迹大数据自适应滤选方法 [J]. 测绘学报, 2016, 45(12): 1455-1463.

[7] Elvidge C, Cinzano P, Pettit D, et al. The nightsat mission concept[J]. International Journal of Remote Sensing, 2007, 28(12): 2645-2670.

[8] 胡云锋, 赵冠华, 张千力. 基于夜间灯光与 LUC 数据的川渝地区人口空间化研究 [J]. 地球信息科学学报, 2018, 20(1): 68-78.

第 9 章　城市虚拟交通系统交通需求分析技术

城市虚拟交通系统需求分析是根据交通系统及其他影响交通系统发展的外部系统，来分析交通系统需求产生、发展与分布的技术。通过适当选取自变量和因变量，借助数学工具描述交通需求变化的规律，建立影响因素与交通系统的关系模型，进而对交通需求的技术指标进行分析，为交通规划、建设、管控等提供决策性依据。交通需求分析工作是通过历史经验、客观资料 (数据) 和逻辑判断 (模型)，研究并发现交通系统发展规律及其未来变化趋向的过程。对交通需求的合理分析与有效把握是对交通系统发展规律的预见，是在现有条件下对交通需求发展的有效引导和控制。对于城市交通系统而言，交通需求分析是十分重要与关键的，其结果准确与否对城市交通系统的发展有显著影响。

本章主要介绍城市虚拟交通系统采用的交通需求分析技术以及在城市虚拟交通系统平台上的实现。首先概述城市交通需求分析技术主要内容，然后介绍城市虚拟交通系统中交通需求分析技术中所包含的主要功能模块，分别为城市交通需求生成技术、城市交通需求分布技术、城市交通需求方式划分技术以及城市交通需求 OD 矩阵分析技术。

9.1　概　　述

城市虚拟交通系统立足于 "四阶段法"，并结合实际工程应用需求，开发了服务于现实交通需求分析任务的技术。城市虚拟交通系统不仅包括传统经典的交通需求分析技术，更重要的是，系统平台还创新地开发适用于我国交通系统的交通需求分析技术，具体包括城市交通需求生成技术、城市交通需求分布技术、城市交通需求方式划分技术以及城市交通需求 OD 矩阵分析技术 4 大技术模块，如图 9-1 所示。这 4 大技术模块又具体细分为 20 个子模块，将在本章中逐一展开阐述。

从模块功能定位看，城市交通需求分析技术的核心是产生后续分析所必需的各类 OD 矩阵。由于交通系统具有提供交通供给与承载交通需求两方面任务，在交通供给确定的情况下，需求的获取与表达就显得尤为重要。通过需求分析技术，可以获得城市交通需求总量及其时空分布，为把握城市交通需求整体情况提供支持；可以得到交通需求 OD 分布矩阵，为挖掘交通供需之间的内在联系与潜在矛盾提供帮助；还可以进一步得到分交通方式的、不同统计单位的 OD 分布矩阵，满足不同交通分析功能的需求数据输入需求。

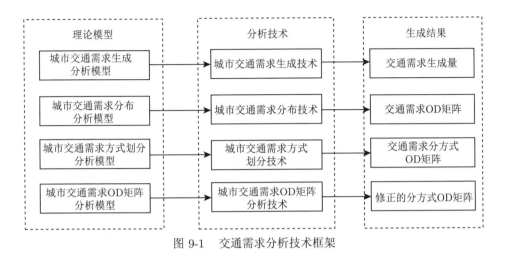

图 9-1　交通需求分析技术框架

从技术逻辑体系看，交通需求分析技术具有向上承接理论、向下延续分析结果的体系内在定位。一方面，需求分析技术的 4 个主要模块均有相关理论与之对应，可以视为是交通需求分析理论模型的技术简化与实践应用；另一方面，技术模块的分析结果也存在内部关联性，主要模块间依次形成输入输出数据流闭环，便于技术体系的实现。

在交通需求分析技术模块中，重点突出城市交通出行特性与交通系统方案间的协调，涵盖了对步行、自行车、私家车、公交 (含常规公交和轨道交通) 等交通出行方式的诠释。通过系统平台，可以实现交通区发生吸引量预测、居民出行交通方式预测、居民出行交通分布预测，以及特殊情况下的 OD 矩阵合并与拆分运算。同时，系统平台充分考虑具有我国特色的交通管理措施对居民出行 OD 矩阵的影响，进一步优化城市居民出行 OD 矩阵。

9.2　城市交通需求生成技术

在城市虚拟交通系统中，对交通区交通生成量与区域内社会经济、土地利用性质、设施规模、人口等重要技术指标建立定量关系，用于估计单位时间内各交通区产生的出行次数。考虑到系统的应用便捷性，以原单位法 (详见第 3 章) 为基础，将交通需求生成技术划分为常住人口交通需求分析、流动人口交通需求分析以及货物运输需求分析三大部分。

城市交通需求生成技术的基本数据流框架如图 9-2 所示。该技术基于数据库中的人口、用地以及出行者属性数据，借助交通生成理论模型，实现对交通客货运发生与吸引量的分析及结果输出，具体包括常住人口发生吸引量分析、流动人口出行发生吸引量分析，以及货物运输发生吸引量分析。在对城市交通需求生成流程化分析过程中，充分考虑了不同城市、不同出行者的属性差异，引入了出行次数、发生量权重、吸引量权重、土地利用信息等控制参数，实现了对交通生成的精准表达。

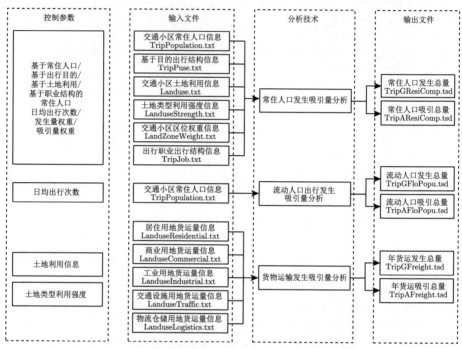

图 9-2 城市交通需求生成技术的基本数据流框架

9.2.1 常住人口出行发生吸引量分析技术

常住人口所产生的交通量是城市交通量中最重要的部分，在城市虚拟交通系统中，常住人口出行发生吸引量分析包括 4 个部分：基于常住人口分析、基于出行目的分析、基于土地利用分析和基于职业结构分析，最终的常住人口出行量则是由这 4 种分析结果的综合加权得到。

1. 基于常住人口分析

基于常住人口 (即基于小区人口) 出行生成采用原单位法，根据交通区常住人口信息与常住人口日均总出行次数信息进行出行生成分析。

2. 基于出行目的分析

城市交通出行发生按出行目的的不同，通常可以细分为上班、上学、公务、购物、文体、访友、看病、回程及其他 9 类。其中，上班、上学及回程出行比例最大，是居民为生存必须发生的出行，因此被称为"生存出行"，而其他目的的出行被称为"弹性出行"。基于出行目的分析的常住人口出行生成采用原单位法，根据交通区常住人口信息、出行目的结构信息与常住人口日均总出行次数信息进行出行生成分析。

3. 基于土地利用分析

基于土地利用分析的出行生成是根据交通区各类用地的面积及其出行权重，按照一定规则将出行总量分配至各交通区。

4. 基于职业结构分析

基于职业结构分析的常住人口出行发生吸引量采用原单位法，根据交通区常住人口信息与常住人口职业结构信息进行出行生成分析。

5. 分析结果综合加权

分析结果综合加权考虑了上述 4 种分析影响因素，分别进行常住人口出行发生吸引量的分析，再根据不同影响因素的权重，对发生吸引量进行加权平均与平衡，最后分配到各交通区中。

在常住人口出行发生吸引量分析过程中，有两大关键因素需要注意。首先，由于分析是基于趋势的推演与拟合，因而若城市范围内出现影响出行波动的重要事件，如城市产业结构重大调整、交通管控政策重大变化等，会导致出行生成内在关系的转变。此时，需要对分析技术的模型进行重新标定，而不能仅单纯调整输入文件及控制参数。此外，常住人口的 4 种分析结果之间一般存在差异，因而最终的分析结果受加权值的影响很大，权重取值可以通过城市的历史数据分析来最终确定。

9.2.2 流动人口出行发生吸引量分析技术

流动人口所产生的交通量同样是城市交通量中重要的组成部分，是对基于常住人口分析结果的补充。流动人口出行发生吸引量分析技术与常住人口出行发生吸引分析技术的原理相同，两者都是基于原单位法，利用流动人口出行次数与交通区流动人口数量对流动人口的出行发生吸引量进行分析。

对于流动人口的发生吸引量预测，最重要的问题是对流动人口的估算，一般来说有两种方法：一种是基于流动人口居住登记的信息或居民调查等传统的方法；另一种是基于手机信令等交通大数据挖掘的新技术。相比于传统的统计方法，采用交通大数据等新技术推算流动人口可以减少大量的人力工作，并且产生的结果更加可靠。由于流动人口出行行为特征与常住人口出行行为特征有所差异，流动人口出行的目的性更强，因此，在对流动人口的 4 种分析的结果进行综合时，应当赋予基于出行目的产生的交通量更大的权重。

9.2.3　货物运输发生吸引量分析

在城市虚拟交通系统中，除了对人口生成吸引量的分析，还可以实现货物运输的发生吸引量分析，对货物运输发生吸引量分析通过以下 3 个步骤完成：

步骤 1. 假定货运发生量/吸引量 Y_{ij} 与用地面积 X_{ij}、实际货运发生率/吸引率 γ_{ij} 之间存在线性关系：$Y_{ij} = aX_{ij} + b\gamma_{ij} + c$。具体来说，如下式所示：

$$\begin{cases} Y_{ij,G} = a_{ij,G}X_{ij} + b_{ij,G}\gamma_{ij,G} + c_{ij,G} \\ Y_{ij,G} = X_{ij,G} \\ Y_{ij,A} = a_{ij,A}X_{ij} + b_{ij,A}\gamma_{ij,A} + c_{ij,A} \\ Y_{ij,A} = X_{ij}\gamma_{ij,A} \end{cases} \tag{9-1}$$

式中，$Y_{ij,G}$ 和 $Y_{ij,A}$ 分别为第 i 个交通区中第 j 种类型用地的货运发生与货运吸引量；$a_{ij,G}$、$b_{ij,G}$、$c_{ij,G}$ 为预测第 i 个交通区中第 j 种类型用地货运发生量的系数；$a_{ij,A}$、$b_{ij,A}$、$c_{ij,A}$ 为预测第 i 个交通区中第 j 种类型用地货运吸引量的系数；X_{ij} 为第 i 个交通区中第 j 种类型用地的面积；$\gamma_{ij,G}$ 和 $\gamma_{ij,A}$ 分别为该类型用地的实际货运发生率与实际货运吸引率。

步骤 2. 推导货运发生量/吸引量 Y_{ij} 与用地面积 X_{ij} 的关系，根据式 (9-1) 可以得到

$$\begin{cases} Y_{ij,G} = \dfrac{a_{ij,G}(X_{ij})^2 + c_{ij,G}X_{ij}}{X_{ij} - b_{ij,G}} \\ Y_{ij,A} = \dfrac{a_{ij,A}(X_{ij})^2 + c_{ij,A}X_{ij}}{X_{ij} - b_{ij,A}} \end{cases} \tag{9-2}$$

步骤 3. 根据规划年各类型用地的面积，可对各交通区货运发生吸引量进行分析，如下所示：

$$\begin{cases} Y_{i,G} = \sum_j Y_{ij,G} = \sum_j \dfrac{a_{ij,G}(X_{ij}^N)^2 + c_{ij,G}X_{ij}^N}{X_{ij}^N - b_{ij,G}} \\ Y_{i,A} = \sum_j Y_{ij,A} = \sum_j \dfrac{a_{ij,A}(X_{ij}^N)^2 + c_{ij,A}X_{ij}^N}{X_{ij}^N - b_{ij,A}} \end{cases} \tag{9-3}$$

式中，$Y_{i,G}$ 和 $Y_{i,A}$ 分别为第 i 交通区的货运发生总量与货运吸引总量，可以分别对各类型用地的货运发生量与货运吸引量求和得到；X_{ij}^N 为规划年第 i 个交通区中第 j 种类型用地的面积。

相比于客运量，由于商业用地、工业用地、物流仓储等用地性质的变化，货运量具有更大的波动性。在对货运量进行预测时，需要标定的参数较多，如果无法收集到确切的货运数据，预测的精确度可能会相对较低。尤其是交通区货运的发生率或吸引率，需要大量的数据才能计算出合适的值，实践应用时实现难度较

大。对于部分交通区可能缺失数据的情况性,考虑到交通区的地理信息邻近相关,可以采用地理加权回归模型补全。

9.3 城市交通需求分布技术

在城市虚拟交通系统中,交通需求分布技术通过估计交通生成总量随出行距离、出行时间等阻抗相关信息的变化特征,分析需求的分布情况,其核心理论模型为双约束重力模型和增长系数模型 (详见第 3 章),可根据现状交通区的 OD 分布预测未来的 OD 分布。除了上述核心技术以外,交通需求分布技术还包括模型参数标定技术,该技术是运用重力模型的重要的前置过程。

交通需求分布技术基本数据流框架如图 9-3 所示,该技术基于交通发生与吸引、交通阻抗分布数据,依托交通分布理论,实现对城市交通需求分布分析。由于交通需求分布分析过程本身的技术难度不高,具体的实现过程更多受到输入数

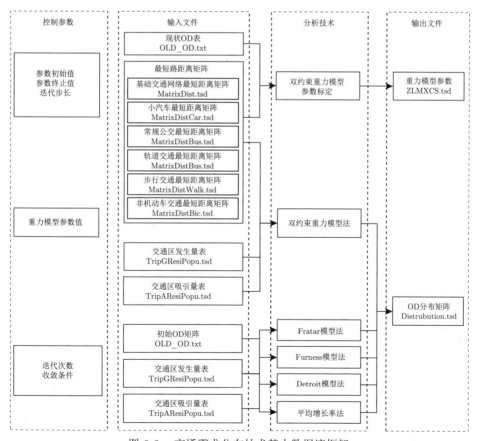

图 9-3 交通需求分布技术基本数据流框架

据的影响，即输入数据的精度在很大程度上决定交通分布分析的结果。对于重力模型，需要先验 OD 矩阵及最短路矩阵标定模型参数，提升后续分析精度；对于增长系数模型，则通过迭代次数与收敛条件控制分布分析最终的结果。

9.3.1　双约束重力模型需求分布技术

双约束重力模型需求分布技术的基础理论为重力模型，通过考虑两两交通区之间的吸引强度与阻力，构建正比于交通区发生吸引量、反比于交通阻抗的关系模型。与其他方法相比，采用双约束重力模型的交通需求分布分析技术考虑因素较全面，分析结果较切合实际。但是，重力模型存在无法较好地处理短距离出行分布的缺点，在采用该技术进行分布分析时须对短距离分析的结果进行重点关注。

利用双约束重力模型进行交通分布预测，首先需要对重力模型中的参数进行标定。城市虚拟交通系统是根据部分历史 OD 矩阵对实现参数标定的，具体包括以下步骤：

步骤 1. 利用调查的 OD 资料计算每个交通区的发生量和吸引量，定义 T_i 为交通区 i 的发生量，U_j 为交通区 j 的吸引量。

步骤 2. 参数初始化。初始化重力模型的参数值 $k=1, \alpha=1.0, B_j^k=0.1$，并根据式 (9-4) 计算 A_i：

$$\begin{cases} A_i^k = \dfrac{1}{\sum\limits_j B_j^k U_j f(t_{ij})} \\ B_j^k = \dfrac{1}{\sum\limits_i A_i^k T_i f(t_{ij})} \end{cases} \tag{9-4}$$

式中，A_i^k 和 B_j^k 为重力模型运算参数，上标 k 为迭代的次数；U_j 为交通区 j 的吸引量，$U_j = \sum\limits_i X_i^j$；$T_i$ 为交通区 i 的发生量，$T_i = \sum\limits_i X_{ij}$；$X_{ij}$ 为交通区 i 到交通区 j 的实际交通量；$f(t_{ij})$ 为阻抗函数，以幂函数为例，$f(t_{ij}) = t_{ij}^{(-\alpha)}$。

步骤 3. 根据式 (9-4)，通过迭代的方法计算 A_i^k 和 B_j^k，当满足下式时，停止迭代；否则，令 $k=k+1$，继续通过式 (9-4) 迭代计算 A_i^k 和 B_j^k：

$$\begin{cases} \left| \dfrac{A_i^k - A_i^{k+1}}{A_i^k} \right| \leqslant \varepsilon \\ \left| \dfrac{B_j^k - B_j^{k+1}}{B_j^k} \right| \leqslant \varepsilon \end{cases} \tag{9-5}$$

式中，ε 为迭代误差，一般取 0.005。

步骤 4. 根据步骤 3 迭代得到的 A_i^k，B_j^k，计算 OD 分布矩阵 X_i^j，并计算行程时间相对误差 ΔT：

$$\Delta T = \frac{\sum\limits_{i,j} X_i^j t_{ij}}{\sum\limits_{i,j} X_{ij} t_{ij}} \tag{9-6}$$

步骤 5. 收敛判别。判断时间相对误差 ΔT 是否满足精度要求 (一般要求 $\Delta T < 0.005$)，若已经满足，则终止迭代，输出重力模型参数 α。否则，令 $\alpha = \alpha + \Delta\alpha$，$\Delta\alpha$ 为搜索步长，返回步骤 2，直至满足参数搜索的终止值。

重力模型参数的标定具有重要的意义，将直接决定重力模型对交通分布预测的精度，这一过程需要先验 OD 矩阵与最短路矩阵。利用重力模型进行交通分布分析则相对简单，不需要先验 OD 矩阵，可以直接由交通区的发生吸引总量、交通阻抗函数得到最终的交通分布结果。

相比于增长系数模型，由于重力模型的交通分布演化结果主要受到最短路交通阻抗函数的影响，因此，需要根据实际调查的数据和既有分析的需求谨慎决定阻抗函数的形式。例如，进行道路交通分布分析时应该采用道路方式最短路阻抗，而全方式交通分布分析则应该使用全网最短路阻抗。此外，在使用重力分布模型法进行分布分析时，需要注意交通生成与交通阻抗数据间的一致性。现状分布分析时，输入数据应为现状交通生成量、现状交通阻抗；而对于未来交通分布预测分析时，输入数据则需要采用预测的交通生成量、未来交通网络下的交通阻抗。

9.3.2 增长系数模型需求分布技术

增长系数模型需求分布技术的核心是增长系数，通过在预先给定的交通需求分布情况基础上，通过一定的方法分析分布变化趋势，进而得到需求分布矩阵。根据增长系数的函数形式，增长系数模型可以具体分为 Fratar 模型、Furness 模型、Detroit 模型、平均增长率这 4 种。这一技术需事先给定先验 OD 矩阵，并假设最终得到的 OD 矩阵与先验 OD 矩阵的分布方式基本相同。城市虚拟交通系统支持两类先验 OD 矩阵：一类是通过数据库直接输入先验 OD 矩阵，调查扩样 OD 或历史 OD 矩阵；另一类则考虑缺少 OD 矩阵时，虚拟交通系统可以按照等概率、人口分布概率、交通阻抗分布等假设由系统自动产生先验 OD 矩阵。

相比重力模型，增长系数模型不涉及道路交通网络的最短路矩阵以及道路阻抗函数。增长系数模型对短期的交通分布具有较好的预测结果，而对于中、长期预测，由于受到土地利用性质、道路网络结构等城市变化的影响，预测结果精确度较低。

9.4　城市交通需求方式划分技术

城市虚拟交通系统采用基于居民出行特征的交通需求方式划分分析技术。考虑到城市的规模和性质会影响出行方式的选择，并通过出行距离呈现出内在规律，因此，通过分析居民出行距离特征并辅以其他因素，就可以分析得到城市的宏观交通出行方式结构，而不必进行大规模的交通调查。城市交通需求方式划分技术的理论内涵为交通方式均具有其固有优势出行距离，在优势出行距离的范围内，交通方式被选中的概率更高。

城市交通需求方式划分技术的数据流框架如图 9-4 所示，通过统计各交通方式的出行频率，实现各个交通方式出行距离分布函数拟合，进而推导出各个交通

图 9-4　交通需求方式划分分析技术

方式的优势出行距离，实现交通需求方式划分。此外，考虑到不同城市之间的交通方式的出行效用、道路结构、经济发展水平、交通政策、公交交通服务水平等因素的影响，可引入相关的修正系数，从而在不同城市之间调整各交通需求方式的分担率。对于设定交通需求方式目标分担率的城市，可以借助基于方式结构目标值的出行方式选择预测技术实现。

9.4.1　交通出行方式选择分析技术

不同的交通出行方式具有不同的出行距离分布特征，在特定出行距离下各交通方式的分担率进而也呈现一定的变化规律。相比传统的方式划分技术，优势出行距离方式划分技术更能够反映居民出行特征，预测结果更加准确、可靠。对于每一种交通方式来说，都会存在特定的优势出行距离。图 9-5 展示了我国典型城市中 6 种交通方式的出行距离分布函数，从图中可以看出各交通方式的优势距离从小到大排列依次为步行、自行车、普通公交、有轨电车、地铁轻轨、小汽车。具体方式选择时，只需要给定对应交通区间的代表性出行距离，就可以得到各种方式的出行分担率。这一过程可以简化表达为以下步骤。

步骤 1. 交通方式 i 的出行距离分担率 p_i 为出行距离 d 的函数。

$$p_i = f_i \tag{9-7}$$

步骤 2. 获取交通区间交通方式 i 的出行距离矩阵 $\boldsymbol{D}_i$。

步骤 3. 将出行距离矩阵 $\boldsymbol{D}_i$ 代入交通区出行距离分担率函数式 (9-7)，得到交通方式 i 的分担率矩阵 $\boldsymbol{P}_i$。

$$\boldsymbol{P}_i = f_i(\boldsymbol{D}_i) \tag{9-8}$$

上述即为交通出行方式选择分析技术的核心流程。在具体实现过程中，需要

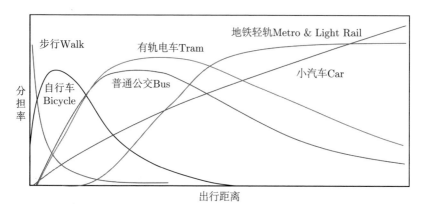

图 9-5　6 种交通方式的出行距离分布函数

注意 2 个关键点：第一是出行距离的选择，由于不同的交通方式具有不同的出行距离，为了使模型具有可比性，不同的交通方式交通区间的出行距离均为道路交通最短路距离。第二是分担率 f_i 函数，需要通过实地调查获取数据进行标定。在没有实地调查数据的情况下，城市虚拟交通系统内置标准化的函数，可以在简单修正调整后使用。修正主要考虑城市规模、经济发展程度、交通政策、公共交通服务水平等因素的影响，提供了 4 个定性分析参数和 6 个定量分析参数。其中，定性参数包括城市步行可达程度 m_1、城市自行车可达程度 m_2、城市机动化程度 m_3、城市内禁摩程度 m_4。定性参数无须使用具体的数值型指标描述，而采用非常好 (高)、较好 (高)、一般、较差 (低)、非常差 (低) 的相对程度指标衡量，可以借助层次分析法、模糊综合评判法等确定这些相对程度指标的数量关系。定量分析参数包括城市千人摩托车拥有率 m_5、城市千人小汽车人均拥有率 m_6、城市千人出租车拥有率 m_7、出租车日均载客人次 m_8、公交站点 500m 覆盖率 m_9、轨道交通线网长度 m_{10}。定量分析参数可以通过有关部门或者从城市统计年鉴中获取。

由此，分担率 f_i 函数的各修正函数可以表达为

$$m_{\text{walk}} = f_{\text{walk}}(m_1) \tag{9-9a}$$

$$m_{\text{bic}} = f_{\text{bic}}(m_2) \tag{9-9b}$$

$$m_{\text{motor}} = f_{\text{motor}}(m_4, m_5) \tag{9-9c}$$

$$m_{\text{car}} = f_{\text{car}}(m_3, m_6) \tag{9-9d}$$

$$m_{\text{taxi}} = f_{\text{taxi}}(m_3, m_7, m_8) \tag{9-9e}$$

$$m_{\text{bus}} = f_{\text{bus}}(m_9) \tag{9-9f}$$

$$m_{\text{sub}} = f_{\text{sub}}(m_{10}) \tag{9-9g}$$

引入修正函数后，式 (9-7) 可以进一步改进为

$$p_i = m_i f_i \tag{9-10}$$

9.4.2　基于方式结构目标值的出行方式选择预测技术

城市方式结构目标值，是在城市规划时设定的、力求城市在发展中逐渐达到的一种目标值。城市目标分担率指在整个城市范围内，不同交通方式的出行总量的比例稳定在目标值左右，而不对具体交通区的交通方式比例做要求。在明确城市方式结构目标值后，城市虚拟交通系统会通过内置算法，反推得到各交通方式的目标 OD 矩阵，以满足城市目标分担率。

城市虚拟交通系统内置算法的基本原理为多次迭代与收敛判别，通过对比每次迭代过程得到的各方式 OD 分担率与目标值分担率的比值，修正式 (9-10)，并迭代更新各方式 OD 矩阵。当各方式 OD 分担率与目标值分担率的比值小于缺省阈值，或者迭代次数超过缺省次数，得到各交通方式的目标 OD 矩阵。

9.4.3 方式优势出行距离函数

在城市虚拟交通系统中，图 9-4 中各方式优势出行距离函数被定义为如下的数学形式：

$$f(d) = A \cdot d^B \cdot e^{Cd} \tag{9-11}$$

式中，d 为出行距离；f 为对应的出行频率；e 为自然常数；A、B、C 为待标定参数。

当拥有大量的城市出行调查数据时，可以根据统计结果直接对各方式优势出行距离函数进行标定，具体流程包括以下 2 个步骤：

步骤 1. 统计各交通方式的出行距离频率。城市虚拟交通系统提供了 2 种统计方法：使用出行距离文件和使用居民出行 OD 矩阵。在统计出行频率时，首先需要设定出行距离划分间隔，得到出行距离的阶梯分段区间。

当使用出行距离文件统计时，可以直接统计出各个距离分段区间内的出行频率。当使用居民出行 OD 矩阵进行标定时，需要读取出行 OD 矩阵及交通区间最短路矩阵，将最短路数据划分入距离分段区间内，将该交通区间 OD 量叠加即可得到出行频数及频率。

步骤 2. 出行距离分布函数拟合。根据出行频率统计结果，采用最小二乘法对式 (9-11) 进行函数拟合，即可得到各方式优势出行距离函数。

方式优势出行距离函数标定的过程中，由于用于统计各交通方式出行频率的距离分组是离散的而不是连续的，距离的划分会显著影响距离分布函数的拟合结果，在实际操作的过程中，可以多次尝试调整分组间隔来测试拟合结果。

在标定式 (9-11) 方式优势出行距离函数后，可以借助该公式输出各交通方式在任意距离下的出行频率，并进一步标定得到概率分布函数，具体步骤如下：

步骤 1. 构建各交通方式的广义出行费用函数模型。从出行者的角度考虑选择一种交通方式的广义费用，并用人均单位出行时间费用将出行时间成本统一。总的来说，各种交通方式的广义出行费用 C_k 会随着出行距离 d 的增加而增加，并且在不同的交通方式之间，受到人均单位出行时间费用 A、交通方式的速度 v_k、公共交通票价 p_k、公共交通换乘次数 n_k 等影响因素的变化而有所不同，因此，第 k 种交通方式的广义出行费用函数 C_k 可以表示为

$$C_k = f_k(d|A, v_k, p_k, n_k) \tag{9-12}$$

式中，交通方式 k 一般为步行、自行车、小汽车、常规公交、轨道交通。

步骤 2. 构建各交通方式的效用函数。交通方式的效用函数 E_k 为广义出行费用 C_k 的倒数，即

$$E_k = \frac{1}{C_k} \tag{9-13}$$

步骤 3. 考虑出行者体力限制、舒适度限制、城市内机动车拥有率、城市公交覆盖率等因素对函数进行修正，能够得到与城市实际情况相符的各交通方式优势出行距离。

步骤 4. 计算各交通方式在同一距离下的概率分布函数，即

$$E_k^1 = \frac{E_k}{\sum\limits_i E_i} \tag{9-14}$$

步骤 5. 采用最小二乘法并按照式 (9-6) 的固定形式，对各交通方式的概率分布结果进行拟合，获得各交通方式的出行距离概率密度曲线的函数表达式。

9.5　城市交通需求 OD 矩阵分析技术

OD 矩阵分析技术是对城市交通需求分析结果的进一步分析与处理补充。由于交通需求 OD 矩阵根据时段、载客/货数量、标准车当量数的不同会呈现不同的结果，需要根据交通分析的需求差异针对性地对 OD 矩阵进行转换。我国复杂多样化的交通管理策略与措施也会对 OD 矩阵产生直接的影响，同样需要针对 OD 矩阵的转移和波动进行修正。

OD 矩阵分析技术基本流程框架如图 9-6 所示，该技术主要可以实现各交通量 (如客运量、货运量等)OD 与其对应的交通工具 OD 之间的转换，以全天交通量 OD 与高峰小时交通量 OD 之间的转换。此外，该技术还可以实现对 OD 矩阵的拆分与合并，用以反映交通区调整的影响。

9.5.1　交通需求 OD 矩阵转换技术

到目前为止，本章所述交通需求技术生成的 OD 均是以人 · 日出行为单位的，若要计算与之对应交通方式的交通量或者是特定时段 (如高峰小时) 的交通量，则需要 OD 矩阵转换技术。城市虚拟交通系统中，包括 4 大类 OD 矩阵：与机动车客运相关的 OD 矩阵、与机动车货运相关的 OD 矩阵、与非机动车交通相关的 OD 矩阵、与公共交通客流量相关的 OD 矩阵。对应于上述 4 类 OD 矩阵，设计了 4 类 OD 转换技术：机动车客运交通 OD 矩阵转换、机动车货运交通 OD 矩阵转换、非机动车交通 OD 矩阵转换、公共交通乘客 OD 矩阵转换。这些 OD 矩

阵之间的关系，是通过时段系数 A_k、载客人数 N_k、交通工具当量系数 PCU_k 等相互转换得到的。

图 9-6 OD 矩阵分析技术

机动车客运交通 OD 矩阵转换技术是将客运量 OD 转换为与其相关的交通工具 OD，具体包括常规公交车 OD、小汽车 OD、出租车 OD、摩托车 OD，其计算公式如下：

$$OD^1_{ij,k} = \frac{A_k \times PCU_k}{N_k} \times OD_{ij,k} \qquad (9\text{-}15)$$

式中，$OD^1_{ij,k}$ 和 $OD_{ij,k}$ 分别表示第 k 种交通方式的交通量 OD 和客运量 OD；A_k 表示时段系数，一般为日高峰小时流量占全天流量的比例；PCU_k 为交通工具的标准当量换算系数；N_k 为交通工具的平均载客人数。

机动车货运交通 OD 矩阵转换技术是将货运量 OD 转换为与其相关的交通工具 OD，具体包括小型货车 OD、大中型货车 OD、大型货车 OD，其计算公式如下：

$$\text{OD}_{ij,k}^1 = \frac{A_k \times \text{PCU}_k}{T_k} \times \text{OD}_{ij,k} \tag{9-16}$$

式中，T_k 为各类型货车的平均载客吨数。

非机动车交通 OD 矩阵转换和公共交通乘客 OD 矩阵转换技术不涉及交通工具的属性，直接通过时段系数 A_k 转换为特定时段的交通量，其计算公式如下：

$$\text{OD}_{ij,k}^1 = A_k \times \text{OD}_{ij,k} \tag{9-17}$$

其中，非机动车交通交通量 OD 包括步行 OD 和自行车 OD，公共交通乘客 OD 包括常规公交乘客 OD、轨道交通乘客 OD，以及公共交通乘客 OD。公共交通乘客 OD 矩阵为常规公交乘客和轨道交通乘客 OD 之和。

9.5.2 交通需求 OD 矩阵修正技术

我国城市交通系统日常运行具有典型的混合交通特征，为了提升交通系统的运行效率，从交通管理的角度出发，除了应用单向交通组织、信号优化等一般常用手段之外，限行、限号、收费等管控手段也常被用来调节交通供需矛盾，优化出行结构。这一系列管控手段会对日常的交通出行产生显著的影响。一方面，严格的管控手段抑制了以私人小汽车为代表的部分交通出行需求，同时导致绿色环保的公交出行需求提升。这种交通需求在不同方式间的转移，需要对不同方式的 OD 矩阵进行修正来表达，这种交通量在不同方式之间转移的修正技术被称为转移修正。另一方面，一部分相对弹性的需求也会因为管控手段的放松或收紧而呈现出整体放大或缩小的趋势，同样需要对这类 OD 矩阵的整体变化进行修正，这种针对某一特定交通方式交通量的修正技术被称为波动修正。

假设第 i 个交通区到第 j 个交通区第 k 种交通方式的出行量为 $Q_{i,j,k}$，为了方便起见，将其简写为 Q_k。基于上述假设，受到交通政策影响的出行量 Q_k 包括两部分：转移修正影响的交通量 U_k 和波动修正影响的交通量 V_k，即

$$Q_k = U_k + V_k \tag{9-18}$$

对于不同交通方式的转移修正 U_k，假设 $m(m \in \{i|i = 1, 2, \cdots, k\})$ 为交通管控政策直接影响的交通方式，$l(l \in \{i|i = 1, 2, \cdots, k \text{ 且 } l \neq m\})$ 为其他的交通方式。由于受到交通政策的影响，如限行、限号等，被限制的交通方式的部分交

通量会转移到其他未被限制的交通方式上，即

$$
\begin{cases}
U_m^1 = (1 - \alpha_m)U_m \\
U_l^1 = U_l + \gamma_{m,l}\alpha_m U_m, l = 1, 2, \cdots, k \text{ 且 } l \neq m
\end{cases}
\tag{9-19}
$$

式中，U_m^1 和 U_l^1 表示经过转移修正后的交通量；α_m 为交通量转移修正系数，表示对第 m 种交通方式交通量的转移比例；$\alpha_m U_m$ 表示转移的交通量。转移的交通量会按照特定的比例 $\gamma_{m,l}$ 分配到其他的交通方式上，即 $\sum\limits_{l=1,l \neq m}^{k} \gamma_{m,l} = 1$。

对于波动修正影响的各交通方式的交通量 V_k，可以进一步分为刚性交通量 V_k^{I} 和弹性交通量 V_k^{E}，即

$$
V_k = V_k^{\mathrm{I}} + V_k^{\mathrm{E}}
\tag{9-20}
$$

其中，刚性交通量 V_k^{I} 对交通政策并不敏感，不会因为交通政策的变化产生太大的波动。因此，交通政策主要会影响弹性交通量 V_k^{E}，即

$$
V_k^1 = \beta_k V_k^{\mathrm{E}}
\tag{9-21}
$$

式中，β_k 为对弹性交通量 V_k^{E} 的波动修正系数。

综上，可以得到受交通政策影响并综合修正后的交通量：

$$
Q_k^1 = U_k^1 + V_k^1
\tag{9-22}
$$

在上述的过程中，待标定系数 α_m、$\gamma_{m,l}$、β_k 取值的合适与否直接影响对交通管控政策的仿真效果。一般来说，对于交通量转移修正系数 α_m 和波动修正系数 β_k，如果有实测数据，可以根据实测数据推算确定，得到的结果更符合实际情况；如果无法获得实测数据，可以通过 Logit 模型或者智能体模型等进行计算。对于转移交通量的分配系数 $\gamma_{m,l}$，一般根据相应交通方式的交通量比例直接得到。

需要注意的是，在城市虚拟交通系统中，交通管控政策的制定是在可视化的编辑系统中实现的，通过添加区域管理层实现对特定区域的交通管控。常用的交通政策包括对各类交通方式的禁行、尾号限行、拥堵收费等。对于同一区域的不同交通政策，还可以指定不同政策的优先级。

9.5.3 交通需求 OD 矩阵拆合技术

交通需求 OD 矩阵的拆分和合并是 OD 矩阵分析的常用操作，一般多见于交通区的调整过程。在城市虚拟交通系统中，交通区的拆合是在可视化的编辑系统中实现的，通过手动绘制，将若干个交通区合并为一个交通区或将一个交通区拆分成若干个交通区。同时，需要借助 OD 矩阵合并或拆分技术，根据原来的 OD

矩阵推算出调整后的 OD 矩阵。其中，OD 矩阵的拆分需要考虑拆分后的交通区面积与人口信息，按照交通需求预测的基本原理确定拆分后新 OD 矩阵的需求分布情况。而 OD 矩阵的合并技术相对较为简单，只需要将对应交通区的发生量和吸引量求和，放入合并后的新 OD 矩阵中。

OD 矩阵拆分技术，具体来说包括两部分，一部分是拆分后新交通区与拆分前其他交通区间的交通量估计，根据交通区的属性变化将原交通量按比例分配，另一部分是新交通区间的交通量估计，根据交通生成模型重新生成。

假设在交通区拆分前，i 和 j 为交通区的索引，索引集合为 A，则 $i, j \in A$；k 为被拆分的交通区的索引；交通区 k 对其他交通区的发生量和吸引量分别为 Q_{kj} 和 Q_{ik}。假设第 k 个交通区被拆分成 L 个交通区，l 为新得到交通区的索引，索引集合为 B，则 $l \in B$；同时设拆分后新交通区 l 对拆分前其他交通区的发生量和吸引量分别为 q_{lj} 和 $q_{il}(i, j \in A - \{k\})$，则计算公式为

$$\begin{cases} q_{lj} = \alpha_l Q_{kj}, & j \in A - \{k\}, l \in B \\ q_{il} = \alpha_l Q_{ik}, & i \in A - \{k\}, l \in B \end{cases} \tag{9-23}$$

式中，α_l 表示拆分系数，且 $\sum\limits_{l \in B} \alpha_l = 1$，表示拆分后新交通区交通量占原交通区的比例，一般根据交通区的某种属性 (如交通区面积、人口、土地性质等) 确定。

新交通区之间的交通量 $q_{ij}(i, j \in B)$ 通过交通生成模型 (如重力模型等) 估计得到。

矩阵合并技术是矩阵拆分技术的逆过程，对合并的交通区的交通量求和，得到新交通区的交通量。假设在交通区合并前，i 和 $j(i, j \in A)$ 为交通区的索引；$l(l \in B)$ 为待合并交通区的索引，对其他交通区的发生量和吸引量分别为 Q_{lj} 和 $Q_{il}(l \in B; i, j \in A - B)$；$k$ 为合并后交通区的索引，对其他交通区的发生量和吸引量分别为 q_{kj} 和 $q_{ik}(i, j \in A - B)$，计算公式为

$$\begin{cases} q_{kj} = \sum\limits_{l \in B} Q_{lj}, & j \in A - B \\ q_{ik} = \sum\limits_{l \in B} Q_{il}, & i \in A - B \end{cases} \tag{9-24}$$

合并后的交通区 k 的区内出行交通量 q_{kk} 为合并前交通区 l 之间的出行和区内出行之和，即

$$q_{kk} = \sum_{j \in B} \sum_{i \in B} Q_{ij} \tag{9-25}$$

9.6 本 章 小 结

本章主要面向城市虚拟交通系统的需求分析功能实现，在本书第 3 章交通需求分析理论模型的基础上，对城市虚拟交通系统中涉及的交通需求分析技术进行介绍。通过对交通需求生成技术、需求分布技术、方式划分技术以及需求 OD 矩阵分析技术的基本内涵、原理、实现流程及数据参数梳理，为读者架构出城市虚拟交通系统的需求分析技术体系，并为后续更为深入的虚拟交通系统技术梳理打下基础。

参 考 文 献

[1] 王炜, 陈学武. 交通规划 [M]. 北京：人民交通出版社, 2017.
[2] 陆化普, 黄海军. 交通规划理论研究前沿 [M]. 北京: 清华大学出版社, 2007.
[3] 华雪东. 基于供需平衡的多方式交通系统出行结构优化研究 [D]. 南京: 东南大学, 2016.
[4] 丁剑. 基于优势出行距离的方式分担率模型及软件实现 [D]. 南京: 东南大学, 2017.

第 10 章　城市虚拟交通系统交通运行特征分析技术

作为城市虚拟交通系统的核心技术，交通运行特征分析技术是依据交通网络基础信息分析和交通需求分析两大模块的分析结果，通过开展特定应用场景和多种交通方式的交通阻抗分析及交通分配流程实现，根据网络交通流分配结果对道路网络运行特征进行指标分析与状态评价，从而为城市交通系统的规划建设、管理控制与政策制定的方案评估与决策支持提供直观的量化指标。

本章首先概述城市交通系统交通运行特征模块设计原理，然后介绍"交运之星-TranStar"中基于交通分配一体化模型的网络交通流分析技术，以及面向业务策略的交通网络运行状态分析技术，最后提出城市交通网络交通运行分析指标体系与评估技术的实现流程。

10.1　城市交通系统交通运行特征分析模块设计

10.1.1　交通运行特征分析基本内容

交通运行特征分析是城市虚拟交通系统中针对特定的应用场景，基于已构建的基础路网，经过交通生成、交通分布和交通方式划分 3 个阶段的出行需求预测，或通过交通系统一体化交通需求分析技术，或直接通过居民出行调查等途径，得到多种出行方式的 OD 矩阵，基于对出行者出行路径选择行为的模拟完成交通分配，得到交通运行状态信息，并进一步对分配后的交通网络进行路网运行指标分析与特征评估。

本章将交通运行特征分析细分为应用场景确定、分析数据准备、网络交通流分析、运行指标分析与评估 4 个主要环节，各环节涉及基本内容如下：

(1) 应用场景确定。涉及交通出行各阶段的应用场景可分为城市土地开发、交通网络建设、交通管理控制、公共交通系统、交通政策制定等，在进行交通运行特征分析之前，需要确定具体的应用场景，以及不同应用场景的数据准备要求、交通运行状态分析流程、运行特征指标选取与评估标准。

(2) 分析数据准备。对于选定的应用场景，通过道路网络基础信息分析获得网络结构信息，通过交通管理信息处理获得网络管理信息，通过公共交通网络基础信息分析获得公交网络信息，通过交通需求分析获得出行需求信息及分方式 OD 矩阵，通过具体应用场景与分析对象选定合适的交通分配模型参数，为网络交通流分析准备必要的数据。

(3) 网络交通流分析。主体内容包括城市道路网络的慢行交通流、机动车交通流和公共交通网络的公共交通客流。其中慢行交通流细分为步行交通流与自行车交通流；机动车交通流包括公交车辆、出租车、私家车、摩托车、货车等车型；由于公共交通系统具有固定线路的特点，公交网络和城市道路网络具有不同的出行规则，公共交通系统的运行特征分析技术将在第 11 章详细介绍。

(4) 运行指标分析与评估。该环节通过梳理网络交通流分析所产生的交通运行状态信息，如路段行驶速度与行程时间、交叉口延误与排队长度、路段与交叉口饱和度等，针对不同的应用场景选取对应的运行特征指标进行分析，并依据应用场景下的运行质量评估标准，完成网络运输效率、居民出行效率、公交运行效率、交通节能减排与系统经济效益等网络交通运行特征评估，为城市交通系统的规划建设、管理控制与政策制定提供系统、全面的决策支持。

10.1.2 交通运行特征分析数据准备

不同应用场景下网络交通运行特征分析的数据准备有所不同，首先系统梳理网络交通流分析所需的必要数据，以便分别对各场景展开详细介绍。网络交通流分析的交通阻抗计算与交通分配环节，需要依托城市虚拟交通系统 "基础信息分析" 和 "交通需求分析" 两大模块的输出结果作为输入数据，经交通流分析后的输出数据则用作交通运行指标分析与评估环节的输入数据。图 10-1 展示 "交运之星-TranStar" 虚拟仿真平台上网络交通流分析涉及的输入数据与输出数据，下面分别对各项输入数据准备内容进行梳理并汇总于图 10-2。

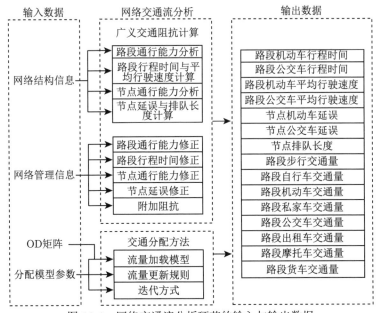

图 10-1　网络交通流分析环节的输入与输出数据

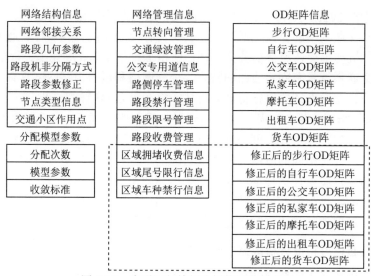

图 10-2　交通运行特征分析数据准备内容

(1) 网络结构信息。包括路径搜索所需的网络邻接关系，路段通行能力分析所需的路段几何参数以及路段机非分隔方式，路段行程时间计算所需的基本几何参数和 BPR 模型参数，节点通行能力与延误分析所需的节点类型信息，以及交通分配过程中交通需求加载所需的交通小区作用点信息。

(2) 网络管理信息。包括作用于节点的转向管理和交通绿波管理，分别用于节点转向通行能力修正和节点延误修正分析；作用于路段的公交专用道信息，用于路段机动车通行能力和公交车通行能力修正；路侧停车管理同样用于修正路段通行能力；路段禁行管理和路段限号管理用于修正路段行程时间；路段收费管理用于分析附加阻抗；作用于区域范围 (即包含多个交通小区) 的拥堵收费、尾号限行和车种禁行管理信息，除了在交通阻抗分析过程中用于附加阻抗计算、路段行程时间修正和节点延误修正，还用于对 OD 矩阵进行修正。

(3) OD 矩阵信息。包括用于慢行交通流分析的步行 OD 矩阵和自行车 OD 矩阵，以及用于机动车交通流分析的公交车 OD 矩阵、私家车 OD 矩阵、摩托车 OD 矩阵、出租车 OD 矩阵和货车 OD 矩阵；当涉及区域交通管理信息时，还包括修正后的各交通出行方式 OD 矩阵。

(4) 分配模型参数。包括用于确定分配方法的模型参数、交通阻抗分析的模型参数以及确定交通分配迭代收敛标准的模型参数。

基于以上的数据准备，"交运之星-TranStar" 虚拟仿真平台即可开展网络交通流分析。

10.2 基于交通分配一体化模型的网络交通流分析技术

在进行特定城市的网络交通流分析时，通常需要依托交通分析平台软件。目前常用的具有网络交通流分析功能的软件有 TransCAD、EMME、CUBE 等国外软件，但由于我国交通政策制定通常由多个部门完成，这些国外平台软件缺少一体化的统一交通分析方法，不同分析软件的分配方法、参数配置、数据输入存在差异，可能会导致不同部门对同一个交通问题的分析得出完全不同的分析结果；且国外软件大部分交通分配方法对我国交通环境适应性较差，无法精准刻画我国多模式交通网络特征，对于道路限号通行等交通管控措施的表达也不够准确，无法满足我国城市交通系统规划、建设与管理一体化发展的需求。

为了从整体上解决上述问题，满足城市交通规划、建设与管理等应用场景对网络交通流分析的多样化需求，基于 4.4 节介绍的交通网络交通分配一体化模型，继续介绍"交运之星-TranStar"虚拟仿真平台中采用的交通分配一体化技术[1,2]，主要包括分配模型一体化、分析对象一体化与应用场景一体化 3 个部分，其技术框架如图 10-3 所示。

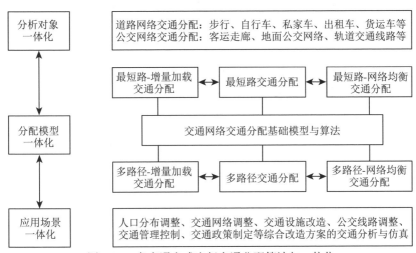

图 10-3 各交通方式出行交通分配算法与一体化

分配模型一体化通过交通分配族谱体系来实现，将常用的交通分配模型进行一体化集成，有效提升模型的利用效率。通过分析对象一体化，实现对城市多模式交通网络流量的分方式分析以及组合分析，有效降低多模式交通流的分析工作量与预测误差。通过应用场景一体化，实现城市开发、交通规划、交通建设、管理控制等多场景的协同分析与评价，大大提升交通分配技术的实用价值。

10.2.1　交通网络交通分配模型一体化技术

　　交通分配模型一体化是实现交通分配一体化的基础，通过设计一个满足交通分配族谱中所有方法的一体化模型体系，以满足多分析对象、多应用场景对交通分配模型的需求。具体模型介绍参见 4.4 节，本节对一体化模型在网络交通流分析中的实现技术进行介绍。

　　特定应用场景下，将交通分析方案加载到交通网络结构上 (具体的人机交互技术将在第 12 章中介绍) 得到应用场景下的网络结构信息与网络管理信息，根据分析要求准备用于交通分配的 OD 矩阵，并通过模型关键参数、分配次数和收敛标准的设定，确定交通分配一体化模型中实际采用的交通分配方法；进一步结合网络结构信息、交通需求信息、网络管理信息和用于分配的 OD 矩阵，计算包含路段阻抗、节点延误和附加阻抗的广义交通阻抗；之后将广义交通阻抗、OD 矩阵、模型关键参数等代入交通分配基础模型，通过快速算法即可得到本次分配的网络交通流；通过所选交通分配方法对应的流量更新策略完成本次分配后网络交通流更新；依据分配结束的判断条件，继续更新交通阻抗并进行下一次迭代分配直至满足条件结束分配，得到特定应用场景下基于交通分配一体化模型的网络交通流。交通网络交通分配模型一体化实现技术流程见图 10-4。

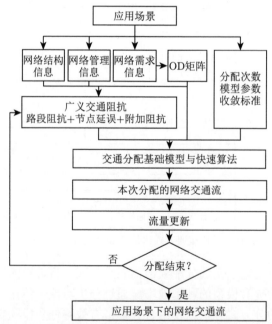

图 10-4　交通网络交通分配模型一体化实现技术流程图

　　通过以上技术流程，可以便捷高效地开展服务于城市交通系统规划、建设、管理等各类应用场景的网络交通流分析。如王炜等[3] 基于交通分配一体化模型，面向机动车尾号限行方案,将受管制的出行方式 OD 矩阵拆分为受限 OD 分矩阵和不受限 OD 分矩阵,并在服务于受限 OD 分矩阵交通分配的广义交通阻抗计算环节,将限号区域内路段阻抗设为无穷大,进而通过设定模型参数选定交通分配方法,对各 OD 分矩阵进行交通分配,并更新网络交通流,不断迭代直至分配结束,实现尾号限行政策下的网络交通流分析;对于交通管理与控制策略下的交通分析,在交叉口延误模型[4] 和路段通行能力与行驶时间研究[5] 的基础上,王炜等[6] 提出考虑交叉口转向管理、信号绿波设置、公交专用道设置、路侧停车管理、路段禁止通行、路段尾号限行和路段收费等多种常见交通管理措施的广义交通阻抗计算方法,结合交通分配一体化模型,轻松实现了多种交通管理控制场景下的交通流分析[7]。

10.2.2 交通网络交通分配对象一体化技术

在我国的混行交通环境下,交通分配过程极其繁杂,需要考虑步行出行、自行车出行、机动车 (包含公交车辆、出租车、私家车、摩托车、货车等) 出行的多模式网络一体化交通分配,计算工作量巨大,交通分配对象一体化技术是统一仿真平台实现多交通对象流量同步快速加载分析的关键。"交运之星-TranStar"虚拟仿真平台基于交通分配模型一体化技术,根据分配对象在网络结构、OD 矩阵、模型参数选择以及广义阻抗函数计算方面的一体化设计,采用多线程并行计算方法,同时进行多个交通对象的交通分配,并考虑它们之间的相互影响,实现多交通对象流量同步快速加载分析,在繁杂的分配过程中仍然可以保证分配计算有较高的效率和精度。

"交运之星-TranStar" 虚拟仿真平台的交通分配对象一体化技术框架见图 10-5,基于 "交通分配基础模型与算法",交通分配一体化技术将网络交通分配

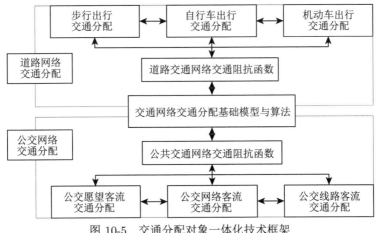

图 10-5 交通分配对象一体化技术框架

对象划分为两大分析板块：基于交通工具的道路网络交通分配 (包括步行出行交通分配、自行车出行交通分配和机动车出行交通分配) 和基于乘客客流的公交网络交通分配 (包括公交愿望客流交通分配、公交网络客流交通分配和公交线路客流交通分配)。在进行机动车交通分配时，同一次迭代中不同车型的流量加载过程是并行开展的，全部车型完成分配后再求和得到本次分配的网络机动车流量，之后进行流量更新及迭代判断。

　　1. 道路交通网络的交通分配一体化

　　1) 步行交通分配

　　步行出行常在城市人行道或步行街上发生，所占用的道路资源较少，具有自主随意性及高容量性，没有增量加载分配的必要，可直接采用单次交通分配。由于居民在步行出行时倾向于按照自己估计的最短路径出行，在进行步行道、步行街规划设计等的步行流量交通分析时，可以直接采用最短路分配，在网络步行交通流量分布分析等需要考虑一定随机性的情况下，可采用多路径分配。考虑到日常步行出行的速度随步行流量的波动性较小，步行出行阻抗仅与路径长度和节点延误有关，因此步行交通分配方法通常选择最短路 ($\sigma = 100$) 或多路径 ($\sigma = 7.2$) 单次交通分配。将步行出行 OD 矩阵用交通分配的基础模型与快速算法进行单次交通分配，技术实现流程如图 10-6 所示。

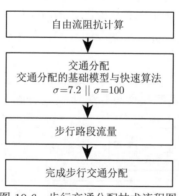

图 10-6　步行交通分配技术流程图

　　2) 自行车交通分配

　　自行车出行可能涉及机非混行道、非机动车专用道和人非共板道路，需要占用一定的道路资源，且在不同类型道路下的通行能力不同，阻抗受流量影响的情况也不相同。自行车路线的多样性及灵活性使得其规律性不如机动车强，尤其在路网细致、支路较多的情况下，多路径分配模型较为适宜自行车流量分布分析，当考虑到自行车专用道规划时，可直接采用最短路分配模型，为了考虑拥挤效应，通常选择增量加载的交通分配方法，如最短路-增量加载交通分配或多路径-增量加载交通分配。自行车交通分配在分配方法选择的基础上，得到分配模型参数和每次分配自行车 OD 的加载比例，首先按自由流下的广义交通阻抗将交通分配的基础模型与快速算法进行交通分配，得到自行车的路段流量分配结果，通过自行车流量更新模块完成所选分配方法下的自行车路段流量累加更新，多次循环直至拆分后的所有 OD 分矩阵均完成分配，技术实现流程如图 10-7 所示。

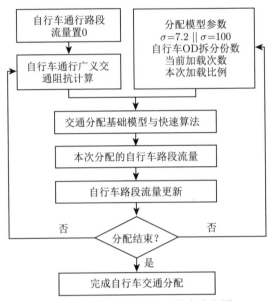

图 10-7　自行车交通分配技术流程图

3) 机动车交通分配

机动车运行分析是城市交通网络交通分析的主要组成部分，考虑车型及运营方式不同，机动车出行方式主要分为小汽车、摩托车、出租车、公交车及货车，有些城市对小型货车与大型货车采取不同的交通管理模式，则需要将货车分成小型货车、大型货车两类进行交通分配。机动车交通分配是交通网络交通分析的重点，目前的交通网络评价指标多数是建立在各类机动车交通运行信息的基础上的，建议选择分配精度较高的交通分配方法。如，对服务于交通方案制订的交通分配，需要更多地考虑路径选择愿望，可用最短路-增量加载交通分配方法，或最短路-网络均衡交通分配方法；对服务于交通方案评估的交通分配，需要更多地考虑方案实施后的交通运行实际状况，可选择多路径-增量加载交通分配方法，或多路径-网络均衡交通分配方法。

所分析的机动车车型中，私家车、摩托车和货车均属于有确定起终点、无固定路线的出行方式，其交通分配过程比较相似；而出租车作为小运量公共交通服务方式，存在巡游搜索乘客行为，需考虑更多的约束条件；对于公交车交通分配，分为已有公交网络及没有公交网络两种分析情况，前者需要将公交车配车数依据发车频率在已有固定线路进行分配与交通流分析，后者将用于承载公交出行需求的公交车 OD 矩阵在道路网进行交通分配，服务于公交线网规划方案的制订。考虑到道路基础信息中可能存在不同的公交专用道、公交绿波设置情况，公交车分配结果对路段机动车流量及阻抗的影响需分情况分析。

　　考虑到机动车交通分配的计算量较大，TranStar 采用并行计算技术，通过多线程把机动车交通分配任务分割成对应各个 OD 矩阵进行的多个交通分配子任务并行执行，并通过交通分配参数表控制每个线程所需访问的独立资源，包括 OD 矩阵、阻抗文件、模型参数，以及公交车分配对应的交通网络 (道路网络或公交网络)，从而保证每个线程的高效独立运行。机动车交通分配并行计算的流程如图 10-8 所示。

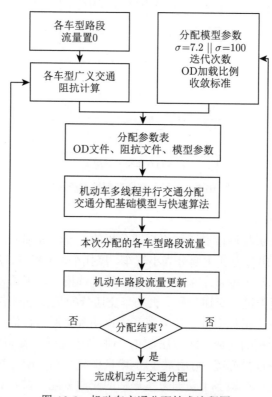

图 10-8　机动车交通分配技术流程图

2. 公共交通网络的交通分配一体化

　　公共交通客流分配根据依托网络、分配结果与应用场景的不同可以分为公交愿望客流交通分配、公交网络交通分配和公交线路交通分配三种，如表 10-1 所示。

表 10-1 三种公共交通网络交通分配方法总结

分类	公交愿望客流交通分配	公交网络交通分配	公交线路交通分配
依托网络	城市道路交通网络	城市道路与公交网络	城市公共交通网络
分配结果	道路网络上的公交客流愿望分布	布设公交线路的道路网络公交客流分布	公共交通站点客流与公交线路断面客流
应用场景	公交走廊布局规划、地铁线路布局规划等	公共交通网络规划、公共交通线路优化	公交线路和站点规划设计、公交线路车辆排班

公交愿望客流交通分配是将公交客流 OD 矩阵在城市基础道路交通网络上进行分配, 进而分析整个城市基础道路网络的公交客流愿望走向。在阻抗计算过程中, 将无条件开展公交服务的路段类型 (如高速公路、步行道等) 阻抗设为无穷大, 其余路段根据公交客流最大承载量按照 BPR 函数进行阻抗计算, 进行无运输能力限制条件下的城市道路网络公交愿望客流分布分析, 公交愿望客流分布服务于公交走廊布局规划与地铁线路布局规划等。

公交网络客流交通分配通过将公交客流 OD 矩阵在布设有公交线路的道路网络上进行分配, 实现对整个公共交通网络客流分布情况的分析。在阻抗计算过程中, 将没有布设公交线路的路段的阻抗值设为无穷大, 其余路段根据道路上布设的公交线路多少及公交线路类型 (包括轨道交通线路) 确定实际运输能力, 再按照 BPR 函数进行阻抗计算, 进行线网规划条件下的公交网络客流分布分析, 公交客流网络分布服务于公交网络规划方案评估与线路走向优化等。

公交线路客流交通分配能够分析获取公交线路的断面和站点客流量。与公交网络客流交通分配仅考虑线路出行阻抗不同, 公交线路客流交通分配需要考虑出行与换乘的综合阻抗, 交通分配是在超级网络上进行的, 通过将公交客流 OD 矩阵分配至具有公交线路与站点设置的公交网络 (超级网络) 上, 进行线路与站点设置条件下的公共交通站点与线路横断面的客流分布分析, 服务于公交线路站点规划设计与公交线路车辆排班优化等。

10.2.3 交通网络交通分配场景一体化技术

影响城市交通系统的因素很多, 从交通需求的源头 (城市开发)、服务于出行的交通供给建设 (交通网络) 到交通流的末端 (交通管理) 涉及多个职能部门, 各职能部门的许多业务工作与交通相关, 如图 10-9 所示。只有建立城市交通体系跨部门协作的一体化技术平台, 进行跨部门协作, 才能达到引导城市交通系统优化、缓解城市道路交通拥堵、提高交通系统服务质量的目的, 而交通网络交通分配的应用场景一体化是一体化技术平台的核心。

交通出行的不同阶段所产生的应用场景包括: 针对交通源头的交通需求生成, 需要开展城市形态、土地利用性质及开发强度、人口分布及密度等城市规划与设计类宏观干预策略下的交通网络交通流分析; 针对出行过程中的出行路径选择, 需要开展道路交通网络、地面公交网络、轨道交通网络、综合交通枢纽、停车系统建设等交通设施规划与设计类中观干预策略下的多模式交通网络交通流分析；针对交通末端的时空资源利用，需要开展交通信号控制、交通运行组织、交通应急处置、车辆通行管制等交通系统管理与控制类微观干预策略下的交通网络交通流分析。

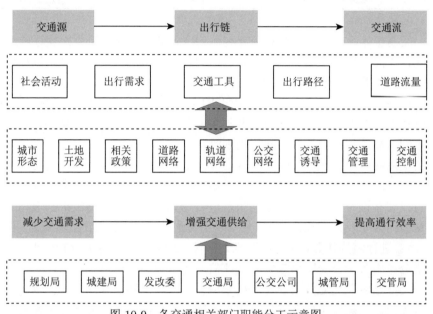

图 10-9　各交通相关部门职能分工示意图

"交运之星-TranStar"虚拟仿真平台基于交通网络交通分配方法的分析模型一体化与分析对象一体化，形成城市土地开发、交通网络建设、交通管理控制、公共交通系统、交通政策制定等应用场景一体化的网络交通流分析技术。

在一体化平台上进行交通分配时，不同的应用场景产生的影响不同，采用的分析环节也不同：城市土地开发改变用地的交通吸引力，影响小区交通需求量及OD 矩阵等；交通设施建设增加道路或改变道路属性，影响交通网络结构与通行能力；公共交通系统的建设及规划将影响交通网络结构及交通方式 OD 矩阵；而交通管理控制，通过管控手段改变交通源的产生和交通流分布状态，影响 OD 矩阵及交通阻抗函数；交通政策法规，通过政策及法律条文颁布改变交通源的产生及乘客对各交通方式的选择结果，影响交通需求量、交通方式 OD 矩阵以及交通阻抗函数。

基于"交运之星-TranStar"虚拟仿真平台的应用场景一体化技术，可以实现城市交通问题解决方案的跨部门协同：规划部门、城建部门和发改委等可以优化土地利用性质和城市人口分布，控制出行需求，在宏观层面提高交通系统性能；交通部门、公交公司等可以规划设计基础设施项目,如多模式交通网络、停车场、综合交通枢纽规划等,改善交通供给条件;交通管理、城市管理等部门可以优化交通信号和交通运行组织,进行交通应急处置,提高交通系统的运行效率。

10.3 面向业务策略的交通网络运行状态分析技术

"交运之星-TranStar"虚拟仿真平台进行交通网络运行分析的总体流程是统一的,但不同的应用场景,交通网络运行分析在细节处理上会有所不同,如不同的应用场景会对交通小区划分、OD 矩阵、网络结构、交通管理信息等多个环节有不同的要求。结合各部门对交通问题解决方案的业务需求,面向城市土地开发、交通网络建设、交通管理控制、公共交通系统和交通政策制定 5 个应用场景,开展具体业务策略综述,并以典型业务策略为例,介绍交通网络运行状态分析技术的实现流程。

特别说明,本节介绍的分析技术实现流程着重阐明技术原理以及核心分析模块间的逻辑衔接关系。尽管城市交通系统交通运行特征分析的技术流程非常复杂,但"交运之星-TranStar"虚拟仿真平台已经设计了"一键式"方案分析流程技术,只要在平台上选择所需要分析的策略模板 (应用场景),通过简单的人机交互"个性化方案输入"(详见第 12 章),之后整个分析过程由平台的"一键式方案分析"自动完成 (详见第 13 章),非常简便。

10.3.1 城市土地开发业务策略的分析技术

1. 业务策略综述

城市土地开发业务策略主要包含城市空间拓展、城市形态调整、城市人口规模调整、人口空间分布调整、城市土地利用性质调整、土地开发强度调整等应用场景。

从影响交通网络运行状态分析的具体环节来看:城市空间拓展与城市形态调整的业务策略均会影响到交通小区的划分,前者通常需要新增交通小区,后者除了交通小区的新增或删减,还会涉及原交通小区的合并[8]或拆分,交通小区划分的调整同时还会伴随空间拓展区域或形态调整区域的道路网络结构变化,从源头上影响运行分析所需的 OD 矩阵结构和道路网络基础信息;城市人口规模调整的业务策略需要对应调整交通小区人口数,进而影响交通需求量预测结果,分析所用的 OD 矩阵数据也会相应变化,而城市人口空间分布调整可能涉及多个交通小区,影响交通需求量和分布,从根源上影响运行分析所需的交通需求数据;城市土地利用性质与开发强度调整的业务策略通常会伴随一定的人口规模与空间分布调整,对交通需求的生成和分布预测模型中相关参数取值产生影响,也从根源上影响运行分析所需的交通需求数据。

通过以上分析可以看出，城市土地开发业务策略主要通过影响交通需求预测的相关环节，得到特定业务策略下的分方式 OD 矩阵，即图 10-4 中从"应用场景"到"OD 矩阵"的分析过程。

2. 分析技术实现流程

对于城市土地开发这一类应用场景，以某一交通小区人口规模调整的业务策略为例，介绍具体的分析技术实现流程，见图 10-10，图中深色模块为业务策略影响的交通流分析关键环节。

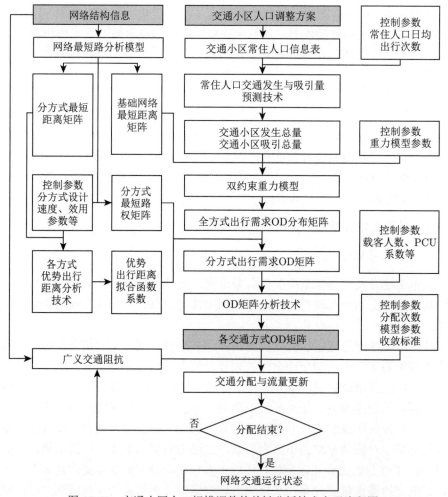

图 10-10　交通小区人口规模调整的关键分析技术实现流程图

首先需要确定涉及人口规模调整的交通小区编号，进而对应调整交通小区常住人口信息表；结合控制参数文件中基于常住人口的日均出行次数数据，利用常住人口交通发生与吸引量预测技术，得到交通小区发生总量和吸引总量，并平衡发生量与吸引量；结合重力模型参数值，将依据交通网络基础信息获得的交通网络最短距离矩阵和交通小区发生量、吸引量代入双约束重力模型，得到全方式出行需求 OD 分布矩阵；同时将通过各方式优势出行距离分析技术[9-11]得到的优势出行距离拟合函数系数、分方式最短路权矩阵代入基于出行距离的出行方式选择预测模块，得到分方式出行需求 OD 矩阵；结合时段系数、载客人数、PCU 系数等控制参数，利用 OD 矩阵分析技术得到用于交通分配的各方式 OD 矩阵，包括步行、自行车、私家车、摩托车、公交车、出租车等多种出行方式；基于业务策略下的各交通方式 OD 矩阵，结合网络结构信息、广义交通阻抗信息和分配模型相关控制参数信息，进行交通分配与流量更新，直至分配结束即可得到某一交通小区人口规模调整后的网络交通运行状态。

10.3.2 交通网络建设业务策略的分析技术

1. 业务策略综述

城市交通基础设施规划建设业务策略主要包含：城市道路网络规划设计，快速道路网络规划设计，慢行交通系统规划设计，城市道路、桥梁、隧道等新建或改扩建，交通枢纽、交叉口改建等应用场景。

从影响交通网络运行状态分析的具体环节来看，城市道路网络规划设计的业务策略涉及交通网络基础信息更新，即依据具体的道路网络规划方案对交通网络结构基础数据库的所有内容进行构建 (新规划方案) 或更新 (规划方案完善)，包括组成道路网络的交叉口与路段的几何要素信息和所属类型、道路网络邻接关系信息，还会涉及交通小区与网络节点的对照关系更新，不同的道路网络规划方案，用于交通运行状态分析的网络结构不同；快速道路网络规划设计可能会涉及对原有道路进行升级改造或新建快速道路，改造部分需要更新原路段的等级及几何信息，通常还会伴随沿线交叉口的类型与几何信息调整，新建道路需要在原有道路网络结构中增加对应节点及路段信息，并完善对应的邻接关系；慢行交通系统规划设计包括人行道和非机动车道，其中人行道在一般的城市道路两侧均有铺设，而城市高架道路一般默认不允许行人和非机动车进入，部分城市隧道、桥梁也不允许步行和非机动车通行，对规划方案进行分析前，需要在道路允许出行方式中对应调整慢行交通的通行权限。此外，非机动车专用道规划设计可能涉及道路拓宽及断面形式调整，如拓宽非机动车专用道或增加机非分隔设置，此时涉及对路段几何信息进行调整，由于通行权和道路几何信息发生变化，阻抗计算所需相应变量也会对应调整；城市道路、桥梁、隧道等新建过程同样涉及道路网络结构变化，进而影响交通运行分析所用的基本网络结构，改扩建过程同样需要对道路的几何信息进行调整, 进而影响路段阻抗计算参数; 交通枢纽、交叉口改建包括调整节点的控制类型与节点几何信息, 如对原有交通枢纽增加地铁接入, 需要在交通分析网络内增加地铁站点至交通枢纽的步行连接线[12], 如对交叉口进口道进行拓宽、增加导流岛、内部渠化调整、控制类型变更 (如环岛拆除、增设信控装置) 等, 需要对节点的几何信息与类型进行调整, 这些调整通过参数传递影响交叉口延误计算过程。

通过以上分析可以看出, 交通网络建设业务策略主要通过影响交通网络结构相关的设置, 得到特定业务策略下的网络基础信息, 即图 10-4 中从 "应用场景" 到 "网络基础信息" 的分析过程, 网络结构的不同还会通过影响 "广义交通阻抗" 计算环节的关键参数, 进而影响交通网络中路段和交叉口的交通负荷、路段平均车速、交叉口延误与排队等运行状态指标。

2. 分析技术实现流程

对于交通网络建设这一类应用场景, 分别以新建道路和交叉口改建的业务策略为例, 介绍具体的分析技术实现流程, 如图 10-11 和图 10-12 所示, 图中深色模块为业务策略影响的交通流分析关键环节。

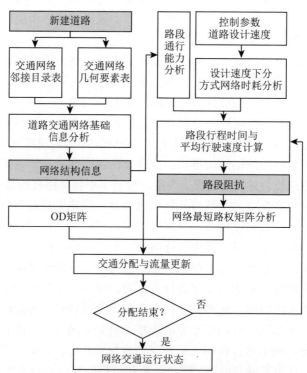

图 10-11　新建道路的关键分析技术实现流程图

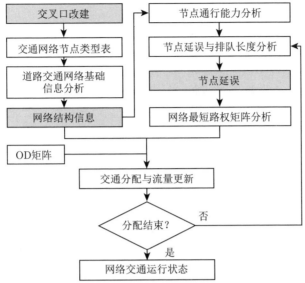

图 10-12　交叉口改建的关键分析技术实现流程图

　　新建道路需要在交通网络内确定新建路段的起始节点和终止节点，这两节点的邻接关系发生变化，需要更新交通网络邻接目录表；新建道路的路段几何属性需要加载到分析网络内，包括路段等级、长度、机动车道数、车道宽度、机非分隔方式等信息，对应更新交通网络要素表；通过道路交通网络基础信息分析技术，得到用于交通阻抗分析和交通分配的网络结构信息；依据路段几何属性开展路段通行能力分析，结合各等级道路的设计速度参数进一步分析设计速度下分方式网络时耗，即自由流下各出行方式在路段的行程时间，进而为路段行程时间与平均行驶速度计算提供必要的输入数据；根据流量负荷情况即可计算路段阻抗，结合广义交通阻抗计算结果分析网络最短路权矩阵，并将分方式 OD 矩阵依据分配模型加载到交通网络内，进行网络流量更新；在下一次迭代分配中依据更新后的网络流量进行路段行程时间与平均行驶速度计算，依次执行后续流程，直至迭代结束，即得到新建道路后的网络交通运行状态。

　　交叉口改建方案，如将主路优先交叉口改建为信号控制交叉口，首先需要调整改建交叉口对应节点的类型信息，通过道路交通网络基础信息分析得到更新后的网络结构信息；节点通行能力分析模块及节点延误与排队长度分析模块内，不同类型的交叉口具有不同的通行能力和延误与排队计算模型，具体参见第 2 章；将所得节点延误累计至广义交通阻抗计算结果并分析网络最短路权矩阵，迭代分配中根据更新后的网络流量进行节点延误与排队长度分析，直至迭代结束，即得到交叉口改建后的网络交通运行状态。

10.3.3　交通管理控制业务策略的分析技术

1. 业务策略综述

交通管理控制业务策略主要包含：道路半封闭或全封闭管理、路段分车种禁行管理、桥梁与隧道收费管理、城市单向交通组织、城市公交专用道网络组织、城市道路路侧停车管理、城市交通绿波设置、交叉口转向禁止管理、局部区域微循环组织等应用场景。

从影响交通网络运行状态分析的具体环节来看：道路半封闭管理需要通过减少路段的可通行车道数加载管理方案，此时路段的几何信息发生改变，进而改变路段阻抗计算所需的通行能力；道路全封闭管理无法通过减少车道数实现方案加载，需要将路段允许出行方式置空，在交通运行分析之时，所有出行方式在该路段处的阻抗对应调整为无穷大；路段分车种禁行方案需要在路段允许出行方式中剔除被禁行的车种，对应阻抗计算时，禁行车种在该路段的阻抗需要调整为无穷大；桥梁与隧道收费管理涉及的是出行费用这一附加阻抗，通过调整桥梁或隧道路段管理信息中的费用参数，改变广义交通阻抗的计算参数；城市单向交通组织涉及将原有双向通行路段改为单向通行，需要在交通网络结构中对应调整单向路段的车道数等几何信息，同时删除交通网络结构中的对向路段，阻抗计算时通行方向的通行能力相应增加，对于允许公交车双向通行的单向交通管理方案，可将对向路段的几何信息设置为仅有公交专用道，允许出行方式仅保留慢行交通和公交车，路段阻抗计算环节会根据调整后的道路网络基础信息及交通管理信息开展交通运行分析；城市公交专用道网络组织是在现有道路网络结构的基础上，调整车道管理信息，即将原有的 1~2 条机动车车道改为公交专用道，车道数量和属性的变化会改变路段阻抗计算所需的通行能力，修改后的交通管理信息将作为输入参数影响广义交通阻抗计算环节；城市道路路侧停车管理主要涉及路侧停车管理的强度和路侧停车的规范性，不同的路侧停车情况对路段通行能力的修正效果不同，进而影响交通运行分析过程的广义交通阻抗计算环节；城市交通绿波设置针对的是信号控制类型的交叉口管理方案，道路绿波控制和公交绿波控制等不同的控制方案对于交叉口延误计算的影响不同，进而影响交通运行分析过程的广义交通阻抗计算环节；交叉口转向禁止管理涉及交叉口转向车道组的通行能力分析，禁止转向管制的转向车道组对应的交叉口转向延误相当于无穷大，则进行广义阻抗计算时，涉及该转向的路径阻抗也为无穷大，同样影响交通运行分析过程的广义交通阻抗计算环节。

通过以上分析可以看出，交通管理控制业务策略主要通过影响交通管理与控制相关的信息设置，得到特定业务策略下的网络管理信息，进一步输入广义交通阻抗计算环节，即图 10-4 中从"应用场景"到"网络管理信息"再到"广义交通阻抗"的分析过程，进而影响交通网络运行状态。

2. 分析技术实现流程

以包含单向交通组织 (公交车双向通行)、路段停车管理和交叉口转向禁止管理的城市交通网络局部微循环组织为例，开展交通管理控制业务策略下交通运行状态分析的技术实现流程介绍，具体的实现流程见图 10-13，图中深色模块为业务策略影响的交通流分析关键环节。

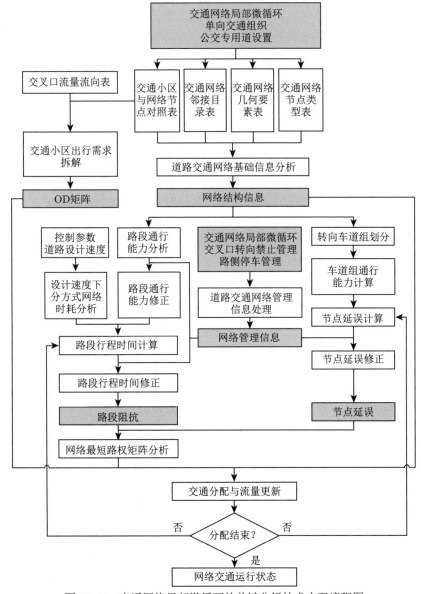

图 10-13　交通网络局部微循环的关键分析技术实现流程图

交通网络局部微循环运行状态分析需要划定分析范围覆盖的道路网络结构，并据此更新运行分析所需的交通网络邻接目录表、交通网络几何要素表和交通网络节点类型表；在分析范围内以重要交通量出入口为依据重新细化交通小区，更新交通小区与网络节点对照表，并依据已有的交叉口流量流向信息完成交通小区出行需求拆解，得到用于交通运行分析的 OD 矩阵；将微循环路网内的交通管理控制方案加载到交通网络结构内，其中单向交通组织（公交车双向通行）通过调整对应路段的单向车道数实现，如对原双向 2 车道道路进行单向交通设置时，将对向车道的公交车专用道数量设为 1 即可，对向车道的起始节点需要转向禁止管理以阻止非公交车辆进入；加载局部微循环交通管理方案后，分别通过道路交通网络基础信息分析和道路交通网络管理信息处理得到网络结构信息和网络管理信息；利用网络管理信息对广义交通阻抗计算的变量进行修正，具体为根据单向交通组织、公交专用道路设置后的网络结构信息得到路段通行能力，结合路侧停车管理，考虑停车规范对通行能力的影响，完成路段通行能力修正，结合自由流时耗与路段阻抗计算函数进行路段行程时间计算，单向交通设置的对向路段不允许非公交车辆通行，需将非公交车辆在这些路段的行程时间修正为无穷大，即得到用于交通分配的路段阻抗；节点通行能力计算时考虑转向车道组划分，进而计算节点处各转向的延误，非公交车辆交通阻抗分析时需考虑节点转向禁止信息，对被禁止的转向延误进行无穷大修正，即得到用于交通分配的节点延误；依据各出行方式的路段阻抗与节点延误组成的广义交通阻抗（本例不涉及附加阻抗）分别开展分方式网络最短路权矩阵分析、交通分配与流量更新，并依据更新后的流量信息进行迭代分配的路段行程时间与节点延误计算，直至迭代结束，即得到交通网络局部微循环交通管理方案下的网络交通运行状态。

10.3.4　公共交通系统业务策略的分析技术

公共交通系统业务策略主要包含：城市地面公交网络与轨道交通网络规划、城市公交网络客流分布预测、公交优先策略、新增或停运公交线路、公交线路延伸或缩短、线路走向优化调整、车辆调度与运力配置优化、公交票价调整等应用场景。

从影响交通网络运行状态分析的具体环节来看：城市地面公交网络规划通常是在已有道路网络上进行地面公交线网规划，需要构建地面公交网络，依据对应的公共交通基础信息开展公交客流在地面公交网络的分布特征分析，涉及公交车辆的运行状态分析时，在交通阻抗计算环节需根据公交网络与道路网络的映射关系及公交专用道布设情况，对路段通行能力进行修正，而轨道交通通常具有专有路权，需构建轨道交通网络开展运行状态分析；城市公交网络客流分布预测需要基于地面公交网络与轨道交通网络对公交客流 OD 矩阵进行分配；公交优先业务策略包括设置公交专用道、公交信号优先控制等，主要影响广义交通阻抗计算环节的路段阻抗及交叉口延误；新增或停运公交线路、公交线路延伸或缩短和线路走向优化调整分析主要涉及公交网络中线路站点信息、线路走向信息、网络换乘信息的对应调整，车辆调度与运力配置优化主要涉及公交网络中线路配车信息的调整，公交票价调整则涉及线路票价信息的调整，依据更新后的公共交通基础信息进行特定业务策略下的交通网络运行状态分析。

通过以上分析可以看出，公共交通系统业务策略主要通过影响公交网络相关的基础信息设置，得到特定业务策略下的公共交通基础信息，作为公共交通运行状态分析模块的输入数据影响公共交通运行特征，具体的公共交通运行特征分析技术将在第 11 章详细介绍。

10.3.5 交通政策制定业务策略的分析技术

1. 业务策略综述

交通政策制定业务策略主要包含：交通拥堵收费、机动车尾号限行、货车禁行政策、摩托车禁行政策、差异化停车收费、小客车限购政策、错时上下班制度等交通政策决策支持分析。

从影响交通网络运行状态分析的具体环节来看：区域性交通拥堵收费政策作为一种交通需求管理的经济杠杆策略，通过收费区域、收费车型、收费时段、收费费率等设置，给特定车型在特定时段通过特定区域时增加一定的附加阻抗，进而影响出行需求的广义出行成本。出行者为了以尽可能小的广义出行成本完成出行目的，会通过调整出行目的地、改变出行时间或选择替代出行方式等手段应对交通拥堵收费政策[13]，因此该政策会影响出行需求预测结果及分方式 OD 矩阵。区域性机动车尾号限行政策是一种通过总量控制实现缓解交通拥堵或控制尾气污染目的的交通需求管理手段，通过限制部分车牌尾号的特定车种在划定管制区域内规定时段的通行权 (即交通分配时所对应的受限 OD 矩阵在管制区域的交通阻抗为无穷大)，使得受限的出行需求调整出行时间或选择替代出行方式实现出行目的 (不受限的出行需求不受影响)，从而控制管制区域规定时段内的交通网络总承载量，因此该政策下的交通网络运行分析需要将受限车型的 OD 矩阵拆分为不受限尾号和受限尾号两部分进行分析，受限尾号的 OD 矩阵一方面需要进行出行需求向替代方式的转移分析，另一方面需要将管制路段阻抗设为无穷大 (不考虑受限车辆违章出行)，不受限尾号的 OD 矩阵分析流程保持不变[14]。区域货车及摩托车禁行政策在交通运行分析过程中可看作 100% 的尾号限行，需要 OD 矩阵修正和交通阻抗调整；仅针对个别瓶颈路段设置的拥堵收费、机动车尾号限行或车种禁行策略，通常只涉及出行路径中对应路段的交通阻抗调整，影响出行路径选择环节，无须额外考虑 OD 矩阵修正。差异化停车收费也是一种交通需求管理的经济杠杆策略,通过停车费率的差异化设置调节不同 OD 点对的附加阻抗,进而影响广义出行成本,以期优化出行分布和出行结构,因此该政策下的交通运行分析需要进行出行需求预测及 OD 矩阵修正。小客车限购政策通过控制小客车保有量对交通网络内最大潜在小客车出行量进行管制,与优先发展公交策略相结合,可以优化城市出行结构,该政策是影响交通需求预测中方式划分环节的一个外部因素。错时上下班制度通过调整不同工作单位的上下班时间,将高峰时段通勤出行需求从时间上适度分散,以减弱高峰出行强度,提高道路资源的整体利用率,该政策对交通运行的影响分析主要涉及对出行需求依据错峰方案进行调整,得到用于交通运行态势推演的 OD 矩阵,结合动态交通分配流程实现网络运行状态预测分析[15]。

通过以上分析可以看出,交通政策制定业务策略主要作为一种外部因素影响交通运行分析的需求预测、OD 矩阵修正、交通阻抗调整、交通分配流程等各个环节,多数涉及管制区域的政策需要考虑 OD 矩阵修正,涉及部分管制车型的政策需要对应调整交通阻抗,即图 10-4 中从"应用场景"到"OD 矩阵"再到"广义交通阻抗"的分析过程。

2. 分析技术实现流程

对于交通政策制定这一类应用场景,以短期实施的区域机动车尾号限行业务策略为例介绍具体的分析技术实现流程[16],见图 10-14,图中深色模块为业务策略影响的交通流分析关键环节。

对于短期实施的区域机动车尾号限行政策,如大型活动 (赛事、会议等) 组织期间临时实施的限号管制,由于管制时间较短 (通常不足月余),认为出行需求总量保持稳定,无须额外进行出行需求预测,但部分出行方式受到限号管制,需要在受管制日期临时转移至替代出行方式完成出行目的,因此对短期区域尾号限行政策下的运行状态分析时,需要首先获取政策实施前的原始交通运行状态、原始 OD 矩阵和分析用的网络结构信息;根据区域尾号限行的具体方案,包括限号比例和限号管制区域边界,通过道路交通网络管理信息处理得到包含受管制交通小区编号及管制路段编号的网络管理信息;通过限号比例对原始 OD 矩阵进行拆分,将限号车型 OD 矩阵拆分为受限尾号和不受限尾号两部分;依据原始交通运行状态进行路段行程时间计算,并依据网络管理信息将受限尾号车辆在限号区域内的路段行程时间修正为无穷大,分别依据不受限尾号和受限尾号车辆的路段行程时间进行分方式、分尾号网络最短路权矩阵分析;将受限尾号和不受限尾号的最短路权进行对比,得到受限尾号车辆的绕行率,结合绕行率和边界转移率参数,代入受限尾号出行需求临时转移至替代出行方式的转移率模型[14],可得到受限尾号部分 OD 矩阵的每个 OD 对交通量转移至各替代出行方式的比例;利用转移率和拆分后的 OD 矩阵进行各 OD 矩阵需求量转移计算，得到尾号限行政策下修正后的 OD 矩阵；结合阻抗计算进行交通分配与流量更新过程，其中分配受限尾号车辆 OD 矩阵时，需要在计算交通阻抗时对尾号限行管制路段的行程时间进行无穷大修正，分配结束即可得到短期区域尾号限行政策下的交通网络运行状态。

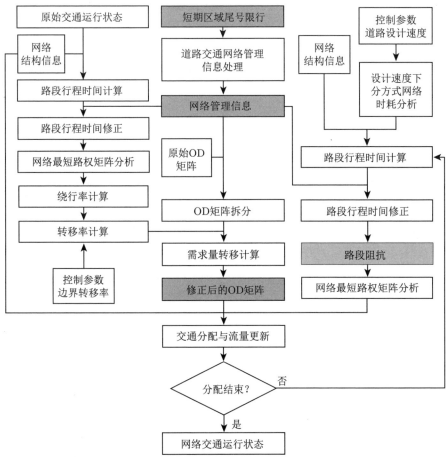

图 10-14　短期区域尾号限行的关键分析技术实现流程图

10.4　城市交通网络交通运行指标分析与评估技术

交通运行特征分析能够提升城市交通系统不同业务策略制定的科学性与有效性，而交通运行评估技术则是该特征分析中的重要环节。交通运行评估技术是基于城市交通系统仿真平台提供的交通网络交通运行基础信息，以城市交通系统综合评价体系及模型为抓手，通过多角度分析交通系统运行指标，借助模糊综合评价等方法，实现城市交通网络运行系统性、综合性评估的技术，为城市交通规划建设、运营管理、政策制定及其他相关部门的决策提供有力支撑。"交运之星-TranStar"虚拟仿真平台的评估技术框架见图 10-15。

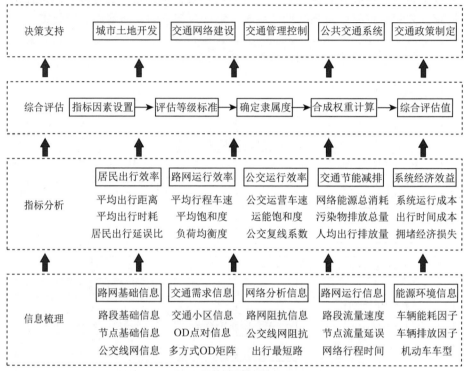

图 10-15　交通网络运行指标与评估技术框架

　　"交运之星-TranStar"虚拟仿真平台在运行过程中会产生大量的重要基础信息，对该部分信息进行系统梳理是评估交通网络运行质量的必要前提。仿真平台构建及运行过程中产生的重要信息主要包括路网基础信息、交通需求信息、网络分析信息、路网运行信息及能源环境信息等。路网基础信息指的是构建仿真平台过程中产生的有关路段、节点及公交线网等方面的基础信息。交通需求信息包含仿真平台中的交通小区信息、OD 点对信息以及多方式 OD 矩阵等信息。网络分析信息是基于路网基础信息及交通需求信息，通过对路网阻抗及公交线网阻抗等的计算，对网络中最短路出行距离及出行时耗等进行分析所产生的信息。路网运行信息指的是仿真平台运行过程中产生的有关路段、节点及网络出行等方面的运行信息，包括路段与节点流量、路段运行速度、网络行程时间、交叉口平均延误等。能源环境信息是仿真平台中计算城市交通系统能源消耗及污染物排放量的基础信息，主要包括各机动车车型在不同运行工况条件下的能源消耗因子及各污染物的排放因子。

　　基于城市交通系统综合评价体系及模型,对相应指标进行全方位、多角度的计算及分析是评估交通网络运行质量的有力抓手。不同城市所处的发展阶段、城市规模等客观因素存在较大差别,导致其交通发展水平也不尽相同。因此,明确不同城市分级标准是进行城市交通网络交通运行指标分析与综合评估的前提,进而可根据城市分级标准确定交通系统运行评估的范围。城市交通系统的评价指标分析是以各类现行的行业标准及规范为依据,综合考虑不同类型城市的地形空间、人口规模及交通供需条件等特点,因地制宜地划分具体评估等级,对包含居民出行效率、路网运行效率、公交运行效率、交通节能减排及系统经济效益 5 个准则层面的指标进行评估分析。居民出行效率层面分析具体包含对居民平均出行距离与时耗、第 95 百分位出行距离与时耗、居民出行延误比等指标的分析。路网运行效率层面分析主要包括对路网平均行程车速、道路网络干道拥堵率、道路网络交叉口拥堵率、路段及节点平均饱和度、路段及节点负荷均衡度等指标的分析。公交运行效率层面分析主要包括对公交运营车速、公交运能饱和度、公交复线系数、公共交通分担率、300m/500m 公交覆盖率等指标的分析。交通节能减排层面分析主要包括对全网络能源消耗总量、路网污染物 (一氧化碳、$PM_{2.5}$ 等) 排放量、机动车污染物人均出行排放量、单位客运周转率能耗等指标的分析。系统经济效益层面分析主要包括对居民出行时间成本、交通系统运营成本、居民平均广义出行成本、交通拥堵直接经济损失、车均运营成本等指标的分析。

　　城市交通网络运行评估由居民出行效率、路网运行效率、公交运行效率、交通节能减排及系统经济效益 5 个重要模块组成,各个模块之间相互联系、相互影响,多角度的评价指标共同组成一个不可分割的评价体系。对于面向不同业务策略的交通运行评估而言,各个模块中的指标重要程度有所差别,甚至在表征系统优劣程度上存在一定的偏差。因此,需要在综合评估交通网络运行过程中引入权重的概念,以反映不同业务场景下对各指标的重视程度、各指标属性值之间的差异以及各指标的可靠程度。对于这样一个综合性评价体系来说,并不是每一项指标都能够被明确量化的分级评估,许多评估因素具有模糊性。在对现有主要综合评价指标赋权方法进行全面归纳总结的基础上,推荐采用模糊综合评价方法来对交通网络运行进行评估。

　　模糊综合评价方法以模糊数学为基础,引入隶属度函数的概念,将不可明确分级评价的指标对象定量化表达,以向量的形式表征评语集在某一论域上的子集,实现对复杂系统的综合评价。该评价方法主要包含指标因素设置、评估等级标准、确定指标隶属度、合成权重计算及综合评估值计算 5 个步骤。首先,以城市交通系统评价体系的准则及指标为基础,设置评价因素集及对应子集,各个因素子集包含若干个因素。其次,根据具体城市设定的指标评价等级设置评语集,评语集采用百分制评分标准,将评价按评分均分为五个等级,详细指标的划分等级见第 6

章。对于有无明确评价标准的指标分别采用不同的方法确定其隶属度，通过层次分析法计算各个准则层包含指标的合成权重，最终计算出综合评估值，具体流程见图 10-16。

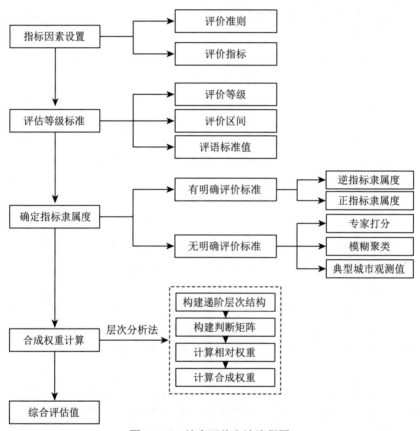

图 10-16　综合评估方法流程图

　　"交运之星-TranStar" 虚拟仿真平台提供了 5 种应用场景下面向业务策略的交通网络运行状态分析技术。在不同应用场景下，城市各部门业务策略的目标及手段各有侧重，根据业务策略适用空间范围可分为宏观、中观与微观 3 个层次，根据策略持续及影响时间可分为远期、中期与近期 3 个阶段。不同业务策略对城市交通网络运行的时空影响范围差距较大，主要体现在居民出行效率、网络运行效率、公交运行效率、交通节能减排及系统经济效益 5 个方面，需要根据各个业务策略的技术方法及特性对其进行综合评估。

10.5 本 章 小 结

　　本章所述城市虚拟系统交通运行特征分析技术为后续面向业务策略的人机交互技术和一键式交通仿真流程设计技术提供开发逻辑支撑。首先介绍城市交通运行特征分析的基本内容，然后对网络交通流分析所需的数据进行梳理，在此基础上从分配模型、分配对象和分配场景 3 个维度详细介绍基于交通分配一体化模型的交通流分析技术，进一步梳理面向业务策略的交通网络运行分析技术并举例说明具体实现流程，最后介绍城市交通网络交通运行指标分析与评估技术。尽管城市虚拟系统交通运行特征分析的技术流程非常复杂，但"交运之星–TranStar"虚拟仿真平台已设计"一键式"分析流程技术，只要在平台的"应用场景模块"选择所需要分析的策略，通过简单的人机交互输入方案，整个分析过程由平台自动完成，操作非常简便。

参 考 文 献

[1] 王炜, 王建, 华雪东, 等. 基于网络交通分配方法族谱的交通分配一体化技术与工程应用 [J]. 交通运输系统工程与信息, 2021, 21(5): 30-39.

[2] Wang W, Wang J, Zhao D, et al. A revised logit model for stochastic traffic assignment with a relatively stable dispersion parameter[J]. IEEE Intelligent Transportation Systems Magazine, 2021, 14(2): 92-104.

[3] 王炜, 魏雪延, 梁鸣璋, 等. 一种尾号限行条件下的交通分配修正方法: 中国, ZL2017103066216[P]. 2020-02-14.

[4] 辛泽昊. 面向交通网络分配的交叉口延误模型研究 [D]. 南京: 东南大学, 2018.

[5] 阙方洁. 交通管理措施影响下的城市道路路段通行能力与行驶时间研究 [D]. 南京: 东南大学, 2018.

[6] 王炜, 梁鸣璋, 魏雪延, 等. 考虑综合交通管理措施的城市道路网络广义路权计算方法: 中国, ZL2017103466929[P]. 2020-02-18.

[7] 王炜, 魏雪延, 卢慕洁, 等. 一种城市交通管理与控制策略可视量化测试方法: 中国, ZL2017103466929[P]. 2020-02-18.

[8] 王炜, 王玉杰, 杨洋, 等. 一种基于道路网络封闭地块合并交通子区的快速实现方法: 中国, ZL2020105775420[P]. 2020-10-27.

[9] 丁剑. 基于优势出行距离的方式分担率模型及软件实现 [D]. 南京: 东南大学, 2017.

[10] 王炜, 范琪, 华雪东, 等. 基于广义出行费用的交通方式优势出行距离的量化方法: 中国, ZL2017111201972[P]. 2021-08-24.

[11] 范琪, 王炜, 华雪东, 等. 基于广义出行费用的城市综合交通方式优势出行距离研究 [J]. 交通运输系统工程与信息, 2018, 18(4): 25-31.

[12] 王炜, 李欣然, 卢慕洁, 等. 一种考虑步行衔接的轨道交通出行方式时间最短路计算方法: 中国, ZL2019105409900[P]. 2019-10-11.

[13] 罗天铭. 拥堵收费对城市交通影响的仿真模型与效果评估方法 [D]. 南京: 东南大学, 2018.

[14] Wei X, Wang W, Yu W, et al. A stochastic user equilibrium model under traffic rationing based on mode shifting rate[J]. Sustainability, 2020, 12(13): 5433.

[15] 王炜, 戴随喜, 陈坦, 等. 一种基于逆向交通分配的错峰出行政策评价方法: 中国, ZL2019105009236[P]. 2019-10-25.

[16] 魏雪延. 城市机动车通行管理策略及其优化技术研究 [D]. 南京: 东南大学, 2020.

第 11 章　城市虚拟交通系统公共交通分析技术

公共交通对城市交通系统的绿色低碳与可持续发展起到引领和支撑作用，在解决交通拥堵与环境污染、提升城市运行效率等方面具有无可替代的优势。目前，我国城市建设处在从"粗放式"到"品质化"、从增量发展到存量更新的转型期，公共交通系统的规划建设与营运管理也需要从全局出发，在有限的资源，通过全面系统的布局规划和精准高效的运营管理，进一步提升公共交通的服务质量，发挥公共交通在城市交通发展中的主体作用。

针对上述需求，本章介绍"交运之星-TranStar"虚拟仿真平台采用的 3 种面向不同需求的公共交通系统客流分析方法，具体而言：11.1 节介绍城市公交系统愿望客流分析技术，该技术根据城市综合交通网络结构和系统运行状态分析公交乘客出行的期望路径与愿望客流分布，为城市公交通道布局、公交网络布局提供重要参考；11.2 节介绍城市公交系统网络客流分析技术，该技术根据具体的公交线路走向分析客流在公交网络中的分布情况，获取公交系统关键指标，为城市公交线网的规划、评估和改进提供基础数据；11.3 节介绍城市公交系统线路客流分析技术，该技术通过超级网络分析公交线路各断面及站点的客流信息，为精细化的公交线路设计和运营策略制定提供依据。

11.1　城市公交系统愿望客流分析技术

假设城市综合交通网络中有条件通行公交车辆的路段均存在公交服务，并且相应规划时段的交通网络运行状态已知，各交通区之间的出行者均能按其期望路径完成出行，则各小区的出行需求在网络中的分布被称为愿望客流分布。公交愿望客流不是实际客流，但它能够反映乘客出行路径选择的意愿，是城市公交通道布局、轨道交通线路布局的重要参考。本节对公交基础网络构建和愿望客流分析的关键技术进行说明，并结合"交运之星-TranStar"仿真平台介绍愿望客流的应用实例。

11.1.1　公交基础网构建

公交网络总体布局规划中通常认为城市快速路、主干路可设置快速公交线路；城市次干路、支路、城郊公路可设置普通公交线路；轨道交通途经路段多为全封闭专用路段 (如地铁、轻轨)，或拥有绝对路权的半封闭专用路段 (如有轨电车、BRT)，并通过步行连接线与其他等级道路连接[1]。我们把能够通行地面公交的道路、轨道交通线路及其步行连接线所形成的交通网络称为"公交基础网"。

　　在公交基础网中，各路段设计行程速度和设计运输能力均按照相应地面公交线路和轨道交通线路的等级及车辆配置情况进行设置。高速公路原则上不设置公交线路，步行连接线是轨道交通与其他交通方式的转换线，也需要进行设计行程速度和设计运输能力的设置。

11.1.2　公交基础网的愿望客流交通分配

　　1. 公交愿望客流阻抗分析

　　对于可通行公交线路的路段，假设其均能提供相应等级的公共交通服务，则各路段公交运行阻抗应综合考虑规划时段道路网络特征、交通运行状态和城市管控措施的影响。比如，路段公交运行阻抗应考虑规划时段道路基本特征及交通量的分布，对于社会车辆与公交车辆混行的路段，其阻抗计算应考虑社会车辆与公交车辆之间的相互影响；对于设置公交专用道的路段，其公交出行阻抗应小于机动车混行阻抗。具体阻抗计算方法可参见第 10 章所述相关内容。

　　2. 公交愿望客流分布分析

　　公交愿望客流分布分析根据各路段阻抗将公交出行 OD 矩阵分配到公交基础网的相应路段中，其中，公交出行 OD 矩阵可通过第 9 章 "城市交通需求 OD 矩阵分析技术" 获取。

　　在城市虚拟交通系统 "交运之星-TranStar" 仿真平台上，根据不同公交网络总体布局规划目的和前期设置条件，提供了 3 种公交愿望客流分布分析方法：不设公交运输能力限制、设置公交运输能力限制和考虑轨道交通线路的公交愿望客流分布分析。公交愿望客流分布分析的核心是交通分配技术，我们假设公交乘客的出行愿望是选择最短路线出行，因此可采用第 10 章所述的最短路型交通分配技术进行公交愿望客流的分布分析，具体思路为：

　　1) 不设运输能力限制的公交愿望客流分布分析

　　建议采用最短路交通分配方法。该愿望客流分布服务于城市公交走廊 (轨道交通线路、快速公交线路) 的布局规划。为了分析公交客流的主流向，应关闭支路及次干路的公交通行功能 (设置公交阻抗为足够大)，使公交愿望客流分布在主要道路上，以便确定城市公交走廊，为轨道交通线路、快速公交线路布局提供依据。根据上述公交运行阻抗，最短路交通分配算法依次将 OD 对的公交客流量全部加载到最短路径的各个路段上，并累加同一路段上的公交客流，直至所有 OD 对完成客流分配，得到不设运输能力限制的公交愿望客流分布结果。

　　2) 设置运输能力限制的公交愿望客流分布分析

　　建议采用最短路-增量加载交通分配方法。实际的公交基础网中，每个路段都有公交通行能力约束，当客流量很大时，通行时耗会增加，当初选择的最短路不一定还是最短路，因此，需要用最短路-增量加载交通分配方法来分析公交愿望客流分布，该客流分布可作为城市地面公交网络布局规划的依据。根据各路段公交运行阻抗及运输能力，最短路-增量加载交通分配算法将公交出行 OD 矩阵拆分成若干份，采用迭代方法分批加载拆分后的 OD 矩阵，并在每次迭代中更新路段阻抗，最终得到设置运输能力限制的公交愿望客流分布结果。

3) 考虑轨道交通线路的公交愿望客流分布分析

建议采用最短路-网络均衡交通分配方法。对于设有轨道交通线路的公交基础网，公交愿望客流分布应考虑多模式公交网络间的平衡。最短路-网络均衡交通分配方法综合考虑地面公交和轨道交通的运行阻抗，在每次迭代中将 OD 矩阵一次性加载至最短路径的各个路段上，之后更新路段阻抗，搜索达到均衡状态的最速下降方向和最优步长，并根据步长更新路段流量直至算法收敛，得到考虑轨道交通线路的公交愿望客流分布结果。

11.1.3 公交系统愿望客流分析应用实例

如图 11-1 所示，在 "交运之星-TranStar" 仿真平台中，通过 "方案"—"模拟仿真"—"公共交通分析" 中的模块配置，可采用不同方法对公交系统愿望客流分布进行分析。双击配置好的模型算法模块，系统会根据指定方法自动进行阻抗分析和客流分配，并在 "图形显示系统" 给出愿望客流分布结果。

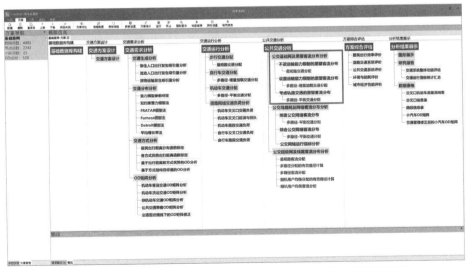

图 11-1 "交运之星-TranStar" 仿真平台中的公交愿望客流分析过程

图 11-2 给出了不同方法下的愿望客流分布结果，其中：图 11-2(a) 展示了城市综合交通网络结构及各路段道路等级；图 11-2(b) 为不设运输能力限制的最短路分配结果，愿望客流的分布集中在等级较高的城市道路中，为城市公交走廊识

别及快速公交线路的布局规划提供重要参考；图 11-2(c) 为设置运输能力限制的最短路-增量加载分配结果，愿望客流在公交基础网中的分布更加均匀，为公交网络的布局规划提供依据；图 11-2(d) 为考虑轨道交通的愿望客流分布结果，轨道交通吸引了大量公交客流，该结果为轨道交通影响下的地面公交协同布局规划提供基础。

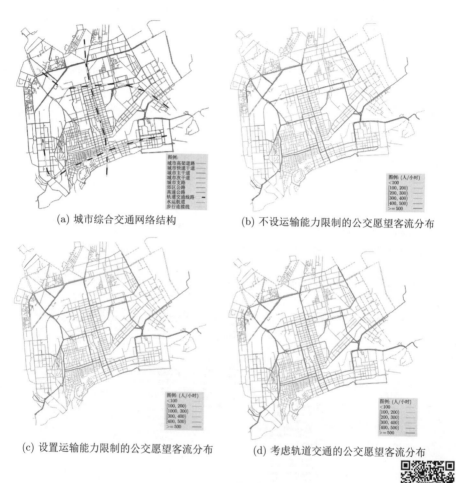

(a) 城市综合交通网络结构　　　　　　(b) 不设运输能力限制的公交愿望客流分布

(c) 设置运输能力限制的公交愿望客流分布　　(d) 考虑轨道交通的公交愿望客流分布

图 11-2　综合交通网络结构及公交愿望客流分布图

11.2　城市公交网络客流分析技术

公交网络客流分析面向城市公交网络布局规划，目的是在给定具体线路走向的公交网络中，获取客流的分布情况、出行成本及公交系统运营关键指标，以便对公交规划方案进行定量化评估。在城市级公交网络规划初期阶段，规划者更注重公交线路走向及网络整体布局的合理性，而不关心具体的站点布设和精细化的运营策略设计。因此，本节介绍一种简化的客流分布及公交系统关键指标分析技术，该技术可以在不考虑具体站点位置及站点客流信息的情况下，衡量公交线网空间结构与公交出行需求分布的契合程度，并对系统的性能进行定量化评估。

11.2.1 公交线路网构建

一般情况下，公交网络客流分布分析是通过将公交线路网络转换为超级网络进行交通分配来开展的，以获取每条公交线路的断面客流与每个站点的上下客流。一般情况下，大城市的道路网络节点通常为 5000~10 000 个，而相应的公交超级网络节点多达 10 万 ~20 万个。如南京市，道路网络交通节点 12 000 个左右 (含交叉口与交通流分流合流点)，公交线路 700 多条 (以单向线路计，含地面公交线路及轨道交通线路)，公交超级网络的节点超过 24 万个，基于公交超级网络的交通分配极其复杂，计算工作量巨大。

在公交线网规划与评估阶段，规划师只关注公交客流在整个交通网络上的分布，以分析公交网络的整体布局合理性及公交系统的供需平衡，不关心每条线路、每个站点的客流情况，因此，公交线网规划阶段的公交客流交通分配，没有必要基于公交超级网络，"交运之星–TranStar" 仿真平台提供一种简化的分析方法，直接基于 "公交线路网" 进行客流分配，具体如下：

公交线路网是综合交通网的子网络，包括地面公交线网和轨道交通线网。其中，地面公交线网由存在公交服务的道路路段构成，轨道交通网络独立于城市道路但通过步行连接线与城市道路相连。

公交线路网的路段包含以下信息：① 路段的起终点；② 途经该路段的公交线路 (地面公交线路或轨道交通线路)；③ 各线路的运营频率；④ 路段公交出行阻抗。对于地面公交网络，路段起终点为城市道路交叉口，并认为乘客可通过交叉口进入或离开公交线路网。路段运输能力为途经该路段的公交线路运能之和，线路运能为公交车辆额定载客量与运营频率的乘积；对于轨道交通网络，路段起终点为轨道交通站点，路段运输能力为所包含轨道线路的运能之和。

11.2.2 公交线路网客流分布分析技术

乘客从小区形心点出发，步行至存在公交服务的交叉口或轨道交通站点，并通过公交线路网完成公交出行，之后再步行至终点，形成完整的出行路径。在公交出行过程中，小区型心点与公交线路网之间的行程和公交线路间的异站换乘都可以通过满足步行条件的城市道路完成。公交网络客流分布分析的核心就是根据各路段的阻抗确定合理的出行路径，并将客流分配到不同的路径中。

1. 公交出行阻抗分析

高速公路原则上不设置公交线路且不满足步行条件，公交出行阻抗为无穷大；步行连接线亦不设置公交线路，其速度为步行速度；对于其他道路，若不设置公交线路且满足步行条件，其速度与步行速度一致，认为乘客可通过步行连接至公交线。

对于设置公交线路的城市快速干道或城市主干道，若道路设置公交专用道，则路段行程速度应考虑公交车辆的拥挤效应，若道路未设置公交专用道，则路段行程速度应综合考虑社会车辆和公交车辆的拥挤效应；对于未设置公交专用道的城市支路或郊区公路，路段行程速度应考虑社会车辆和公交车辆的拥挤效应。

在一定的规划时段内，公交线路网各路段运行的公交车数量为定值，社会车数量应综合考虑管控措施及综合交通系统运行状态，具体可由第 10 章的机动车道路网络交通分配技术获取。各路段行程速度依据美国联邦公路局模型 (BPR 函数) 根据路段车流量和通行能力计算。行程时间可根据行程速度和路段长度计算，并作为最终的公交出行阻抗。

2. 公交线路网客流分配分析

公交线路网客流分配技术根据各路段的公交出行阻抗和运输能力将各 OD 点对之间的公交出行需求分配至公交线路网。由于公交出行阻抗只考虑公交车辆在路段的行程时间，不考虑乘客的候车时间和车内拥挤，所以乘客数量并不会对阻抗产生影响。因此，可采用的客流分配方法包括：最短路-增量加载、多路径-增量加载、最短路-网络均衡、多路径-网络均衡等 [2,3]。具体原理可参见第 10 章。

上述公交线路网客流分配分析技术具有如下特点：① 能够反映客流在公交线路网络中的分布情况，但路段存在共线线路时，无法精确获取每条公交线路上的乘客量；② 路段阻抗基于车辆行程时间，没有考虑乘客等车时间和同站换乘对路径选择的影响；③ 能够反映乘客异站换乘的行程距离，但无法获取准确的乘客等车时间和换乘次数。

然而，该技术的数据要求和计算复杂度较低，在城市公交系统规划初期阶段具有很强的实用性，可在具体站点位置及运营信息暂不明确的情况下，根据公交线路网的结构快速获得客流分布结果，并对公交系统的整体性能进行评估，从而为公交主管部门和公交企业的方案制订提供理论依据与改进方向。

11.2.3 公交线路网客流分析应用实例

在"交运之星-TranStar"仿真平台中，可通过"图形编辑系统"在综合交通网中添加公交线路，并对公交线路的基本信息进行编辑，编辑内容包括：公交类型、配车数、发车间隔 (频率)、公交车当量系数、容量、设计速度及线路名称，如图 11-3 所示。

图 11-3　图形编辑系统中的公交线路走向及基本信息设置

如图 11-4 所示，在公交线路网构建完成之后，可通过"公共交通分析"模块中的模型算法实现客流分布分析。并可通过"图形显示系统"查看公交线网结构和客流分布情况，如图 11-5 所示。

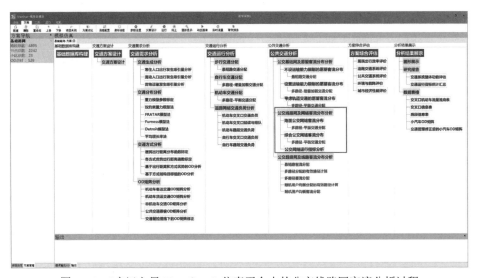

图 11-4　"交运之星-TranStar"仿真平台中的公交线路网客流分析过程

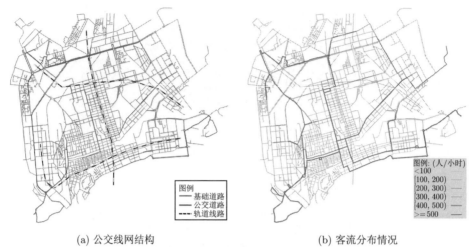

<table>
<tr><td>图例</td></tr>
<tr><td>—— 基础道路</td></tr>
<tr><td>—— 公交道路</td></tr>
<tr><td>---- 轨道线路</td></tr>
</table>

图例: (人/小时)
<100
[100, 200)
[200, 300) ——
[300, 400) ——
[400, 500) ——
>=500

(a) 公交线网结构　　　　　　　　　　　　(b) 客流分布情况

图 11-5　图形显示系统中的公交线路网结构和客流分布情况

　　除此之外，"交运之星-TranStar"仿真平台可根据公交线路走向分析公交线路网的协调性和分布均衡性，并提供衡量公交线网水平的关键指标，主要包括非直线系数、线路重复率、复线系数及线网密度[1,4]。

　　(1) 非直线系数：线路首末站之间的线路实际长度与空间直线距离的比值。该指标主要用于评价线路的绕行情况，同时也可间接反映企业运营成本和乘客出行时耗。

　　(2) 线路重复率：找到与目标公交线路重合线段最长的公交线路，重合线段长度与目标公交线路长度的比值为线路重复率。线路重复率应适中，如果过大则会导致重复路段交通拥堵等问题。

　　(3) 复线系数：同一个道路路段上通行的公交线路条数，复线系数能够反映公交线路分布的均匀性。

　　(4) 线网密度：包括公交线网密度与公交运营线网密度两种类型，单位均为 km/km^2。公交线网密度被定义为有公交线路经过的道路中心线长度与有公交服务的城市用地总面积之比，线网密度用以衡量居民接近公交线路的程度。公交运营线网密度被定义为公交运营线路总长度与有公交服务的城市用地面积之比，运营线网密度考虑了公交线网复线与重叠的情况。

11.3　城市公交线路客流分析技术

　　与面向规划的公交线路网客流分析不同，面向公交线路精细化设计的客流分布分析需要将公交线路网转换成超级网络，通过虚拟节点和虚拟弧段描述乘客在等车、换乘、车内行程时间及票价等出行成本影响下的路径选择行为，获取地面公交或轨道交通线路各断面与站点的客流信息，以便对公交线路的运营效果进行评估和优化。基于此，本节介绍公交超级网络构建技术、基于超级网络的公交客流分析技术以及"交运之星-TranStar"仿真平台公交线路客流分析的实际应用。

11.3.1　公交超级网络构建技术

超级网络 (super network) 是一种超于现存网络的虚拟网络，具有多层、多级、多属性、流量多维性等特征，能够很好地表征各子网络之间的相互作用关系和影响机理。城市公交超级网络是一个由多层子网络集成的网络模型，通过添加虚拟节点和虚拟路段来表征不同公交模式子网络间的换乘关系。其中，常规公交和快速公交子网络依托于城市道路网络，轨道交通子网络独立于道路网络但通过轨道交通站点和步行连接线与道路网络相连。因此，可基于图论建模思想构建不同公交方式子网络，并以换乘站点为连接，建立各子网络以及城市道路网络之间的相互联系，从而形成涵盖所有公交方式、各层级网络相互嵌套关联的多模式公交超级网络模型。"交运之星-TranStar"虚拟仿真平台采用丁浩洋[5] 提出的公交超级网络构建方法，具体步骤如下。

1. 建立各公交模式的子网络

考虑不同类型公交网络的功能特点，剖析其属性特征，以城市道路网络为基础，根据图论法将公交站点及表征公交线路走向的途经节点抽象成点，将公交线路区段抽象成边，结合点和边的实际空间位置及拓扑关系，分别构建与常规公交、快速公交和轨道交通网络相对应的拓扑图，从而形成单一模式公交子网络。需要注意的是：地面公交网络 (常规公交和快速公交) 相应站点位于城市道路网络的路段上而非交叉口，同一公交线路可根据站点划分为多个区段，各区段属性相同，连接相邻站点的区段可能途经多个首尾相连的城市道路网络路段。在"公交共线"情况下，两个公交站点之间存在多条分属不同公交线路的区段；轨道交通网络独立于城市道路网络，同一线路根据轨道站点划分为多个区段，并且轨道站点通过步行连接线与城市道路网络相连。在上述多模式公交子网络中，连接各节点的线路区段统称为"行驶弧"。

2. 建立各公交模式子网络的关联

不同模式公交子网络的关联分为模式内关联和模式间关联两种形式，分别描述同一公交系统和不同公交系统间的换乘关系。根据经过站点的公交线路条数，可将各模式公交子网络中的原始站点拆分为相应数量的虚拟节点，并采用一定的运算规则生成虚拟节点间的换乘弧。对于同一原始站点内的虚拟节点，换乘弧用以表征不同线路间的同站换乘关系；对于不同原始站点中的虚拟节点，换乘弧用以表征可接受步行范围内的异站换乘。

在上述换乘关系中,同站换乘实现了经过同一站点的不同线路之间的关联,这些线路可以是同一模式的公交线路,也可以是不同模式的公交线路,并且换乘站点内虚拟节点间的换乘弧无需借助道路网络。相对而言,不同原始站点中虚拟节点之间的异站换乘,需要借助具备步行条件的城市道路路段,实现空间位置不相连的公交线路间的换乘,并且只考虑道路路段步行距离在可接受范围内时,才能构建虚拟节点间的异站换乘弧。

3. 建立出行起讫点与公交网络的联系

乘客从出发地步行至附近的公交站点并进入多模式公交网络,通过多模式公交网络中的出行路径到达目的地附近的公交站点,最后从下车站点步行至目的地,形成一次完整的公交出行。因此,为了描述上述过程,还需构造上网弧和下网弧,分别描述乘客从出发地步行至起始站点的"上网"过程和从终止站点步行至目的地的"下网"过程,以实现乘客出行起讫点与多模式公交网络的关联性。

对于公交出行的"上网"过程,乘客以出发点为中心,搜索一定步行范围内可到达的公交站点,之后在出发点和公交站点拆分成的虚拟节点之间建立上网弧,表示乘客从该站点上车并选择与虚拟节点相对应的公交线路;对于公交出行的"下网"过程,以乘客出行的目的地为中心,搜索步行范围内可到达的公交站点,并在相应的虚拟节点与目的地之间构建下网弧,表示乘客通过虚拟节点相对应的公交线路到达终止站点并步行至目的地。实际上,不同公交模式在"上网"和"下网"过程中的步行可达距离存在差异,因此,在构建上网弧和下网弧时,应根据虚拟节点对应的公交线路类型 (如地面公交线、轨道交通线等) 调整步行搜索范围。

综上所述,可建立完整的城市多模式公交超级网络,网络中具体的构成要素如图 11-6 所示。此外,图 11-7 展示了公交超级网络构建思路,各公交模式子网络独立运行,同时根据一定的组织规律形成相互关联的整体。

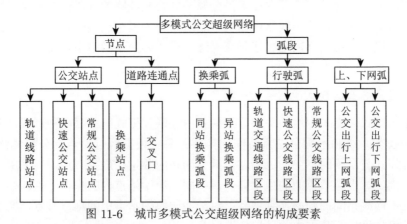

图 11-6 城市多模式公交超级网络的构成要素

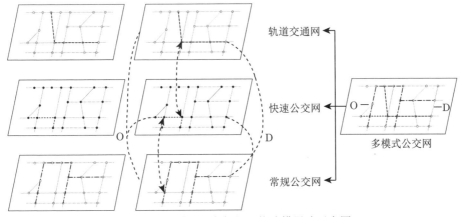

图 11-7 多模式公交超级网络建模思路示意图

4. 基于公交线路网的超级网络构建技术

城市公交线路客流 (包括线路断面客流与站点上下客流) 主要服务于公交线路的详细设计与运营组织, 通常需基于公交超级网络进行分析。对于公交网络规模相对较小的中小型城市, 可将整个公交线路网转化为超级网络进行客流分布分析。但如前节所述, 大城市的公交网络通常呈现大规模、多模式的特点, 将整个城市的公交线网转化为超级网络会产生大量的虚拟节点和虚拟弧段, 大城市公交超级网络的节点数可达数万个, 甚至数十万个, 严重影响计算效率。并且, 在进行某一条公交线路的详细设计与运营组织时, 该线路只涉及局部网络, 除去与该线路有重叠的共线线路外, 其他区域的公交线路对该线路客流分布的影响可通过上节介绍的 "公交线路网" 进行分析, 无须为一条公交线路去构建整个城市的公交超级网络。

对服务于大城市公交线路设计与运营组织的线路客流分析, 一方面我们需要了解所研究线路在整个城市公交网络中的关联影响, 另一方面, 我们只关注所研究线路的详细客流信息 (断面和站点客流), 并不关注其他线路, 不希望计算工作量太大。因此可通过 "公交线路网" 与 "局部超级网络" 的组合达到这两方面的目的。

首先, 在 "公交线路网" 上, 将所研究线路及与此线路存在换乘关系的其他线路组成的局部网络转换为局部超级网络, 并详细分析线路的断面和站点客流信息。与所研究线路相对应的局部网络包括: 所研究线路的所有站点与断面、与所研究线路存在共线的其他线路共线部分的站点与断面、其他线路上能与所研究线路进行换乘的站点 (非共线但邻近, 在可接受换乘距离内)。局部网络内各公交线路站点、断面, 以及用虚拟节点、虚拟弧段表示的客流换乘关系, 形成局部超级网络。其他公交线路可通过 "公交线路网" 分析客流的分布情况, 只考虑其走向及途经的交叉口，不考虑具体站点，并假设乘客可以通过交叉口进行换乘。

转换成超级网络的线路，其站点可通过相应虚拟弧段与公交线路网中的节点相连，从而形成完整的网络结构。基于 "公交线路网" 的 "局部超级网络" 构建方法能够避免过多的虚拟节点和虚拟弧段，在准确预测线路断面及站点客流信息的情况下大幅度提高计算效率。如南京市，整个城市道路网络节点有 1.2 万个左右，"公交线路网" 节点有 1.1 万个左右，公交超级网络节点有 24 万个左右，一条公交线路的 "局部超级网络"+"公交线路网" 总节点数不到 1.2 万个。由于公交网络交通分配的计算工作量大约为节点数的 2.5 次方，对于一条公交线路的详细客流分析，采用 "局部超级网络" 要比采用 "全城超级网络" 计算效率提高上千倍。

11.3.2　公交超级网络客流分布分析技术

1. 最短路-增量加载分配技术

最短路-增量加载分配也称最短路-容量限制分配。实际公交系统中公交站点、线路、车辆的运输能力都是有容量限制的，因此在出行高峰期，公交网络常常呈现拥挤状态，反过来，拥挤状态会进一步对整个城市的公交网络的运行产生影响，这种内循环式的效应称为拥挤效应。具体来说，拥挤效应是指网络上各弧段的流量增加所引起的各弧段广义费用的改变，是容量限制客流分配中的关键环节[6,7]。在城市多模式公交网络客流分配过程中，拥挤效应通常分为 2 种：① 对于在公交站点处候车的乘客，虽已等到了所要等的那班车，但受车辆容量所限，还是无法登乘该车辆，不得不等待下一辆车，从而增加候车时间。相应地，上车弧、同站换乘弧和异站换乘弧的广义费用增加；② 虽然乘客已经登上了所要等的那班车，但是由于车辆太过拥挤，其拥挤程度超过乘客对于舒适度的承受程度，乘客会产生一种在车内的时间特别长的感觉，也就是感知车内时间增加，进而行驶弧的广义费用增加。

最短路-增量加载分配是在最短路分配 (也称全有全无分配) 基础上考虑拥挤效应进行客流分配。通过将原 OD 矩阵分解为多个 OD 分矩阵，依次应用最短路分配方法加载到公交网络上。每次客流加载后，考虑上文所提出的两种拥挤效应，根据各行驶弧所分配到的流量计算站点候车时间和增加的乘客感知车内时间，从而更新网络中换乘弧、上网弧和行驶弧的广义费用，在此基础上进行下一次客流加载。

具体的技术流程如图 11-8 所示，主要步骤如下：

步骤 1. 基础数据导入。导入初始数据，具体包括道路网络信息、公交网络信息和公交出行需求信息。

步骤 2. 公交超级网络构建。构建多模式公交 (包括常规公交、快速公交、轨道交通等) 的超级网络，分析网络中各弧段的初始广义费用。其中，广义费用包括同站换乘弧的广义费用和异站换乘弧的广义费用[8,9]。

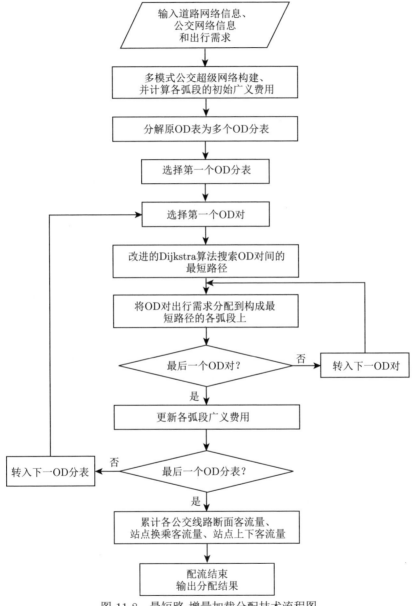

图 11-8 最短路-增量加载分配技术流程图

同站换乘弧的广义费用包括乘客在换乘站点的换乘候车时间、换乘罚值以及换乘下一线路时的票价支出,计算方法如下式所示:

$$F_a = \text{VOT}(w_{\text{w}2}t_{\text{w}2} + P_a) + C_{\text{transfer}}, \quad a \in E_s \tag{11-1}$$

式中，F_a 为弧段 a 的广义费用值；VOT 为出行时间价值[10,11]；w_{w2} 为站点候车时间权重系数；t_{w2} 为换乘候车时间；P_a 为弧段 a 的换乘罚值 (min)；C_{transfer} 为换乘公交线路的票价 (元)；E_s 为基础站点层的同站换乘弧集合。

换乘罚值，即换乘惩罚附加值，用来量化出行者因途中需要进行换乘而产生的额外心理负担，可将这种心理影响通过模型转化为时间，作为出行时间的一部分。城市交通多模式公交线路换乘惩罚取值见表 11-1。

表 11-1　城市交通多模式公交线路换乘惩罚取值　　　　　　(单位: min)

线路类型	常规公交	快速公交	轨道交通
常规公交	13.0	11.5	10.0
快速公交	11.5	12.0	11.0
轨道交通	10.0	11.0	10.8

异站换乘弧的广义费用包括乘客在换乘站点的换乘候车时间、换乘步行时间、换乘罚值以及换乘下一线路时的票价支出，计算方法如下式所示：

$$F_a^3 = \text{VOT}\left(w_{w2}t_{w2} + w_h\left(\frac{D_a}{v_b} + 2\text{AT}\right) + P_a\right) + C_{\text{transfer}}, \quad a \in E_d \tag{11-2}$$

式中，w_h 为换乘步行时间权重；D_a 为弧段 a 的长度 (m)；v_b 为乘客步行速度 (min)；AT 为接入步行道时间，即乘客从道路步行至公交站台处的时间 (min)；E_d 为基础站点层的异站换乘弧集合。

异站换乘弧的广义费用是在同站换乘弧广义费用的基础上增加了换乘步行时间这一项。乘客在异站换乘时的步行时间由乘客在两站点间的道路网络上步行所花费的时间和乘客从步行道到达公交站台的接入步行道时间组成。忽略乘客在交叉口的延误，乘客在两站点间的道路网络上步行所花费的时间可通过起终点站点间的实际步行距离与乘客步行速度计算得到。两站点属于不同线路，实际步行距离需要结合道路网络计算，若两个站点中间经过多个交叉口，则需要按照两条公交线路的行驶方向，先搜索与两站点相邻的交叉口间的最短距离，再加上两站点与交叉口的直线距离来计算。不同类型公交线路的接入步行道时间不同，地面公交取值为 0，而轨道交通则需要花费一定时间，具体数值可通过读取公交数据库中的数据获得。

步骤 3. 最短路-增量加载分配。按照一定比例，将原 OD 矩阵分解为 n 个 OD 分矩阵。对于每个 OD 分矩阵，运用改进的基于二叉堆优化的 Dijkstra 算法搜索各 OD 间的最短路径，进行最短路分配，结束后得到各行驶弧所分配到的流量，根据行驶弧流量更新各类弧段的广义费用。广义费用更新完成后，进入下一 OD 分矩阵的分配，直到所有 OD 分矩阵的分配全部完成，共需要进行 n 次分配。

步骤 4. 分配结果计算与输出。通过累计各公交线路上的行驶弧流量获得各公交线路的断面客流量，累计对应于各公交站点的同站换乘弧流量和异站换乘弧流量获得各公交站点的换乘客流量，累计对应于各公交站点的上网弧终点流量、同站换乘弧终点流量和异站换乘弧终点流量获得各公交站点的上客流量，累计对应于各公交站点的下网弧起点流量、同站换乘弧起点流量和异站换乘弧起点流量获得各公交站点的下客流量。

在输出断面客流量、站点换乘客流量和站点上下客流量后，分配结束。

2. 多路径-增量加载分配技术

多路径-增量加载分配 (也称多路径-容量限制分配) 是在随机概率分配的基础上考虑拥挤效应进行客流分配。最短路分配仅将 OD 对间的出行需求全部分配到最短路径上，而随机概率分配则按照一定模型将其分配到 OD 对间的有效路径集上，更符合实际情况。在分配之前，通过获得多层次公交超级网络的有效路径集，获得用于后续分配的初始有效路径集。之后，通过将原 OD 矩阵分解为多个 OD 分矩阵，依次应用随机概率分配方法加载到公交网络上。在每次客流加载后，考虑两类拥挤效应，根据各行驶弧所分配到的流量计算站点候车时间和增加的乘客感知车内时间，从而更新网络中换乘弧、上网弧和行驶弧的广义费用，基于此进行下一次客流加载。

实际情况中乘客对路径广义费用的感知与其实际费用存在偏差，随机概率分配考虑乘客在路径选择时的随机因素。假设 OD 对 $r-s$ 间存在 K 条有效路径，则考虑随机因素，乘客对第 k 条有效路径的广义费用估计值 $F_k^{'rs}$ 可表示为

$$F_k^{'rs} = F_k^{rs} + \varepsilon_k^{rs}, \quad \forall r \in R, \quad \forall s \in S, \quad \forall k \in K^{rs} \tag{11-3}$$

式中，F_k^{rs} 为第 k 条有效路径的实际广义费用，即确定项；ε_k^{rs} 为随机项，且期望为 0。

根据最短路原则，当第 k 条有效路径的广义费用在有效路径集中最小时，该路径才会被乘客选择，则该路径被选择的概率 P_k^{rs} 为

$$P_k^{rs} = P(F_k^{'rs} \leqslant F_m^{'rs}), \quad \forall m \neq k, \quad \forall r,s, \forall m \in K_{rs} \tag{11-4}$$

第 k 条有效路径被选择的概率由其广义费用值 F_k^{rs} 和随机项 ε_k^{rs} 的分布决定。在实际工程应用中，Logit 模型通常假设随机项 ε_k^{rs} 相互独立且服从相同的 Gumbel 分布，因此第 k 条有效路径被选择的概率可通过下式计算：

$$P_k^{rs} = \frac{\exp(-\theta F_k^{rs})}{\sum_m \exp(-\theta F_m^{rs})}, \quad \forall r,s, \forall m \in K_{rs} \tag{11-5}$$

式中，θ 是用来度量乘客对网络熟悉程度的指标，与随机项 ε_k^{rs} 的方差有关。

式 (11-5) 中路径的选择概率取决于广义费用的绝对差, 为了避免产生不合理的结果, 采用改进的 Logit 模型来计算有效路径集中第 k 条路径被选择的概率:

$$P_k^{rs} = \frac{\exp(-\theta F_k^{rs} / F_{\min}^{rs})}{\sum\limits_m \exp(-\theta F_m^{rs} / F_{\min}^{rs})}, \quad \forall r, s, \forall m \in K_{rs} \tag{11-6}$$

式中, $F_{\min}^{rs}$ 为 OD 对 $r-s$ 间的最小广义费用值。

OD 对 $r-s$ 间的出行需求量 q_{rs} 与有效路径集中第 k 条有效路径被分配到的流量 f_k^{rs} 的关系如下:

$$f_k^{rs} = q_{rs} P_k^{rs}, \quad \forall r, s, \forall k \in K_{rs} \tag{11-7}$$

进而, OD 对 $r-s$ 间第 k 条有效路径被分配到的流量 f_k^{rs} 计算公式如下:

$$f_k^{rs} = q_{rs} \frac{\exp(-\theta F_k^{rs} / F_{\min}^{rs})}{\sum\limits_m \exp(-\theta F_m^{rs} / F_{\min}^{rs})}, \quad \forall r, s, \forall m \in K_{rs} \tag{11-8}$$

多路径-增量加载分配技术流程如图 11-9 所示, 主要步骤如下:

步骤 1. 基础数据导入。导入初始数据, 具体包括道路网络信息、公交网络信息和公交出行需求信息。

步骤 2. 有效路径集生成。构建改进多层次公交超级网络, 计算网络中各弧段的初始广义费用, 应用 DFS 算法搜索各层网络的有效路径, 最后对各层网络有效路径集结果进行去重, 生成用于后续客流分配的初始有效路径集。

步骤 3. 多路径-增量加载分配。按照一定比例, 将原 OD 矩阵分解为 n 个 OD 分矩阵。对于每个 OD 分矩阵的每个 OD 对, 首先重新计算初始有效路径集中各有效路径的广义费用, 去掉不符合有效路径约束条件的路径, 将 OD 出行需求量分配到有效路径集上, 结束后得到各行驶弧所分配到的流量。根据行驶弧流量更新各类弧段的广义费用。广义费用更新完成后, 进入下一个 OD 分矩阵的分配, 直到所有 OD 分矩阵的分配全部完成, 共需要进行 n 次分配。

步骤 4. 分配结果计算与输出。通过累计各公交线路上的行驶弧流量获得各公交线路的断面客流量, 累计对应于各公交站点的同站换乘弧流量和异站换乘弧流量获得各公交站点的换乘客流量, 累计对应于各公交站点的上网弧终点流量、同站换乘弧终点流量和异站换乘弧终点流量获得各公交站点的上客流量, 累计对应于各公交站点的下网弧起点流量、同站换乘弧起点流量和异站换乘弧起点流量获得各公交站点的下客流量。在输出断面客流量、站点换乘客流量和站点上下客流量后, 分配结束。

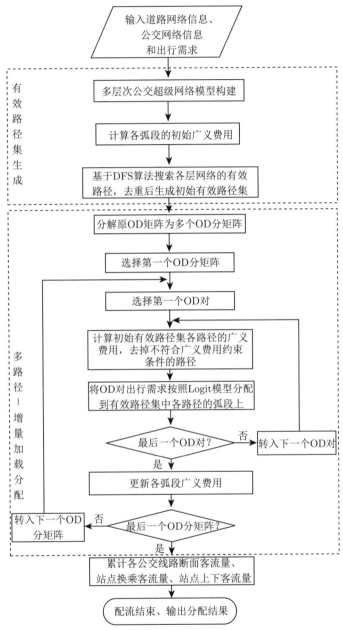

图 11-9 多路径-增量加载分配技术流程图

3. 随机用户均衡分配技术

随机用户均衡 (stochastic user equilibrium，SUE) 是指网络中全部出行者都认为已经不可能通过改变他们的路径来减少所感知到的出行费用，网络已经达到

了平衡状态。在多模式公交网络中，乘客选择自己认为的拥有最小广义费用的有
效路径来出行。随着越来越多的乘客选择某条有效路径，构成该路径的各弧段的
流量增加，各弧段广义费用受流量改变影响也发生变化，从而使得乘客重新估计
各有效路径的广义费用，继而重新进行路径选择，构成各路径的弧段乘客流量分
布也发生变化。反复进行这一过程，当多模式公交超级网络中的弧段客流量分布
不再发生变化时，即达到平衡状态。

平衡状态下，给定 OD 对 $r-s$ 间总出行量 q_{rs}，应用 Logit 模型[12]，此时
网络中的路径流量分布满足如下平衡条件：

$$f_k^{rs} = q_{rs} \frac{\exp(-\theta F_k^{rs})}{\sum\limits_m \exp(-\theta F_m^{rs})}, \quad \forall r, s, \forall m \in K_{rs} \tag{11-9}$$

$$\sum_k f_k^{rs} = q_{rs}, \quad \forall r, s, \forall k \in K_{rs} \tag{11-10}$$

$$f_k^{rs} \geqslant 0, \quad \forall r, s, \forall k \in K_{rs} \tag{11-11}$$

$$x_a = \sum_r \sum_s \sum_k \delta_{a,k}^{rs} f_k^{rs}, \quad \forall a \in A \tag{11-12}$$

基于 Fisk 模型，构建基于 Logit 模型的多模式公交超级网络随机用户均衡配
流模型[13]：

$$\min z(f) = \sum_a \sum_i \int_0^{x_a} F_a^i(x)\mathrm{d}x + \frac{1}{\theta} \sum_r \sum_s \sum_k f_k^{rs} \ln f_k^{rs} \tag{11-13}$$

$$\sum_k f_k^{rs} = q_{rs}, \quad \forall r, s, \forall k \in K_{rs} \tag{11-14}$$

$$f_k^{rs} \geqslant 0, \quad \forall r, s, \forall k \in K_{rs} \tag{11-15}$$

$$x_a = \sum_r \sum_s \sum_k \delta_{a,k}^{rs} f_k^{rs}, \quad \forall a \in A \tag{11-16}$$

式中，F_a^i 为前面所分析的多模式公交超级网络中的各弧段广义费用函数，与弧段
流量 x_a 有关。

直接求解 SUE 模型非常困难，连续平均法 (method of successive average,
MSA) 是求解 SUE 模型的一个有效算法。可采用 MSA 算法求解本书提出的超级
网络 SUE 模型，其基本思想是：不断调整各弧段的分配流量，从而使分配结果逐
渐接近平衡状态。在每次迭代中根据现有分配流量进行一次加载，得到各弧段的
附加流量；然后对各弧段现有分配流量和附加流量进行加权平均，得到下一次迭

代中的分配流量；当相邻两次迭代得到的分配流量十分接近时，算法终止，并将最后一次迭代得到的流量作为最终结果。

随机用户均衡分配技术的流程如图 11-10 所示，主要步骤如下：

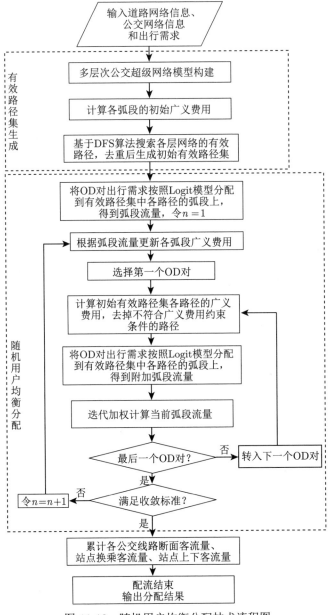

图 11-10　随机用户均衡分配技术流程图

步骤 1. 基础数据导入。导入初始数据，具体包括道路网络信息、公交网络信息和公交出行需求信息。

步骤 2. 有效路径集生成。构建改进多层次公交超级网络，计算网络中各弧段的初始广义费用，应用 DFS 算法搜索各层网络的有效路径，最后对各层网络有效路径集结果进行去重，生成用于后续客流分配的初始有效路径集。

步骤 3. 随机用户均衡分配。

步骤 3.1：初始化。零流量时，对于每个 OD 对，将 OD 出行需求量分配到有效路径集上，得到各弧段的分配流量 x_a^1；令 $n = 1$。

步骤 3.2：根据当前弧段的分配流量 x_a^n，更新各弧段的广义费用。

步骤 3.3：对于每个 OD 对，首先根据步骤 3.2 计算的各弧段广义费用，重新计算初始有效路径集中各有效路径的广义费用，去掉不符合有效路径约束条件的路径，将 OD 出行需求量分配到有效路径集上，得到各弧段的附加流量 y_a^n。

步骤 3.4：用迭代加权的方法计算各弧段的当前流量。

$$x_a^{n+1} = x_a^n + \frac{1}{n}(y_a^n - x_a^n) \tag{11-17}$$

步骤 3.5：收敛判断。如果 x_a^{n+1} 和 x_a^n 的差值满足收敛条件要求，即 $|x_a^{n+1} - x_a^n| < \varepsilon$ (ε 是预先给定的误差限值)，则算法终止，否则，令 $n = n + 1$，返回步骤 3.2。

步骤 4. 分配结果计算与输出。通过累计各公交线路上的行驶弧流量获得各公交线路的断面客流量，累计对应于各公交站点的同站换乘弧流量和异站换乘弧流量获得各公交站点的换乘客流量，累计对应于各公交站点的上网弧终点流量、同站换乘弧终点流量和异站换乘弧终点流量获得各公交站点的上客流量，累计对应于各公交站点的下网弧起点流量、同站换乘弧起点流量和异站换乘弧起点流量获得各公交站点的下客流量。在输出断面客流量、站点换乘客流量和站点上下客流量后，分配结束。

11.3.3　公交线路客流分析应用实例

在 "交运之星-TranStar" 虚拟仿真平台中，可通过 "图形编辑系统" 添加线路站点，并设置所属系统、站点类型、接入步行道时间、标准停留时间等站点信息，如图 11-11 所示。

通过 "公共交通分析" 中的 "公交线路客流分布分析" 模块，可实现公交线路断面客流及站点客流分析，分析结果可通过 "图形显示系统" 查看，具体如图 11-12、图 11-13 所示。

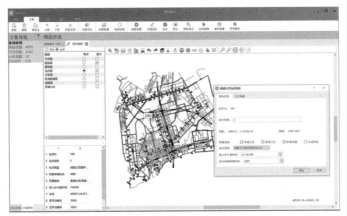

图 11-11 图形编辑系统中的站点信息设置

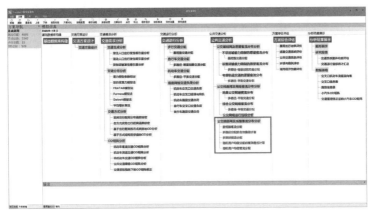

图 11-12 "交运之星-TranStar"仿真平台中的公交线路客流分析过程

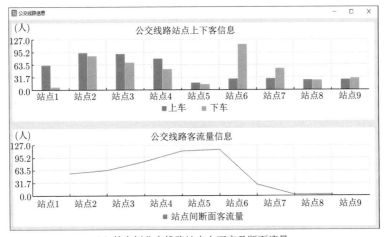

(a) 某案例公交线路站点上下客及断面流量

(b) 公交网络中站点换乘量

图 11-13　某案例公交线路的断面流量、站点上下客流量及换乘量

基于线路运营信息和断面、站点客流分布情况，"交运之星-TranStar" 虚拟仿真平台可对站点属性、服务水平和运营水平 3 个层面的关键指标进行量化分析 [1,4]，为公交系统的性能评估和公交线路的运营设计提供参考，具体如下：

1. 站点属性

站点属性主要包括站点覆盖率、平均站距、港湾停靠站比例。

(1) 站点覆盖率。公交站点服务面积占城市用地面积的百分比，站点服务面积通常按 300m 或 500m 为半径进行计算，该指标能够反映居民接近公交站点程度。

(2) 平均站距。公交线路上公交站之间的平均距离。合理的站距对于方便乘客乘车和减小出行时间具有重要作用。

(3) 港湾停靠站比例。公交线路上港湾停靠站数量与该线路停靠站总数的比值，该指标能够反映公交服务水平及公交优先措施的落实情况。

2. 服务水平

服务水平的指标体系主要从舒适性、快速性和方便性 3 个方面，分析当前公交系统下客运需求的满足程度和公交线路的运行效果。

(1) 舒适性。主要包括能反映车内拥挤程度的高峰满载率和平均满载率。

高峰满载率，在高峰小时内，公交线路单向高峰断面上车辆实际载客量与额定载客量的比值。

平均满载率，通常是指某一条公交线路的平均满载率，即某一条公交线路上各断面车辆实际载客量与额定载客量比值的平均值。整个公交线网的平均满载率可取组成公交网络的各公交线路平均满载率的平均值。平均满载率是评价公交系统效益、验证公交系统能否满足乘客实际需求的重要指标。

(2) 快速性。主要包括行程速度和发车频率。

行程速度，公交线路上的车辆在首末站之间的平均每小时行程，能够反映乘客出行时间，是衡量乘客出行效率的一个重要指标。

发车频率，公交线路上公交车辆单位小时内的发车次数。发车频率直接决定乘客的候车时间，发车频率越高，车头时距越短，乘客的等待时间也越短。但发车频率过高也会导致公交系统资源浪费和企业运营成本增加。

(3) 方便性。主要包括换乘距离和行车正点率。

换乘距离，乘客从某一公交线换乘至其他公交线路时所需的额外行程距离，是反映公交线网布局与站点布设的重要指标，与乘客的乘车方便程度直接相关。

行车正点率，公交线路上在统计时段内正点行车次数与全部行车次数的比值，是反映公交服务水平的重要指标之一。

3. 运营水平

运营水平的指标体系主要是从运营质量和运营效益两个方面对公交线路的经济合理性进行分析和评价。

(1) 运营质量。主要包括客运量、客运周转量和交替系数。

客运量是在统计时段内公交线路实际运送的乘客总人次数。

客运周转量是公交线路运送乘客人次与相应运送距离的乘积，也可通过公交线路运送乘客总人次乘以平均运距得到。

交替系数是线路长度与平均运距的比值，用以衡量公交线路沿线乘客上下车的频繁程度，该指标能够反映线路走向与客流走向的拟合程度。

(2) 运营效益。主要包括运营里程利用率、单位运营成本、单位运营收入。

运营里程利用率，在统计时段内公交线路上公交车辆的营业行驶里程与总行驶里程的比值，反映车辆的有效利用率。

单位运营成本，公交线路在统计期内的全部运营成本与所完成的公交服务总量的比值，即公交线路每单位服务的运营成本。根据计算单位的不同，可分为"百车公里"运营成本和"人公里"运营成本。

单位运营收入，公交线路在统计期内按规定向乘客收取服务费用所形成的收入，在一定程度上反映服务质量水平。通常以百车公里为计算单位。

11.4　本 章 小 结

本章对 "交运之星–TranStar" 仿真平台中的公交愿望客流分析技术、公交网络客流分析技术及公交线路客流分析技术进行介绍,从网络构建、阻抗计算和分配方法 3 个层面阐述每种客流分析技术的基本原理、实现方法和应用场景,并结合实际案例对不同客流分析技术的适用范围及应用效果进行说明。

参 考 文 献

[1]　王炜, 杨新苗, 陈学武, 等. 城市公共交通系统规划方法与管理技术 [M]. 北京: 科学出版社, 2002.

[2]　王炜, 王建, 华雪东, 等. 基于网络交通分配方法族谱的交通分配一体化技术与工程应用 [J]. 交通运输系统工程与信息, 2021, 21(5): 30-39.

[3]　牛学勤, 王炜. 基于最短路搜索的多路径公交客流分配模型研究 [J]. 东南大学学报 (自然科学版), 2002, 32(6): 917-919.

[4]　王炜, 陈学武, 陆建. 城市交通系统可持续发展理论体系评价研究 [M]. 北京: 科学出版社, 2004.

[5]　丁浩洋. 城市多模式公交网络快速构建与客流分配研究 [D]. 南京: 东南大学, 2018.

[6]　邵敏华, 李田野, 孙立军. 常规公交乘客对车内拥挤感知阻抗调查与建模 [J]. 同济大学学报 (自然科学版), 2012, 40(7): 1031-1034.

[7]　蒋盛川, 孙轶凡, 杜豫川. 拥挤度对公共交通方式选择意愿的影响 [J]. 同济大学学报 (自然科学版), 2012, 40(12): 1831-1835.

[8]　四兵锋, 毛保华, 刘智丽. 无缝换乘条件下城市轨道交通网络客流分配模型及算法 [J]. 铁道学报, 2007, 29(6): 12-18.

[9]　李远, 四兵锋, 杨小宝, 等. 考虑换乘费用的城市公交网络随机用户均衡配流模型及算法 [J]. 系统工程理论与实践, 2014, 34(8): 2127-2134.

[10]　Yang H, Kong H Y, Meng Q. Value-of-time distributions and competitive bus services[J]. Transportation Research Part E: Logistics and Transportation Review, 2001, 37(6): 411-424.

[11]　李田野, 邵敏华. 考虑舒适性的公交乘客出行时间价值对比 [J]. 交通科学与工程, 2011, 27(3): 82-86.

[12]　Wang W, Wang J, Zhao D, et al. A revised Logit model for stochastic traffic assignment with a relatively stable dispersion parameter[J]. IEEE Intelligent Transportation Systems Magazine, 2021: 2-14.

[13]　Fisk C. Some developments in equilibrium traffic assignment[J]. Transportation Research Part B: Methodological, 1980, 14(3): 243-255.

第 12 章　面向业务策略的虚拟场景设计与人机交互技术

通信、计算机、信息技术的不断发展，日益凸显人机交互技术的重要性。良好的人机交互设计既可以灵活实现产品功能，又可以为用户提供准确、快速、高效的使用体验。在城市虚拟交通系统中，人机交互设计技术通过便捷的交互设计来简化操作，降低对用户的专业知识要求，快速构建面向多种业务策略下的场景，以满足城市交通系统规划、设计与管理相关部门不同业务人员的工作要求。

本章首先介绍人机交互的基本概念与城市虚拟交通系统中的人机交互设计，在此基础上，从节点、路段、小区 3 个层面介绍城市虚拟交通系统中的人机交互设计，最后针对不同业务策略说明城市虚拟交通系统中的虚拟场景设计。

12.1　概　　述

12.1.1　人机交互的基本概念

人机交互是随着计算机的诞生而产生的，其本质是人与计算机的交互，计算机通过设计的交互模式对用户的操作进行反馈，从而促进人与计算机的信息交换。

人机交互设计的主要原则包括美学完整性、一致性、便捷性、错误容忍性等。如今，服务用户是指导人机交互设计的中心思想，旨在营造一种人机友好的软件生态环境。在城市虚拟交通系统中，人机交互的宗旨是使城市虚拟仿真方案的操作易于学习，便于使用。用户能通过简洁明了的交互步骤完成方案组织与设计任务。此外，人机交互应面向不同操作习惯和学习能力的用户，为其提供多方位、多层次的输入通道，方便其快速上手；对用户操作采取高容忍的态度，即使系统在用户操作不当、环境不可预知等错误中，仍能保持稳定的交互环境。高人性化、以人为本的理念成为城市虚拟仿真系统人机交互设计最重要的评判依据。

发达国家对城市虚拟交通系统研究较早，并孵化了一系列专业的交通仿真规划软件，如 TransCAD、EMME4、CUBE 等。这些软件虽然具有强大的交通分析功能，能满足城市交通规划、建设与管理的大部分相关业务的交通分析与仿真，但仍然只适合专业人员使用。在实际应用中，这些软件并未考虑到交通规划可能面临的各类场景，需要用户结合自己的专业知识与经验来辅助操作，因此这些软件操作复杂，自主性过高。对于交通领域知识了解不多的非专业人士，很难根据特定的业务需求使用这些软件。除此之外，当前国内很多城市都拥有海量的交通数据，但对于数据的整合与协同能力较弱，往往不具备充分利用这些交通数据。缺乏良好的人机交互设计更限制用户与数据的共享协同。基于上述问题，针对城市交通组织与管理决策，城市虚拟交通平台通过面向业务功能的流程设计进行一系列的改进，使其具备较好的可操作性和实用性，能实现若干个业务功能的一键仿真要求，针对不同业务策略下的场景设计提供仿真手段，提高实施方案的适用性，赋予"城市大脑"交通优化的"思维能力"。

12.1.2　城市虚拟交通系统中的人机交互设计

在城市虚拟交通系统中，提出了一种面向业务策略的人机交互设计技术，将土地利用开发调整、交通基础设施建设、公共交通规划设计、交通管理控制、交通政策制定等通过图形编辑系统，方便、快速、准确地加载到交通基础数据库中，便于对这些方案进行交通分析、系统仿真与综合评估。人机交互技术能够提升城市虚拟交通系统的易用性，便于通过图形编辑系统修改和查看不同交通业务策略方案，有助于关键技术的推广应用。

城市虚拟交通系统人机交互设计的基本内容是图形编辑功能，如图 12-1 所示，编辑界面主要由 3 部分组成：图层管理部分、快速查看部分和图形显示部分，分别位于图 12-1 的左上、左下、右侧。其中，图层管理部分控制当前图层的交互模式，可以选择添加或交互模式，设置图层是否显示、当前焦点层等；快速查看部分可以展示所选图元的基础属性信息；图形显示部分用于展示图形，执行图元的拖动、缩放、撤销等基本操作。

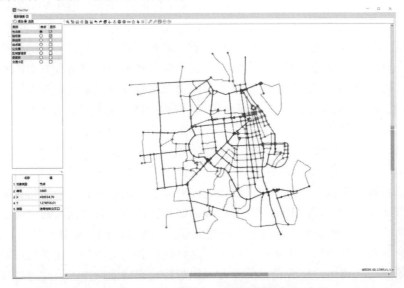

图 12-1　图形编辑界面

图形编辑功能提供电子地图式的缩放、拖动操作等具体操作功能，以及视图浏览工具、底图层工具、底层调整工具与区域管理层工具等。通过选择对应的工具，并在图形显示窗口中单击/滚动鼠标，即可进行视图切换、视图缩放、地图风格配置、测距、撤销重做、增加背景底图等操作。

从功能实现的角度看，城市虚拟交通系统人机交互设计技术包含如下 4 个方面的功能：交通网络人机交互功能、交通小区人机交互功能、公交系统人机交互功能和交通管理控制方案人机交互功能。通过这些功能，可以便捷直观地对道路网络、公交网络、交通管理、土地利用开发和交通政策评估方案进行实时自主的修改。

12.2　面向业务方案的人机交互技术

面向业务方案的人机交互技术依托对城市交通网络相关数据的处理与分析，实现对交通网络信息的多元化及可视化操作。面向业务的实际需要，其基本功能涵盖城市交通数据处理与分析、城市交通网络构建与分析、城市交通需求分析、公共交通系统分析、交通系统综合评估、交通政策及管理方案测试等城市综合交通系统主要仿真分析需求。

12.2.1　节点交互设计

在城市虚拟交通系统中，节点是数据的基本组织形式之一，它是现实交通系统中多种类型交叉口的计算机抽象表达。虚拟城市仿真数据库中，针对节点的人机交互设计技术主要包括节点的新建、删除、浏览与编辑等 4 个方面。

1. 节点的新建

人机交互技术提供了快速新建节点信息的功能，而不需要改动基础节点数据库的底层文件。用户只需在图层管理窗口将交互模式改为"添加"，节点层设置为焦点图层，在图形显示窗口"单击"，弹出新建节点信息的对话框，输入相关信息点击确定便可成功建立节点。

作为交叉口的抽象交通实体，节点是后续建立路段信息、小区信息必不可少的基础元素。而通过新建节点交互设计，可以快速地建立城市虚拟仿真数据库的节点信息，为快速建立虚拟交通仿真方案提供便捷通道。

2. 节点的删除

删除节点功能需要在图形编辑界面，"点击"某个节点后才可继续进行操作。人机交互设计提供鼠标右键"删除"菜单以及按键"delete"两种方式删除节点。这两种方式都能将指定节点从基础数据库中删除。需要注意的是，在执行节点删除功能后，与此节点相邻的所有路段也会被一并删除，这是考虑到虚拟仿真城市数据库的基本组织原则——节点与路段必须是成对存在的。

基于此原则，城市虚拟交通系统提供了孤立节点提示功能。该功能具体细节为：当保存包含孤立节点的方案时，会提示图中有孤立节点。除了提示功能，系统还设计了自动化快速剔除孤立节点功能，保障了用户能够正确删除节点。用户只需通过点击工具栏中 "删除孤立节点" 选项，即可快速自动删除当前编辑方案中的所有孤立节点。

3. 节点的浏览

城市虚拟交通系统人机交互设计提供 3 种节点浏览渠道：快速窗口查看，搜索浏览与属性表浏览。

如图 12-2 所示，在图形编辑界面点选节点，快速查看窗口将会展示节点信息：节点的编号、位置及交叉口类型信息。

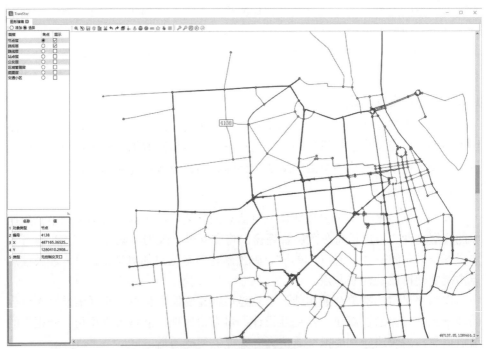

图 12-2　节点基础信息浏览

搜索浏览功能是人机交互设计的特色功能。该功能通过指定搜索条件，以类SQL 模板语句的形式执行节点的对比查找。在工具栏中通过点击 "搜索" 按钮，即可弹出搜索框，用户可以根据节点编号或其他节点属性对节点进行搜索。为了最大限度地营造人性化使用环境，该搜索功能封装复杂的搜索语句转而提供简洁直观的搜索比对按钮。用户只需添加适当的搜索条件，系统便可自动实现与数据库语言同样效果的搜索结果。通过该搜索功能，可以方便地定位节点位置以继续后续操作。

属性表浏览是成熟的人机交互设计中不可或缺的一项功能。该功能提供了一个全览的信息概况，涵盖了仿真方案数据库中所有的节点要素信息。用户通过点击工具栏的"属性表"按钮，即可快速地展示目前图形编辑界面中的所有节点信息。该功能不同于其他节点浏览方式，不仅能展示特定节点的信息，还能将所有节点信息按特定顺序组织起来。同时，图表化的视图结构支持所有节点信息同时展示，并提供了筛选与排序功能，方便按属性值快速查找指定节点。

4. 节点的编辑

节点是城市交通系统中交叉口的数字化表达。通过修改节点属性值，即可完成节点地理位置、交通管控等多元信息的修改。为了满足即时修改需求，人机交互设计提供了界面化的修改功能。

用户通过浏览功能定位到节点，右键菜单即可弹出节点的编辑窗口。该窗口包含节点的基础信息和交通管控设置的信息，包括几何信息、转向限制、渠化设计和信号控制。几何信息为 X、Y 坐标和交叉口的类型；转向限制可设置节点与其相邻节点禁止转向，如图 12-3 所示；渠化设计可设置中央绿化带的宽度和交叉口进出口道的渠化方案，如图 12-4 所示；信号控制可设置信控交叉口的周期、相位等，如图 12-5 所示。这些窗口以图像及文字的形式，全面展示交叉口的多维交通信息。同时节点值的修改也会即时展现，为用户编辑节点提供可靠的可视化决策支持。

图 12-3　转向限制

图 12-4　渠化设计

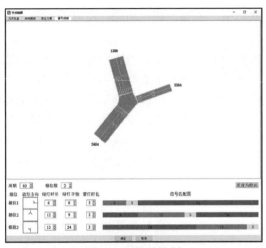

图 12-5　信号控制

12.2.2　路段交互设计

在城市虚拟交通系统中，路段是现实交通系统道路的计算机抽象表达，它是实现绝大部分交通虚拟仿真功能的载体。与面向节点的人机交互设计类似，城市虚拟交通系统中的路段人机交互设计主要包括路段的新建、删除、浏览与编辑 4 个方面。

1. 路段的新建

如图 12-6 所示，在新建路段时，将交互模式改为添加，并将路段层设置为焦点图层，此时点击"添加"即可在图形显示界面中绘制路段。路段的起点与终点对应于邻接节点的编号，其长度自动生成；用户可对道路类型、机动车道数、机动车道宽度、非机动车道宽度、是否机非分离、道路名称等属性进行具体设置。考虑

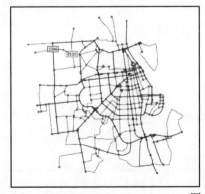

图 12-6　新建路段

到交通网络路段的完整性与唯一性，新建路段不允许起点和终点相同，并且选择的起点和终点不能存在现有路段。

　　构建城市虚拟仿真数据库常常需要新建大量相同等级的路段，新建这些路段需要重复执行新建路段操作，对于用户并不友好。因此，城市虚拟仿真系统提出了路线的概念，即连续的具有相同分类等级、相似道路属性的路段集合，对应于实际交通系统的城市快速干道、高速公路等长距离交通服务设施。新建路线时，将交互模式改为"添加"，并将路线层设置为焦点图层，即可进行路线的绘制操作。如图 12-7 (a) 所示，在图形显示界面"双击"以新建路线起点，接着连续"点击"创建节点，最后双击产生路线终点。节点建立完成后，路线将会自动在节点之间依次连通。最后对节点、路线的属性进行设置，如图 12-7 (b)~(c) 所示，即可完成路线的新建。

(a) 新建路线　　　　　　　　　　　　　　(b) 编辑节点

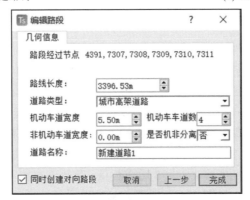

(c) 编辑路段

图 12-7　新建及设置路线

2. 路段的删除

　　设计合理的路段删除功能可以大大简化用户操作。删除路段功能首先需要在图形编辑界面选中某条路段。与节点的删除操作类似，城市虚拟交通系统人机交

互设计提供右键 "删除" 菜单及按键 "delete" 两种方式删除路段。这两种方式的实现效果相同，都能快速从路网中剔除指定路段。路段的删除可能会导致节点间不存在邻接路段，从而产生孤立节点。12.2.1 节中叙述的孤立节点剔除功能，恰好能解决该问题。节点与路段的删除是互相关联与影响的，因而必须同时考虑节点与路段的组织关系，才能设计出完备的路段删除操作。

3. 路段的浏览

城市虚拟交通系统人机交互设计提供 3 种路段的浏览渠道：快速窗口查看、搜索浏览与属性表浏览。这 3 种浏览方式与节点浏览方式类似，但具体实现细节不同。

在图形编辑界面 "单击" 某条路段，即可在快速信息界面查看路段的具体信息。快速信息界面在不影响主界面操作视图的前提下，提供了路段信息的快速化展示。

此外，系统还提供了路段搜索浏览功能。用户通过点击工具栏的搜索按钮，打开路段搜索对话框。该对话框提供了多种基于路段属性值的搜索条件。用户指定道路名称或路段起点、终点编号，通过搜索条件的组合即可进行路段搜索。基于数据库语言的路段查询在该搜索功能的帮助下，能够在极短的时间内搜索出相应的路段及路段信息并显示。

路段的属性表信息浏览功能与节点属性表信息浏览功能类似，但提供更详细的路段信息。路段信息属性表详细地展示所有路段的基础信息以及交通信息，如路段长度、路段名称、机非分隔方式、自由流速度、分配流量、负荷比等。在属性表展示的基础上，还可对属性表进行筛选与排序，以满足用户定制化的浏览需求。

4. 路段的编辑

通过修改路段信息，可以实现道路地理位置、服务水平和交通管控等一系列信息的调整。图表与图像两种表现形式相辅实现了路段编辑的人机交互设计。

用户通过双击路段或右击路段进入修改界面，可对路段进行全面设置，包括几何信息、管理信息和参数设置。如图 12-8 所示，几何信息包括道路类型、机动车道宽度、机动车车道数、非机动车道宽度、是否机非分离等；如图 12-9 所示，管理信息包括允许出行方式、公交专用道数量、路侧停车情况、绿波交通设置、拥堵收费、尾号限行等；如图 12-10 所示，参数设置包括机动车和非机动车的通行能力折算、自由流速度、α 值、β 值。这三类路段信息分别满足不同层次下的虚拟仿真设计需求。几何信息编辑从路段自身角度考虑，满足修改道路地理位置信息的操作；管理信息编辑从交通管控措施考虑，满足虚拟交通系统不同场景下的路段设置；参数设置编辑从模型层次出发，提供直接与模型通信的接口，无需修改底层模型就可以进行交通模型的调整。

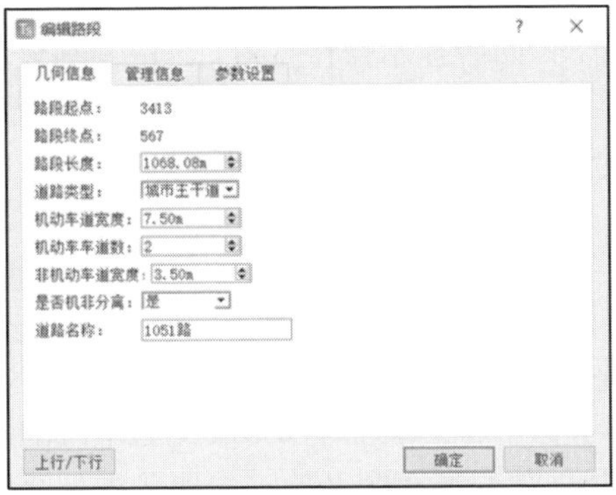

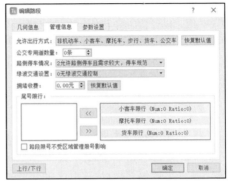

图 12-8 几何信息　　　　　　　　图 12-9 管理信息

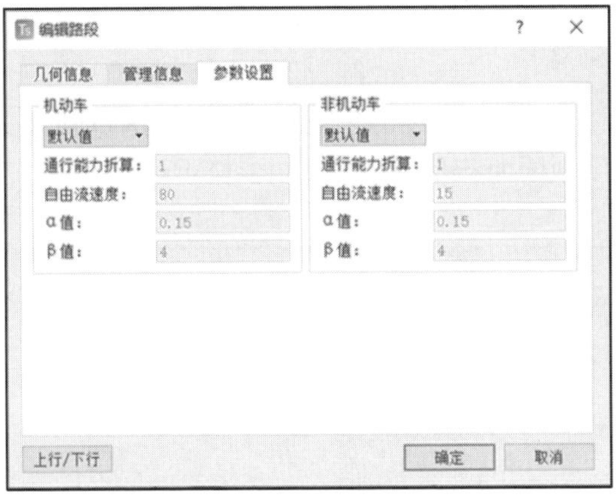

图 12-10 参数设置

12.2.3 交通小区交互设计

在城市虚拟交通系统中，交通小区是针对城市道路网络交通流在时间和空间分布上的不均匀和不匹配性，为了降低交通系统控制与管理的复杂性，提高系统效能和可靠性及满足系统开发的需要而提出的[1]。城市虚拟仿真数据库中的交通小区交互设计主要包括交通小区的新建、删除、浏览、编辑与交通小区自动生成5 个方面。

1. 交通小区的新建

交通小区基础数据库包括交通小区的数目、交通区号及交通小区对应的节点号 (即交通区形心点)。新建交通小区需将交通小区层设置为焦点图层，并将交互模式改为添加。之后，用户在图形显示窗口绘制交通小区边界即可新建一个交通小区。注意新建交通小区时，交通小区内部必须有节点为作用点，否则会提示交通小区区域错误；交通小区起点与终点不能重合，新交通小区的起点必须在整体边界上，新交通小区边界不能与已有边界重合，否则会提示操作无效。这些规则提示保证了在城市虚拟交通系统合理正确地对交通小区进行计算机数字化表达。新建交通小区时可以对交通小区的属性信息进行设置，包括交通小区编号、人口、面积、各类用地的面积等。

2. 交通小区的删除

将交互模式改为"选择"，并将交通小区图层设置为焦点图层。此时选择一个交通区，通过右键"删除"菜单和按键"delete"两种方式可以完成交通小区的删除。需要注意的是，交通小区的删除必须从外部交通小区开始。先删除内部交通小区会导致整个交通小区不再连通。外部交通小区的先序删除保证了交通小区的连贯性，如果未从外部交通小区开始删除，系统将会弹出错误提示。

3. 交通小区的浏览

用户通过"点击"交通小区，可在快速查看窗口浏览到该交通小区的编号、人口、总面积、各类用地的面积信息，如图 12-11 所示。

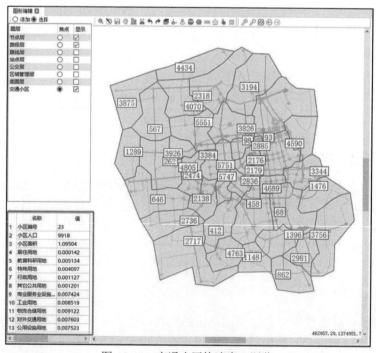

图 12-11　交通小区快速窗口浏览

4. 交通小区的编辑

在编辑界面中"右击"单个交通小区，会出现菜单选项，可进行拆分、调整形状、属性、修改作用点、删除等操作，选中多个交通小区可以合并交通小区的操作。

选择拆分选项，可在选中交通小区边界上进行操作。拆分的两个交通小区必须含有节点作为作用点，分割线不能与已有边界相交，起点与终点不能重合，分割点必须在选中的交通小区内部或边界上，否则会有相应的错误提示。对拆分后的交通小区进行包括作用点编号、人口、各类用地的面积等属性设置后，即可成功建立交通小区信息。

5. 交通小区自动生成

城市虚拟交通仿真平台可以根据所给数据自动划分交通小区，导入基础数据，在设计中选择划分交通小区选项，即可出现图 12-12 所示界面。获取人口数据有 2 种方法。第一种是直接使用人口数据；第二种是导入灯光数据推算人口数据。划分交通小区首先需要生成核心区，即城市中心区域。首先选择城市类型：特大型城市、大型城市、中等城市、小型城市，选定以后生成预览即可生成核心区，"点击"修改可对核心区进行调整，确定后即可保存。对核心区与外围区分别给定交通小区划分的面积参数。"生成交通小区预览"按键提供了自动划分交通小区功能。系统还提供了划分后的交通小区的修改功能，右键点击交通小区可以继续进行拆分、调整形状、删除等操作。

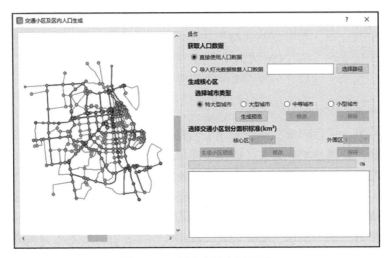

图 12-12　划分交通小区界面

直接使用人口数据，根据路网规模选择城市类型为小型城市，生成预览即可生成核心区区域。点击保存后，对交通小区划分面积标准进行设置，以核心区划分为 1 km²、外围区划分为 3 km² 为参数即可完成交通小区自动生成，如图 12-13 所示。

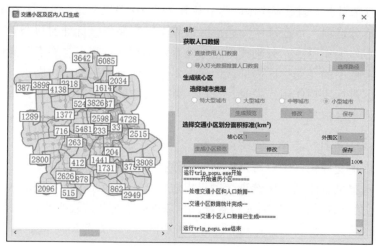

图 12-13　交通小区自动生成

12.3　面向业务策略的虚拟场景设计技术

面向业务策略的虚拟场景设计技术主要覆盖了城市土地利用开发、交通基础设施建设、公共交通规划、交通管理控制、交通政策制定等与城市综合交通系统相关的多层次交通方案量化测试与仿真评估需求，可以大大提升交通系统方案分析与评估的精确性、科学性及效率，为交通、交管、发改、规划等部门实现精明交通规划、精致交通设计与精准交通管控提供决策支持。

12.3.1　土地利用开发业务策略

针对规划、发改等部门的业务需求，整合交通阻抗分析、交通生成分析、交通分布分析等功能模块，开发了面向土地利用开发业务策略的虚拟场景设计，为城市形态与区域扩展调整、城市人口总量与分布调整、城市土地利用性质与开发强度调整、大型公共设施建设的交通影响评估等具体业务的快速仿真分析与决策提供技术支撑。

城市交通系统与土地利用密切相关，两者相互影响。一方面，土地利用对居民的出行产生及其行为影响深远，在制约城市交通系统规模上限的同时，在本质上决定了城市交通需求的发展模式；另一方面，城市交通的不断发展又会对土地开发与利用提出新要求。两者相互影响，相互制约，因此必须构建土地利用开发业务，才能进行城市交通规划设计。

交通小区是城市虚拟交通系统进行土地利用开发业务策略的基础分析单元。以城市交通发展计划及相关土地政策法规分析为主要目的，依据城市不同地区的土地利用性质，开展具体的土地开发规划。交通小区具有相似的基础建设及交通特征，通过调整小区的基础属性与交通属性，实现对土地利用开发业务策略分析。

城市人口的总量与分布是交通需求生成的重要影响因素。人口的不均衡时空分布体现了居民的出行特征，决定了城市交通系统的运行规律。如图 12-14 所示，通过更改交通小区属性信息中的人口属性值，即可改变该小区的常住人口数量；通过更改小区属性中各类型用地的面积，继而影响城市人口出行发生吸引量，实现土地利用性质分布及开发强度的场景设计；通过调整小区分布及形状，能够实现城市形态与区域的扩展调整，最终完成区域层次的土地利用开发调整设计。

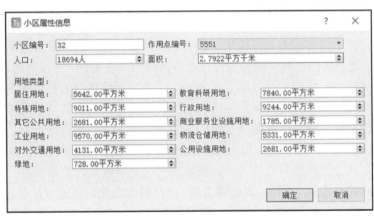

图 12-14　修改人口及调整用地类型

面向土地利用开发业务策略的虚拟场景设计技术主要通过交通小区实现不同的土地利用开发方案。基于此设计，用户只需与交通小区层交互，即可快速完成多层次的土地利用开发业务策略，定性、定量地分析土地利用与交通系统的内在协调关系。

12.3.2　交通基础设施建设业务策略

针对交通、规划等部门的业务需求，整合交通阻抗分析、OD 矩阵分析、机动车交通分配等功能模块，开发了面向交通基础设施建设业务策略的场景设计，为城市各类交通网络规划、城市重要交通设施的新建或改建的交通影响分析、重点交通设施建设的工程可行性研究等具体业务的快速仿真分析提供技术支撑。

交通基础设施的发展水平将影响城市交通系统的运行。针对交通基础设施建设的业务策略主要从路网建设出发，通过改变交通网络结构、基础设施服务水平与基础设施管控措施，对城市交通系统的状态进行量化建模。

用户与节点、路段层的交互是实现基础设施建设场景构建的关键。通过新增/删除路段，可以快速实现建造与禁行某条道路或桥梁的方案设计；通过设置路段车道数、长度等属性值，可以快速实现多参数下的交通阻抗分析；通过改变公交专用道、路侧停车设置，可以快速实现不同服务水平下的道路方案设计；通过调整节点的类型及信号配时等属性，可以快速实现城市交叉口改建的交通影响分析。

面向交通基础设施建设业务策略的虚拟场景设计技术通过与基础网络图层交互，实现不同需求下的业务功能。基于此设计，可快速构建规划方案，并对方案实施前后的交通系统运行状态、运行质量进行分析与评估，提供针对交通基础设施建设规划工程的决策。

12.3.3　公共交通规划设计业务策略

针对公共交通部门的业务需求，整合公交愿望客流分析、公交网络规划等功能模块，开发了面向公共交通规划设计业务策略的场景设计，为城市地面公交/轨道交通网络规划、轨道交通线路客流预测、轨道交通线路的工程可行性研究、轨道交通运行组织与管理等具体业务的快速仿真分析与决策提供技术支撑。

面向公共交通规划设计业务策略的场景设计技术主要通过用户与公交网络的交互实现。如图 12-15 所示，通过新增/修改/删除站点与公交线路，进行基于站点层面的公共交通路线布设设计，完成城市公交网络规划的策略设计；通过修改特定线路的发车间隔、票价、车速等信息，进行特定公交线路建设的仿真设计，完成城市公交线路的工程可行性研究；通过新增公共站点换乘对与站点步行连接线，可以实现公共交通网络与基础交通网络的有机融合，完成公交系统的运行组织与管理的策略设计。

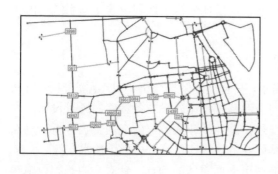

(a) 新建公交线路

(b) 修改线路基本信息

(c) 修改公交站点　　　　　　　　(d) 修改公交票价

图 12-15　公交线路设计

　　面向公共交通规划设计业务策略的场景设计技术从公交网络出发,提供直观的公交系统与网络构建,通过评估新增、减少或改变公交线路对区域内交通系统运行的影响,为多层次的地面公交系统规划与管理提供决策分析依据。

12.3.4　交通管理控制业务策略

　　针对交管部门的业务需求,整合交通阻抗分析、OD 矩阵的交通管理修正等功能模块,开发了面向交通管理控制业务策略的场景设计,为城市道路交通管理规划、城市单向交通网络组织、城市公交专用道网络组织、城市交通网络局部微循环组织、城市道路路边停车组织等具体业务的快速仿真分析与决策提供技术支撑。

　　交通管理控制业务策略包含很多方面,如交通需求管理、道路交通系统管理、交通保障管理以及智慧管理等。其力求在最小改变既有交通基础设施的条件下,挖掘现有道路设施的潜力,合理引导交通需求,实现城市交通系统有序、通畅和安全的目标。

　　面向交通管理控制业务策略的场景设计技术主要通过设置管控措施实现。通过设置路段的机动车禁行限行,实现交通组织优化管理的策略设计;通过设置路段的路侧停车属性,实现城市道路路边停车组织的策略设计;通过设置公交专用道、非机动专用道和人行道,可以实现特殊车道管理,完成城市交通网络局部微循环组织的策略设计;通过控制公交运营参数与公交专用道,实现公交优先通行策略。

　　面向交通管理控制业务策略的场景设计技术实现不同层次的交通管控措施与仿真推演,提供交通管理控制业务策略的合理性评价,为城市交通系统管理与控制方案的制定提供决策支持。

12.3.5　交通政策法规业务策略

　　针对交管、政府等部门的业务需求,整合交通阻抗分析、交通生成分析、交通分布分析、OD 矩阵分析等功能模块，开发了交通政策法规业务策略的场景设计，为城市道路拥堵收费方案、城市公共交通票价调整、城市车辆购买政策调整、城市道路差异化停车收费方案、城市交通结构优化方案设计等具体业务的快速仿真分析与决策提供技术支撑。

交通政策法规的制定是为了调配与优化有限的交通基础设施及交通系统时控资源，主要通过对出行者及交通工具的柔性引导与强制约束而实现，政府部门在制定交通政策法规时，需要对交通政策法规的影响进行量化表达与分析，以便综合评估政策法规的影响。

面向交通政策法规业务策略的场景设计技术针对中国常用交通政策对交通阻抗、交通需求等模型，提供了多样化的政策法规模板。通过设置拥堵收费策略，可以实现经济杠杆政策对城市交通系统的仿真分析；通过调整公交票价、车种出行成本等，可以实现私家车限购、公交优先发展、新能源汽车优惠等政策的场景设计；如图 2-16 和图 12-17 所示，通过设置区域管控策略，如车种禁行、尾号限行、差异化停车收费等，可以完成交通出行者在多种约束条件下的交通运行状态分析，实现城市交通结构优化的方案设计。

图 12-16　设置管控区域

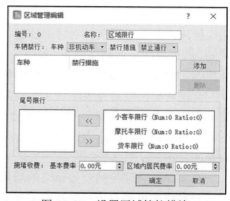

图 12-17　设置区域管控措施

面向交通政策法规业务策略的场景设计技术通过交通政策的数字化输入，实现交通政策等外部因素下的计算机仿真表达，为用户提供政策法规实施效果的综合量化评估。

12.4　本 章 小 结

本章主要介绍城市虚拟交通系统中面向业务策略的虚拟场景设计与人机交互技术，深入理解了系统与用户之间的交互关系，构建了系统可用与用户友好双向互利的交互环境。首先系统分析了人机交互的基本理念与人机交互设计技术在城市虚拟交通系统中的应用。在此基础上，从虚拟交通网络的基本组成要素即节点、路段、小区 3 个方面，详细阐述了人机交互设计的功能逻辑和具体实现。最后，介绍了基于计算机语言实现的交通信息的输入与复杂交通现象的模拟，从而实现面向不同业务策略的虚拟场景设计。

参 考 文 献

[1] 李晓丹, 储浩, 杨晓光. 城市道路网络交通小区概念解析 [J]. 武汉理工大学学报 (交通科学与工程版), 2009, 33(5): 972-975.

第 13 章 面向业务策略的一键式交通仿真流程设计技术

城市交通系统优化方案的分析与决策涉及规划、设计、管理等不同部门的密切协作，需要从不同层面、多个维度进行权衡，以确保其安全、高效、经济、环保地满足交通需求。然而，传统交通规划仿真软件的相关模型庞杂繁复，通常需要专业人员根据具体问题进行建模分析，不利于不同部门人员的业务对接与快速决策[1]。针对该问题，本章提出了一种具有普适性的"一键式交通仿真流程设计技术"。这种技术能够智能化地根据用户需求快速生成相应的交通系统集成分析方案，无须用户对复杂的交通场景和运行状况重新建模分析和研判。该技术配合可视化的人机交互和全面的评价体系，不同业务人员可以在统一的平台上快速建立模拟实施方案，并对其进行一键式的分析、仿真、评价、对比与决策。

本章结合前述章节论述的城市虚拟交通系统的仿真原理、模型及关键技术，以开发适应我国城市交通发展需要的交通仿真系统为指导，介绍面向业务策略的一键式交通仿真流程设计技术。13.1 节和 13.2 节整体阐述了面向业务策略的交通仿真技术的特征；13.3 节介绍了面向业务策略的仿真功能模块划分与运行逻辑；在此基础上，13.4 节按各种业务策略论述用户如何根据所需的业务策略实现一键式交通仿真；13.5 节主要介绍了面向业务策略的一键式仿真结果分析与展示技术；13.6 节对本章的关键技术进行总结。

13.1 面向业务策略的一键式交通仿真流程设计技术

面向业务策略的一键式交通仿真流程设计技术的根本在于模型算法和业务功能的模块化分割，各模块间强弱逻辑关系及数据传输时序的智能化梳理，以及仿真流程运行状态的监测与反馈[2]。同时，针对不同业务需求，面向业务的一键式交通仿真技术能快速生成有序合理的模块组合与运行流程，并封装成为面向业务的流程模板，以满足城市交通系统规划、设计与管理相关部门不同业务人员的工作要求。

根据城市规划、交通规划、公交规划、交通管理和交通政策制定业务需求，城市虚拟交通系统预设五类面向业务功能的流程设计模板，分别为：① 面向城市规划与土地利用开发业务功能的流程设计；② 面向城市交通基础设施规划建设业务功能的流程设计；③ 面向城市公交系统规划与管理业务功能的流程设计；④ 面向城市交通系统管理与控制业务功能的流程设计；⑤ 面向城市交通系统政策制定业务功能的流程设计。

上述业务策略模板均包含方案组织设计、交通需求分析、交通运行分析、方案综合评价和分析结果展示一整套仿真流程。针对不同业务类型提供了相应的方案组织形式、模型算法、评价体系及展示内容；用户可根据自身需求对模块进行组合调配，修改模型参数，形成个性化的方案流程模板[3]。基于流程模板快速构建相应方案，同时对方案流程进行封装，预留方案输入及结果展示接口，生成供非专业人士使用的"一键式"业务流程，实现特定情境下各种拟实施方案的快速构建、仿真、评价及对比，从而进行方案优选，满足城市交通系统规划、设计与管理相关部门不同业务人员的工作要求。

同时城市虚拟交通系统也支持用户在现有项目的基础上，通过可视化人机交互快速添加多个备选方案。系统会自动分析不同方案的作用机理，精简仿真流程，减少重复计算。同时，用户可在仿真流程中添加方案对比模块，系统将以评价报告和图形展示两种方式对备选方案进行全面比较。其中，评价报告将从居民出行效率、网络运行效率、公交系统运行效率、环境影响、能源消耗及经济性能等多个方面对备选方案进行对比；图形展示将在节点、路段、区域 3 个层面，直观地体现备选方案在交通流量、交通质量、环境经济影响等作用下差异的空间分布。该技术能为备选方案的快速添加和对比决策提供有力支撑。

13.2 基于业务需求的仿真流程模块智能化组合

城市虚拟交通系统具有一整套普适性的功能模块、对象模块及模型算法模块 (具体参见 13.3 节)，并建立了模块间的强弱逻辑关系及数据传输监测机制。根据用户的业务需求及输入数据，城市虚拟交通系统将自动分析不同功能实现的作用机理，梳理相应的模型算法并建立各模块间的派生关系，对模块进行智能化的组合优化，形成以模型算法为基础、业务功能为导向、作用机理为约束的仿真流程。

此外，处在同一层级的模块均有相应的逻辑关系约束 (并行、互斥、依赖)，保证模块组织的合理性；同一层级各模块具备不同的优先级别，保证方案仿真流程的有序性；通过模型算法间的数据传输时序建立运行状态监测机制，根据预设的输入文件及展示结果自动调整方案仿真流程；监测机制实时反馈软件运行状态，提升复杂方案流程的抗扰动能力。

13.3 面向业务策略的仿真功能模块划分与运行逻辑

城市虚拟交通系统总体分为 6 个子系统，分别为方案组织设计、交通需求分析、交通运行分析、公共交通分析、方案综合评价及分析结果展示。其中，方案组织设计涵盖基础数据库的建立和拟实施方案的快速录入，包含的模块对应多种数据库建立方法和具体方案设计诱导；交通需求分析以方案组织设计为基础，包含的模块对应不同的交通需求预测模型及具体的算法实现，用以分析拟实施方案对交通需求的影响；交通运行分析对交通需求及设计方案下的出行行为进行仿真模拟，包含的模块对应具体的交通分配、负荷分析与最短分析等模型算法；公共交通分析面向规划与设计层面的多模式公交仿真，其模块对应公共交通系统的分析模型或算法；方案综合评价对拟实施方案的仿真结果进行评估，其模块对应每一项评价指标的计算；分析结果展示对仿真结果进行可视化表达，并可根据评价结果生成研究报告，其模块对应每一项展示内容的具体实现。

每一子系统中的模块根据隶属关系划分为 3 个层级，分别为顶层的功能模块、中间层的对象模块和底层的模型算法模块。其中，中间层的对象模块按其所属功能进行划分，底层的模型算法模块按其所属对象进行划分。处在同一层级同属划分的模块具有互斥、并行及依赖 3 种直接逻辑关系，同一层级不同属划分的模块具有间接逻辑关系。上述逻辑关系保证了各子系统底层模块的有序串联，为用户提供了合理的一键式仿真流程。同时，系统在具备依赖关系的模块之间建立了数据传输监测机制，对数据的字段、类型、完整性及传输时序进行实时的监测反馈，从而智能化地对模块组合进行优化。下面将详细阐释每一子系统的模块划分以及模块间的逻辑关系和数据传输机制。

13.3.1　方案组织设计

方案组织设计为仿真流程提供了数据基础和方案设计的前端输入，如图 13-1 所示，方案组织设计包含数据库建立和方案设计 2 个顶层功能模块。其中，数据库建立分为网络数据库、小区数据库及需求数据库 3 个对象模块。三者呈线性依赖关系，每一个对象模块会检测所依赖模块数据的完整性并与其建立数据对应关系。

每个对象模块包含若干基础的模型算法模块，为对象实现提供具体的方法和途径。作用于同一目标的不同算法呈互斥关系，避免数据的重复载入或计算，作用于不同目标的算法呈依赖或并行关系。例如，小区数据库建立支持 3 种小区划分方法，这 3 种方法相互独立呈互斥关系，即小区数据库建立所对应的功能模块不允许同时存在 2 种或 2 种以上的小区划分方法；同理，2 种人口自动预测的算法模块也呈互斥关系，但其算法依托于小区结构，所以人口预测算法模块依托于小区划分模块，两者呈依赖关系。

方案设计依赖于数据库的建立，以现有数据库为基础添加拟实施方案，包含五大并行的对象模块，用户可以同时添加面向不同对象的多个设计方案。不同于其他的底层算法模块，方案设计的底层模块为对象具体实现的细分，引导用户进入与之对应的人机交互界面，不同的细分模块可以组合成特定的输入端口，从而帮助非专业人员快速直观地添加拟实施方案。除此之外，上层模块的直接逻辑关系决定下层不同属模块的间接逻辑关系，从而将底层模块合理有序地串联为一整套方案仿真流程。

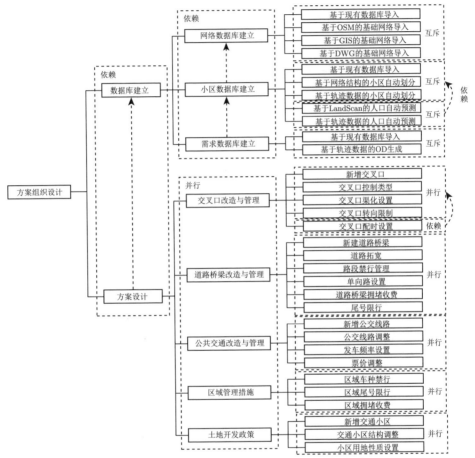

图 13-1　方案组织设计的模块划分及其逻辑关系

13.3.2　交通需求分析

　　交通需求分析环节依托于方案组织设计，所预测的交通需求是交通运行分析子系统的必要输入。类似于方案组织设计的模块划分机制，交通需求分析定义了六大功能模块，分别为交通阻抗分析、交通生成分析、交通分布分析、优势出行距离、交通方式分析以及 OD 矩阵分析，它们之间为线性依赖关系。不同的是处在底层的模型算法模块直接与功能模块建立从属关系，如图 13-2 所示。城市虚拟交通系统考虑了所有模块的相互逻辑关系并能够根据输入数据智能化地选择合适的模型算法，为流程快速生成和一键式仿真提供保障。

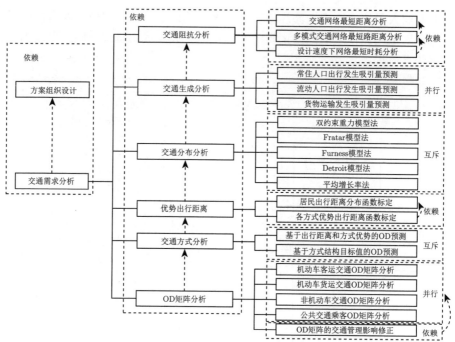

图 13-2　交通需求分析的模块划分及其逻辑关系

　　例如，以交通阻抗分析为基础，仿真流程会按照交通规划中的四阶段法依次运行交通生成分析、交通分布分析、优势出行距离、交通方式分析和 OD 矩阵分析中的底层模型算法模块。其中，交通阻抗分析中 3 个底层模块的线性依赖关系决定了其运行时序，即交通网络最短路距离分析 → 多模式交通网络最短路距离分析 → 设计速度下最短时耗分析。若同一功能模块下的底层模块均为依赖关系，一旦该功能模块接入仿真流程，其所属的底层模块不得缺省，需按顺序依次运行以保证数据的有效传输和仿真流程的完整性。

　　与交通阻抗分析不同，交通生成分析模块包含常住人口、流动人口、货物运输 3 种并行的发生吸引量预测方法。对于此种互为并行关系的同属底层模块，其是否接入仿真流程主要由前端输入数据和后续仿真需求决定。例如，拟实施方案为高峰时段的禁货策略仿真，则依托于方案组织设计的需求分析会自动对输入数据进行判别，从而去除交通生成分析中的货物运输发生吸引量预测模块。同时，数据流的传输也将作用到 OD 矩阵分析中的机动车货运交通 OD 分析模块，将其从仿真流程中剔除，以减少无用的计算，提升仿真效率。

　　交通分布分析中的 5 种底层模块和交通方式分析中的底层模块均为互斥关系，城市虚拟交通系统只允许每个功能模块中的一种模型算法接入仿真流程中，以避免功能重复和数据的无效覆盖。OD 矩阵分析功能模块中，OD 矩阵的交通管理影响修正以分方式 OD 矩阵分析为基础,其运行时序自然为线性依赖关系。

上述从属关系和逻辑顺序,配合数据传输的识别和反馈,为底层模块参与仿真流程的必要性和运行时序的合理性提供保障。基于此机制,用户无须了解繁杂的交通模型算法机理便可根据业务需求实现一键式仿真。

13.3.3 交通运行分析

交通运行分析作为整个仿真流程的核心部分,依托于方案组织设计和交通需求分析,模拟了居民出行路径选择行为,表征了城市交通网络运行状态。交通运行分析预设了五大功能模块,分别为步行交通分配、自行车交通分配、机动车交通分配、网络运能分析及网络特征分析。如图 13-3 所示,五大功能模块为线性依赖关系,即自行车交通分配会考虑行人的影响 (步行交通分配),其分配结果又会作用于机动车交通分配,而机动车交通分配结果又是网络运能分析和网络特征分析的基础。因此,仿真流程会依次运行步行、自行车、机动车交通分配中的模型算法底层模块。机动车分配的底层模块将会自动修正步行与自行车流量影响下路

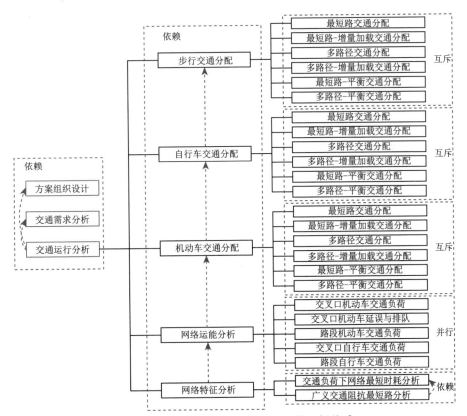

图 13-3 交通运行分析模块划分及其逻辑关系

段的机动车实际通行能力，从而更准确地对城市居民出行路径选择进行仿真模拟。网络运能及特征分析中的模块会在交通分配结束后自动接入仿真流程，依照同属底层模块间的逻辑关系依次运行，至此完成交通运行分析子系统的仿真流程。

与交通需求分析相似，底层的模型算法模块直接与上述五大功能模块建立从属关系。功能模块的线性依赖关系决定了其从属模型算法模块的运行时序。其中，步行、自行车、机动车交通分配均内置了 6 种分配计算模型，模型间呈互斥关系以避免功能重复和数据的无效覆盖；网络运能分析包含 5 种互为并行关系的底层算法模块，并且可根据所依赖功能模块的输出文件自动识别是否接入仿真流程；网络特征分析包含 2 种呈依赖关系的算法模块，其中，网络最短时耗分析依托于网络运能分析中交通负荷模块的输出结果，而广义交通阻抗最短路分析又依托于最短时耗的分析结果。

13.3.4　公共交通分析

如图 13-4 所示，公共交通分析依托于方案组织设计、交通需求分析和交通运

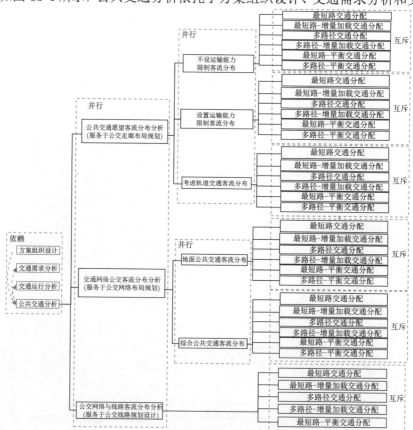

图 13-4　公共交通分析模块划分及其逻辑关系

行分析，提供了面向公交走廊布局规划、公交网络布局规划及公交线路规划设计的多模式公交系统客流分布分析功能。不同功能下的每一个对象均对应多个互斥的模型算法，并能根据具体业务需求和数据传输状态自行调整。例如，基础网络数据中若包含轨道交通网络数据或业务项目涵盖轨道交通的布局规划，则"考虑轨道交通客流分布"的对象模块会自动接入仿真流程以满足相应的业务需求。

13.3.5　方案综合评价

方案综合评价在上述各子系统和最终决策之间起到纽带作用。方案综合评价提供了城市居民出行效率、道路网络运行效率、公共交通运行效率、环境影响与能源消耗以及综合城市交通系统经济性能等 5 个评价指标体系。如图 13-5 所示，每一个评价体系又包含若干具体的评价指标，为交通决策者与相关业务人员提供系统的评价结果与决策支持。

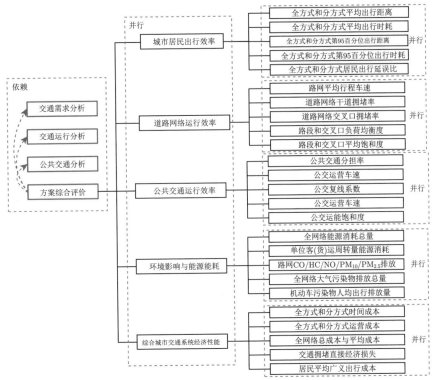

图 13-5　方案综合评价模块划分及其逻辑关系

该部分所包含的评价体系与具体的评价指标均呈并行关系。方案综合评价依托于交通需求分析、交通运行分析和公共交通分析，具体评价指标的计算承接三者的输出结果，所以三者的流程模块组织直接影响方案综合评价的对象实现。城市虚拟交通系统自行判断前端流程模块的组织方式以调整方案评价模块的内容，只进行可实现的有效评价。同时，数据传输监测机制能够根据数据库的完整性自动接入相应的指标计算模块，并给出相应的评价结果。

13.3.6　分析结果展示

分析结果展示依托于仿真流程前 5 个子系统的输出结果，定义了 3 种结果展示类型，分别为图形展示、研究报告和数据表格，如图 13-6 所示。每种类型细分为与具体展示内容所对应的底层模块。与方案综合评价类似，结果展示类型及具体展示内容均呈并行关系，并且会根据前端数据的传输状态及业务需求自行调整，将所需的数据或结果转化成图形、报告或表格，同时剔除该方案下无用或不可实现的展示内容。

分析结果展示的智能化模块组织保证了最终输出端内容的有效性和准确性，为相关人员呈现直观易懂且紧扣实际业务需求的方案实施效果。同时，图形展示和研究报告内置方案比较分析模块，能够以不同形式直观地展现当前方案与其他备选方案的差异。仿真流程运行结束后，用户可以在新的标签页中调取、查看具体的展示图形和研究报告，从多个方面权衡当前方案的利弊，为方案的快速比对、优选提供有力支撑。

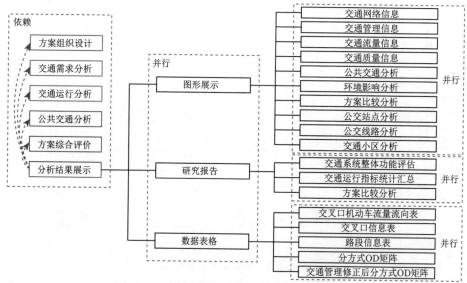

图 13-6　分析结果展示模块划分及其逻辑关系

13.4   面向业务策略的交通影响分析技术

基于上述模块划分机制以及运行逻辑关系,城市虚拟交通系统可实现面向业务策略的交通影响分析,根据用户的业务需求有针对性地生成方案模板,方便用户快速地建立项目。城市虚拟交通系统设有 5 种默认的面向业务的流程设计,分别是面向城市规划与土地利用开发业务功能、面向城市交通基础设施规划建设业务功能、面向城市公交系统规划与管理业务功能、面向城市交通系统管理与控制业务功能和面向城市交通系统政策制定业务功能。

根据实际情况,城市虚拟交通系统可针对特定业务设计仿真流程,即用户可自定义面向业务的流程设计模板,在新建面向业务的流程设计的时候即可使用保存的模板,人性化的功能设计让用户使用更加方便快捷。按照方案选项的具体内容,城市虚拟交通系统自动搭配整个交通分析过程相关联的一系列模块并按序执行,通过一键式仿真,最后产生指定的研究报告、数据表格、各类分析图形,供使用者进行方案对比、决策。面向业务的流程设计是直接针对用户需求决定方案的模块组织逻辑顺序,特别是对于非专业人员,操作十分友好,根据用户需求即可自动生成专业的方案模板,避免用户自己建立方案时出现模块缺少必要文件的问题。下面介绍具体实现方法。

13.4.1   土地利用开发业务策略

土地利用开发业务策略主要包含:城市形态与区域扩展调整、城市人口总量与分布调整、城市土地利用性质与开发强度调整、大型公共设施建设的交通影响评估等的一键式系统仿真。比如对城市土地规划来说,城市虚拟交通系统可以分析新建和改扩建公共设施、城市人口分布变化、土地使用性质变化对城市整体交通的影响。

用户选择面向土地利用开发政策的业务功能的方案设计功能模块时,城市虚拟交通系统将生成相应的仿真流程模板,如图 13-7 所示。模板中方案设计下的底

图 13-7   土地利用开发政策业务策略

层模块预设为土地开发政策,在方案模板的仿真流程生成过程中会自动剔除方案设计模块下的公共交通改造与管理、区域管理措施等底层模块,并且会根据业务性质推荐原始数据库的导入形式。由于该业务不涉及公共交通系统,所以仿真流程自动剔除公共交通分析部分的模块及公交系统评价体系。

13.4.2　公共交通规划设计业务策略

面向城市公交系统规划与管理业务策略是指:城市地面公交网络/轨道交通网络规划、城市轨道交通线路客流预测、城市轨道交通线路的工程可行性研究、城市轨道交通运行组织与管理等的一键式仿真。比如,对具体区域内的公共交通而言,城市虚拟交通系统可分析新增、减少或改变公交线路对区域内交通的影响,评估公共交通线路的合理性。

用户选择城市公交系统规划与管理业务时,城市虚拟交通系统将生成如图 13-8 所示的方案模板,方案设计节点下的子节点为公共交通改造与管理 (图 13-8 (a)) 和区域管理 (图 13-8 (b)) 措施,软件自动剔除道路桥梁改造与管理、土地开发政策等底层模块。考虑到区域管理措施会影响公共交通系统规划与管理,软件自动

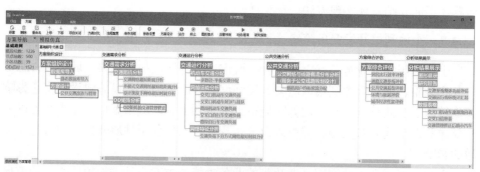

(a) 公共交通改造与管理

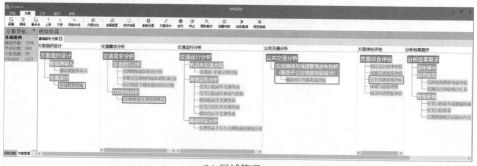

(b) 区域管理

图 13-8　面向城市公交系统规划与管理业务功能

添加 OD 矩阵的交通管理修正底层模块,用户可以通过对方案中公共交通管理和区域管理的修改实现对城市公共交通方案的评估,比如公交优先策略、快速公交系统的建设、公交线路的改线、公交发车时刻表等。并且,公共交通分析子系统中自动添加了公交客流分布分析模块,用以模拟设计方案下的乘客选择行为,方案综合评估子系统中也自动配置公共交通系统评价模块,针对公交系统的仿真结果进行评估。

13.4.3 交通基础设施建设业务策略

面向城市交通基础设施建设业务策略的交通系统仿真主要涉及的业务策略有:城市各类交通网络规划、城市重要交通设施 (环线、通道、桥梁等) 新建或改建的交通影响分析、重点交通设施建设的工程可行性研究等的一键式仿真。比如对具体道路、桥梁等交通基础设施建设方案来说,城市虚拟交通系统可以实现新建和改建道路、桥梁 (包括项目选址、道路等级、车道数等) 对交通系统影响的评估。

用户选择面向城市交通基础设施建设的业务功能时,城市虚拟交通系统将生成相应的仿真流程模板,如图 13-9 所示。模板中方案设计下的底层模块预设为交叉口改造与管理,在方案模板的生成过程中仿真流程自动剔除方案设计模块下的公共交通改造与管理、区域管理措施等底层模块,并且会根据业务性质推荐原始数据库的导入形式。由于该业务不涉及公共交通系统,所以仿真流程自动剔除公共交通分析部分的模块和公交系统评价体系。

图 13-9 面向城市交通基础设施建设的业务策略的仿真流程

通过点击“方案”工具栏中的“方案设计”按钮,仿真流程会自动跳转到交叉口改造与管理的人机交互界面,如图 13-10 所示。用户可视化地修改交叉口类型,并对交叉口渠化、信号控制、转向限制等进行方案设计。方案保存后,系统会自动修改基础数据库中的相应节点信息。

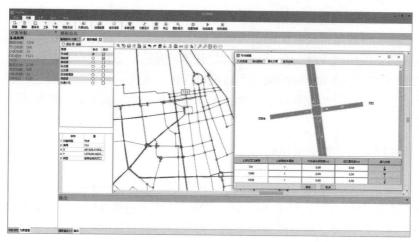

图 13-10　交叉口改造与管理的人机交互界面

13.4.4　交通管理控制业务策略

面向城市交通系统管理控制业策略是指：城市道路交通管理规划、城市单向交通网络组织、城市公交专用道网络组织、城市交通网络局部微循环组织、城市道路路边停车组织等交通影响评估的一键式仿真。对具体交通组织和管理方案而言，城市虚拟交通系统可以实现交通组织与管理措施效果评估，如设置公交专用道、交叉口转向车道管理、占道停车、设置单行线以及设置路边停车带等。

基于现状的城市交通小区域管控措施，城市虚拟交通系统检测到包含现状分方式 OD 矩阵的静态数据库导入，则会默认该方案为区域管控措施实施后近期交通运行状态的仿真模拟，即交通小区的发生量、吸引量及小区间的总出行量短期内不会改变，只考虑区域管理措施实施后现状分方式 OD 的交通量转移。基于以上判断，仿真流程会自动剔除交通需求分析中的交通生成、交通分布及交通方式分析模块，接入 OD 矩阵的交通管理修正模块对小区间出行的交通方式转移进行仿真模拟，如图 13-11 所示。

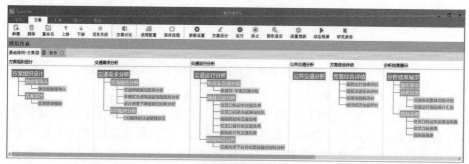

图 13-11　面向城市交通管理控制的业务策略的仿真流程

13.4.5　交通政策法规业务策略

面向城市交通系统政策制定业务策略包括：城市道路拥堵收费方案、城市公共交通票价调整、城市车辆购买政策调整、城市道路差异化停车收费、城市交通结构优化方案设计等交通影响评估的一键式仿真。对具体交通管理政策来说，城市虚拟交通系统可实现单双号限行、拥挤收费、过路过桥费等交通管理政策评估。

如图 13-12 所示，在城市虚拟仿真平台中可以对特定路段进行尾号限行仿真分析。首先双击需要进行管控的路段，或者右击"修改"菜单，即弹出编辑该路段信息的对话框。在"编辑路段"对话框中选择"管理信息"选项卡，在页面下方设置尾号限行。尾号限行中，选择需要限行的车型和尾号个数，点击"添加"，即可添加该车种的限行设置。若想在反方向路段设置同样的控制措施，点击"上行/下行"按钮即可。

图 13-12　城市虚拟仿真平台尾号限行仿真分析

13.5　面向业务策略的一键式仿真结果分析与展示技术

基于交通需求预测和交通运行分析等模块输出的结果数据信息，虚拟交通系统可以为多种类型的方案测试与评估提供支持。例如，基于对分配结果数据的统计分析与推断，为交叉口、路段相关的路网设计提供依据；基于出行需求对路网和整体系统效能的影响分析，为需求管理控制决策提供依据；基于不同交通治理方案的分析指标评价，为交通方案比选和论证提供依据。城市虚拟交通系统的结果分析与展示功能可以对交通系统整体运行状态及具体实施方案进行仿真评价，提供符合多元而简洁的结果数据交互方案，为虚拟交通系统仿真测试和具体决策构建纽带。

13.5.1　一键式城市虚拟交通系统结果分析技术

结果分析的主要任务是将虚拟交通系统产生的基础数据与分析结果数据转化为用户可读的交通系统运行状况信息，供用户研究、测试和辅助决策，应能准确读取、筛选、计算各输入量，快速实现对交通系统运行状态的综合评估，并生成统一格式的数据库文件。

1. 基础分析

基础分析实现对各功能模块数据传输的衔接。首先将方案组织设计导入的信息转化为虚拟交通仿真系统主要计算模块识别的基础数据文件和标准格式。例如，通过方案配置时导入的路段和节点拓扑关系的基础数据，计算路网基础属性和非负荷条件下的交通网络基本运行特征，为后续的交通需求预测和交通分配服务。

1) 路段分析与节点分析

路段分析与节点分析为交通分配的交通阻抗计算提供支持。该模块输出的最基本的参数为道路网络中路段和节点通行能力，包括基于路网静态参数计算的路段和交叉口设计通行能力与考虑交通管控措施影响的实际通行能力。负荷条件下，网络运能分析模块会调用节点与路段分析，计算道路网络中的节点和路段的相关交通参数值。

2) 网络分析

网络分析包括网络道路长度分析和多模式网络最短路分析。其中，网络道路长度分析输出综合交通网络各方式的有效路段长度，为交通需求预测和交通分配的分析服务；多模式网络最短路分析通过综合交通网络分方式的交通小区间最短距离矩阵分析和多模式公交网络交通小区间最短距离分析，输出综合交通与多模式公交网络的交通小区间最短距离矩阵以及设计时速下的综合网络交通区间最短路时间矩阵。

2. 交通需求分析

交通需求分析结果数据主要包括基于交通小区属性数据和多模式路网阻抗的交通需求预测结果，主要反映交通需求特征和出行结构特征。

1) 交通生成

交通生成分析是基于交通流量与各交通小区社会经济、土地利用、人口信息等指标的定量分析，对应于城市虚拟交通仿真系统中的常住人口出行发生吸引量预测、流动人口出行发生吸引量预测以及货运交通发生吸引量预测 3 个子模块。城市虚拟交通系统的交通生成分析功能可分别输出各小区单位时间内的常住人口发生吸引量、流动人口发生吸引量以及货运交通发生总量和货运交通吸引总量，结果数据文件按小区顺序排列。

　　2) 交通分布

　　交通分布依据发生吸引预测结果和现状 OD 推算未来交通分布，计算出总的交通需求分布情况并为方式划分提供支持。城市虚拟交通系统中的分布预测模型主要包括重力模型法和增长系数法，输出结果均为总交通需求 OD 分布矩阵。

　　3) 方式划分及 OD 矩阵分析

　　城市虚拟交通系统方式划分模块的结果数据为多模式网络下各方式交通需求的 OD 分布矩阵。由于采取基于优势出行距离和基于方式结构目标两种互斥的预测方法，结果文件分开存储。OD 矩阵分析对各方式交通需求分布结果进一步细化，考虑各小类交通方式属性和参数以及交通管理对出行的影响修正，输出各交通方式 OD 矩阵结果数据。

　　3. 交通运行分析

　　1) 交通分配集成运行

　　交通运行分析包括步行交通分配、自行车交通分配、机动车交通分配、网络运能分析及网络特征分析 5 个子模块，其中步行、自行车、机动车分配内置 6 种运行关系为互斥的模型，分配集成运行输出结果为网络中各路段的步行、自行车、各类机动车流量及总的机动车流量，服务于后续分析结果展示模块。

　　2) 网络运能与特征分析

　　网络运能分析子模块在分配完成后调用基础分析模块中的路段分析和节点分析，计算并输出道路网络路段和节点的机动车与非机动车负荷以及节点延误和排队信息，结果数据包括：网络中各路段机动车与非机动车交通负荷、各路段的机动车平均行程时间与平均行驶速度、各交叉口的机动车与非机动车交通负荷、各交叉口的机动车平均排队与延误。最后，网络特征分析调用基础分析中的网络分析模块，依次计算并输出交通负荷下各方式网络最短出行时间矩阵和交通网络广义最短路矩阵。

　　4. 公共交通分析

　　公共交通分析模块支持面向公交走廊布局规划、公交网络规划及公交线路设计的多模式公交系统客流分布分析功能，分别输出对应的结果数据。其中，面向公交走廊布局规划的愿望客流分析将公交客流分配到道路网络，可以输出基于路段分布的公交愿望客流结果和轨道交通愿望客流结果；面向公交网络布局规划的交通网络公交客流分布分析，可以输出断面客流量、站点换乘客流量和站点上下客流量；面向公交线路规划设计的交通网络与线路客流分析，可以输出分布在公交线网上的公交客流量。

13.5.2　一键式城市虚拟交通系统结果展示技术

虚拟交通系统应能适应不同用户与系统交互的场景，从不同角度清晰有效地向用户传达和展示交通系统运行特征，满足各类方案测试或评估需求。主要展示方式包括：各类交通信息与分析结果的图形可视化、数据表格访问以及分析结果评估报告输出。其中，图形展示主要呈现分析结果中可与空间数据关联的交通属性数据，数据表格用于直接访问各类结果数据文件，结果评估报告则展示用于反映网络运行特征和系统综合效能的统计推断结果。

1. 图形展示功能设计

图形展示系统支持在前端实现各类交通分析结果的图形可视化展示。基于结果评估与展示的交互需求，读取基础路网信息、管理信息、需求预测结果和分配结果提供的相关交通属性数据，通过关联空间数据实现图形可视化。图形展示系统能够观察所制订交通方案的路网运行状况，检验规划调整或管理策略对路网产生的影响，进行方案比选或快速找出路网运行过程中存在的问题，从而优化调整原方案；同时，图形展示系统可满足对交通方案及其实施效果的多维展示需求。图 13-13 概括了各类别结果数据与图形展示内容对应关系。

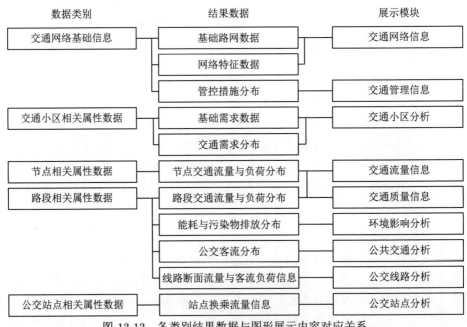

图 13-13　各类别结果数据与图形展示内容对应关系

在展示效果方面，除默认配置外，图形设置功能允许自行对显示图元的尺寸、配色进行灵活调整。如图 13-14 所示，对于不同的交通方案显示内容，图形显示子系统支持折线图、饼图、柱状图等多种显示形式。同时，图形分析系统支持自由缩放、拖动，便于根据需要动态展示交通系统整体或局部信息，具有展示内容丰富、操作简便、自由度高等特点。此外，用户还可以根据仿真分析的结果实现个性化的图形样式配置 (图 13-15)。

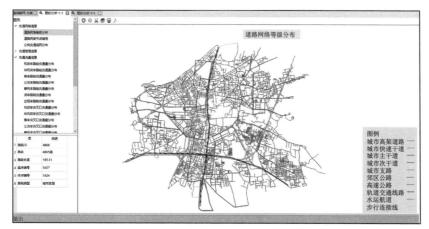

图 13-14　图形分析系统

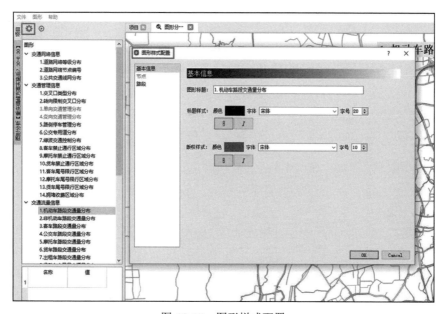

图 13-15　图形样式配置

2. 图形展示交互设计

为满足展示交互需求，图形分析系统界面默认设定 3 个子窗口：图层管理窗口、图形显示窗口和快速查看窗口。其中，图层管理窗口用于控制图层显示操作，可选择所需展示的交通分析模块运行结果；图形显示窗口用于分析结果展示，并支持选择、缩放、拖动等图形查看功能，图 13-16 所示为机动车路段流量图层的展示结果；快速查看窗口支持查看所选图元基本信息，当光标停留在某个可控图元时，显示有鼠标悬停效果，其中节点的悬停效果为编号标注，路段的悬停效果为有向红色箭头。用户亦可查看指定路段的详细信息，包括路段基本属性和机动车流量，如图 13-17 所示。

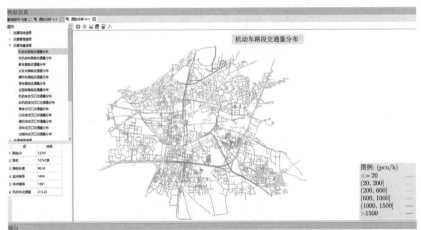

图 13-16　机动车路段交通量

图 13-17　图元信息快速查看窗口

图形展示功能模块还支持方案比较分析的图形直观显示，首先在参数设置–方案设置–方案比较中进行设置，选择另一方案与当前方案进行比较，比较结果有图形比较与报告比较两种展示形式。交通分析相关模块运行完成后，选择图形展示模块–方案比较图层可展示比较结果，显示该路段的对比差值，如图 13-18 所示。

图 13-18　方案比较图层的图形展示

3. 数据表格展示

除了图形展示，数据表格展示也支持用户对各运行分析模块输出的结果进行访问。如图 13-19 所示，数据表格包括交通网络交叉口排队、道路交叉口机动车

	1		1		1	2	3	4	5	6	
1	0	1	0.0093941	1	34.891144	11.377878	5.01001	5.01001	1.78929	8.767518	1.78929	6
2	0	2	0	2	16.924676	13.240742	3.578578	0.894644	0.894644	1.968218	0.536786	2
3	0	3	0	3	6.62037	5.546798	56.899404	2.326076	4.831082	3.041792	6.978228	7
4	0	4	0	4	4.652152	1.968218	2.862864	66.382638	10.556808	74.971228	1.968218	2
5	0	5	0.215299	5	0.894644	2.505006	2.683934	15.566818	163.64641	8.946448	28.1972	4
6	0	6	0.196123	6	4.041792	0.894644	2.072574	17.356108	8.767518	23.081834	1.968218	0
7	0	7	0.265444	7	1.61036	1.252502	7.693944	2.683934	27.1972	1.61036	39.543296	
8	0	8	0.428245	8	12.346098	5.725726	14.135386	1.431432	9.125376	1.073574	6.262514	53
9	0	9	0.54156	9	3.041792	2.505006	11.630382	0.357858	3.39965	0.0	2.505006	3
10	0	10	0.154247	10	0.536786	0.0	1.78929	1.431432	25.586838	0.894644	7.515016	
11	0	11	0.103536	11	8.946448	2.683934	9.304306	1.073574	8.230732	0.536786	3.39965	17
12	0	12	0.0345628	12	1.715716	0.536786	3.39965	2.147148	16.103604	0.0	6.978228	3
13	0	13	0.0433277	13	0.357858	0.357858	1.61036	1.252502	12.451452	0.357858	5.546798	2
14	3.50749	14	0.151369	14	1.78929	0.536786	4.115366	3.578578	26.302554	0.178928	6.262514	
15	0.0664736	15	0.143889	15	0.536786	0.178928	1.073574	5.01001	6.262514	0.715716	2.505006	4
16	2.75475	16	0.0589295	16	0.0	0.0	0.357858	1.431432	2.862864	0.0	0.536786	0
17	0.0927706	17	0.118537	17	2.505006	0.894644	2.505006	2.147148	15.030032	0.0	6.978228	2
18	4.64857	18	0.220023	18	0.178928	0.715716	1.073574	4.831082	2.505006	0.357858	1.252502	1

图 13-19　数据表格展示

交通负荷以及小汽车 OD 矩阵数据信息等。其中，路段和交叉口流量、通行能力、延误、排队以及负荷信息文件按输入路网路段的顺序或交叉口顺序单列排列。以交叉口排队和交叉口机动车交通负荷为例，行数即为网络交叉口的总个数，与路网输入的交叉口节点相对应。

此外，每个交叉口有一个对应的交叉口机动车流量流向信息表，如图 13-20 所示，该表主要是用于展示各进出口的流量分布情况，并按照路网中输入交叉口的顺序排列，构成交叉口机动车流量流向信息表格文件。

交叉口机动车流量流向表

交叉口编号: No. 1717

进口一出口	1715	1710	10673	进口流量
1715	0	0	12	12
1710	0	0	376	376
10673	0	99	0	99
出口流量	0	99	388	487

交叉口编号: No. 1736

进口一出口	1737	5046	5460	5457	进口流量
1737	0	27	6	58	92
5046	384	0	84	821	1289
5460	0	0	0	0	0
5457	39	30	9	0	78
出口流量	423	57	99	879	1459

图 13-20　交叉口机动车流量流向信息表

13.6　本章小结

本章主要介绍了城市虚拟交通系统中面向业务策略的“一键式”仿真技术。首先，总结其“快速化”和“智能化”的技术特征，并且从功能模块、对象模块及模型算法模块 3 个层面阐明城市虚拟交通系统的模块划分及其运行逻辑。然后，在此基础上给出面向业务策略的仿真流程快速生成技术的实现方法，结合实际应用对拟实施方案的“一键式”仿真和快速对比进行具体说明。最后，介绍了面向仿真结果数据的分析与评估技术，对图形和数据表格类型的结果展示方案进行具体说明。

参考文献

[1] 唐易, 汤俊青, 刘恒. 高速公路弯道路段行驶速度分析与仿真应用 [J]. 交通与运输, 2021, 37(S1): 52-56, 69.

[2] 滕怀龙. 基于中观仿真的动态交通参数标定技术及路网运行状态评价体系 [D]. 北京: 北京交通大学, 2007.

[3] 王炜, 赵德, 华雪东, 等. 城市虚拟交通系统与交通发展决策支持模式研究 [J]. 中国工程科学, 2021, 23(3): 163-172.

第三篇
案 例 分 析

第 14 章 重庆市虚拟交通系统仿真平台

本章以重庆市为例，介绍虚拟交通系统仿真平台的构建过程及其应用成效。本章总共分为 4 部分：第一部分分析了"山城"重庆特殊的交通现状和平台的开发目标与开发流程；第二部分依托东南大学王炜教授创新团队研发的"交运之星-TranStar"软件，结合重庆市 RFID 等特色数据，构建了具有重庆特色的虚拟交通系统仿真平台；第三部分借助平台中"面向城市交通系统管理与控制业务功能的流程设计"技术，为重庆市嘉陵江牛角沱大桥施工期间的交通管制措施提供决策支持；第四部分在"抗疫"背景下，充分发挥虚拟交通系统仿真平台在交通管控中的高效、科学、实用、快速的特点，助力疫情期间重庆交通系统的科学化管理与决策，取得良好的应用效果和社会反响。

14.1 项目开发背景及流程

14.1.1 项目开发背景

重庆市的主城区可以划分为 9 个行政区，总面积为 $5473km^2$。截至 2019 年底，主城区常住人口 884.4 万人，其中城镇常住人口 806.7 万人，城镇化率 91.2%[1]。

1. 项目背景

根据重庆市 2018 年开展的居民出行调查结果[2]，2018 年主城区居民人均出行次数为 2.19 次/d；主城区居民 (不含流动人口) 日均机动化出行总量 965 万次，环比增长 4.6%，流动人口日均机动化出行总量 174 万人次。

截至 2019 年年底，重庆市主城区机动车拥有量为 461.6万辆，同比增长 10.1%。其中，汽车拥有量 403.3 万辆，同比增长 11.2%。重庆市主城区历年机动车总量见图 14-1[3]。内环及以内汽车日均使用量为 100.3 万辆 (渝籍车辆 90.2 万辆)，同比增长 8.8%。其中早高峰 (7:00~9:00)、晚高峰 (17:00~19:00) 平均每小时汽车使用量分别为 23.5 万辆、21.5 万辆，分别增长 1.6 万辆和 1.0 万辆；小汽车早高峰、晚高峰出行量占全日出行总量分别为 17.2%、15.9%。

截至 2019 年年底，重庆市主城区拥有 8 条城市轨道交通线路，运营里程达 313.4km；公交优先道 14 条，运营里程 105.4km；运营地面公交车辆 9216 辆，公交站场 96 座，公交运营线路 777 条。主城区全日公共客流总量 760 万乘次，其中公共汽 (电) 车客流量 475 万乘次，轨道 285 万乘次。轨道出行早高峰时段出行总量占全日出行总量的 25.2%，晚高峰时段出行量占全日出行总量的 20.3%。公共汽 (电) 车出行早高峰时段出行总量占全日出行总量的 21.4%，晚高峰时段出行总量占全日出行总量的 17.4%[3]。

图 14-1　重庆市主城区历年注册机动车总量统计图 (2012~2019 年)

2018 年，重庆市主城区新增城市道路 267.6km，总长达到 5092.6km，其中，次支道路增加 191.9km[4]。主城区干路网工作日高峰小时交通运行指数 4.8，同比上升 0.2，处于缓行状态；干路网工作日高峰小时车速 22.9km/h，同比下降 0.2km/h；干路网工作日高峰小时拥堵里程 265.7km，同比增加 6.3km。内环以内干路网工作日高峰小时交通运行指数 5.6，同比上升 0.2，处于轻度拥堵状态；干路网工作日高峰小时车速 19.8km/h，同比下降 0.1km/h；干路网工作日高峰小时拥堵里程 150.9km，同比增加 0.3km。

2. 现状问题

经济发展的提速、城市化进程的加快、城市规模的扩张，给重庆市主城区的交通状况带来严峻挑战，主要存在以下问题：

1) 交通基础建设严重受限

重庆是典型的山地城市，交通设施系统性不强，城市道路设施建设成本高、周期长，但人口密度高，多数桥梁、隧道处于常态化拥堵状态，城市交通存在大量瓶颈，短时间内难以依靠交通设施建设解决供需失衡问题。

2) 交通发展供需矛盾突出

近年来，重庆市居民出行需求急速上升，但公共交通发展缓慢，小汽车分担率持续增加。2018 年重庆市汽车出行分担率已经高达 19.7%，2020 年初新冠肺炎疫情暴发后小汽车出行比例呈稳定增长趋势。可以预见的是，出于卫生防护需要，未来较长时间内私人小汽车的出行将占更大比例，然而重庆市现有的交通供给能力十分有限，现状道路资源已趋于饱和，未来将面临更加严峻的供需失衡问题。

3) 居民出行时间分布集中

重庆市居民出行现状是上下班时间比较集中，高峰现象明显；工作日早高峰相对集中，持续时间较短，晚高峰持续时间较长；职业分类方面，公务员、企事业工作人员和政府、企事业负责人员三类人员上班时间最为集中；居民出行，使用公交上班的人群出行时间集中，导致早高峰公交客流量大但持续时间短，早高峰公交的服务水平低，公交资源的时间利用效率不高。

3. 技术趋势

亟需一套虚拟交通仿真平台为重庆市"智慧城市"建设提供交通领域全方位的交通分析与仿真技术支撑，即用"统一的数据、统一的方法、统一的软件、共享的平台"为重庆市城市交通系统的规划建设、管理控制与政策制定等决策提供"基础数据快速融合技术、决策方案快速生成技术、交通分析系统集成技术、实施效果虚拟仿真技术"等定量化、可视化的决策支持。通过对海量身份感知数据的精准识别、有机融合及溯源分析，挖掘交通时空孪生规律，结合人工智能、深度学习等新一轮革命性技术，建立从交通源头、出行过程到交通末端的全周期、全方位城市交通系统态势演化过程的技术体系和虚拟仿真平台，为重庆市交通规划与管理提供技术支持。

14.1.2 项目目标与定位

本项目以辅助城市交通规划、建设、管理方案及政策的制定以及缓解城市交通问题为目的，通过城市虚拟交通系统仿真平台及城市交通组织管理决策支持系统的基础数据、关键模型、系统软件等关键技术领域的突破，形成一整套面向城市综合交通系统仿真的理论方法、核心模型、实用技术与系统软件，为落实我国"交通强国"战略提供关键技术。依托人工智能、大数据、移动互联等新一轮革命性技术的"城市交通系统决策支持平台"，通过海量交通数据的汇集、融合、存储和分析，对传统的交通分析模型进行改造，形成定量化、精准化、可视化的交通虚拟仿真分析平台，提升城市交通管理水平、缓解大城市交通拥堵问题。"城市交通大脑"可以强化政府决策与资源配置能力，赋予智慧城市交通优化的"思维能力"，是智慧城市建设的核心驱动。

当前，政府决策的论证往往"任务急、时间短、要求高"，临时收集数据、人工建模计算的传统模式已经不能适应政府决策支持的需要。因此，考虑为重庆市配备一套"重庆市城市交通系统决策支持平台"，包括完整的基础数据库、分析模型库、软件模块库、备选预案库，形成决策方案论证的虚拟仿真技术一体化流程体系，随时待命、快速响应，能够为政府宏、中、微观多层面的交通建设与管理方案提供决策支持。

基础数据库开发的重点是搭建交通网络、居民出行、车辆通行 (RFID 数据) 等大数据体系；备选预案库研发的重点是面向交通决策的基本业务 (如错时上下班、交通组织等预案) 的关键技术一体化分析流程，形成行业技术骨干能够自主操作的重庆市城市交通建设与发展决策支持的快速响应平台，并实现方案设计的精细化、技术分析的模型化、成果展示的可视化。

按照 "以精确感知为基础，以精细建模为依据，以精明规划、精致设计、精准管控为目的" 的思路，通过整合重庆市城市交通静态基础数据、动态出行数据和实时流量数据，形成自备常态化基础数据库；研发能够将交通大数据用于提升重庆城市交通系统规划、建设与管理技术水平的理论模型、系统软件与测试平台，突破由交通状态感知上升为出行需求认知的交通虚拟仿真关键技术；构建定制式城市交通系统决策支持平台，对城市土地利用、交通政策、交通建设、交通管理控制等环节的政府决策提供精细化、定量化、可视化的快速响应，确保重庆市的 "城市交通大脑" 具有交通优化的 "思维能力"。

14.1.3　项目开发流程

基于上述研究目标，本项目遵循 "基础研究支撑、关键技术创新、示范工程应用" 的技术路线，面向城市虚拟交通系统仿真平台在软件功能开发、人机交互操作、结果分析显示等方面的实际特征与仿真需求，重点开展城市虚拟交通系统仿真平台的基础数据、分析模型、平台软件、方案快速生成、方案综合评估等五方面几十项关键技术的研发，并通过在重庆市的应用推广，对关键技术进行检验与完善。

从研究的逻辑来看，本项目的研究内容可分解为有机联系的 3 个层次、5 个方面，如图 14-2 所示。其中，城市虚拟交通系统仿真平台基础数据为本项目的第

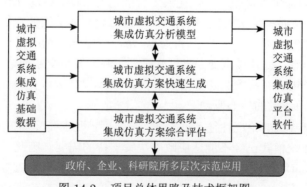

图 14-2　项目总体思路及技术框架图

一个层次，是项目的前提和基础；城市虚拟交通系统仿真平台分析模型是项目的第二个层次，是项目的关键和核心；城市虚拟交通系统仿真平台软件、方案快速生成、方案综合评估构成项目的第三个层次，是项目理论成果的落地平台。最终，通过在重庆市的技术示范应用，实践检验与提升本项目的研究成果。

14.2 重庆市虚拟交通系统仿真平台构建

14.2.1 基础数据库构建

重庆市虚拟交通系统仿真平台基础数据包括 4 个方面：一是综合交通网络数据，二是公共交通网络数据，三是交通管理信息数据，四是交通需求信息数据。上述四类数据是城市虚拟交通系统仿真平台的必备数据。

1. 综合交通网络数据库构建

如图 14-3 所示，选取重庆市绕城高速包含的地区为研究区域，通过基于 OSM (OpenStreetMap) 的交通网络数据库快速构建技术，对研究区域内的交通网络进行提取并快速解析，生成能被仿真系统识别的交通网络基础数据库。图 14-4 为解析后的交通网络基础数据库，每个网络对象均已包含完备的交通特征信息 (节点类型、道路等级、路段机动车道宽度、机动车车道数等)，可直接作为交通网络基础数据源用于综合交通系统的集成仿真。

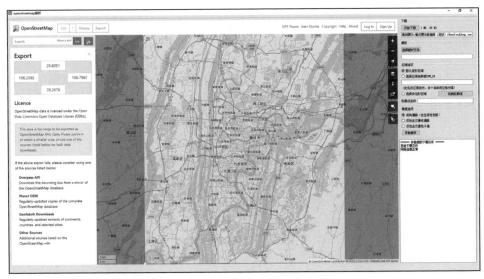

图 14-3　基于 OSM 的交通网络数据库快速构建

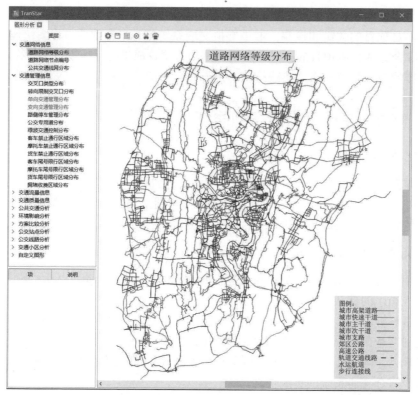

图 14-4　快速解析后仿真系统可识别的交通网络

2. 公共交通网络数据库构建

利用网络数据爬取技术获取高德电子地图中的公交线路以及站点数据，并解析得到相应的位置信息和属性信息；对所获取的公交站点进行位置纠偏后导入已有的路网数据库，匹配至对应路段；采用公交线路与道路网络匹配技术将公交线路导入软件中，依据道路网自动生成公交网络。所生成的公交网络，如图 14-5 所示，包含 1266 条公交线路，4603 个公交站点，并且每条公交线路包含完备的线路信息 (线路名称、线路类别、发车频率、容量等) 和公交站点信息 (站点位置、站点类别等)，可直接作为交通网络基础数据源，用于公交分配。

3. 交通管理信息数据库构建

重庆市虚拟交通系统仿真平台的综合网络数据库中的每个要素 (节点、路段和区域) 均存在与之对应的交通管理信息。交通网络中的节点包含节点类型、转向限制等管理信息；交通网络中的路段包含公交专用道、路侧停车、交通绿波、限速、禁行、限号、拥堵收费等管理信息；区域管理措施为区域内包含路段的禁行、

图 14-5 基于网络数据爬取技术所获取的公交线路分布图

限号及拥堵收费信息。

交通网络结构基础数据库构建完成后，根据交通网络中节点及路段的类型及几何条件，系统会自动生成一套与之对应的默认交通管理信息基础数据库，如图14-6所示。根据路段类型匹配默认限速，根据路段宽度、机动车车道数、非机动车道宽度等几何信息及路段类型，生成默认的路侧停车及禁行管理信息，如：高架道路默认禁止非机动车及行人通过，并严格禁止路侧停车。

此外，通过电子地图获取的交通网络信息亦涵盖部分交通管理信息，如路段的限速信息、公交专用道信息、路侧停车信息等。通过电子地图获取的信息转换成标准格式并更新交通管理信息基础数据库，得到更加符合实际的交通管理信息基础数据库。进一步，对于默认配置及电子地图无法获取的管控方案，调查重庆市现阶段已实施的管控措施及政策，通过图形编辑系统提供的可视化人机交互方式，将相应的管理信息添加到基础数据库中。至此，可以构建完整的、符合现状的重庆市综合交通管理信息基础数据库。

图 14-6　摩托车禁止通行区域路段分布

4. 交通需求信息数据库构建

基于射频识别技术 (radio frequency identification, RFID) 的重庆汽车电子标识 (电子车牌) 系统具备车辆普及率高、路网覆盖全、信息采集快等优势, 从而为城市交通信息化建设提供强有力支持, 解决其瓶颈问题。

截至 2019 年年底, 重庆市共布设电子车牌检测点 1340 个, 已上线 1144 个, 其中绕城高速以内检测点个数为 992 个。根据检测点的分布位置, 结合土地同质性原则及地理天然分隔屏障划分交通小区, 除呈现密集分布的检测点外, 尽可能将各个检测点划分到不同的小区中, 以提高仿真精度。如图 14-7 所示, 划分得到 467 个交通小区, 利用重庆市虚拟交通系统仿真平台所提供的图形编辑系统, 通过可视化的人机交互模式, 在基础数据库中添加交通小区信息。

对于渝籍车辆, 通过获取的 11 月 6 日至 11 月 19 日 2 周全时段 RFID 检测记录, 以车牌 ID 为关键字段对数据进行遍历, 根据车辆被检测到的时刻及对应的检测点 IP, 统计固定时段内车辆的运行轨迹, 结合检测点与交通小区的对应关系及车辆类型, 推算出渝籍车辆分车型 OD 矩阵及检测点所在路段的渝籍车断面流量数据。

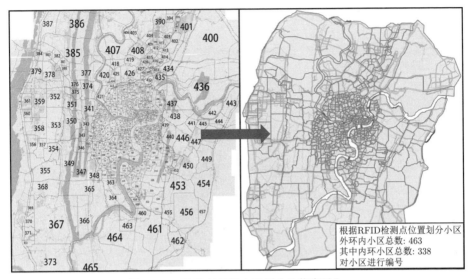

图 14-7 重庆市交通小区划分及信息录入

对于非渝籍车辆，结合检测点的视频抓拍数据，通过车牌颜色进行车型分类，用同样的方法分析车辆运行轨迹，并推算出非渝籍车辆的分车型 OD 矩阵及路段断面流量。将渝籍车辆及非渝籍车辆的分车型 OD 矩阵进行融合，得到精准的交通小区分车型 OD 矩阵及精准的检测点路段断面交通量。OD 矩阵可作为基础需求数据用于交通分配及网络特征分析，路段断面流量可用于校核分配结果，调整路网模型参数，提升仿真精度。

14.2.2 基础方案介绍

针对重庆市 2019 年 RFID 数据等具有重庆交通特色的大数据，分析并标定仿真模型，最终得到仿真精度高达 80％以上的重庆市虚拟仿真基础方案，为城市交通管控措施综合评估提供基础支持。基础方案的介绍如下所示。

1. 基础路网编辑

在网络基础数据库的构建过程中，基于国际开源数据库 OSM 的地图构建交通网络基础数据库并通过重庆市虚拟交通系统仿真平台的路网编辑模块进行人工校准和完善 (图 14-8)，得到由 7324 个交通节点、15482 个路段组成的重庆市基本交通网络，道路里程 4117km (单向)。其中，高速公路 171km，快速路 575km，主干路 556km，次干路 807km，支路 2008km。由重庆市 RFID 数据和重庆市居民出行特征数据分析各类交通方式 OD 矩阵，构建地面公交网络、轨道交通网络、停车场分布等其他必要的基础数据。

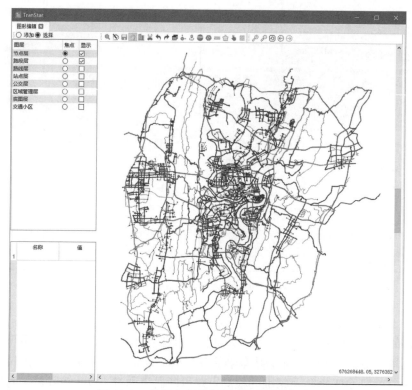

图 14-8　重庆市主要交通网络基础数据库

2. 交通分析模型配置

根据重庆市的交通特点, 对已建立的交通分析模型库的参数进行校正。一方面, 针对重庆市居民出行特征, 校正各个交通方式出行的时间分布、距离分布; 另一方面, 针对重庆市交通运行状态, 校正各个等级道路各类型机动车设计车速、交通负荷下各机动车速度、混合交通流下各机动车速度、各个等级道路的通行能力等。最终形成 8 个重庆市交通分析核心模型: ①综合交通网络邻接关系模型; ②道路网络交通阻抗模型; ③公共交通网络阻抗模型; ④交通需求组合分析与预测模型; ⑤道路网络交通分配模型及求解算法; ⑥公共交通网络客流分配模型及求解算法; ⑦交通系统能源消耗与分布分析模型; ⑧交通系统碳排放、$PM_{2.5}$ 排放与分布及环境影响分析模型。

仿真流程包含方案组织、方案分析、公交分析、方案评价以及结果展示 5 个模块。基础方案的默认模块配置如图 14-9 所示。

3. 模型参数设置

如图 14-10 所示, 调整软件中的待标定参数, 生成交通实际状态模拟能力更

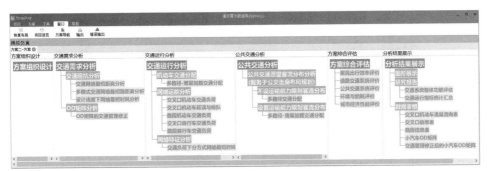

图 14-9 重庆市基础路网方案配置窗口

强的仿真系统,提升仿真精度。参数标定后,可在软件的参数设置界面配置相关
参数,主要需要配置参数的模块有交通分配、网络特征分析以及方案评价。在交
通分配中,主要对机动车、公交愿望客流、公交网络客流和公交线路客流交通分
配的增量加载迭代次数和平衡交通分配收敛标准的误差进行配置;网络特征分析
主要对路段设计速度与通行能力进行设计,以及对速度-流量模型参数进行标定;
方案评价主要对能耗因子、经济性因子和排放因子的相关参数进行设置。3 个模
块的参数配置分别如图 14-11、图 14-12 和图 14-13 所示。

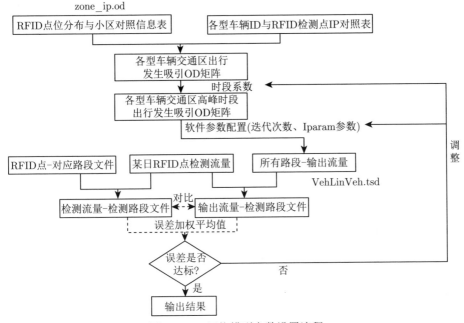

图 14-10 网络模型参数设置流程

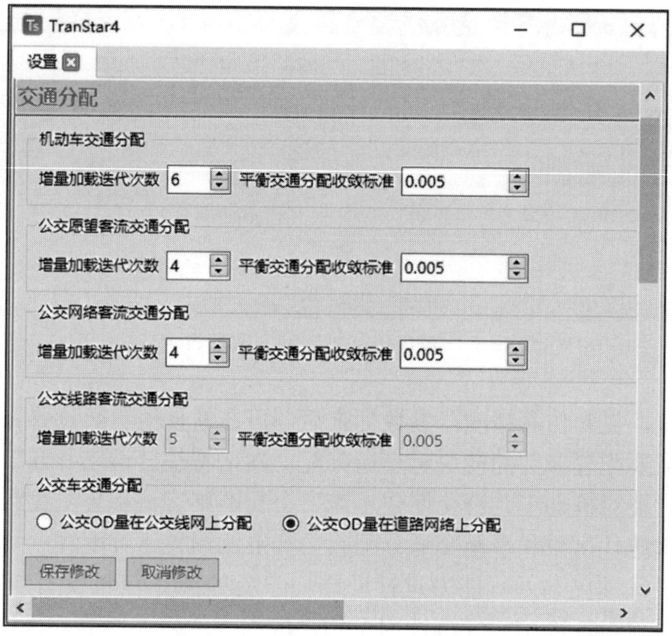

图 14-11　　交通分配参数设置图

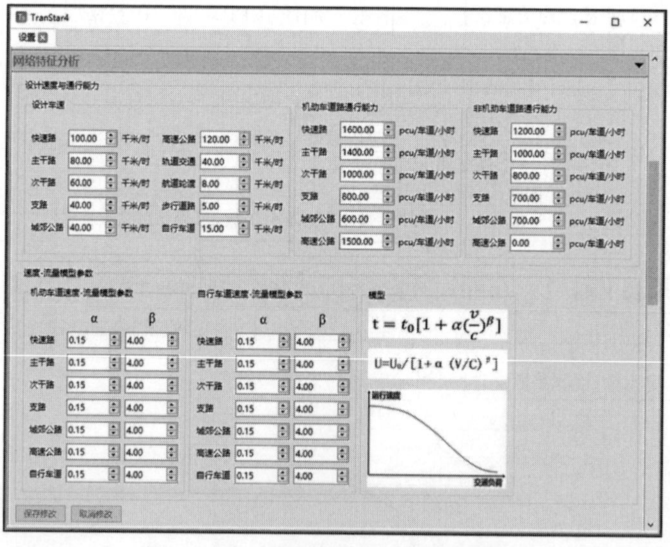

图 14-12　　网络特征分析参数配置图

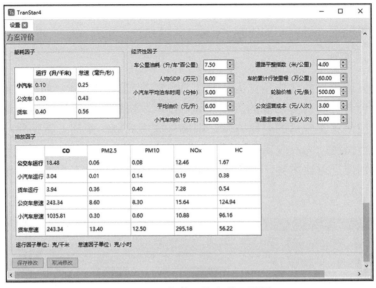

图 14-13 方案评价参数配置图

基础方案仿真结果不仅包含路段交通流量，还包含重庆市现状交通其他路网特征指标，如路网平均行程车速、道路网络干道拥堵率等，部分指标如表 14-1 所示。

表 14-1 重庆市现状交通部分其他路网特征指标

指标	路网平均行程车速/(km/h)	路网全部污染物排放量/(t/h)	全网交通总成本/(万元/h)	道路网络干道拥堵率/%	主要通道平均小时流量/(辆/h)	小汽车平均出行距离/km
结果	25.8	17.14	1392.9	49.06	2838	10.13

14.3 面向交通控制的案例分析

14.3.1 案例简介

1. 场景介绍

2017 年 11 月，重庆市嘉陵江牛角沱大桥应急抢险整治工程开始动工，2018 年 4 月 21 日准备实施为期 7 个月的大桥桥面大修整治，对部分封闭桥面进行施工。为减少施工对重庆市民出行及主城区交通的影响，保证施工安全和桥梁结构安全，在部分路段采取机动车限制通行措施。

针对大桥施工期间采取的交通管控措施，基于方案快速生成技术建立管控措施实施前后的配套方案，对方案实施前后工作日受限尾号分布差异所产生的不同效果进行交通系统虚拟仿真，对仿真结果进行对比分析及量化评价，采用精准化的评估结果验证改进方案的优异性。

2. 解决思路

根据重庆市嘉陵江牛角沱大桥施工期间的交通管制措施，通过"面向城市交通系统管理与控制业务功能的流程设计"技术，快速建立管控措施实施前的基础方案及管控措施实施后的对比方案。拟实施方案对周一至周五特定路段采取特定尾号的限行措施。为反映出不同尾号机动车数量分布差异，针对周一至周五每个工作日分别建立对比方案，如图 14-14 所示，用以分析方案实施后工作日高峰时段网络运行状态。

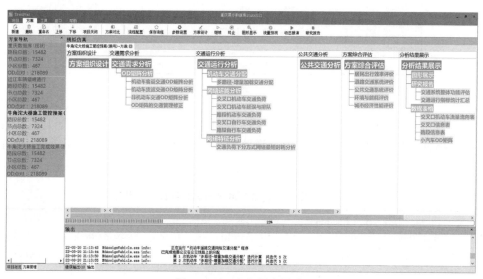

图 14-14　方案解决思路

所生成的方案仿真流程包含方案生成、方案分析、方案评价以及结果展示 4 个模块。为了评价道路桥梁管理方案的效果，软件根据其独特的输入数据，自动判断生成针对起讫点出行数据以及交通管理数据的模板，从 OD 矩阵的交通管理修正到交通阻抗分析，然后进行机动车交通分配，最后对实施方案后的路网提供运能分析和效率评价。

14.3.2　方案设计与仿真

1. 方案编辑与设计

嘉陵江牛角沱大桥施工期间拟采取的交通限制措施如图 14-15 所示，对两条交通干线进行货车禁行管制，对嘉陵江牛角沱大桥毗邻的三座桥梁施行指定车种机动车尾号限制措施，并对限行桥梁周边区域实施设置公交优先道和提高过江公共交通运力措施。

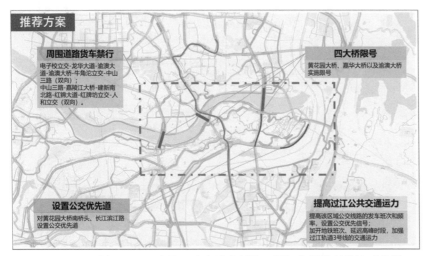

图 14-15　嘉陵江牛角沱大桥施工期间交通限制措施示意图

　　通过重庆市虚拟交通系统仿真平台所提供的图形编辑系统，以可视化的人机交互方式，方便快速地添加拟采取的车辆管控措施，具体操作如下：在图形编辑页面，选择需要设置管控措施的路段，右击并选择弹框中的"修改"，即可进入该路段的属性修改界面，如图 14-16 所示的弹窗框即为某个路段的属性修改界面。在路段的属性修改界面选择"管理信息"选项卡即可对该路段进行管控措施编辑，其中可供编辑的管控措施包括"允许出行方式""公交专用道数量""路侧停车情况"和"尾号限行"等。在本案例中，使用该模块中的"允许出行方式"和"尾号限行"两个功能分别完成两条交通干线的货车禁行管制措施设置以及嘉陵江大桥毗邻桥梁的指定车种机动车尾号限制措施设置。系统会自动将录入的管控措施转化成特定格式的数据，并实时更新基础数据库，作为当前激活方案交通仿真的基础数据。

　　2. 仿真模块配置

　　对嘉陵江牛角沱大桥施工期间拟采取的交通限制措施运行效果进行"一键式"快速仿真，如图 14-17 所示，系统会以流程为导向调用各应用模块对方案的基础数据进行分析、评价，并通过数据表格、研究报告及图形显示 3 种方式展示仿真结果，为方案的对比、优选提供全面的量化支撑。

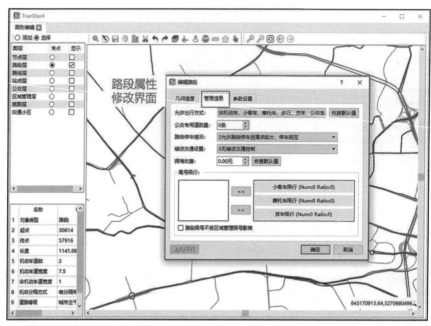

图 14-16   通过编辑系统可视化添加管控措施 (彩插)

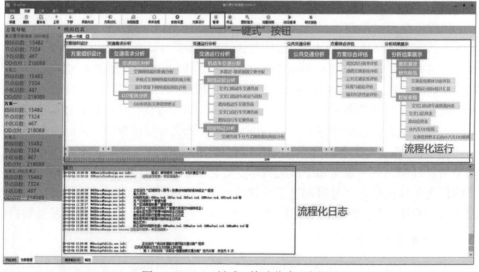

图 14-17   "一键式" 快速仿真 (彩插)

14.3.3 案例结果评价

1. 方案仿真结果

借助 "重庆市城市虚拟交通系统" 的 "一键式" 快速仿真，得到如图 14-18 所

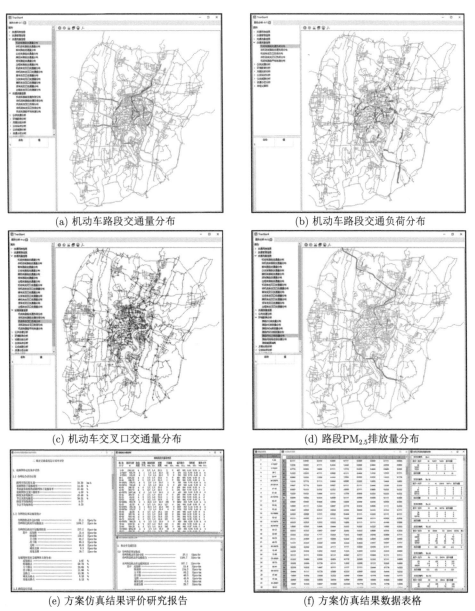

(a) 机动车路段交通量分布 （b) 机动车路段交通负荷分布

(c) 机动车交叉口交通量分布 （d) 路段PM$_{2.5}$排放量分布

(e) 方案仿真结果评价研究报告 （f) 方案仿真结果数据表格

图 14-18 方案仿真结果数据表格、研究报告及图形显示 (部分示例)(彩插)

示的方案评价结果，包括交通管控措施实施后的交通管理信息、交通流量和负荷分布、公共交通分析、方案比较分析等图形化展示数据，以及道路路段信息表、道路节点信息表等专业化数据表格。

2. 方案评价分析

　　为分析当前限号措施实施后工作日期间每天交通流分布的差异性,通过 RFID 数据获取车辆尾号分布情况, 构建相应测试方案并进行快速仿真。方案实施前后周一至周五的道路网络交通量分布对比如图 14-19 所示。通过对比可视化图形及表格数据结果,可以看到方案实施后,居民交通出行路径发生转变,大量的交通流通过毗邻桥梁绕行至江北区域。对方案实施后周一至周五交通量分布情况进行对比,可以看出各工作日的道路网络交通量分布十分接近,表明周一至周五各工作日的尾号限定组合方案是合理可行的。

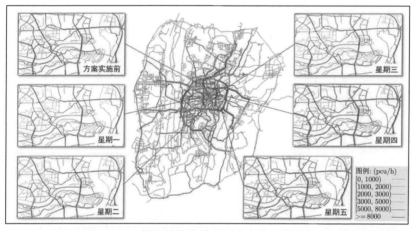

图 14-19　管控措施实施前后各工作日路段机动车流量示意图

　　从方案实施前、后工作日的交通量分布可以看出, 由于牛角沱大桥大修整治所采取的桥面封闭措施,以大石路立交为起点,途经南城隧道—菜园坝大桥—牛角沱大桥—建新路—机场路的城市骨干道路及其沿线, 交通量明显降低。由南向北经由牛角沱大桥通过嘉陵江的交通量转移至牛角沱大桥的毗邻桥梁,如图 14-20 所示,尤其是通过东水门大桥—渝中区—千厮门大桥、途经大石坝—朝天门大桥及途经嘉华大桥去往江北区的三条路线。虽然有尾号限制措施,但相较措施实施前交通量不降反增,交通管控措施实施前后内环以内主要桥梁交通量分布见表 14-2,机动车绕行所产生的转移效应十分明显,波及渝中半岛及大石坝区域的交通网络,使其交通负荷增加, 交通质量下降。

　　除机动车转移效应外,牛角沱大桥施工期间进行的交通管控措施也导致居民出行结构的转变。通过统计修正后的各出行方式 OD 矩阵可以看出, 由于车辆绕行所产生的额外时间成本, 有部分居民选择改变出行方式, 寻求更加经济快捷的方式完成出行。如表 14-3 所示,方案实施后整个路网出行结构发生变化,小汽车出行减少，转移至公交和出租车出行。

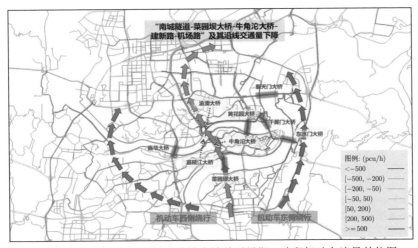

图 14-20　管控措施实施前后星期一路段机动车流量差值图

表 14-2　交通管控措施实施前后内环主要桥梁上行方向流量对比

大桥名	限号前流量/(辆/h)	限号后流量/(辆/h)				
		周一	周二	周三	周四	周五
嘉陵江大桥	10213	1777	1826	1779	1795	1775
渝澳大桥	15558	15804	16504	15684	15723	15800
嘉华大桥	7135	8472	8120	8557	8878	8464
黄花园大桥	8493	9255	9568	9262	9269	9245
千厮门大桥	2018	5207	4511	5159	5127	5193
朝天门大桥	5783	6522	6525	6516	6518	6550
东水门大桥	3310	4367	4277	4349	4376	4358
合计	52510	51404	51331	51306	51686	51385

表 14-3　重庆市嘉陵江三大桥限号通行前后各出行方式 OD 总量对比

出行方式	实施前流量/(辆/h)	实施后流量 (辆/h)	变化量/(辆/h)	变化率/%
公交	612480	622770	10290	1.68
小汽车	321385	310350	−11035	−3.43
出租车	16842	18446	1604	9.52
货车	20505	19130	−1375	−6.71
全车型	971212	970696	−516	−0.05

综合上述分析，牛角沱大桥施工所采取的毗邻桥梁尾号限制措施，本意是尽量缓解车辆绕行所带来的交通量转移效应，防止毗邻桥梁及辐射区域的服务水平进一步恶化，让居民更多地选择公共交通出行方式，提升出行效率。虽然一部分

出行方式向公共交通发生转变，但交通量转移所带来的负面影响远远大于管控措施预期达到的改善效果。

网络运行效率方面，如表 14-4 所示，虽然网络负荷均衡度略有提升，但路网平均行程车速降低、干道拥堵率提升，导致整个网络的运行效率下降。环境能耗方面，如表 14-5 所示，除了公交分担率提升所引起的单位周转量能耗降低之外，其余排放能耗指标均有所提升，整个交通系统的排放量及能源消耗总量均高于方案实施前的水平。经济性能方面，如表 14-6 所示，除公交运营成本维持不变，其余出行成本及经济损失均高于方案实施前的水平。

表 14-4　方案实施前后道路网络运行效率评价指标对比

道路网络运行效率评价指标	实施前	实施后
路网平均行程车速/(km/h)	29.67	28.40
道路网络干道拥堵率/%	18.18	20.01
流量加权道路网络干道拥堵率/%	63.73	65.96
道路网络交叉口拥堵率/%	15.51	15.72
路段负荷均衡度/%	48.94	53.27
节点负荷均衡度/%	54.02	54.65
路段平均饱和度	0.31	0.35
节点平均饱和度	0.40	0.41

表 14-5　方案实施前后系统环境能耗评价指标对比

环境能耗评价指标	实施前	实施后
路网能源消耗总量/(t 燃油/h)	608.24	616.53
单位客运周转量燃油消耗/(L/(人·百 km))	9.14	7.89
单位货运周转量燃油消耗/(L/(t·百 km))	5.65	5.00
路网 CO 排放总量/(t/h)	105.53	120.50
路网 HC 排放总量/(t/h)	10.94	12.45
路网 NO_x 排放总量/(t/h)	10.34	11.10
路网 PM_{10} 排放总量/(t/h)	1.56	1.64
路网 $PM_{2.5}$ 排放总量/(t/h)	0.41	0.45
路网全部污染物排放总量/(t/h)	128.36	145.70
城市机动车污染物人均排放量/(t/(h·万人))	2.23	2.53

表 14-6　方案实施前后系统经济性能评价指标对比

系统经济性能评价指标	实施前	实施后
全交通网络总成本/(万元/h)	1844.92	1883.62
小汽车时间成本/(万元/h)	551.02	559.08
公交车时间成本/(万元/h)	482.91	505.46
小汽车运营成本/(万元/h)	734.43	742.52
公交车运营成本/(万元/h)	76.56	76.56
全网络机动车运营成本/(万元/h)	810.99	819.08
交通拥堵直接经济损失/(万元/h)	396.41	417.10
居民平均广义出行成本/(元/人)	36.72	37.49
车均运营成本/(元/pcu)	31.19	31.50

14.4 面向疫情期间交通管控的案例分析

14.4.1 案例简介

1. 场景介绍

自 2020 年 3 月底以来，随着重庆疫情防控进入常态阶段，生产、生活秩序全面恢复，疫情对群众出行习惯、出行结构等带来深远影响，如私家车的购买和用车需求提高。据重庆市相关部门监测数据，市中心城区疫情期间小汽车使用强度为 115 万辆/d，较疫情前 104 万辆/d 的增幅达 10.6%，城市交通缓堵保畅面临更大压力。

根据居民出行调查数据分析发现，重庆市居民出行在时间分布上有明显的潮汐特性。如图 14-21 所示，按出行时间统计，2017 年重庆主城早高峰出行时间集中在 7:30~8:30，该时段的出行占全天出行总量的 19.39%；晚高峰出行时间集中在 17:30~18:30，该时段的出行占全天出行总量的 15.24%，早晚高峰出行共占全天出行总量的三分之一以上。

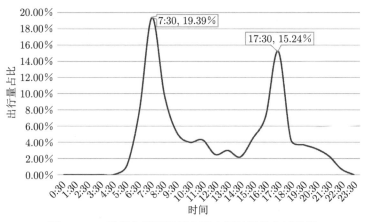

图 14-21 重庆主城区居民上班出行时间分布示意图

另外，重庆市中心城区交通拥堵日趋严重，拥堵压力主要集中在内环以内嘉华、嘉陵江、渝澳、黄花园、石门、鹅公岩、菜园坝、千厮门、朝天门、东水门、长江大桥及复线桥和内环上的高家花园大桥、真武山隧道等 13 座跨江大桥、1 座穿山隧道，以及东环、北环 2 处枢纽立交上，这些桥隧是缓堵保畅需要解决的主要瓶颈和梗阻。为了保障有效"抗疫"的同时，科学有序地恢复居民出行，重庆市相关部门提出错峰上下班的建议，市政府要求在 7 天内制定出具体方案并给出方案评估报告。方案制定与论证过程涉及市政府、城建、交通、交管等多个部门。

2. 解决思路

借助 "重庆市交通系统虚拟仿真平台", 基于现有的重庆市交通基础数据库, 快速、高效地完成方案的细化与论证以及结果的仿真与评价。根据重庆市的居民出行特征以及道路交通运行状况, 项目研究团队配合重庆市政府、城建、交通、交管等多部门, 共同制定了疫情期间重庆市按行业错时上下班 (简称行业错峰) 和高峰期按车辆限号管控 (简称车辆错峰) 两个方案。其中行业错峰是指对城市部分行业实施错时上下班从而达到错峰效果, 对容易实施错时上下班且对削减高峰小时居民出行量有显著效果的行业进行上下班时间调整, 实现道路资源利用率在时间上的均衡化, 降低高峰时段交通负荷峰值, 缓解早晚高峰交通压力; 车辆错峰是指对重庆市主要桥隧在高峰时段进行限号从而达到错峰效果, 限号路段具体包括: 渝澳大桥、嘉陵江大桥、黄花园大桥、菜园坝大桥、长江大桥、长江大桥复线桥、嘉华大桥、石门大桥、鹅公岩大桥、朝天门大桥、千厮门大桥、东水门大桥、高家花园大桥共 13 座桥和真武山 1 处隧道。行业错峰和车辆错峰的限行时间为: 早上 7:00~9:00, 下午 17:00~19:30。

具体实现思路如下 (图 14-22):

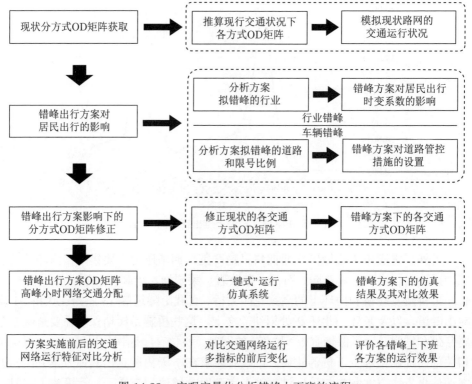

图 14-22　宏观定量化分析错峰上下班的流程

(1) 现状分方式 OD 矩阵的获取。在"重庆市交通系统虚拟仿真平台"的基础上,通过重庆市 RFID 点位数据,推算重庆市现行交通状况下各交通方式 OD 矩阵,模拟现状交通出行。

(2) 错峰出行方案对居民出行的影响。通过行业错峰方案中拟错峰的行业以及拟错峰后的上班时间变化,分析行业错峰对居民出行时变系数的影响;通过车辆错峰方案中拟错峰路段和高峰期限号措施的设置,分析车辆错峰对道路管控措施的影响。

(3) 分方式 OD 矩阵的修正。重庆市交通网络基础数据库涵盖小汽车、公交车、货车、出租车以及摩托车 5 种出行方式的 OD 矩阵,根据错峰方案,修正现状各交通方式 OD 矩阵,得到错峰方案影响下的各交通方式 OD 矩阵。

(4) 高峰小时的网络交通分配。在"重庆市交通系统虚拟仿真平台"上,根据现状 OD 矩阵和错峰方案对应的 OD 矩阵,"一键式"运行仿真系统,快速得到现行交通状态下的运行结果和错峰方案下的仿真结果,并进行结果对比。

(5) 方案实施前后的对比分析。通过比较重庆市交通网络流量、道路运行效率、能耗与排放等多种运行指标的前后变化,定量化评价各错峰上下班各方案的运行效果。

14.4.2 方案设计及仿真

1. 方案编辑与设计

1) 行业错峰

行业错峰的方案设计即根据错峰方案分析居民上班出行时间分布 (图 14-21),通过分析得到错峰后的出行 OD 矩阵,修改该方案的 OD 矩阵即可实现行业错峰的仿真。如图 14-23 所示为重庆市交通小区出行人口分布图以及出行 OD 编辑窗口的示意图,通过重庆市交通系统虚拟仿真平台所提供的图形编辑系统,可快速修改各个交通小区的出行 OD 矩阵,系统会自动将编辑界面修改的出行 OD 数据保存至相应的 OD 矩阵中,并实时更新基础数据库,作为当前激活方案交通仿真的基础数据。

2) 车辆错峰

车辆错峰的方案设计即在高峰期对相关道路桥梁设置相应的限号措施,通过车牌管控实现车辆错峰的仿真。增设交通管制方案的道路桥梁位置分布,如图 14-24 所示。通过重庆市交通系统虚拟仿真平台所提供的图形编辑系统,以可视化的人机交互方式快速添加拟采取的管制措施,如图 14-25 所示,系统会自动将编辑界面添加的管理措施保存至综合交通管理信息基础数据中,并实时更新基础数据库,作为当前激活方案交通仿真的基础数据。

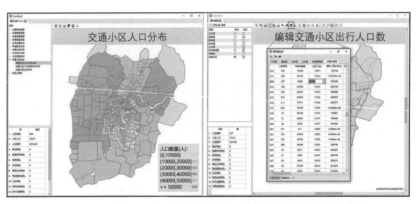

图 14-23　编辑界面可视化修改行业错峰出行人数

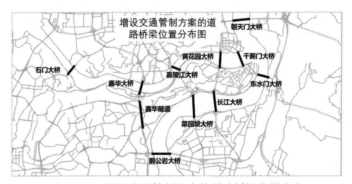

图 14-24　增设交通管制方案的道路桥梁位置分布

图 14-25　可视化的人机交互方式快速添加采取的管制措施

2. 仿真模块配置

对增设交通管制措施前后的交通运行状况进行 "一键式" 快速仿真，如图 14-26 所示，系统会以流程为导向调用各应用模块对方案的基础数据进行分析、评价，并通过数据表格、研究报告及图形显示 3 种方式展示仿真结果，为方案的对比、优选提供全面的量化支撑。

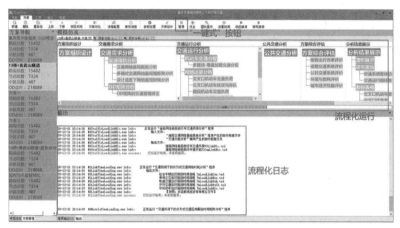

图 14-26 "一键式" 快速仿真

14.4.3 案例结果评价

1. 方案仿真结果

面对"任务急、时间短、要求高、跨部门"的实际情况，项目组借助"重庆市城市虚拟交通系统"，及时完成方案制定、论证、仿真与评价的决策支持，并给出包含行业错峰和车辆错峰两个方案的详细评估结果。以行业错峰为例，仿真结果包括数据表格、研究报告及图形显示，如图 14-27 所示为该方案的部分仿真结果示意。

2. 方案评价分析

表 14-7 和表 14-8 分别为仿真得到的行业错峰和车辆错峰两个方案实施前后的路网各项评价指标。由表 14-7 可知行业错峰的实施能够大程度提升整体路网的平均车速，并且可在一定程度上降低整个路网车辆的能源消耗和污染物排放以及全网交通的出行成本；由表 14-8 可知车辆错峰后，全网小汽车出行量不变的情况下，整体路网的平均车速有所下降，且路段能源消耗、路网污染物排放等都会相应增加，但是增加量在可接受范围内。

(a) 机动车路段交通量分布

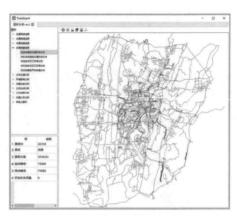

(b) 机动车路段交通负荷分布

(c) 机动车交叉口交通量分布

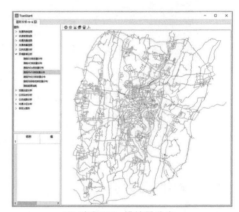

(d) 路段PM$_{10}$排放量分布

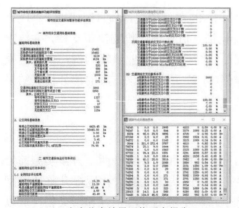

(e) 方案仿真结果评价研究报告

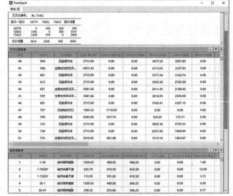

(f) 方案仿真结果数据表格

图 14-27　方案仿真结果数据表格、研究报告及图形显示 (彩插)

表 14-7　行业错峰方案实施前后道路各项评价指标变化差值

指标分类	道路网络运行效率指标	方案实施前后差值
道路网络运行效率指标	路网平均行程车速/(km/h)	+0.96
	快速路平均车速/(km/h)	+0.95
	主干道平均车速/(km/h)	+0.37
环境与能耗指标	路网能源消耗总量/(t/h)	−17.35
	路网 CO 排放总量/(t/h)	−0.65
	路网 HC 排放总量/(t/h)	−0.08
	路网 NO_x 排放总量/(t/h)	−0.09
	路网 PM_{10} 排放总量/(t/h)	−0.03
	路网 $PM_{2.5}$ 排放总量/(t/h)	−0.01
	路网全部污染物排放总量/(t/h)	−0.85
系统经济性能指标	全交通网络总成本/(万元/h)	−99.17
	小汽车时间成本/(万元/h)	−52.35
	小汽车运营成本/(万元/h)	−28.25
	全网络机动车运营成本/(万元/h)	−35.16
	交通拥堵直接经济损失/(万元/h)	−0.14
	居民平均广义出行成本/(元/人)	−0.15
	车均运营成本/(元/辆)	−99.17

表 14-8　车辆错峰方案实施前后道路各项评价指标变化差值

指标分类	道路网络运行效率指标	方案实施前后差值
道路网络运行效率指标	路网平均行程车速/(km/h)	−2.23
	快速路平均车速/(km/h)	−3.14
	主干道平均车速/(km/h)	−2.67
环境与能耗指标	路网能源消耗总量/(t/h)	−17.35
	路网 CO 排放总量/(t/h)	+0.96
	路网 HC 排放总量/(t/h)	+0.12
	路网 NO_x 排放总量/(t/h)	+0.07
	路网 PM_{10} 排放总量/(t/h)	+0.05
	路网 $PM_{2.5}$ 排放总量/(t/h)	0
	路网全部污染物排放总量/(t/h)	+1.2
系统经济性能指标	全交通网络总成本/(万元/h)	+190.72
	小汽车时间成本/(万元/h)	+103.75
	小汽车运营成本/(万元/h)	+43.32
	全网络机动车运营成本/(万元/h)	+43.31
	交通拥堵直接经济损失/(万元/h)	+117.92
	居民平均广义出行成本/(元/人)	+3.84
	车均运营成本/(元/辆)	+1.71

　　仿真得到的方案实施前后路段交通流量差值分布如图 14-28 所示。仿真结果表明，行业错峰方案实施后，全路段平均速度提升 1.78%，全路段平均流量减少 3.08%，主要通道平均速度增加 0.76%，主要通道平均流量减少 4.32%；但该方案所涉企事业单位较多，实施难度较大。该方案实施对整个交通网络的交通质量有一定改善，但仍然没有缓解主要通道的交通拥堵。车辆错峰方案实施后，全路段平

(a) 行业错峰方案

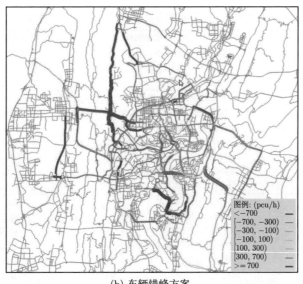

(b) 车辆错峰方案

图 14-28　方案实施前后的路段机动车高峰小时交通量差值图

均速度降低 7.96%，全路段平均流量增加 9.05%，主要通道平均速度增加 0.93%，主要通道平均流量减少 15.0%；该方案仅涉及部分道路的管控，实施难度小，对居民的出行影响也较小。车辆错峰方案针对主要通道的通行车辆进行，尽管该方案实施后在一定程度上增加了交通网络的交通压力，但大幅度减轻主要通道的交通负荷，主要通道的交通拥堵得到有效缓解。综合来说，车辆错峰方案可实施性较好，主要通道拥堵缓解效果显著，得到重庆市政府及交管部门的一致认可；行业错峰方案可依据重庆市发展作为长远管控措施，在以后条件允许时逐步实施。

参 考 文 献

[1] 钱韬. 2019 年重庆人口发展概况 [J]. 重庆统计, 2020(3): 14-17.

[2] 重庆市规划和自然资源局. 2018 年重庆主城区居民出行调查成果分析报告 [R]. 重庆: 重庆市规划和自然资源局, 2019.

[3] 重庆市规划和自然资源局. 2019 年重庆市主城区交通发展年度报告 [R]. 重庆: 重庆市规划和自然资源局, 2020.

[4] 重庆市规划和自然资源局. 2018 年重庆市主城区交通发展年度报告 [R]. 重庆: 重庆市规划和自然资源局, 2019.

第 15 章 南京市虚拟交通系统仿真平台

本章以南京市为例，介绍虚拟交通系统仿真平台的构建过程及其应用成效。本章总共分为 4 部分：第一部分分析南京市交通系统的现状问题和技术趋势，介绍项目的开发背景及流程；第二部分依托东南大学王炜教授创新团队研发的"交运之星-TranStar"软件，构建南京市虚拟交通系统仿真平台，详细介绍数据库的构建过程；第三部分对南京市单行交通管控的相关案例进行分析，为具体方案的制定提供决策支持；第四部分以南京市青奥会期间的交通管理为例，展示了交通管理策略的有效性和实施效果。

15.1 项目开发背景及流程

15.1.1 项目开发背景

南京市市域包括鼓楼区、玄武区、秦淮区等 11 个市辖区，市域面积 6587km²。截至 2019 年年底，城区常住人口 850.00 万人，城镇化率 83.2%[1]。图 15-1 展示南京市 2012~2019 年的常住人口变化情况。

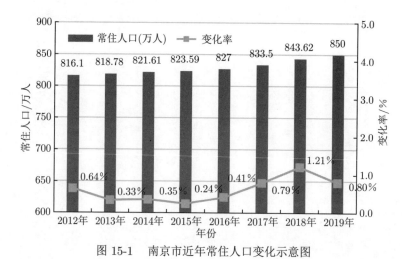

图 15-1 南京市近年常住人口变化示意图

1. 项目背景

截至 2019 年年底，全市累计机动车保有量 281.21 万辆，比上年末增加 8.40 万辆，增长 3.1%；民用汽车 269.94 万辆，比上年末增加 11.7 万辆，增长 4.5%；私人汽车 211.19 万辆，比上年末增加 3.94 万辆，增长 1.9%[2]。此外，全市累计完成公路客运量 0.86 亿人次，同比下降 5.48%，公路旅客周转量 104.76 亿人·公里，同比下降 6.97%；累计完成公路货运量 1.69 亿吨，同比增长 7.21%，公路货物周转量 274.84 亿 t·km，同比增长 8.52%。其中，城市公交和轨道客运量分别为 6.81 亿人次和 9.65 亿人次，同比分别增长 6.74% 和 6.57%，而出租车客运量为 0.84 亿人次，同比下降 8.93%[3]。

为满足日益增长的交通需求，南京市的交通基础设施建设也在稳步推进。截至 2019 年年底，全市公路总里程超过 1 万km，其中高速公路 614km，一级公路 1222km，二级公路 1090km，三级公路 1714km，四级公路 5542km；公共汽电车运营线路长度 12018km，其中公交专用车道长度 260km；轨道交通运营线路 12 条，运营线路长度 395km，其中地铁运营线路 10 条，运营线路长度 378km，有轨电车运营线路 2 条，运营线路长度 17km[3]。

2. 现状问题

作为快速发展中的特大城市，南京市的交通需求与交通设施建设尚未达到平衡，供需矛盾突出，南京市现状交通仍然存在诸多亟须解决的问题。

1) 城市道路网系统失衡，结构不合理

作为多中心组团、大疏大密式空间布局的城市，南京市人口接近千万，城市道路骨架已基本形成，但缺少快速分流道路；路网总规模基本符合要求，但相比规范，干道与支路占比差距过大；城市快速路网体系未完全形成，部分道路的建设未达到规划标准，快速路不能充分发挥骨干路网功能，对交通需求的快速疏导作用有限；江北新区与主城之间有长江分隔，目前主要建成跨江通道 9 个，还有规划未建跨江通道 12 个，早晚高峰跨江通道拥堵现象较为严重，并且随着江北新区的快速发展，跨江通道建设工作仍需继续推进。

2) 公交体系不够健全，供给能力不足，服务水平较低

公交基础设施投入不足，运力有待提升，场站相对匮乏；城乡公交资源缺乏整合，整体衔接不够顺畅；轨道交通系统覆盖不全，南京市轨道交通规划较为长远，已接驳至溧水、高淳等地区，地铁距离跨度大，但是成网密度不均，除主城区外，存在覆盖不全、换乘不便等情况。

3) 停车泊位不足，供需矛盾突出

与私人小汽车迅速增长的数量相比，南京中心城区公共停车场发展较为滞后，缺口较大，停车供需矛盾明显；旧城区停车问题尤其严峻，公共停车场规划还需加强。建筑物停车配建参照省标制定，但仍存在建筑分类不当、指标不合理的现象，增加实际操作中的困难，进而可能加剧未来停车供需矛盾。由于泊位供需关

系失衡，违章停车占道现象严重，城市道路空间被压缩，影响动态交通顺畅通行，降低道路通行能力，成为激化南京市交通拥堵的诱因之一。

4) 信号配时未能充分发挥道路资源时空分隔作用，有待梳理优化

部分交叉口信号配时方案不合理，交叉口通行能力受限于此，难以最大化利用；交叉口渠化设置较差，交通冲突严重，通行效率较低，加剧道路路段的拥堵情况；机非混行明显，非机动车及行人的交通出行存在潜在危险；缺少联动考虑，大部分道路没有考虑设置"绿波带"或设置效果不好，"一路红灯"现象严重。

5) 缺乏利用城市交通大数据的科学手段

计算机技术、网络通信技术、智能终端检测设备等迅速发展和深入应用，实现了城市交通物理空间和虚拟网络空间的连接和实时互动，人与人、人与车、车与车、车与路等之间的联系更加实时性、泛在化、透明化，推动城市交通进入"数字化"发展阶段。但是就目前而言，南京市城市交通大数据和城市交通解决方案严重脱节，"数字交通"和"智慧交通"缺少衔接的桥梁，城市交通大数据更多的是用来分析交通现状、监测交通状态等，未能合理为交通系统优化提供实质性参考和支持。

3. 技术趋势

随着我国城市道路交通的高速发展，交通网络结构越来越复杂，车流与客流量日益增多，交通基础设施也逐渐老化，为交通的日常运行和管理带来严峻的考验。如何提升政府管理决策部门的管理决策和应急处理能力，是城市交通管理亟须解决的问题。城市虚拟交通系统仿真平台的建设与发展，可以为新兴信息技术背景下城市交通的管理与控制问题提供行之有效的解决方案。

在交通源头管控方面，城市虚拟交通系统仿真平台可通过运用大数据、物联网、云计算等新一代技术，考虑城市形态、土地利用性质及强度、人口分布及强度等城市规划与设计的影响因素，收集和分析庞大的城市交通基础出行信息，实现对城市出行需求、人口流动的精确管理；在出行过程管控方面，城市虚拟交通系统仿真平台通过构建各类信息及管控措施的互联互通，能够快速、准确掌握并分析城市居民出行方式选择和路径选择等出行特性，能够为城市交通网络调整、出行路线干预、出行方式干预等的实施提供有力支持，同时促进城市基础设施建设和智能设备投放的改造和升级；在交通末端管控方面，通过共享平台对城市交通交叉口、路段等微观管控措施进行时空资源的利用情况分析，在上层设计和管理的引导下，在末端实现交通资源的最大化利用。

因此，南京市必须配备一套城市虚拟交通系统仿真平台，随时待命、快速响应，为政府宏、中、微观多层面的交通建设与管理方案提供决策支持，赋予城市交通系统全新的思维能力。

15.1.2 项目目标与定位

基于上述背景，为充分发挥南京市交通管理局的核心决策作用，提高交管部门管理建设能力和水平，按照南京市交管局大课题整体部署要求，南京市虚拟交通系统仿真平台应运而生。南京市虚拟交通系统仿真平台主要应用大数据平台技术，扩大平台的接入边界，实现更高维度的数据融合，通过对数据的挖掘分析，提炼城市交通运行的规律和特征，利用数据可视化技术，对分析的结果进行直观的展示，并在实时数据的基础上提供预警和预测等功能，从而协助相关交通管理人员进行指挥调度和决策分析。

根据南京市虚拟交通系统仿真平台，南京市交管局可以重点研究交通路况监测及拥堵处置、交通警情管理与警力调度、交警勤务考核、突发事件应急处置、大型活动交通组织预案等功能和机制，实现交通指挥调度的"操作流程化、处置预案化、调度扁平化、决策智能化、布控联动化"目标，打造科学完善的指挥调度体系，将各子系统资源有机整合起来，实现集成化控制的综合应用，满足各种情境下交通管控、大型活动指挥等需要，从而实现维护道路通行秩序、保障道路通行效率、减少交通出行风险的目的。

根据南京市交管局提出的功能需求，结合对城市交通系统交通特征与交通问题的分析，南京市虚拟交通系统仿真平台包含四大功能，即交叉口信号配时与车道渠化的仿真、路段交通组织的仿真、立体交叉或枢纽的交通组织仿真、道路因施工或其他原因中断交通情形的交通仿真。

用户可针对需求进行模块化、任务式的管控措施仿真，系统会自动引导用户进入管控措施编辑界面。用户可在此界面中可视化地添加一个或多个管控措施，保存为自己的管控方案。形成管控方案后，用户只需对添加的管控方案进行确认，确认后系统会自动将管控信息数据写入现状路网数据中，并在后台进行仿真模拟计算。待仿真结束，系统会自动以报告、图表、动画等方式对管控方案实施后的交通状态进行全方位的展示，输出管控方案实施后各路段和交叉口的交通流量、交通负荷、平均车速以及环境影响评价指标如 $PM_{2.5}$ 排放量等。此外，通过对交通仿真的参数配置，系统会自动对比不同管控方案的实施效果，并以报告、图表的可视化形式直观展示。用户可依据仿真结果对管控措施实施后的效果进行全局、精准的把控。

15.1.3 项目开发流程

根据南京市虚拟交通系统仿真平台的目标与定位，设计南京市虚拟交通系统仿真平台的主要研发内容需求，包含基础数据库导入、总体方案设计、城市虚拟交通系统基础架构、图形编辑与显示基础模块、交叉口管控方案仿真评估模块、路段交通管控方案仿真评估模块、区域交通管控方案仿真评估模块、交通管理政策仿真评估模块、交通综合评价模块和客户端版本。南京市虚拟交通系统仿真平台的开发流程将结合上述十大研发需求进行设计。

　　南京市虚拟交通系统仿真平台用以支撑南京市常态交通管控方案的仿真及方案实施后的预评估,客户端版本将部署在南京交管局服务器平台上,通过大数据网联技术,对开源数据库、交通大数据和南京市基础数据库进行动态整合,以南京交管局服务器平台上实时更新的输入数据为依托,对数据进行更新维护、模型更迭、参数标定以及提供一套标准的仿真输入数据。平台应具备交通仿真技术,包括复杂方案快速生成技术、关键模型虚拟仿真技术和混合仿真模型并行计算等,为不同场景下的虚拟交通仿真提供关键手段。客户端版本应具备为用户提供管控方案的可视化编辑、管控方案的一键式仿真以及仿真效果展示三部分功能,能够实现大规模交通网络仿真基本功能框架构建和模块化交通仿真结构设计,采用任务式的人机交互界面,提供可视化图形表达技术和模块操作,风格应简单、明确,易用性强。通过全流程仿真集成开发,实现交通仿真预测、交通仿真建模、交通仿真分析、交通仿真评价、结果反馈优化等“一键式”功能,应用于各种条件和场景下交通管控、大型活动事件等的仿真分析,为南京市交管局提供必要的决策支撑。图 15-2 给出南京市虚拟交通系统仿真平台的开发流程。

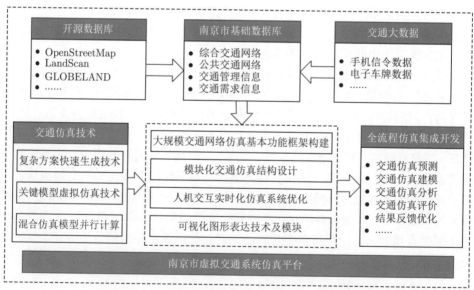

图 15-2　南京市虚拟交通系统仿真平台开发流程

15.2　南京市虚拟交通系统仿真平台构建

　　南京市虚拟交通系统仿真平台是南京市交管局进行交通诊断、交通管控等必不可少的决策核心,在项目开发背景及流程设计的前提下,南京市虚拟交通系统仿真平台将从基础数据库构建和基础方案介绍两部分展开。

15.2.1　基础数据库构建

基础数据库是城市虚拟交通系统仿真平台的基础,是通过对多源交通大数据进行提取、加工和融合形成的标准化数据库,涵盖所有服务于城市虚拟交通系统仿真平台的交通大数据。它整合南京市城市交通静态基础数据、动态出行数据和实时流量数据,形成自备常态化基础数据库,包含城市综合交通网络数据库、公共交通网络数据库、交通管理信息数据库和交通需求信息数据库。

1. 城市综合交通网络数据库构建

选取南京市辖区作为研究对象,将鼓楼区、玄武区和秦淮区等作为研究区域,通过基于 OSM 的交通网络基础数据库快速构建技术,对研究区域内的交通网络进行提取,并且对其进行快速解析,如图 15-3 所示,生成仿真系统所能识别的基础交通网络数据库,如图 15-4 所示,包含 11997 个交通节点及 32907 条路段,每个网络对象均已包含完备的交通特征信息。

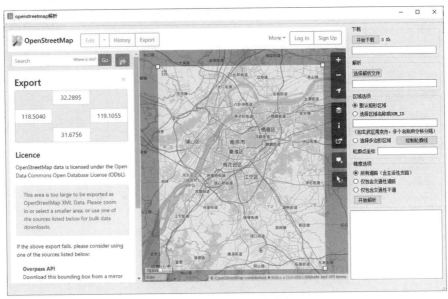

图 15-3　南京市区域选取

2. 公共交通网络数据库构建

获取高德电子地图中的南京市公交线路信息,并解析得到需要的位置信息和属性信息;采用公交线路与道路网络匹配技术将公交线路导入南京市虚拟交通仿真平台，依据道路网自动生成公交网络。所生成的公交网络，如图 15-5 所示，包含 7162 个公交站点以及 668 条公交线路 (其中常规公交线路 654 条，轨道交通线路 14 条)，每条公交线路均包含完备的线路信息。

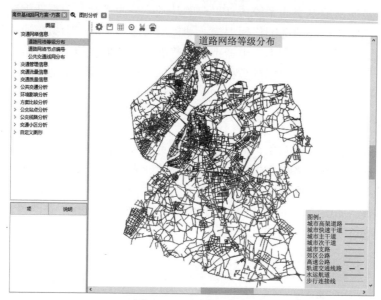

图 15-4　南京市基本交通网络结构

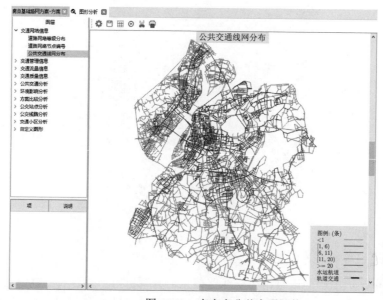

图 15-5　南京市公共交通网络

3. 交通管理信息数据库构建

城市交通管理信息基础数据依托交通网络结构基础数据，交通网络结构基础数据中的每个字段均存在与之对应的交通管理信息。一旦交通网络结构基础数据库构建完成，根据交通网络中节点及路段的类型及几何条件，系统会自动生成一套与之对应的默认交通管理信息基础数据库。在此基础上，补充电子地图获取的交通管理信息，如路段的限速信息、公交专用道信息、路侧停车信息等。此外，对于默认配置及电子地图无法获取的管控方案，调查南京市现阶段已实施的管控措施及政策，通过图形编辑系统提供的可视化人机交互方式，将相应的管理信息添加到基础数据库中。至此，可以构建完整的、符合现状的南京市综合交通管理信息基础数据库。图 15-6 以南京市路侧停车管理分布为例进行展示。

图 15-6　南京市路侧停车管理分布

4. 交通需求信息数据库构建

根据交通小区的划分原则，将南京市城区划分为 332 个交通小区，从市中心到市郊逐渐增大交通小区的规模；通过南京市虚拟交通系统仿真平台所提供的图形编辑系统，采用可视化的人机交互模式，将交通小区信息添加到基础数据库中，如图 15-7 所示。

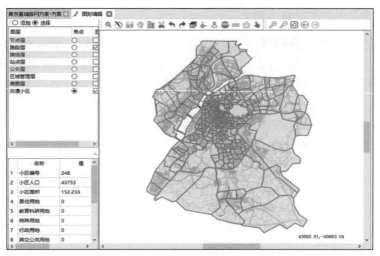

图 15-7　南京市交通小区划分

15.2.2　基础方案介绍

1. 基础路网编辑

通过基础数据库导入南京市基础交通路网，作为新建方案的基础和对比研究。南京市基础路网方案共有路段 32907 条，节点 11997 个，交通小区 332 个，OD 矩阵点对 110224 个。在南京市虚拟交通系统仿真平台中，用户可根据需要对基础路网进行编辑与设计，形成新的方案。图 15-8 和图 15-9 分别从节点层和路段层两层面对南京市基础路网方案加以展示。

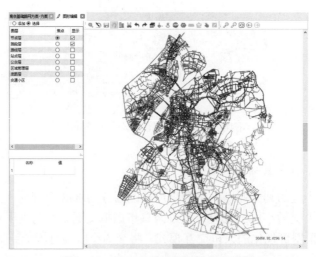

图 15-8　南京市基础路网方案节点层

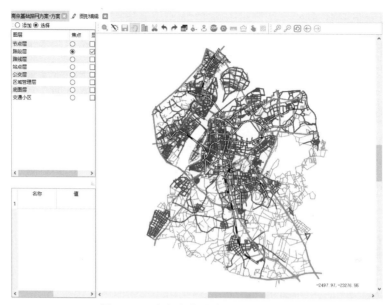

图 15-9 南京市基础路网方案路段层

2. 分析模型配置

配置窗口默认由"方案组织设计""交通需求分析""交通运行分析""公共交通分析""方案综合评估"和"分析结果展示"6 个模块构成，每个模块都有一个根节点，采用树状结构，通过右击选择配置或删除子节点，用户可根据方案需求自行配置。在南京市基础路网方案中，配置窗口的默认内容如图 15-10 所示。

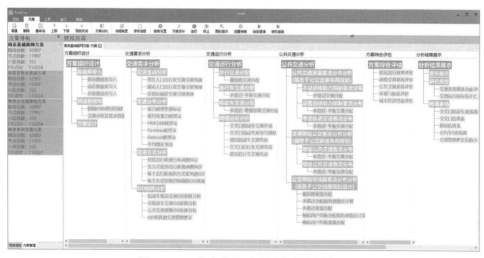

图 15-10 南京市基础路网方案配置窗口

3. 模型参数设置

为提升仿真精度，针对南京市的实际情况，需要将一些影响交通分析结果的模型参数进行调整，如慢行交通方式的可达性、机动化程度、交通工具拥有情况，图 15-11 给出交通仿真分析模型参数调整示意图，其中建成区面积是本次构建的南京市数据库 332 个交通小区覆盖的面积。

图 15-11　交通仿真分析模型参数调整示意

15.3　面向交通控制的案例分析

15.3.1　案例简介

1. 场景介绍

南京市中心城区道路网络结构始建于 20 世纪，大部分现有道路的规划年代较早，道路和交叉口规划设计标准较低，道路使用功能不明确，机非混行明显，道路通行能力较低。此外，随着老城区改造计划的进行，涌现出诸如新街口、德基广场等大型商圈，吸引了大量来自周边地区的人口，产生较大的交通需求；项目工程建设施工占用本就不宽裕的道路资源，使得施工范围内及周边区域道路通行能力严重下降，进一步加剧了中心城区的拥挤程度。湖西街、水西门大街、集庆门大街和文体路所围合区域的"交通顽疾"便是上述问题的一个缩影，如图 15-12 所示。

结合当地居民反映情况与交通调查有关资料，湖西街、水西门大街、集庆门大街和文体路所围合区域的交通流量较大，道路通行能力较低，道路时常处于交通拥堵状态，严重影响了附近居民和过境车辆的正常通勤和日常生活。为了缓解该区域日益严重的交通拥堵问题，需要对该区域的交通拥堵成因进行分析，并制定相应的交通管控策略，以提高该区域道路网络的通行效率，解决困扰周边居民出行难题。

2. 解决思路

通过交通调查，该区域交通拥堵问题出现的原因可能包括以下两个方面：

图 15-12 南京市一处"交通顽疾"区域示意图

(1) 南湖体育馆、南湖公园等大型活动场所吸引大量的交通流量,从而造成该区域交通压力过大。

(2) 文体路、南湖东路、南湖路、玉塘东街和蓓蕾街等支路建设时间较早,服务水平较低,无法适应现阶段的交通流量;该区域位于城市中心区,周边居民小区密集,大型活动场所用地难以调整,土地资源十分紧张,因此无法通过拓宽该区域路段等措施来提高道路通行能力。

根据交通拥堵问题成因,南京市交管局结合有关部门,在充分了解该区域交通设施状况、交通需求以及路网服务水平的前提下,提出构建单向交通局部网络的应对措施,具体的单向交通方案内容如下:

(1) 湖西街:与水西门大街和集庆门大街的相交路段设置为由南向北的单向交通;

(2) 水西门大街:与湖西街和文体路的相交路段设置为由西向东的单向交通;

(3) 南湖路:与水西门大街和集庆门大街的相交路段设置为由北向南的单向交通;

(4) 集庆门大街:与湖西街和文体路的相交路段设置为由东向西的单向交通。

在南京市虚拟交通系统仿真平台中,在图形编辑窗口选中路段层,双击需要进行编辑的路段,打开路段编辑窗口,通过对上下行道路几何信息中机动车道宽度、机动车车道数和非机动车道宽度的修改,能够调整道路路段不同方向车道数和车道宽度,从而实现单向交通的设计效果,如图 15-13 所示。为了探究本案例单向交通方案的实施效果,借助南京市虚拟交通系统仿真平台,通过上述方法进行方案编辑与设计，配置仿真模块参数，对基础方案和单向交通方案进行仿真对比，为方案改进和决策提供数据支撑。

图 15-13　单向交通路段编辑窗口

15.3.2　方案设计与仿真

进入主界面后，打开基础路网方案，点击软件左上角的"方案"菜单栏，选择"新建"，进入"项目方案配置"页面，新建方案。一个项目可包含多个方案，如果该项目已有其他方案，可选择在某个现有方案基础上新建一个新的方案，图 15-14 为基于南京基础路网方案新建单向交通方案。

图 15-14　基于南京基础路网方案新建单向交通方案

1. 方案编辑与设计

通过南京市虚拟交通系统仿真平台所提供的图形编辑系统，以可视化的人机交互方式快速添加拟采取的单向交通措施，具体的操作步骤如上文所示，系统会自动将编辑界面添加的管理措施保存至综合交通管理信息基础数据中，并实时更新基础数据库，将其作为当前激活方案交通仿真的基础数据，如图 15-15 所示。

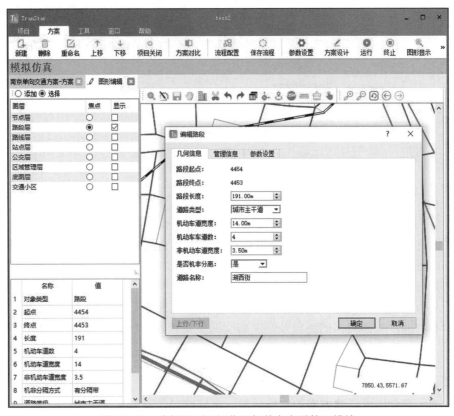

图 15-15   编辑界面可视化添加单向交通管理措施

2. 仿真模块配置

考虑到新建单向交通方案会对目标区域的公共交通调度运营产生一定影响，因此，新建单向交通方案没有对公共交通分析模块进行配置，其余模块配置均与南京市基础路网保持一致。对增设单向交通方案前后的交通运行状况进行"一键式"快速仿真，如图 15-16 所示，系统会以流程为导向调用各应用模块对方案的基础数据进行分析、评价，并通过数据表格、研究报告及图形显示 3 种方式展示仿真结果，为方案的对比、优选提供全面的量化支撑。

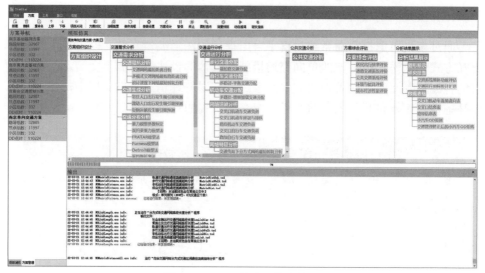

图 15-16 "一键式"快速仿真

15.3.3 案例结果评价

1. 方案仿真结果

通过"一键式"快速仿真，获取新建单向交通方案后南京市整体的交通系统状态的可视化图像以及研究报告，包括机动车路段交通量分布、机动车路段交通负荷分布、机动车交叉口交通量分布以及路段 $PM_{2.5}$ 排放量分布，如图 15-17 所示。从仿真结果可以看出，南京市路段和交叉口交通量、交通负荷分布主要集中在中心城区，外围城区的路段及交叉口交通负荷较小；另外，污染物排放 (路段 $PM_{2.5}$ 排放量) 分布与机动车路段交通量分布大致相同。

2. 方案评价分析

为了充分体现新建方案的实施效果，更好地对新建方案进行分析评价，需要将方案实施前后目标区域的各评价指标进行对比分析。通过"交运之星-TranStar"的方案比较和图形展示功能，依次从机动车路段交通量差值分布、非机动车路段交通量差值分布、路段 $PM_{2.5}$ 排放量差值分布和环境影响与能源消耗评价 4 个方面做出相应的分析与总结。

1) 机动车路段交通量差值分布

单向交通方案实施前后目标区域机动车路段交通量差值分布情况如图 15-18 所示。可以看出，对湖西街、水西门大街、南湖路和集庆门大街实施单向交通管制后，4 条道路的交通量均有所上涨，这是由于单向交通降低道路阻抗，提高路段通行效率，吸引大量的交通流量；由于基础方案为双向道路，改为单向交通后，4

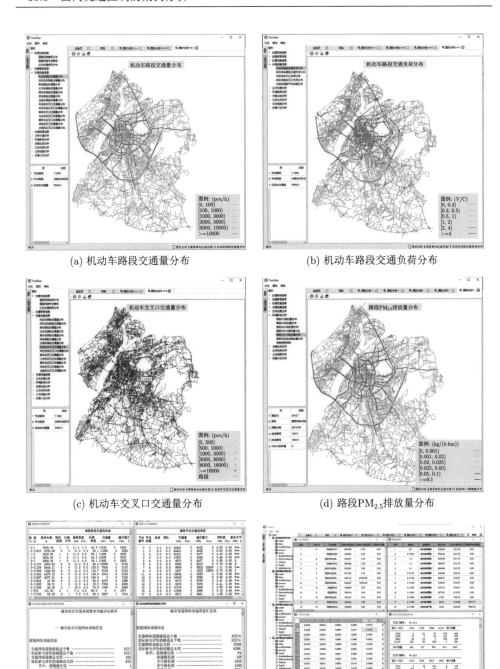

(a) 机动车路段交通量分布

(b) 机动车路段交通负荷分布

(c) 机动车交叉口交通量分布

(d) 路段PM$_{2.5}$排放量分布

(e) 方案仿真结果评价研究报告

(f) 方案仿真结果数据表格

图 15-17　方案仿真结果数据表格、研究报告及图形显示 (彩插)

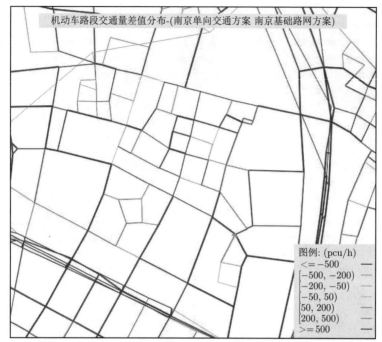

图 15-18　目标区域机动车路段交通量差值分布图

条道路的道路通行能力和服务水平均得到提高，因此实施单向交通方案后 4 条道路的路段交通负荷反而有所降低，维持在可接受的水平。此外，实施单向交通方案后，目标区域内部道路如文体路、玉塘东路、南湖东路和蓓蕾街等的道路交通量有不同程度的下降，造成这一结果的可能原因是单向道路对区域内部车辆的吸引作用，驾驶员重新选择道路阻抗较低的单向道路作为出行路径，从而降低区域内部道路的交通量，使得城市支路原本过重的负荷得到缓解，减少交通拥堵、交通事故等道路问题的发生。

2) 非机动车路段交通量差值分布

单向交通方案实施前后目标区域非机动车路段交通量差值分布情况如图 15-19 所示。由于非机动车出行一般为短程出行，不涉及长距离出行，因此，相较于机动车路段交通量，局部地区的单向交通管制不会引起较大范围乃至整体路网的非机动车路段交通量变化。对于本案例研究区域来说，单向交通方案的实施对区域内部的非机动车交通量变化影响不大，对实施单向交通方案路段和研究区域周边路段的非机动车交通量则有明显影响。这一现象的原因可能是单向交通方案改变道路阻抗，使得研究区域范围之外的非机动车使用者重新选择出行路径，而研究区域内部道路等级较低、道路资源受限，限制非机动车使用者的自由选择。

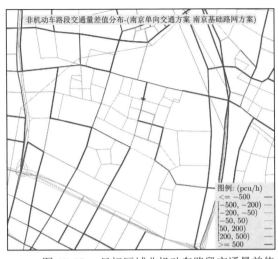

图 15-19 目标区域非机动车路段交通量差值分布图

3) 路段 $PM_{2.5}$ 排放量差值分布

单向交通方案实施前后目标区域路段 $PM_{2.5}$ 排放量差值分布情况如图 15-20 所示。由于路段 $PM_{2.5}$ 排放量主要由机动车产生，因此单向交通方案实施前后路段 $PM_{2.5}$ 排放量差值分布基本与机动车路段交通量差值分布情况类似，有一定程度的改善。

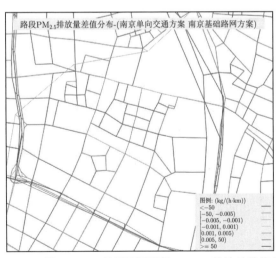

图 15-20 目标区域路段 $PM_{2.5}$ 排放量差值分布图

4) 环境影响与能源消耗评价

上述图形展示功能能够直观地反映单向交通管制方案实施前后道路网络交通

特性的变化, 但精确的数字结果往往更具有说服力。"交运之星-TranStar" 所配备的研究报告功能可以提供道路交通网络的各项指标数据, 可以为交通管控方案的效果提供全面而准确的客观评价。表 15-1 为单向交通管制方案实施前后环境影响与能源消耗评价表, 可以看出, 单向交通管制方案实施前后, 道路网络环境影响与能源消耗指标均存在不同程度的降低, 其中路网能源消耗总量和单位客运周转量的能源消耗降幅明显, 而诸如路网 CO 排放总量、路网 HC 排放总量、路网 NO_x 排放总量、路网 PM_{10} 排放总量、路网 $PM_{2.5}$ 排放总量、路网全部污染物排放总量和机动车污染物人均排放量等指标降幅不明显, 基本保持不变。造成这一结果的原因可能是单向交通管制方案提高了路段行驶速度, 缓解了问题区域的拥堵状况, 有效提高了该地区路网的通行效率, 从而降低因拥堵行驶而产生的能源消耗和污染物排放; 但对于整体路网而言, 局部地区的交通改善并未降低道路网络的总体交通量和交通需求, 甚至会吸引更多的交通生成, 因此污染物排放总量等指标的变化不太明显。

表 15-1　单向交通管制方案实施前后环境影响与能源消耗评价表

环境与能耗指标	实施前	实施后	变化量
路网能源消耗总量/(t 燃油/h)	1011.29	1009.90	−1.39
单位客运周转量能源消耗/(L 燃油/(人 · 百 km))	6.81	5.28	−1.53
单位货运周转量能源消耗/(L 燃油/(t· 百 km))	0	0	0
路网 CO 排放总量/(t/h)	50.97	50.93	−0.04
路网 HC 排放总量/(t/h)	5.70	5.70	0
路网 NO_x 排放总量/(t/h)	15	15.02	0.02
路网 PM_{10} 排放总量/(t/h)	1.71	1.70	−0.01
路网 $PM_{2.5}$ 排放总量/(t/h)	0.17	0.17	0
路网全部污染物排放总量/(t/h)	73.37	73.36	−0.01
机动车污染物人均排放量/(t/(h· 万人次))	0.43	0.43	0

综上, 实施单向交通方案后的交通仿真结果均符合预期, 相较于基础路网方案, 实施单向交通方案后的研究区域内机动车路段交通量、非机动车路段交通量、路段 $PM_{2.5}$ 排放量以及环境影响与能源消耗等均得到不同程度的缓解和改善, 本案例所提出的单向交通方案拥有较高的实施价值, 可以用于实际的道路交通管控。

15.4　面向交通管理的案例分析

15.4.1　案例简介

1. 场景介绍

青年奥林匹克运动会 (简称青年奥运会或青奥会) 是一项面向 14~18 岁青年人的综合型国际体育赛事, 其举办规模仅次于奥运会, 举办周期和比赛项目均与奥运会相仿。青奥会聚集来自全球各地的青年运动健儿，是青年运动员共同竞技的舞台，也是不同地域文化交流和传播的平台。青奥会有利于积极宣扬健康、绿色、运动的价值观，具有重大的现实意义和深远影响。2014 年，南京市成为第二届青年奥林匹克运动会的举办地，是首次举办青奥会的中国城市。借此契机，南京市将接待来自 200 多个国家和地区的 3000 多名运动员，成为继北京之后第二座获此殊荣的中国城市。在青奥会期间，来自不同国家和地区的大批选手、教练和其他参赛团队人员将入住南京青奥村。

　　密集的人流势必会带来庞大的交通需求，尤其是以青奥村和比赛场馆为起讫点的交通流量。为了展示南京畅通高效的交通状态和文明先进的良好市容，保障青奥村周边道路安全畅通，需要对青奥村周边道路实行合理的交通管制，以确保市民和运动员的日常生活安全有序。

2. 解决思路

　　南京青奥村隶属于南京市建邺区，地处河西新城滨江沿岸，占地面积为 14.3 万 km^2，总建筑面积为 43.66 万 m^2，如图 15-21 所示。青奥村周边道路包括友谊街、邺城路、江山大街、扬子江大道等，快速、立体化交通体系发达，但城市次干路、支路网络衔接较差。青奥会期间人流密集，交通量大，给该地区的道路交通网络带来巨大的挑战。为了保障青奥村周边道路安全畅通，避免出现不必要的交通拥堵和交通事故，需要对该地区的周边道路实施行之有效的交通管制。

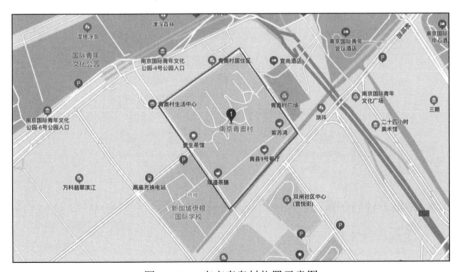

图 15-21　南京青奥村位置示意图

　　基于上述问题，南京市交管局深入考察青奥村周边的道路交通状况，结合交通规划与管理基本知识原理，对青奥村周边地区做出初步的交通管控方案，以限

制该地区的车辆驶入和路边滞留。主要的管控方案如下:

在青奥会期间,对江山大街隧道及地面道路、扬子江大道、平良大街、江东南路的围合区域实施交通管制措施,除青奥会接驳车辆和公交车辆外,其他社会车辆禁止驶入;对青奥村毗邻道路如青奥南路、邺城路、扬子江大道、江山大街等实施交通管制措施,公交车辆也禁止驶入。

该管控方案在南京市虚拟交通系统仿真平台中的设置如图 15-22 所示,在图形编辑窗口中,选中路段层,双击需要进行编辑的路段,打开路段编辑窗口,通过对上下行道路管理信息中允许出行方式、路侧停车情况、绿波交通设置、拥堵收费和尾号限行等参数的设置,调整路段交通管制措施。在本案例中,对需要进行交通管制的目标路段按要求修改相应属性,从而达到青奥会交通管制方案的仿真效果。以禁止除公交车以外的其他车辆驶入为例,仅需在“允许出行方式”中选择可通行的出行方式并保存即可。为了探究本案例单向交通方案的实施效果,借助南京市虚拟交通系统仿真平台,对基础方案和青奥会交通管制方案进行仿真对比,为方案决策提供数据支撑。

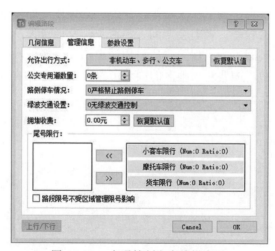

图 15-22　交通管制方案编辑窗口

15.4.2　方案设计与仿真

1. 方案编辑与设计

通过南京市虚拟交通系统仿真平台提供的图形编辑系统,以可视化的人机交互方式快速添加拟采取的管制措施,具体的操作步骤如上文所示,系统会自动将在编辑界面添加的管理措施保存至综合交通管理信息基础数据中,并实时更新基础数据库,将其作为当前激活方案交通仿真的基础数据,如图 15-23 所示。

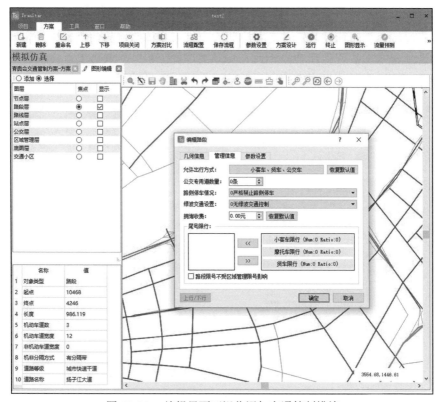

图 15-23　编辑界面可视化添加交通管制措施

2. 仿真模块配置

与基础方案相比，新建交通管制方案重新调整综合道路交通网络阻抗，会对交通出行产生较大影响，因此需要对交通需求分析、交通运行分析和公共交通分析进行重新配置，并选择方案综合评估与分析结果展示的需求内容。在完成仿真模块配置之后，对增设交通管制措施前后的交通运行状况进行"一键式"快速仿真，如图 15-24 所示，系统会以流程为导向调用各应用模块对方案的基础数据进行分析、评价，并通过数据表格、研究报告及图形显示 3 种方式展示仿真结果，为方案的对比、优选提供全面的量化支撑。

15.4.3　案例结果评价

1. 方案仿真结果

通过"一键式"快速仿真，南京市虚拟交通系统仿真平台基于快速仿真技术，获取新建交通管制方案之后南京市整体的交通系统状态的可视化图像以及研究报告，包括机动车路段交通量分布、机动车路段交通负荷分布、机动车交叉口交通

负荷分布以及路段 $PM_{2.5}$ 排放量分布，如图 15-25 所示。由于本案例的新建方案是特定区域的交通管控，对方案实施前后南京市整体路网的仿真结果进行比较难以体现新建方案的优劣所在，因此在"方案评价分析"一节将重点突出目标区域 (青奥村周边) 在新建方案实施前后的各个指标的差异性。

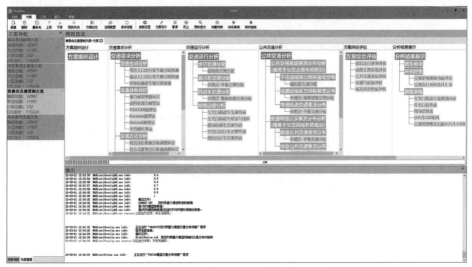

图 15-24　"一键式"快速仿真

2. 方案评价分析

为了充分体现青奥会交通管制方案的实施效果，下面将依次从机动车路段交通量差值分布、机动车路段交通负荷差值分布、路段 $PM_{2.5}$ 排放量差值分布和综合交通系统经济性能评价 4 个方面做出相应的分析与总结。

1) 机动车路段交通量差值分布

交通管制方案实施前后青奥村周边道路机动车的路段交通量差值分布情况如图 15-26 所示。可以看出，对扬子江大道、江山大街、邺城路、友谊街、双闸路、青奥南路、宜悦街、平良大街等路段实施相应的交通管制后，青奥村周边绝大部分道路的交通量均有降低，尤其是以青奥村为起点的相应路段，造成这一结果的原因可能是交通管制措施对进入青奥村区域的小汽车出行产生的约束，使得该区域的交通需求有所下降，从而有效保障青奥村周边道路安全畅通，避免发生不必要的交通拥堵和交通事故。需要指出的是，实行交通管控后，邺城路由东向西方向的道路交通量有一定程度的增长。这种现象出现的原因可能是该路段的出行费用相较于其他路段较低，绕行距离在可接受范围内，从而吸引了大量的交通流量。因此，在实施交通管制措施前，可以考虑为邺城路路段配置一定的交通设施和交通警察等工作人员，以确保交通流量增大后该路段安全、畅通、有序。

(a) 机动车路段交通量分布

(b) 机动车路段交通负荷分布

(c) 机动车交叉口交通负荷分布

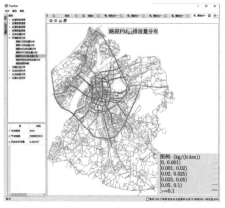

(d) 路段PM$_{2.5}$排放量分布

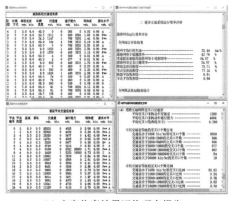

(e) 方案仿真结果评价研究报告

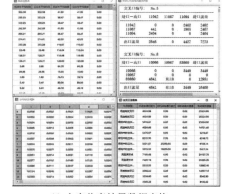

(f) 方案仿真结果数据表格

图 15-25　方案仿真结果数据表格、研究报告及图形显示 (彩插)

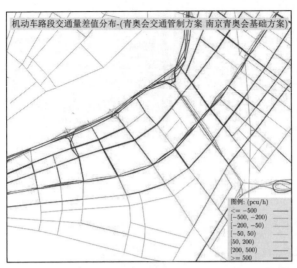

图 15-26   机动车路段交通量差值局部分布图

2) 机动车路段交通负荷差值分布

交通管制方案实施前后青奥村周边道路机动车路段交通负荷差值分布情况如图 15-27 所示。交通量与交通负荷存在一定程度的相关性,但相较于交通量,交通负荷更能直观地反映道路的畅通程度。根据图 15-27 结果展示,在实施交通管制方案后,除邺城路的交通负荷有明显增长外,青奥村周边道路的交通负荷均出现不同水平的降低,与机动车路段交通量分布情况较为类似。上述结果表明该方案可以有效保障青奥村周边道路畅通,为青奥会的举办提供良好舒适的交通环境。

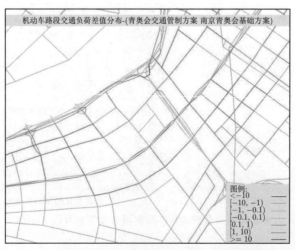

图 15-27   机动车路段交通负荷差值局部分布图

3) 路段 $PM_{2.5}$ 排放量差值分布

交通管制方案实施前后青奥村周边路段 $PM_{2.5}$ 排放量差值分布情况如图 15-28 所示。由于路段 $PM_{2.5}$ 排放量主要由机动车产生,因此交通管制方案实施前后路段 $PM_{2.5}$ 排放量差值分布基本与机动车路段交通量差值分布情况类似。

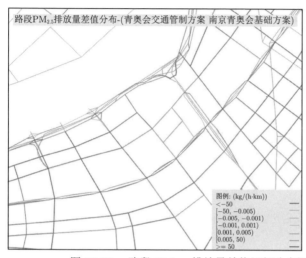

图 15-28 路段 $PM_{2.5}$ 排放量差值局部分布图

4) 综合交通系统经济性能评价

为了体现青奥会交通管制方案对青奥村周边地区及整体路网的影响,通过"交运之星-TranStar"的研究报告功能,选取综合交通系统经济性能评价为主要分析指标,如表 15-2 所示。可以看出,在青奥会交通管制方案实施后,全交通网络的总成本和各交通方式的时间成本均有所降低,其中公交车的时间成本下降量最大,为 6.75 万元/h;此外,小汽车运营成本、公交车运营成本以及全网络机动车运营成本都呈下降趋势;居民平均广义出行成本基本保持不变;交通拥堵直接经济损失下降 7.08 万元/h,也从侧面验证该交通管制方案对交通拥堵的改善作用。

综上,本案例所采用交通管制方案的交通仿真结果均符合预期,相较于青奥会基础路网方案,实施交通管制之后青奥村周边道路的机动车交通量、机动车交通负荷、路段 $PM_{2.5}$ 排放量和综合交通系统经济性能等均得到不同程度的缓解和改善,本案例所提出的交通管制方案可以很好地缓解青奥会赛事产生的交通拥堵问题,有助于营造健康和谐的交通环境,为青奥会的成功举办提供支持。需要注意的是,在进行交通仿真时,邺城路的交通量和交通负荷有明显上升,因此在交通管制方案实施前,需要准备并配置适当的道路交通设施、交通管理人员,以应对和疏导邺城路的突发拥堵情况。

表 15-2　青奥会交通管制方案实施前后综合交通系统经济性能评价表

经济性能指标	实施前	实施后	变化量
全交通网络总成本/(万元/h)	10451.70	10441.00	−10.70
小汽车时间成本/(万元/h)	1718.97	1716.66	−2.31
公交车时间成本/(万元/h)	2250.39	2243.64	−6.75
自行车时间成本/(万元/h)	4580.02	4578.75	−1.27
步行时间成本/(万元/h)	228.79	228.13	−0.66
小汽车运营成本/(万元/h)	1436.03	1431.04	−4.99
公交车运营成本/(万元/h)	241.23	240.47	−0.76
全网络机动车运营成本/(万元/h)	1676.50	1671.51	−4.99
交通拥堵直接经济损失/(万元/h)	6236.99	6229.91	−7.08
居民平均广义出行成本/(元/人次)	61.52	61.46	−0.06
车均运营成本/(元/当量交通量)	41.12	41.00	−0.12

参 考 文 献

[1] 南京市统计局. 江苏统计年鉴 2020[M]. 北京: 中国统计出版社, 2019-2020.

[2] 南京市工业和信息化局. 南京市 2019 年国民经济和社会发展统计公报 [R]. 南京: 南京市工业和信息化局, 2020.

[3] 南京市交通运输局. 交通运输主要统计指标月度快报 (2019 年 12 月)[R]. 南京: 南京市交通运输局, 2020.

第 16 章　宁波市虚拟交通系统仿真平台

本章以宁波市为例，介绍虚拟交通系统仿真平台的构建过程及其应用成效。本章总共分 4 个部分：第一部分分析宁波市存在的交通问题和当前的技术趋势，明确了平台的开发目标与开发流程；第二部分依托东南大学王炜教授创新团队研发的"交运之星-TranStar"软件，构建宁波市虚拟交通系统仿真平台，并详细介绍了数据库的构建过程；第三部分以宁波市停车场规划为例，介绍面向城市土地开发的平台应用；第四部分，在该平台中对宁波市轨道交通建设进行仿真，并对结果进行定量化评估及可视化输出，为项目建设提供信息支撑。

16.1　项目开发背景及流程

16.1.1　项目开发背景

宁波市地处我国华东地区、大陆海岸线中段，是长江三角洲南翼经济中心、东南沿海地区重要的港口城市，包括海曙区、江北区、北仑区、镇海区、鄞州区、奉化区、余姚市、慈溪市、象山县、宁海县，总面积为 9816km²。截至 2019 年年底，宁波市常住人口达 854 万人[1]。改革开放以来，宁波市经济快速发展，2019 年全市生产总值超 11500 亿元[2]，人均国民生产总值达到 14.30 万元[2]，成为我国经济最为活跃的城市之一。

1. 项目背景

随着经济的快速发展，宁波市私人机动车保有量迅速增长。自 2011 年宁波市成为国内第九个"百万汽车城"以来，机动车保有量的年均增长率均超过 10%。宁波市主城区历年机动车数量如图 16-1 所示。截至 2018 年年底，宁波市汽车保有量已达 265 万辆，位列浙江省第 1 位[3]，其中，主城区机动车保有量 157.22 万辆，占全市汽车保有量的 59.3%。结合常住人口数据统计，宁波市主城区千人机动车保有量为 363 辆，9 座以下私家车保有量为 274 辆/千人。

截至 2018 年年底，宁波市公路里程总长近 1.13 万 km，居全省前列，但其年增长率仅为 4%左右[2]，导致城市交通系统供需失衡日益严峻。根据《2018 年度中国主要城市交通分析报告》[4]，宁波市的交通健康指数为 76.90%。其中，路网高延时运行时间占比为 41.50%，常发拥堵路段里程占比为 0.029%。工作日平均双程通勤时长和拥堵时长分别为 58.80min 和 22.16min。宁波市在早晚高峰时段的道路拥堵问题更为突出：高峰拥堵路段里程比达 1.82%，高峰缓行路段里程比达 2.81%，小汽车高峰平均行驶速度仅为 26.04km/h，而公共交通系统运行效率更低，公交线路高峰巡航速度仅为 17.43km/h。

图 16-1　宁波市主城区历年注册机动车总数统计图

2. 现状问题

近年来，宁波市逐步引导城市土地利用格局向多元化发展，导致城市交通需求呈现多样性、时变性以及长距性的基本特点，为城市现状交通设施建设与未来交通系统规划带来巨大挑战。面对日益增长且复杂化的交通需求，宁波市现状交通基础设施无法达到有效输送客流、避免大规模拥堵的基本目标。各类城市交通问题相互交织，主要表现以下方面：

(1) 公交系统的高峰行程延时较高，高峰巡航速度远低于全时段平均值。社会车辆与公交车辆在高峰时期的运营速度比达 1.90，说明宁波市公共交通系统运营效率较低，无法高效、快速地承担城市交通需求。

(2) 核心城区的交通负荷已接近饱和，多数交叉口处于拥堵状态。随着城市交通需求的增加，私家车保有量及城市交通需求猛增。此外，宁波市建成区内支路密度低，道路网络连接性差，导致主、次干道交通流过度集中。

(3) 停车供需失衡，停车设施的规划、建设与管理过程的规范性不足。当前，宁波市车辆乱停、乱放现象严重，停车场规划建设与运营管理模式粗放，缺乏现代化停车诱导与智能化停车管理手段，严重影响城市交通系统的组织效率。

3. 技术趋势

现阶段，交通仿真建模技术被视为提升城市精细化管理水平、解决交通拥堵与环境恶化等城市问题的有效手段。以交通仿真建模技术为基础的智慧交通系统已经相继在杭州、苏州、雄安等地落地，将逐步成为解决城市内部交通问题、缓解城市交通拥堵的必要配置。因此，新形势下，有必要针对现状突出问题，借助先进的交通仿真建模手段，构建宁波市虚拟交通系统仿真平台，为城市交通系统的合理规划提供决策支撑，进而缓解城市交通拥堵及停车难等问题，助力宁波市城市交通系统的可持续发展。

16.1.2 项目目标与定位

宁波市虚拟交通系统仿真平台旨在实现多源数据与交通模型融合，面向城市交通系统构建基础数据库，提供交通仿真分析方法，形成交通综合评价体系。通过对宁波市现状及规划交通系统的仿真分析，科学评估规划方案的实施效果，进而针对宁波市规划部门提供面向不同业务功能的仿真流程设计。主要目标与定位分为以下 4 个方面。

1) 基于多源数据实现交通系统基础数据库构建

针对当前交通大数据具有多源异构性和行业标准不统一的问题，宁波市虚拟交通系统仿真平台拟采用统一的数据存储结构，从交通网络结构、交通管理信息、公共交通系统、交通需求信息 4 个方面，建立宁波市虚拟交通系统基础数据库。

2) 基于数据驱动实现交通系统合理分析与推演

针对城市动态交通系统及城市交通管理决策，宁波市虚拟交通系统仿真平台拟开发人机交互系统与交通分析系统实现交通基础数据的可视化分析及交通分析模型的工程性应用。

3) 面向业务功能实现交通规划方案流程设计

针对宁波市城市交通系统存在的突出问题，宁波市虚拟交通系统仿真平台拟面向城市土地开发利用、交通基础设施建设的业务服务功能，设计数据流程逻辑与平台功能模块，提供面向多种业务需求的"一键式"仿真流程。

4) 面向方案评估实现信息展示与数据可视化

针对交通系统运行状态定量化评估，宁波市虚拟交通系统仿真平台拟开发丰富的信息展示与数据可视化功能。建立指标评价体系，全面把握城市交通系统运行状态、分析交通规划方案的潜在交通影响，辅助交通规划方案制定与实施。

16.1.3 项目开发流程

宁波市虚拟交通系统仿真平台重点开展基础数据、分析模型、方案仿真流程、方案综合评估的关键技术研发，并面向土地利用与交通规划开展实际案例研究，对关键技术进行检验和完善。平台开发流程如下：

1) 基于多源数据实现交通系统基础数据库构建

(1) 多源交通基础数据快速获取：利用开源地图数据库及开放 API 接口，实现城市多模式交通网络数据、城市人口分布数据、土地利用分布数据、道路交通运行数据的快速获取。

(2) 面向城市交通仿真的基础数据库构建: 基于多源交通基础数据实现数据标准化, 建立交通仿真数据的计算机自动处理模型, 面向宁波市多模式交通仿真需求构建基础数据库。

2) 城市交通系统仿真体系构建与仿真理论建模

(1) 面向多源数据的交通仿真体系构建: 分析宁波市交通系统复杂场景的交通需求差异, 解析城市交通系统需求分析与政策调控过程的内在联系, 构建涵盖仿真计算、仿真开发与仿真交互的仿真体系。

(2) 基于交通系统供需平衡的仿真理论建模: 构建交通网络拓扑、交通需求分布、网络交通分配、通行能力分析、交通质量评估等仿真关键技术, 提出适用于宁波市交通系统的交通规划模型和量化分析方法。

3) 面向多模式交通网络的仿真软件集成开发

(1) 面向多模式交通网络的交通方案生成: 通过城市交通需求、居民出行行为、车辆通行特征、交通运行状况的综合分析, 实现复杂交通方案的快速化生成, 设计面向交通系统仿真分析的快速计算架构。

(2) 宁波市虚拟交通系统仿真平台集成开发: 构建模块化的交通仿真结构, 开发交通分析、交通计算、交通评价等仿真功能, 实现涵盖城市多模式交通建模预测、分析评价、反馈优化的全流程仿真。

4) 面向工程应用的交通系统决策支持与仿真

面向城市土地利用、交通设施建设、交通管理控制、交通政策法规等业务研发交通系统 "一键式" 仿真与分析评价流程, 建立以 "实时数据输入—交通虚拟仿真—结果反馈优化" 为特征的宁波市虚拟交通系统仿真平台, 服务于实际工程应用。

宁波市虚拟交通系统仿真平台的总体思路与技术框架如图 16-2 所示。

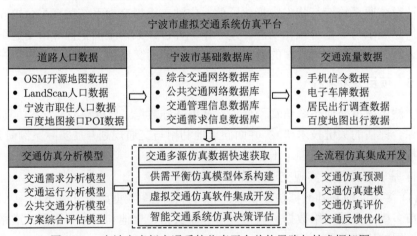

图 16-2　宁波市虚拟交通系统仿真平台总体思路与技术框架图

16.2 宁波市虚拟交通系统仿真平台构建

针对现状多源交通基础数据缺乏统一标准、基于多源数据的交通分析方法缺失、不同职能部门的业务范围无法协同联动等问题，宁波市虚拟交通系统仿真平台以多源交通基础数据为基础，以交通建模与分析为依据，以实现合理交通规划与管理为目标，面向宁波市城市交通系统，开发了一整套面向城市交通组织管理决策的仿真理论、核心模型、实用技术与系统软件，并通过实际工程检验平台的应用价值。

16.2.1 基础数据库构建

宁波市城市交通系统基础数据包括道路网络结构基础数据、公共交通系统基础数据、交通管理信息基础数据和交通需求分析基础数据 4 个方面。道路网络结构基础数据是虚拟仿真平台进行交通系统分析的基础；公共交通系统基础数据是进行公交系统仿真的前提；交通管理信息基础数据是保障仿真结果可靠性的关键；交通需求分析基础数据是交通系统交通量演变分析的必要输入。

1. 综合交通网络数据库构建

选取宁波市绕城高速、甬台温高速和穿山疏港高速所包含的地区以及北仑区部分地区为研究区域，基于 OSM 的交通网络基础数据库快速构建技术，自定义绘制解析范围，对研究区域内的交通网络进行下载、提取以及快速解析，如图 16-3 所示。生成的城市交通系统基本交通信息可被宁波市虚拟交通系统仿真平台读取生成可编辑路网，用于交通系统的集成仿真，如图 16-4 所示。

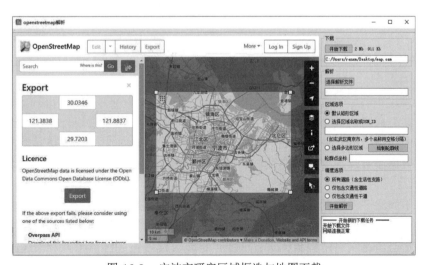

图 16-3　宁波市研究区域框选与地图下载

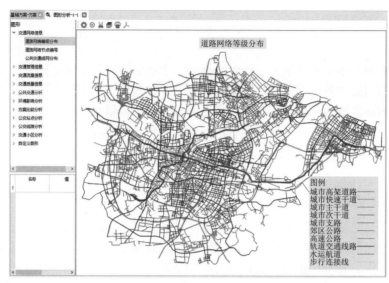

图 16-4　解析后的宁波市道路网络结构展示界面

解析后的宁波市道路网络结构基础数据库共包含 8427 个交通节点及 23295 条路段，交通节点和路段的组成要素及类型如表 16-1 所示。其中，解析得到的研究区域内道路长度共计 3763km。

表 16-1　交通节点与路段的组成要素及类型

交通单元	组成要素	类型
交通节点	编号、坐标、类型、阻抗	无延误节点、信号控制交叉口、无控制交叉口、环形交叉口、立体交叉口、信号控制渠化交叉口、主路优先交叉口以及车站、码头
路段	起终点编号、类型、等级、长度、设计速度、断面规模、阻抗	城市高架道路、城市快速干道、城市主干道、城市次干道、城市支路、郊区公路、高速公路、轨道交通线路、水运航线以及步行连接线

2. 公共交通网络数据库构建

公共交通网络数据库由轨道公交线路、快速公交线路及常规公交线路等多模式公交的多个数据文件所组成。其中，常规公交、快速公交、轨道交通数据均包含车辆数据、节点数据、线路数据、站点数据以及票价数据，采用相同的数据存储结构。

基于网络开源数据获取宁波市公共交通系统线路数据和站点数据，结合宁波市公共交通公司、轨道交通公司发布的车辆数据、营运数据和票价数据，将公交线路数据与道路网络结构数据进行匹配，标定公交线路起终点位置及沿线站点位置，依次连接形成公交路段与公交路线，完成宁波市公交网络构建。宁波市公交网络共包含 669 条公交线路 (双向), 2 条轨道交通线路 (双向), 如图 16-5 所示。

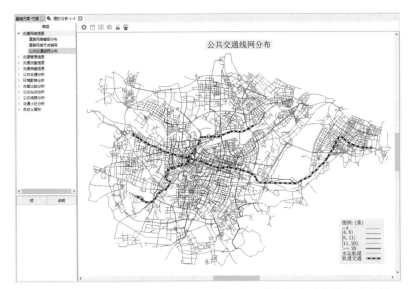

图 16-5 基于网络开源数据导入的宁波市公交线路分布图

在此基础上, 提取道路网络结构基础数据库中公交车专用道设置信息与公交信号优先信息, 以公交线路名称为唯一标识, 将公交车运营数据自动导入公交线路, 进一步完善公共交通网络数据库。同时, 利用步行连接线将公共交通站点同城市道路网络连接, 保证公共交通网络与城市道路网络相互连通。至此, 宁波市虚拟交通系统仿真平台的公共交通网络数据库构建完成。

3. 交通管理信息数据库构建

宁波市虚拟交通系统仿真平台的交通管理信息基础数据库是由节点交通管理、线路交通管理、区域交通管理等多个数据文件构成。其中, 节点交通管理数据包含节点类型、信号配置等管理信息; 线路交通管理数据包含公交专用道、路侧停车、交通绿波、路段限速、路段禁行等管理信息; 区域交通管理数据包括区域禁行和区域限号等管理信息。

宁波市虚拟交通系统仿真平台能够根据交通网络中节点和路段的类型及几何条件, 采用有关标准、规范推荐的设计参数, 自动生成初始的交通管理信息数据库。在此基础上, 利用电子地图数据对初始的交通管理信息基础数据库数据 (如路段限速信息、路侧停车信息等) 进行修正, 同时, 采用人工调研的方式, 获取宁波市现阶段已实施的管控措施和政策, 通过图形编辑系统将相应的管理信息添加到公共交通系统基础数据库中, 如图 16-6 所示为宁波市中心区摩托车禁行管理的图形编辑系统。至此, 完整的交通管理信息基础数据库就构建完成。

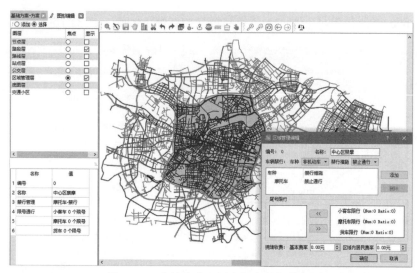

图 16-6　宁波市中心区摩托车禁行管理图形编辑系统

4. 交通需求信息数据库构建

宁波市综合交通需求分析基础数据涵盖：常住人口数据、流动人口数据、居民出行目的数据、城市居民职业结构数据、土地利用数据。其中，常住人口数据和流动人口数据为必需数据，其余为非必需数据。

宁波市综合交通需求分析基础数据库构建过程中，应综合考虑交通小区内土地利用、经济社会属性、路网构成与小区人口分布，充分利用河流、铁路以及高等级城市道路作为分区界限。其中，将路网中的关键节点设置为小区形心点。参考宁波市现有行政区划，将城区范围划分为 414 个交通小区。通过宁波市虚拟交通系统仿真平台的图形编辑系统，将交通小区人口数据添加到基础数据库中，如图 16-7 所示。根据宁波市交通小区人口分布，采用基于常住人口的交通生成模型和双约束重力交通分布模型，得到交通小区间的交通需求分布，如图 16-8 所示。

16.2.2　基础方案介绍

1. 基础路网编辑

路网编辑界面可以直观显示宁波市的道路网络结构信息，共涵盖 8 个数据层：节点层、路段层、路线层、站点层、公交层、区域管理层、底图层以及交通小区层。宁波市虚拟交通系统仿真平台节点层的编辑界面如图 16-9 所示，采用差异化的颜色代表不同的节点类型，具体内容可扫描二维码获取。

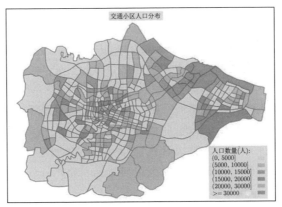

图 16-7　宁波市交通小区人口分布示意图 (彩插)

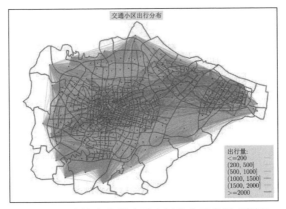

图 16-8　宁波市交通小区出行分布示意图 (彩插)

图 16-9　宁波市虚拟交通系统平台节点层示意图

2. 分析模型配置

宁波市虚拟交通系统仿真平台基础方案的分析模型库配置如图 16-10 所示，分为方案组织设计、交通需求分析、交通运行分析、公共交通分析、方案综合评估与分析结果展示 6 个模块。方案组织设计实现基于 OSM 开源地图的宁波市道路网络快速解析及构建；交通需求分析得到宁波市各交通小区间分方式的 OD 矩阵；交通运行分析与公共交通分析通过对机动车及公交车需求进行交通分配实现网络运能及网络特征分析；方案综合评估与分析结果展示能够计算宁波市城市交通系统的各项评价指标，并输出研究报告与数据表格。

图 16-10　宁波市虚拟交通系统仿真平台基础方案的分析模型库配置图

3. 模型参数设置

根据宁波市的居民出行特征与道路运行情况，对交通生成分析、交通分布分析、交通方式划分、OD 矩阵分析、交通分配分析、网络特征分析及方案评价模块的模型参数进行标定。各模块的模型参数配置如图 16-11 所示。

交通生成分析模块的参数设置如图 16-11 (a) 所示。本案例仅依据常住人口实现出行发生吸引量预测，将对应的权重设为 100%。根据 2019 年宁波市居民出行调查结果[5]，将常住人口的日均出行次数设为 2.45 次/人。

交通分布分析模块参数设置如图 16-11(b) 所示。将双约束重力模型的参数初始值设为 0.00，参数终止值设为 1.00，以 0.10 为迭代步长。根据 2019 年宁波市居民出行调查结果[5]，交通小区的区内出行比例为 10.12%。以区内出行比例为基准，将双约束重力模型参数取为 0.50。

交通方式划分模块参数设置如图 16-11 (c) 所示。因宁波市城市交通系统发达，城市交通基础设施完善，故将城市步行可达程度、城市单车可达程度、城市机动化程度均设置为"很高"，将城市内禁摩程度设为"区域全天禁摩"。同时，设置宁波市建成区面积为 970.00km^2，出租车日均载客量为 120 人，轨道交通线网长度为 74.50km，公交站点 500m 覆盖率为 85%。城市人均摩托车、机动车和出租车拥有率分别为 2.50 辆/千人、360.00 辆/千人、1.08 辆/千人。

OD 矩阵分析模块参数设置如图 16-11 (d) 所示，包括机动车、非机动车和公交车的客运 OD 矩阵分析。在构建宁波市虚拟交通系统仿真平台时均采用默认参数设置。

宁波市虚拟交通系统仿真平台的网络特征分析模块和方案评价模块的参数均采用默认参数取值，其参数设置分别如图 16-11 (e) 和图 16-11 (f) 所示。交通分配模型参数设置如图 16-11 (g) 所示。步行、自行车以及机动车的交通分配增量加载迭代次数均设为 10 次，平衡交通分配收敛标准设为 0.001。考虑到宁波市尚未建成完整的公交专用道系统，因此将公交 OD 量设置为在道路网络上进行分配。

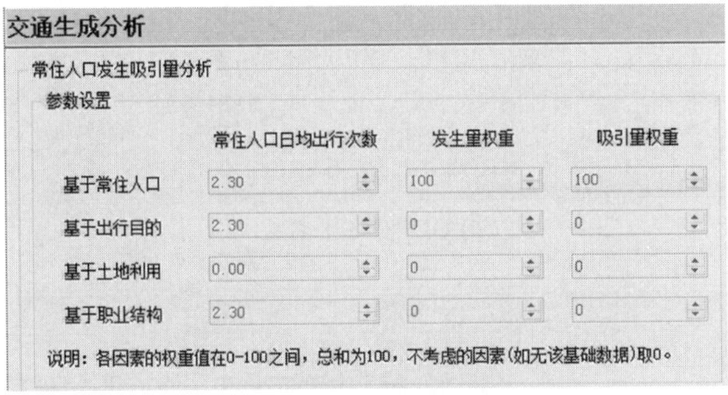

(a) 交通生成分析模块

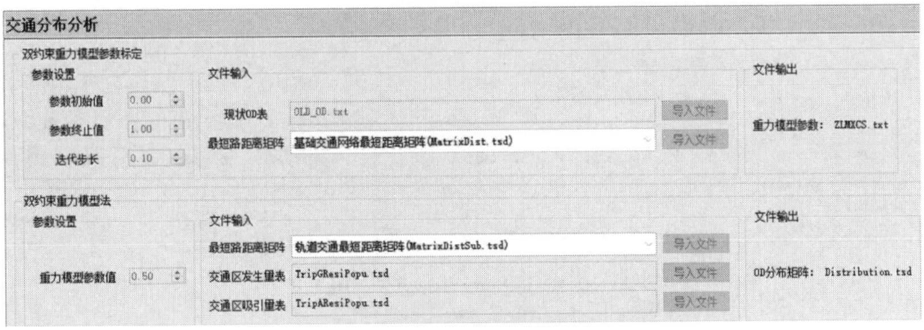

(b) 交通分布分析模块

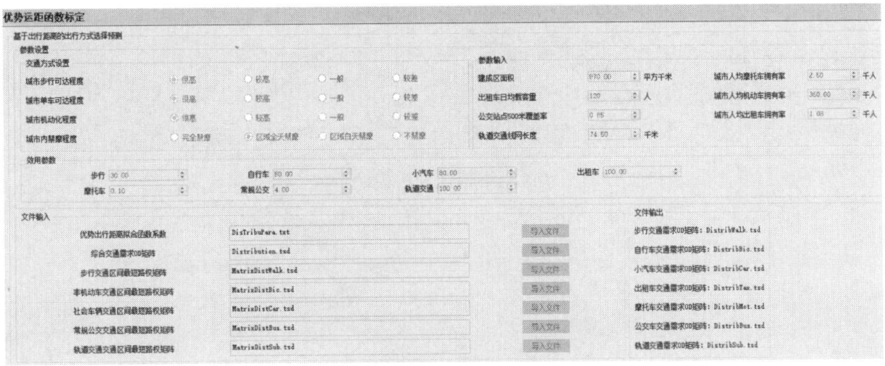

(c) 交通方式划分模块

OD矩阵分析

机动车客运交通OD矩阵分析

参数设置

	时段系数	载客人数	PCU系数
地面公交车	0.20	46.00	2.00
非公交客车	0.15	1.30	1.00
摩托车	0.15	1.30	1.00
出租车	0.15	1.00	0.50

文件输入

地面公交车OD矩阵	DistribBus.tsd	导入文件
非公交车OD矩阵	DistribCar.tsd	导入文件
出租车OD矩阵	DistribTax.tsd	导入文件
摩托车OD矩阵	DistribMot.tsd	导入文件

文件输出

地面公交车OD矩阵：ODBus.tsd
非公交客车OD矩阵：ODCar.tsd
出租车OD矩阵：ODTaxi.tsd
出租车需求OD矩阵：ODMotor.tsd

非机动车交通OD矩阵分析

参数设置

	时段系数
步行交通	0.10
自行车交通	0.10

文件输入

步行交通OD矩阵	DistribWalk.tsd	导入文件
自行车交通OD矩阵	DistribBio.tsd	导入文件

文件输出

步行交通OD矩阵：ODWalk.tsd
自行车交通OD矩阵：ODBio.tsd

公共交通乘客OD矩阵分析

参数设置

	时段系数
地面公交乘客	0.20
轨道交通乘客	0.20
公共交通乘客	0.00

文件输入

地面公交OD矩阵	DistribBus.tsd	导入文件
轨道交通OD矩阵	DistribSub.tsd	导入文件
公共交通OD矩阵		导入文件

文件输出

地面公交乘客OD矩阵：ODBusPsgr.tsd
轨道交通乘客OD矩阵：ODSubPsgr.tsd
公共交通乘客OD矩阵：ODPublicPsgr.tsd

说明：公共交通乘客OD矩阵的输入为地面公交与轨道交通的乘客OD矩阵，无需再输入。

(d) OD矩阵分析模块

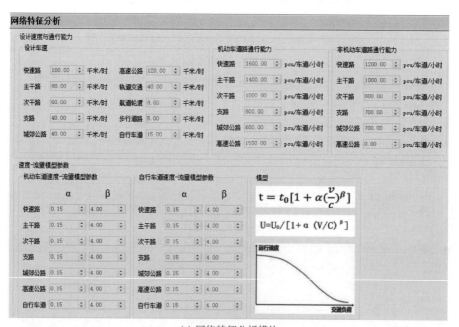

(e) 网络特征分析模块

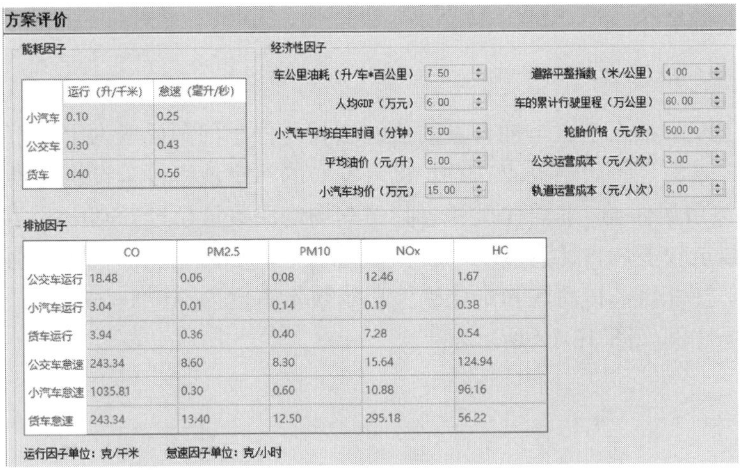

(f) 方案评价模块

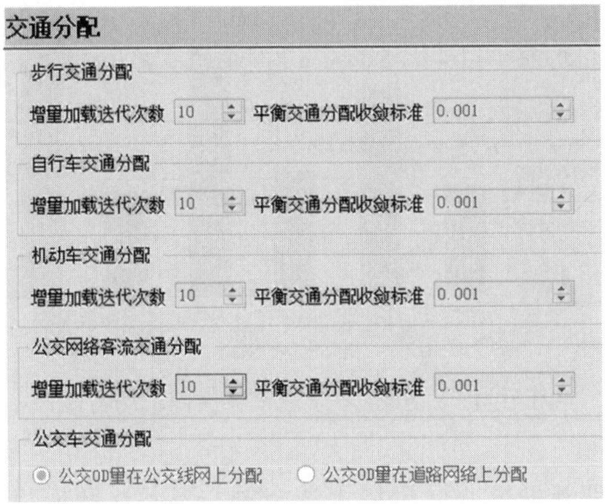

(g) 交通分配分析模块

图 16-11　宁波市虚拟交通系统仿真平台模块参数配置

16.3　面向土地开发的案例分析

　　本章节基于宁波市虚拟交通系统仿真平台，针对宁波市停车难、停车混乱等问题，面向停车规划的土地开发进行案例分析。依据宁波市未来主要停车场规划，设置仿真方案并调整仿真参数，合理化配置交通仿真平台功能模块。通过集成式一体化仿真，采集规划停车场落地建成后的交通系统数据，分析规划停车场落地前后的各项指标变化，以此对规划方案进行可行性评估，为项目的建设、调整与改进提供技术支撑。

16.3.1　案例简介

1. 场景介绍

随着宁波市私人小汽车拥有量的快速增长，停车问题已成为宁波市交通系统面临的重大难题之一。根据 2019 年 3 月发布的《宁波市停车设施普查数据统计报告》，宁波市居住类、非居住类和公共停车场地块数量超过 6500 个。其中，鄞州区停车场数量较多，占比为 31.4%，其次是北仑区和海曙区，占比分别为 21.6% 和 17.8%。江北区、镇海区和奉化区停车场数量占比为 9.0%~11.0%。宁波市各区的停车场比例如图 16-12 所示。

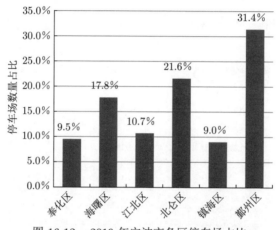

图 16-12　2019 年宁波市各区停车场占比

调研发现，东部新城核心区聚集大量金融与商务、政府机构、商业广场、配套医院以及学校、住宅等，导致路侧停车过度饱和、停车组织混乱。现状停车设施供需平衡严重失调，需要进行停车设施规划与建设来满足高强度的停车需求。

2. 解决思路

针对车主盲目寻找车位而导致的交通拥堵问题，我国包括宁波市在内的诸多城市均出台相关政策支持智能停车场建设。国内外实践经验表明，智能停车场建设能够有效提升停车场周转率与车位利用率、缓解居民停车问题、降低城市交通拥堵程度。

交通仿真建模是多年来行业内公认的解决交通规划、决策问题的重要支撑手段。考虑到智能停车场能够实现停车信息通信功能，驾驶员可以实时获取目标停车场的空余车位信息，减少车辆在寻找空车位过程中产生的无效交通。本实例基于宁波市虚拟交通系统仿真平台，对增设智能停车场后的交通供需变化进行仿真。

根据停车场停车泊位数量以及停车周转率数据动态求解智能停车场的交通发生量与吸引量。同时，根据智能停车场的位置，实现停车场周围交通小区的交通需求向停车场小区合理转移。而普通停车场因停车信息无法及时发布，停车场及周围交通小区会产生冗余交通需求。通过对比智能停车场和普通停车场，综合评估智能停车场建设落地后在缓解交通拥堵方面的实施效果。

本案例利用宁波市虚拟交通系统仿真平台，以实现智慧停车场规划的精细化交通仿真为目标，综合评估智能停车场建设对于城市整体交通环境、网络交通流量分布、道路交通拥堵延误、交通系统能耗排放的全方位影响，为智能停车场的科学规划与建设提供信息支撑。

16.3.2 方案设计与仿真

1. 方案编辑与设计

基于宁波市基础方案新建对比方案，用于规划智能停车场并与基础方案进行对比，如图 16-13 (a) 所示。同时，设置基础方案与智能停车场规划方案的图形比较与报告比较，如图 16-13 (b) 所示，方便后续直观地分析并评估智能停车场的建设效果。根据 2019 年《宁波市中心城区停车设施专项规划》意见：宁波市核心区停车供给以配建停车为主，外围区域要加强停车换乘体系规划建设，减少核心区道路机动车数量。因此，在核心城区 (江北区、鄞州区以及海曙区) 与外围城区 (奉化区) 的衔接区域，会存在大量的停车需求，需要进行大型停车场规划。规划停车场所属交通小区位置如图 16-14 所示。

为了方便进行交通分配，通过交通小区拆分，使规划停车场所属区域单独作为一个交通小区，交通小区编号为 472，如图 16-15 所示。小区形心点编号为 9065，可看作智能停车场所在位置。设定规划智能停车场的日停车数量为 5000 辆，故在原有的交通需求 OD 矩阵的基础上，将核心区的部分交通需求转移至停车场所在交通小区。

(a) 新建对比方案

(b) 方案对比设置

图 16-13　新建智能停车场方案比较设置示意图

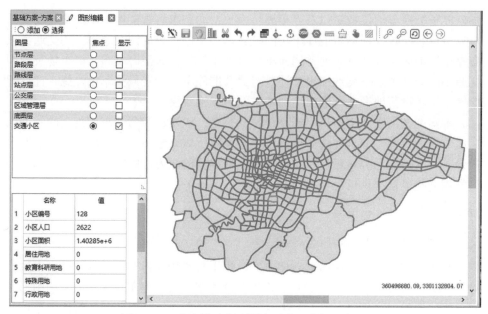

图 16-14　规划停车场所属交通小区位置示意图

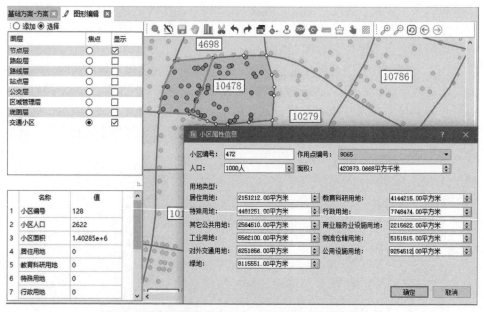

图 16-15　智能停车场所属交通小区构建示意图 (彩插)

2. 仿真模块配置

相比于基础方案，停车场规划方案需要重新进行仿真模块配置。对于交通运行分析，由于停车场规划主要面向机动车，因此将慢行交通和公共交通的相关模块删除，减少平台的运算负荷。由于多路径-增量加载交通分配方法更加切合实际，因此交通分配方法选为"多路径-增量加载交通分配"。此外，设置方案综合评估模块与分析结果展示模块，然后点击方案中的"运行"按钮，平台即可实现"一键式"快速仿真，如图 16-16 所示。

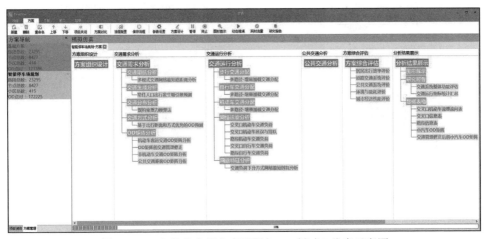

图 16-16　智能停车场方案配置与"一键式"仿真示意图

16.3.3　案例结果评价

1. 方案仿真结果

通过"一键式"仿真，获取智能停车场建设后宁波市的交通系统状态，包括机动车和客车的路段及交叉口交通量分布，如图 16-17 所示。从仿真结果可以看出，路段和交叉口交通量主要集中在核心城区，外围城区的路段及交叉口交通负荷较小。此外，宁波市核心区以及外围城区的高架路与快速路具备快速客流输送的功能，高架路、快速路及其沿线交叉口交通量均处在较高的水平。

除输出路段及交叉口的可视化流量外，宁波市虚拟交通系统仿真平台同样能生成仿真结果信息表，并支持用户下载与导出。智能停车场方案的仿真信息表包括：道路路段交通信息表、道路节点交通信息表以及城市交通网络交通信息汇总表，如图 16-18 所示。

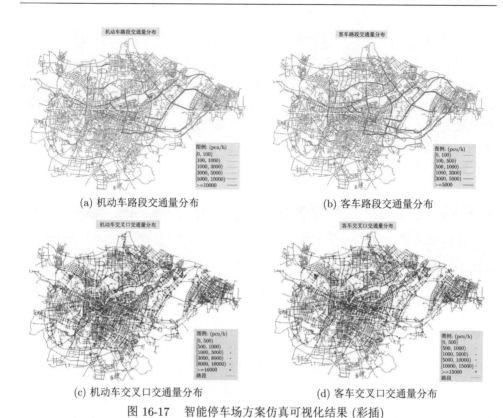

(a) 机动车路段交通量分布　　　　　　　　(b) 客车路段交通量分布

(c) 机动车交叉口交通量分布　　　　　　　(d) 客车交叉口交通量分布

图 16-17　智能停车场方案仿真可视化结果 (彩插)

图 16-18　智能停车场方案仿真信息表

对宁波市虚拟交通系统仿真平台输出的智能停车场方案仿真信息进行汇总，包括交通量、通行能力、饱和度和服务水平，如表 16-2 所示。

表 16-2　宁波市智能停车场方案仿真信息统计表

类型	交通量/(pcu/h)	通行能力/(pcu/h)	饱和度	服务水平
路段	829	1287	0.644	C 级
交叉口	2161	2755	0.796	D 级

　　从表 16-2 中可以看出，宁波市智能停车场方案路段与交叉口的平均饱和度分别为 0.644 和 0.796，平均服务水平分别处于 C 级与 D 级。整体看来，宁波市路段和交叉口均已接近饱和，侧面反映出宁波市现状交通系统设施供需失衡问题相对突出。

　　2. 方案评价分析

　　宁波市虚拟交通系统仿真平台可以直观展示智能停车场修建前后的客车路段交通量变化，如图 16-19 所示。从图中可以看出，由于智能停车场的修建，城市核心区的部分交通需求转移至智能停车场所在交通小区，城市核心区内的主要道路的交通量均减少。相反，智能停车场所在交通小区由于智能停车场的建设，周围道路的交通量明显增大。由于宁波市现状交通拥堵主要集中在核心区，智能停车场修建能够显著缓解城市核心区的交通压力，达到预期目标。

图 16-19　宁波市智能停车场修建前后客车路段交通量差值分布

　　此外，宁波市虚拟交通系统仿真平台对智能停车场建成前后城市交通系统的各项指标进行统计，包括路段平均车速、道路网络运行效率、环境与能耗指标、路段与节点运行信息，见表 16-3 至表 16-6。上述指标能够为科学评估智能停车场建设方案提供数据支撑。

　　从智能停车场建成前后的路段平均车速对比（表 16-3）来看，智能停车场建成后，不同类型道路的平均车速均有所提高。由此说明，智能停车场的建设能够减小路段交通流量，降低路段饱和度，改善车辆的运行环境，提高车辆的运行效率。其中，高架路平均车速提升最为明显，为 5.82%；而智能化停车场建设对于城郊公路平均车速影响较小，仅提高 0.05%。

表 16-3　　智能停车场建成前后路段平均车速对比

道路性质	建成前平均车速/(km/h)	建成后平均车速/(km/h)	变化量/(km/h)	变化率/%
高架路	64.65	68.41	3.76	5.82
快速路	48.38	49.12	0.74	1.53
主干路	47.89	48.73	0.84	1.75
次干路	41.35	42.58	1.23	2.97
支路	21.24	21.47	0.23	1.08
城郊公路	39.98	40.00	0.02	0.05
高速公路	95.76	100.08	4.32	4.51

　　从智能停车场建成前后的道路网络运行效率对比（表 16-4）来看，智能停车场建成后，路网平均行程车速提升 5.52%。道路网络干道拥堵率、道路网络交叉口拥堵率、路段负荷均衡度、交叉口负荷均衡度、路段及节点平均饱和度均有所降低。其中，路段平均饱和度降低率超过 25%，说明智能停车场的建设可以有效均衡交通网络的交通负荷，将部分交通需求和路段交通量由中心城区转移至边缘城区，有效改善中心城区的交通运行环境。

表 16-4　　智能停车场建成前后道路网络运行效率对比

道路网络运行效率指标	建成前	建成后	变化量	变化率/%
路网平均行程车速/(km/h)	45.62	48.14	2.52	5.52
道路网络干道拥堵率/%	43.31	36.83	−6.48	−14.96
道路网络交叉口拥堵率/%	23.20	18.48	−4.72	−20.34
路段负荷均衡度/%	65.97	48.78	−17.19	−26.06
节点负荷均衡度/%	64.36	55.09	−9.27	−14.40
路段平均饱和度/%	0.50	0.36	−0.14	−28.00
节点平均饱和度/%	0.52	0.46	−0.06	−11.54

　　从智能停车场建成前后的环境与能耗指标对比（表 16-5）来看，由于智能停车场减少了因车主寻找车位产生的冗余交通量，路网能源消耗总量、单位客运周转量燃油消耗以及各类污染物排放量均有所下降。究其原因，智能停车场建成后

路段和节点的行驶时间、延误和排队等待时间均有所降低，城市交通系统效率提升，故能耗和排放水平整体降低。由此看来，智能停车场的规划建设能够降低城市内部尤其是主城区的能源消耗与尾气排放，符合"节能减排"和"绿色出行"的宗旨与要求。

表 16-5　智能停车场建成前后环境与能耗指标对比

环境与能耗指标	建成前	建成后	变化量	变化率/%
路网能源消耗总量/(t 燃油/h)	522.89	449.27	−73.62	−14.08
单位客运周转量燃油消耗/(L 燃油)	12.31	10.59	−1.72	−13.97
路网 CO 排放总量/(t/h)	26.82	24.20	−2.62	−9.77
路网 HC 排放总量/(t/h)	2.97	2.65	−0.32	−10.77
路网 NO_x 排放总量/(t/h)	8.37	8.21	−0.16	−1.91
路网 PM_{10} 排放总量/(t/h)	0.87	0.74	−0.13	−14.94
路网 $PM_{2.5}$ 排放总量/(t/h)	0.09	0.08	−0.01	−11.11
路网全部污染物排放总量/(t/h)	39.03	35.79	−3.24	−8.30
机动车污染物人均排放量/(t/h)	0.44	0.40	−0.04	−9.09

从智能停车场建成前后路段与节点运行信息对比 (表 16-6) 来看，智能停车场建成后，路段和节点流量有一定程度的减少。由于路段和节点的通行能力未发生改变，故路段和节点饱和度也随之降低，说明智能停车场的建成能有效提升宁波市路段和节点的服务水平。

表 16-6　智能停车场建成前后路段与节点运行信息对比

运行信息	建成前	建成后	变化量	变化率/%
路段流量/(pcu/h)	977	829	−148	−15.15
路段通行能力/(pcu/h)	1287	1287	0	0
路段饱和度	0.759	0.644	−0.115	−15.15
节点流量/(pcu/h)	2192	2161	−31	−1.41
节点通行能力/(pcu/h)	2755	2755	0	0
节点饱和度	0.796	0.784	−0.012	−1.51

最后，本案例在相同位置设置同等规模的普通停车场，对比分析其与智能停车场的停车效率差异，如表 16-7 所示。与普通停车场相比，智能停车场能够大幅提升设施利用率与小时周转率，降低高峰停车时长，避免长时间停车或者车主寻找车位导致的停车效率低下问题。由此说明，修建智能停车场或普通停车场的智能化改造可以明显提升停车场停车效率，进而优化宁波市的整体停车环境。

表 16-7　智能停车场与普通停车场的停车效率对比评价

停车效率信息	普通停车场	智能停车场	变化量	变化率/%
小时利用率/%	55	68	13	23.64
小时周转率/%	2.48	2.83	0.35	14.11
高峰停车时长/min	68	55	−13	−19.12

基于宁波市虚拟交通系统仿真平台，可以实现智能停车场建成前后的仿真方案综合评价。仿真结果表明：在核心城区 (江北区、海曙区以及鄞州区) 与外围城区 (奉化区) 的衔接区域建设智能停车场能够有效改善城市整体交通环境、均衡网络交通流量分布、缓解城市交通拥堵与延误、减少交通系统的环境影响。由此，案例所示智能停车场建设方案具备有效性和可行性，能够达到预期效果。

16.4　面向交通规划的案例分析

基于宁波市虚拟交通系统仿真平台，针对宁波市现状中心城区与新城区之间缺乏高效运输方式的问题，开展以宁波市轨道交通 3 号线规划建设为背景的交通规划案例分析。依据宁波市轨道交通 3 号线规划纲要，设置仿真方案并调整仿真参数，合理配置交通仿真平台功能模块。通过集成式一体化仿真，对比轨道交通 3 号线建成前后的各项指标变化，对项目的实施效果进行评估，提供改进方案与建议。

16.4.1　案例简介

1. 场景介绍

随着城市经济的迅速发展和人口的快速增长，宁波市正进行快速的城镇化建设，城市与郊区的用地格局差异导致城市居民出现迁居热潮，城市职住分离程度更加突出，城市交通尤其是通勤交通开始朝向远距式和机动式发展。私人小汽车保有量迅速增长，导致一系列的交通拥堵问题和环境问题。

为缓解私人小汽车增长所带来的交通拥堵和空气污染问题，宁波市大力发展轨道交通。截至 2019 年年初，宁波市已开通轨道交通 1 号线与 2 号线，共设站点54 座，途经海曙、江北区、镇海区、三江口、鄞州区及东部新城。随着宁波市城市化进程的不断推进，由奉化区为核心的南翼片区经济逐渐发展，交通需求随之增长。然而，由于宁波市轨道交通 1 号线与 2 号线均以东西走向为主，因此对于宁波市南翼片区的辐射影响较小。奉化区内尤其是奉化区与核心主城衔接区域的交通负荷日益增大，交通拥堵以及污染问题加剧，阻碍着宁波市的城市化进程。

2. 解决思路

为减轻宁波市奉化区及其与主城衔接区域的交通负荷，宁波市于 2014 年规划建设轨道交通 3 号线，为南北向骨干线，全长 38km，全线共设 24 座车站，线路由南向北依次经过奉化区、鄞州区、江北区和镇海区，连接三江口核心区、南部新区与东部新区，与轨道交通 1 号线、2 号线一起，共同构成宁波市轨道交通网络体系。宁波市轨道交通 3 号线的规划线路走向如图 16-20 所示。

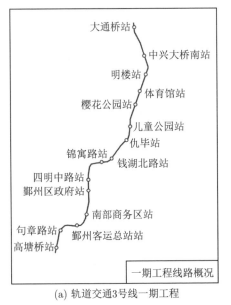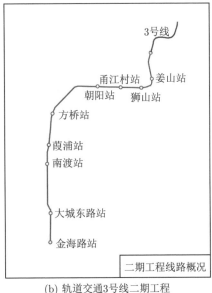

(a) 轨道交通3号线一期工程   (b) 轨道交通3号线二期工程

图 16-20   宁波市轨道交通 3 号线规划图

　　本案例利用宁波市交通系统仿真平台，依据轨道交通 3 号线的规划走向，基于仿真方案快速生成技术，将宁波市轨道交通 3 号线的基础道路数据、轨道站点数据以及车辆运营数据导入宁波市交通系统基础数据库，形成新建轨道交通 3 号线方案。通过一键式仿真，对轨道交通 3 号线开通后宁波市交通系统的运行效率、能源消耗与排放、交通需求分布、出行结构变化进行综合评估。与此同时，设置现状城市交通系统为基础方案，通过对比基础方案和新建轨道交通 3 号线方案，论证项目建设的可行性与有效性。

　　本案例的目标是实现宁波市新建轨道交通 3 号线的精细化交通仿真，综合评估新建轨道交通 3 号线对于交通需求布局、出行结构调整、交通堵塞缓解等方面的作用。基于宁波市虚拟交通系统仿真平台，为宁波市轨道规划方案提供全面的交通影响评估，为项目建设提供信息支撑。

16.4.2　方案设计与仿真

　　1. 方案编辑与设计

　　在宁波市基础道路网络结构数据库的基础上，新建对比方案并激活。同时，设置基础方案与新建轨道交通 3 号线方案的图形比较与报告比较，如图 16-21 所示，方便后续直观评估新建轨道交通 3 号线的仿真效果。

(a) 新建对比方案

(b) 方案对比设置

图 16-21　新建轨道交通方案比较设置示意图

依据《宁波市城市快速轨道交通建设规划》[6]，获取宁波市轨道交通 3 号线的规划线路走向及其在网络中与轨道交通 1、2 号线的衔接情况，分析轨道交通 3 号线与基础道路网络的匹配关系，如图 16-22 所示，为后续新建方案的路网编辑奠定数据基础。

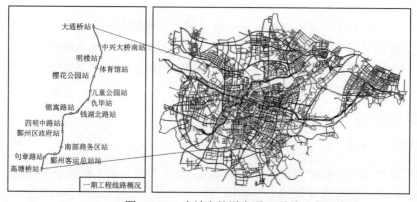

图 16-22　宁波市轨道交通 3 号线工程示意图

在新建对比方案的基础上，利用宁波市虚拟交通系统仿真平台所提供的图形编辑系统,添加轨道交通线路,如图 16-23 所示。新建的轨道交通 3 号线共设置 24 座轨道交通站点,建成后的宁波市虚拟交通系统基础道路网络如图 16-24 所示。

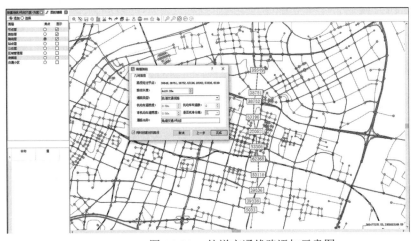

图 16-23　轨道交通线路添加示意图

图 16-24　新建轨道交通 3 号线后基础道路网络结构数据库

2. 仿真模块配置

由于基础道路网络结构数据库中包含交通小区间的 OD 矩阵,因此无需再次进行交通生成分析和交通分布分析。但新建地铁线路会影响综合交通网络阻抗,进而改变交通出行结构，因此需要重新进行交通阻抗分析、交通方式分析以及 OD 矩阵分析，同时需要对多种交通方式的运行模块进行配置。慢行交通及机动车交通分配均采用多路径–增量加载交通分配方法。此外，设置方案综合评估模块与分析结果展示模块，然后点击方案中的"运行"按钮，平台即可实现一键式快速仿真，如图 16-25 所示。

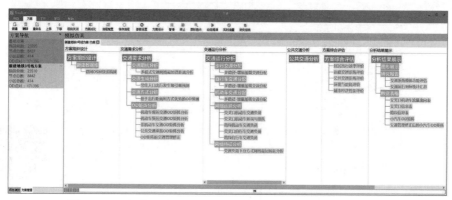

图 16-25　　新建轨道交通 3 号线方案配置与一键式仿真示意图

16.4.3　案例结果评价

1. 方案仿真结果

通过一键式仿真，获取新建轨道交通 3 号线后，宁波市交通系统状态的可视化图像以及研究报告，包括机动车的路段和交叉口交通量分布、综合交通网络客流交通分配以及路段 $PM_{2.5}$ 排放量分布，如图 16-26 所示。从仿真结果可以看出，路段和交叉口交通量主要集中在核心城区，外围城区的路段及交叉口交通负荷较小。从网络客流分布来看，新建轨道交通线路上存在较大规模的交通量。另外，污染物排放分布与机动车路段交通量分布大致相同，城市快速路和高架路承担较大规模的交通量，因此 $PM_{2.5}$ 排放量也相对较多。除交通量与污染物排放的图像显示以外，宁波市虚拟交通系统仿真平台同样可以输出方案仿真结果的研究报告和数据表格，如图 16-27 所示。

2. 方案评价分析

方案实施前后的路段交通量变化如图 16-28 所示。可以看出，由于轨道交通 3 号线的修建，原有轨道交通 2 号线沿线的机动车路段交通量大幅减少。此外，城市核心区以及主要快速路和高架路的路段交通量均呈现不同程度的降低，说明经过中心城区的交通客流逐步转移至轨道交通，避免交通流在过境核心城区时导致交通拥堵问题。

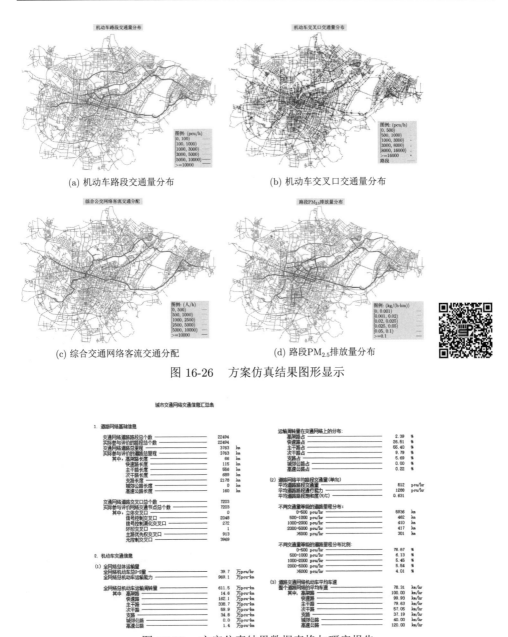

图 16-26　方案仿真结果图形显示

图 16-27　方案仿真结果数据表格与研究报告

　　对比轨道交通 3 号线开通前后交通分担率的变化情况，如表 16-8 所示，地铁分担率增幅为 2.56%，小汽车和出租车降幅共计 0.89%，说明新建轨道交通 3 号线使得部分城市交通需求转移至轨道交通，对于优化交通出行结构、降低道路汽车数量具有重要作用。然而，转移交通量还有一部分来自公交 (公交降幅为 0.79%)，说明轨道交通 3 号线开通后，不同公共交通方式间存在一定程度的客流竞争，需要对公交线网布局进行合理规划，优化轨道交通和常规公交的配合与衔接。

图 16-28　轨道交通 3 号线开通前后路段交通量差值分布

表 16-8　　轨道交通 3 号线开通前后各交通方式分担率　　(单位：%)

交通方式	开通前方式分担率	开通后方式分担率	差值
步行	14.18	14.74	0.56
自行车	24.62	23.22	−1.4
小汽车	23.68	22.99	−0.69
出租车	6.82	6.62	−0.2
摩托车	1.06	1.02	−0.04
公交车	25.42	24.63	−0.79
地铁	4.21	6.77	2.56

　　此外，宁波市虚拟交通系统仿真平台对轨道交通 3 号线建成前后的路段平均车速、道路网络运行效率、环境与能耗指标进行统计，如表 16-9 至表 16-11 所示。基于上述指标，可以实现对新建轨道交通 3 号线方案的科学评估，为政府部门高效、合理、正确决策提供数据支撑。

　　表 16-9 表明，宁波市轨道交通 3 号线开通后，除城郊公路以外，其他各类型道路的平均车速均有所提升，高架路和高速公路的平均车速提升幅度最大。这表明宁波市轨道交通 3 号线开通后有效承担长距离的客流输送任务，使高架路和高速公路的部分小汽车交通需求转移至公共交通，由此降低路段饱和度，提升高架

路和高速路的平均车速，对于保障城市长距离、快速性客流输送具有重要作用。

表 16-9　轨道交通 3 号线开通前后路段平均车速对比

道路性质	开通前路段平均车速/(km/h)	开通后路段平均车速/(km/h)	差值/(km/h)	变化率/%
高架路	64.65	68.68	4.03	6.23
快速路	48.38	49.30	0.92	1.90
主干路	47.89	48.55	0.66	1.38
次干路	41.35	42.19	0.84	2.03
支路	21.24	21.54	0.30	1.41
城郊公路	39.98	39.98	0.00	0.00
高速公路	95.76	98.65	2.89	3.02

表 16-10 表明，宁波市轨道交通 3 号线开通后，宁波市道路网络运行效率明显提升，其中路段平均饱和度降低幅度最大，再次说明新建宁波市轨道交通 3 号线能够优化城市交通出行结构，从而减少城市道路机动车数量，降低宁波市路段和节点平均饱和度，缓解交通干道和交叉口拥堵。从以上交通系统评价指标来看，新建轨道交通 3 号线对于改善城市交通系统整体环境、降低道路和交叉口延误、减少居民出行时间具有重要作用。

表 16-10　轨道交通 3 号线开通前后道路网络运行效率对比

道路网络运行效率指标	建成前	建成后	变化量	变化率/%
道路网络干道拥堵率/%	39.30	38.82	−0.48	−1.22
道路网络交叉口拥堵率/%	77.64	77.05	−0.59	−0.76
路段负荷均衡度/%	20.34	19.59	−0.75	−3.69
节点负荷均衡度/%	64.90	63.69	−1.21	−1.86
路段平均饱和度/%	0.49	0.47	−0.02	−4.08
节点平均饱和度/%	0.47	0.46	−0.01	−2.13

通过环境与能源消耗评价 (表 16-11) 可以看出，新建轨道交通 3 号线能够有效减少路网污染物排放，但会提高单位客运周转量燃油消耗，提高居民方式周转率。因此，从客运周转量燃油消耗的角度出发，轨道交通 3 号线的实施需要配套建设更高品质的城市交通换乘与接驳体系，保障轨道交通线路能够充分吸引城市客流，充分发挥新建轨道交通线路的客流输送能力。

对新建轨道交通 3 号线方案的综合仿真评估结果表明，新建轨道交通 3 号线能够大幅改善城市干道及主要交叉口的交通环境，降低城市快速路、高架路的交通压力，引导城市交通需求向轨道交通转移，改善城市交通结构。经论证，在宁波市新建轨道交通 3 号线切实可行，能够达到预期目标。与此同时，政府决策过程中应该正确对待不同公共交通系统的客流竞争关系，在建设轨道交通线路的同时，提升常规公交的服务品质，以均衡轨道交通和常规公交的客流竞争力。

表 16-11　　轨道交通 3 号线开通前后环境与能耗指标对比

环境与能耗指标	建成前	建成后	变化量	变化率/%
路网能源消耗总量/(t 燃油/h)	523.25	510.04	−13.21	−2.52
单位客运周转量燃油消耗/(L 燃油)	6.77	7.29	0.52	7.68
路网 CO 排放总量/(t/h)	627.61	600.28	−27.33	−4.35
路网 HC 排放总量/(t/h)	66.12	63.24	−2.88	−4.36
路网 NO_x 排放总量/(t/h)	15.62	15.04	−0.58	−3.71
路网 PM_{10} 排放总量/(t/h)	2.59	2.49	−0.10	−3.86
路网 $PM_{2.5}$ 排放总量/(t/h)	0.88	0.84	−0.04	−4.55
路网全部污染物排放总量/(t/h)	711.94	681.04	−30.90	−4.34
机动车污染物人均排放量/(t/h)	7.96	7.83	−0.13	−1.63

参 考 文 献

[1]　宁波市规划设计研究院. 宁波市域人口与出行特征分析 [EB/OL]. www.nbplanning.com [2020-12-20].

[2]　宁波市统计局, 国家统计局宁波调查队. 2019 年宁波市国民经济和社会发展统计公报 [N]. 宁波日报, 2020-03-16(005).

[3]　中国经济社会大数据研究平台. 2019 年宁波统计年鉴 [EB/OL]. https://data.cnki.net/ area/yearbook/single/N2020040338?z=D11 [2020-12-20].

[4]　高德地图, 国家信息中心大数据发展部. 2018 年度中国主要城市交通分析报告 [EB/OL]. http://www.199it.com/archives/865522.html.

[5]　宁波市人民政府. 2019 年宁波市居民出行调查报告 [EB/OL]. http://www.ningbo.gov.cn/ [2020-12-20].

[6]　宁波轨道交通. 宁波市城市快速轨道交通建设规划 (2013—2020 年)[EB/OL]. http://www. nbmetro.com/about_plan.php?info/7(2013-08-26).

第 17 章　哈尔滨市虚拟交通系统仿真平台

本章以哈尔滨市为例，介绍虚拟交通系统仿真平台的构建过程及其应用成效。本章总共分 4 个部分：第一部分分析哈尔滨市存在的交通问题和当前建设 "城市交通大脑" 的发展趋势，明确该平台的开发目标与开发流程；第二部分依托东南大学王炜教授创新团队研发的 "交运之星-TranStar" 软件，结合哈尔滨市路网数据，构建了该虚拟交通系统仿真平台的基础数据库和方案分析配置；第三部分借助平台中 "一键式" 快速仿真，获得哈尔滨市修建地铁、改善路侧停车和调整地铁分担率的仿真结果，为缓解哈尔滨市的交通拥堵问题提供决策支持；第四部分，在该平台中对哈尔滨市主城区进行城市快速道路规划的精细化仿真，并对结果进行定量化评估及可视化输出，综合评估快速路规划对哈尔滨市道路网络压力的分担作用。

17.1　项目开发背景及流程

17.1.1　项目开发背景

哈尔滨市位于东北亚中心位置，是黑龙江省域的核心城市之一。截至 2018 年年底，哈尔滨全市下辖 9 个区和 9 个市辖县 (市)，全市面积达到 53076 km²，其中城区面积 10193km²。哈尔滨市市区总人口 551 万人，其中城镇人口 355 万人，城镇化率 64.4%[1]。

1. 项目背景

进入 21 世纪以来，快速城镇化使大城市居民平均出行距离从 2km 增长至 6.6km[2]，城市交通向机动化出行转变。然而，汽车保有量增速与道路里程增速的不匹配导致交通系统供需失衡，由此引发一系列城市交通问题。哈尔滨市是黑龙江省省会城市，经常位居交通拥堵榜的榜首[3]，城市交通拥堵问题严重，短期内难以通过交通管控措施来解决哈尔滨市的交通供需失衡问题。

截至 2018 年年底，全市民用汽车 183.5 万辆，私人小汽车 166.1 万辆，和 2017 年相比分别增加 10.7% 和 11.3%；如图 17-1 所示，哈尔滨市 2012~2018 年的全市和私人小汽车保有量均逐年增长，并且后者在前者中的占比也是逐年递增。公共交通建设方面，2018 年哈尔滨市有 292 条公共汽车营运线路，营运线路长度达到 6280km，日平均客运量 348 万人次，选择公交出行的比例为 27%；哈尔滨市共有 2 条轨道交通线路，轨道交通线路里程达到 22km，日平均客运量为 23 万人次[1]。

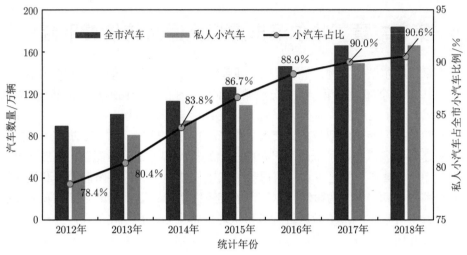

图 17-1　哈尔滨市 2012~2018 年汽车保有量示意图

2. 现状问题

进入 21 世纪以来，快速城镇化带动城市交通结构转型，居民出行的机动化水平提高，导致交通系统供需失衡，引发城市交通问题。在汽车保有量 100 万级别的国内城市中，哈尔滨市交通拥堵问题最为严重，短期内难以通过交通管控措施来解决哈尔滨市交通的供需矛盾。哈尔滨市的交通问题主要体现在以下两个方面：

(1) 哈尔滨市的小汽车保有量呈现逐年上升的趋势，而公共汽车保有量增长缓慢，导致机动化比例逐步上升、公交出行比例缓步下滑的城市交通结构；

(2) 哈尔滨市现状道路网络存在密度低且道路网络结构不合理的问题，例如，干道网络不完善且连贯性较弱、次干路和支路的宽度较窄并且断头多，导致道路网络承载力低下。

3. 技术趋势

人工智能技术被视为提升城市精细化管理水平、解决交通拥堵等问题的有效手段。类似于"城市大脑"的智慧城市系统相继在杭州、苏州、衢州、澳门、雄安、马来西亚吉隆坡等国内外城市或地区落地，将逐渐成为超大、特大城市的"标配"，未来哈尔滨市建设此类系统也势在必行。

"城市交通大脑"基于多源数据构造"交通一张图"的数字底座，通过人工智能、云计算和 5G 等技术，实现互联网大数据到实际业务策略的转换，达到支撑城市交通系统精明规划、精致设计与精准管控的目的。但是，目前"城市交通大脑"建设中也存在很大争议,突出问题是主导建设的互联网公司对城市交通系统分析的专业性不强,过于强调交通数据分析与可视化,过于依赖末端"高精尖"的交通管理与控制,忽视甚至无视城市规划、土地利用、交通政策、设施建设等深层次因素,缺乏专业的交通建模与分析,导致"城市交通大脑"缺乏真正的思维能力,由此得到的城市交通方案的实施效果往往不尽如人意甚至适得其反。

缓解城市交通问题的基本策略在于:城市综合交通系统的供需平衡、城市综合交通体系的系统协同和城市综合交通系统的效能提升。我国正在实施的智能交通系统存在重大技术瓶颈,主要在于城市交通大数据与城市交通解决方案严重脱节,城市交通大数据只能解决交通状态检测的问题,而城市交通解决方案仍然是基于传统的交通分析模型,无法实现交通系统的优化。因此,有必要重构城市交通模型体系并开发城市虚拟交通平台。以大数据、交通模型以及人工智能、交通技术作为双驱动,搭建城市虚拟交通系统仿真平台,联系互联网和交通两大领域,赋予城市交通大脑思维能力。

城市交通系统是由几百万人、几十万车辆在超级大型交通网络上出行而构成的复杂系统。如果要对现实城市交通系统进行改造,必须事先进行虚拟仿真。通过在虚拟交通系统中复现实际交通系统,进行改造方案设计与虚拟交通仿真,对交通方案进行评估与优化。经过不断地方案优化与仿真来确定优良的方案,最后在实际交通系统中实施此方案以期达到预期效果。

17.1.2 项目目标与定位

在建成能反映哈尔滨城市特点的交通系统基础数据库的基础上,通过对"交运之星-TranStar"的二次开发完成哈尔滨市虚拟交通系统仿真平台的构建,再与哈尔滨市有关部门配合完成分析模型参数的本地化标定,实现"哈尔滨智慧交通大脑"对城市交通系统虚拟决策方案的综合评估与可视化演示,进而实现"哈尔滨智慧交通大脑"面向业务策略方案的决策支持功能;通过网络及系统接口设计,实现哈尔滨市虚拟交通系统仿真平台与相关行业部门 (哈尔滨交通管理局、城市规划局、交通运输局、公共交通公司、发改委等) 的互联互通,直接为行业部门的日常决策提供智能化服务,特别是面向哈尔滨市政府和规划部门提供不同业务功能的流程设计。

总的来说,按照"以精确感知为基础,以精细建模为依据,以精明规划、精致设计、精准管控为目的"的思路,通过互联网技术等手段获取哈尔滨城市交通静态基础数据、动态出行数据和实时流量数据,研发能够把互联网大数据用于提升哈尔滨城市交通建设管理技术水平的理论模型、系统软件与测试平台,由交通状态感知上升为出行需求认知,构建哈尔滨市定制式城市虚拟交通系统仿真平台,形成涵盖城市土地利用、交通政策制定、交通设施建设、交通管理控制等环节的整体解决方案，使得将来哈尔滨市"城市智慧交通大脑"具有交通优化的"思维能力"。

17.1.3　项目开发流程

作为"哈尔滨智慧交通大脑"建设的核心，"哈尔滨市虚拟交通系统仿真平台"建设能够为"哈尔滨智慧交通大脑"提供全方位的技术支撑，使用"统一的数据、统一的方法、统一的软件、共享的平台"为"哈尔滨智慧交通大脑"提供"基础数据快速获取技术、决策方案快速生成技术、交通分析系统集成技术、实施效果虚拟仿真技术"等定量化、可视化的决策支持。

哈尔滨市虚拟交通系统仿真平台的开发流程如图 17-2 所示，基于交通大数据的快速获取和融合技术实现哈尔滨市基础数据库的快速构建，支撑哈尔滨市虚拟交通系统仿真平台开发交通需求分析、交通运行分析和公共交通分析等模型库，以及人机交互系统和图形编辑界面等软件库。基于核心的方案快速生成技术、方案综合评估技术以及决策支持系统流程设计，哈尔滨市虚拟交通系统仿真平台具备交通仿真预测、建模和分析等功能。平台的构建主要包括以下 6 个步骤：

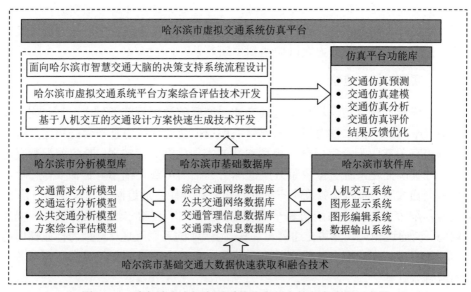

图 17-2　哈尔滨市虚拟交通系统仿真平台的开发流程示意图

1. 哈尔滨市城市虚拟交通系统仿真平台基础数据库搭建

构建服务于"哈尔滨智慧交通大脑"的交通大数据支撑平台，包括静态基础大数据、动态出行大数据、实时流量大数据。为保障"哈尔滨智慧交通大脑"的正常运行，需要建立一个跨部门的第三方交通大数据共享平台。研究交通大数据快速获取技术，通过对多源数据的融合，构建基础数据库，打破当前交通大数据孤立零散的局面。

2. 哈尔滨市城市虚拟交通系统仿真平台分析模型库构建

交通分析基础模型库是"智慧交通大脑"的内核，没有交通分析基础模型，"智慧交通大脑"就没有思维能力。本部分探究交通决策方案对哈尔滨市交通系统的综合交通影响，构建基础分析模型，分析城市交通系统各种交通现象内在的相互作用机理与相互影响关系。

3. 哈尔滨市城市虚拟交通系统仿真平台软件库开发

城市交通系统非常复杂，对交通系统的交通运行分析必须依托于大型平台软件。将交通运行分析作为软件的核心功能重点开发，将人机交互系统作为软件的支撑功能，方便非专业人员的操作；通过开发图形显示系统，实现在平台中对结果的可视化展示；通过开发指标评价体系，输出专业的报告及数据表格以辅助决策。

4. 基于人机交互的交通设计方案快速生成技术开发

在虚拟仿真平台的基础上，对城市形态与土地开发改造方案、城市交通设施建设方案、城市交通管理与控制方案和城市交通政策制定方案进行定量化、可视化的生成设计。方案的论证需要政府决策者、行业管理者等的参与，因此要求"城市智慧交通大脑"具有方案形成便捷、评估分析快速、分析结果可视的基本特点。

5. 哈尔滨市城市虚拟交通系统平台方案综合评估技术开发

"城市智慧交通大脑"平台上制定的交通设计方案，需要以统一的数据、统一的方法、统一的软件、共享的平台对其进行定量化、可视化评估。定量化的评估结果以宏观的研究报告、中观的交通网络运行指标、微观的交通网络运行动态图像 3 种方式展示。

6. 面向哈尔滨市智慧交通大脑的决策支持系统流程设计

对于非专业人员，需要针对某一项具体的业务功能，设计对应的模块组合，并进行流程指引。流程指引包括引导基础数据库建立、人机对话方案设计、交通分析模块搭配、交通运行分析、方案效益评估、图形展示、报告生成等一体化流程。

17.2 哈尔滨市虚拟交通系统仿真平台构建

17.2.1 基础数据库构建

1. 综合交通网络数据库构建

从国际开源数据库 OpenStreetMap 下载世界上任何一个城市的网络数据库，

通过"交运之星-TranStar"解析，可以在几分钟之内完成城市道路网络基础数据库的构建。如图 17-3 所示，在搜索框输入哈尔滨，即可定位到哈尔滨市的位置，框选出哈尔滨市的主要研究区域，下载完成后使用 TranStar 的解析功能，便可快速生成哈尔滨市的综合交通网络数据库。

图 17-4 展示了能够被哈尔滨市虚拟交通系统仿真平台所识别，并用于交通系统集成仿真的可视化路网，解析后的哈尔滨市综合交通网络数据库中共有 5529 个交通节点和 13743 条路段，道路网络总长度 (绕城高速内) 约为 1860km。

图 17-3　在 OpenStreetMap 中框选、下载和解析哈尔滨市图元示意图

图 17-4　哈尔滨市综合交通网络

2. 公共交通网络数据库构建

在综合交通网络数据库构建完成的基础上,平台内嵌自动获取公交线网信息和自动匹配道路网络的功能。通过向高德地图 API 接口发送定制化的请求,获取公交线路和站点数据,经自动匹配和校验后生成哈尔滨市公共交通线网数据库。结合哈尔滨市公交公司和哈尔滨市政府公布的公交线路以及站点信息,对哈尔滨市公共交通网络数据库再一次校验和修正。如图 17-5 所示,数据库中共有 318 条公交线路,其中城乡公交占比为 16%,短距离 (1~10km) 公交占比为 22.3%,中距离 (10~20km) 公交占比为 40.3%,长距离 (≥20km) 公交占比为 37.4%;常规公交线网长度为 1573.28km,常规公交运营线路网长度为 6580.56km。

图 17-5 哈尔滨市公共交通网络示意图

3. 交通管理信息数据库构建

在综合交通网络数据库构建完成的基础上,软件内嵌根据道路网络基础信息自动生成交通管理信息的功能。以道路网络基础信息作为输入,根据交通专业知识及实际工程案例设定映射规则,直接或者间接地生成符合人们直观认识的交通管理信息。根据从 OpenStreetMap 下载的图元信息直接解析、判别出交叉口数量与类型:哈尔滨市总共有 4681 个道路交叉口,其中无控制交叉口、信号控制交叉口和主路优先控制交叉口的数量占比分别为 67.72%、19.89% 和 11.51%;此外，从图元信息中提取车道数、车道宽度和道路类型等字段，自动匹配生成对应的路侧停车管理信息，如图 17-6 所示，"停车需求大，停车混乱"的路段占路段总数的 85.50%，"允许停车且需求较大，部分停车规范"的路段仅占路段总数的 8.78%，哈尔滨市整体路侧停车状况严峻。

图 17-6　哈尔滨市路侧停车管理分布图

4. 交通需求信息数据库构建

软件中配备有交通小区自动划分和小区人口数据自动生成功能，如图 17-7 所示，既可以选择直接导入来自 LandScan 的人口数据，也可以选择使用开源灯光数据对人口数据进行预测。在设置好城市类型参数后，可在左侧预览区生成城市的主城区范围，通过设置核心区与外围区交通小区面积的大小快速生成交通小区和区内人口数据。

所研究的哈尔滨城市区域包含 5 个行政区：松北区、香坊区、道里区、道外区和南岗区。首先通过平台中的交通小区自动划分和小区作用点自动匹配功能，将研究区域划分为 410 个交通小区，如图 17-8 所示，建立起哈尔滨交通小区数据库；其次，基于哈尔滨市人口数据，使用平台中的交通小区人口自动统计功能，完成哈尔滨市交通小区人口以及人口密度的统计，研究区域内总人口约为 548 万，交通小区人口分布图如图 17-9 所示。

图 17-7 软件交通区自动划分和小区人口数据自动生成功能图

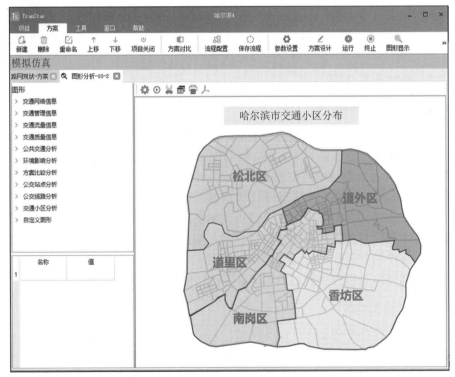

图 17-8 哈尔滨市交通小区划分示意图

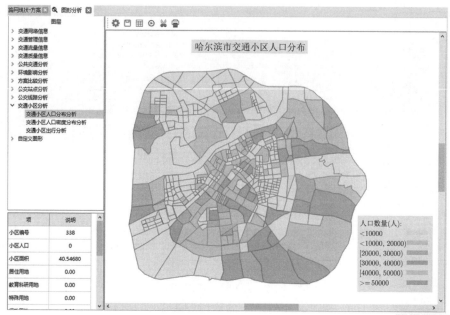

图 17-9　哈尔滨市交通小区人口分布图

17.2.2　基础方案介绍

1. 基础路网编辑

哈尔滨市的基础数据库构建完成后，数据库中共有 13743 条路段、5529 个道路节点、410 个交通小区和 168100 个 OD 点对。在软件运行界面中点击方案设计按钮，即可进入数据库的图形编辑界面，在此界面中可以通过常用的"增删改查"操作，进一步对数据库进行修正和完善。图 17-10 显示了哈尔滨市综合交通网络数据库的节点层和路段层，将焦点设置在节点层，则可以通过图中的工具栏或者鼠标右键，对数据库中的道路节点进行操作。同理，可对哈尔滨市综合交通网络数据库中的其他元素进行编辑操作，图 17-11 和图 17-12 分别展示了哈尔滨市综合交通网络数据库中经过编辑调整后的路段层和交通小区层。

2. 分析模型配置

分析模型库的配置如图 17-13 所示，包括方案组织设计、交通需求分析、交通运行分析、公共交通分析、方案综合评估和分析结果展示。方案组织设计模块主要实现数据库构建；交通需求分析模块包括交通阻抗分析、交通生成分析、交通分布分析、交通方式分析和 OD 矩阵分析 5 个方面，每个方面都配备有多个子

图 17-10 哈尔滨市图形编辑界面节点层示意图

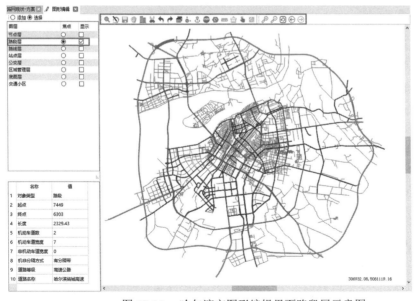

图 17-11 哈尔滨市图形编辑界面路段层示意图

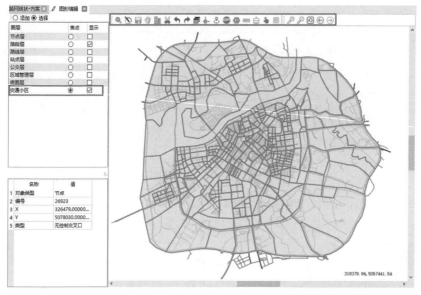

图 17-12　哈尔滨市图形编辑界面交通区层示意图

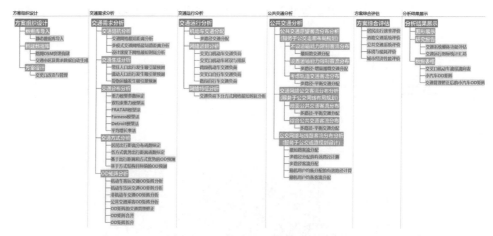

图 17-13　哈尔滨市虚拟交通系统仿真平台分析模型配置图

功能；在交通运行分析模块中，使用多路径交通分配对机动车进行交通分配，对于网络运能分析配置有交叉口机动车交通负荷、交叉口机动车延误与排队、路段机动车交通负荷、交叉口自行车交通负荷和路段自行车交通负荷模块，同时对于网络特征分析设置有交通负荷下分方式最短时耗分析模块；公共交通分析包括公共交通愿望客流分布分析、交通网络公交客流分布分析和公交网络与线路客流分布分析三个方面，每个方面都配备有多个子功能；最后是对方案综合评估和分析结果展示的设置。

3. 模型参数设置

基于前述的分析模型配置，在参数设置界面会生成模型对应的参数设置菜单，哈尔滨市分析模型配置对应的部分参数设置菜单如图 17-14、图 17-15 和图 17-16

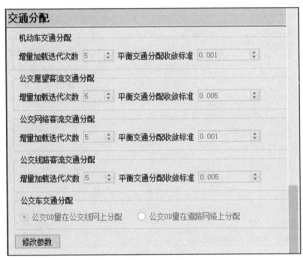

图 17-14 平台交通分配参数设置图

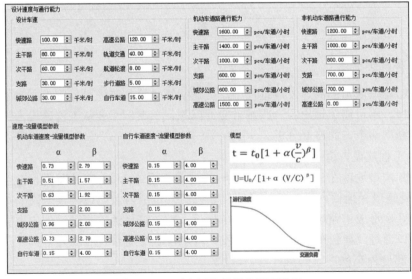

图 17-15 平台网络特征参数配置图

所示，交通分配模块中主要面向机动车、公交愿望客流、公交网络客流和公交线路客流 4 种类型，进行"增量加载迭代次数"和"平衡交通分配收敛标准"两类参数的设置；网络特征分析中主要对路段设计车速与通行能力进行设计，以及对速度-流量模型参数进行标定；方案评价中主要对能耗因子、经济性因子和排放因子的相关参数进行设置；平台会提供初始的默认参数值，结合默认参考值与哈尔滨的实际交通情况，可自定义设置更加贴合哈尔滨城市特征的模型参数值。

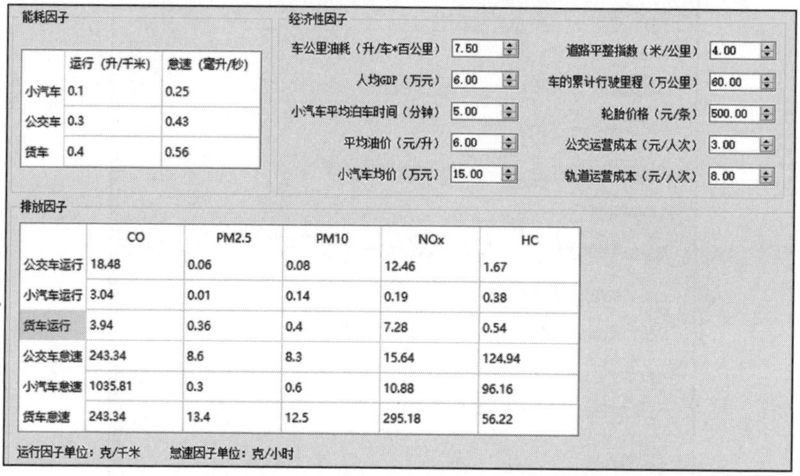

能耗因子

	运行（升/千米）	怠速（毫升/秒）
小汽车	0.1	0.25
公交车	0.3	0.43
货车	0.4	0.56

经济性因子

车公里油耗（升/车*百公里）	7.50	道路平整指数（米/公里）	4.00
人均GDP（万元）	6.00	车的累计行驶里程（万公里）	60.00
小汽车平均泊车时间（分钟）	5.00	轮胎价格（元/条）	500.00
平均油价（元/升）	6.00	公交运营成本（元/人次）	3.00
小汽车均价（万元）	15.00	轨道运营成本（元/人次）	8.00

排放因子

	CO	PM2.5	PM10	NOx	HC
公交车运行	18.48	0.06	0.08	12.46	1.67
小汽车运行	3.04	0.01	0.14	0.19	0.38
货车运行	3.94	0.36	0.4	7.28	0.54
公交车怠速	243.34	8.6	8.3	15.64	124.94
小汽车怠速	1035.81	0.3	0.6	10.88	96.16
货车怠速	243.34	13.4	12.5	295.18	56.22

运行因子单位：克/千米　　怠速因子单位：克/小时

图 17-16　平台方案评价参数配置图

17.3　面向交通建设的案例分析

17.3.1　案例简介

1. 场景介绍

在哈尔滨城市的高速发展过程中，交通网络供给与交通出行需求之间的矛盾日渐突出，不可避免地出现一些城市交通问题，该案例主要从工程建设占道和路侧停车秩序两个方面展开分析。

1) 工程建设占道

哈尔滨市地铁在建线路共有 3 段，在建里程近 70km，统计发现目前全市共有 26 处路段受地铁占道施工的影响，导致施工范围内及周边区域道路通行能力严重下降，形成道路堵点。如图 17-17 所示，哈尔滨市地铁建设过程中占用车道和进出口道等，导致车辆绕行现象频发，增加现状交通系统的压力。

2) 路侧停车秩序

哈尔滨市路侧停车泊位设置率高，违法占道现象严重，城市道路空间被压缩，影响城市交通的顺畅，成为激化哈尔滨市交通拥堵的诱因之一。如图 17-18 所示，哈尔滨市多处存在违章停车的现象，导致路段空间被压缩，道路通行能力降低。

(a) 仪征路地铁施工占据车道　　　　　　　(b) 哈平路地铁施工致使车辆绕行

图 17-17　哈尔滨市地铁施工对交通现状的影响

(a) 建设街(违停)　　　　　　　　　　(b) 邮政街(违停)

图 17-18　哈尔滨市路侧停车情况图

2. 解决思路

缓解交通问题的总体思路在于建设供需平衡的公交主导型城市交通系统。哈尔滨市的小汽车分担率呈现出逐年上升的趋势，而公共汽车分担率趋于稳定，轨道交通呈现出较大的载客潜力，因此可考虑在哈尔滨市现状交通系统的基础上进一步开展轨道交通线路建设，充分发挥公共交通在缓解城市交通问题方面的优势。

哈尔滨市交通拥堵的主要原因在于，一方面城市交通网络中公共交通分担率低，另一方面城市交通网络中路侧停车秩序混乱。因此，在构建哈尔滨市城市虚拟交通系统仿真平台的基础上，面向交通建设实的修建地铁策略的仿真，并辅以实施改善路侧停车策略的仿真，以期在城市虚拟交通系统仿真平台中缓解哈尔滨市的城市交通矛盾，进一步指导实际中的修建地铁和改善路侧停车状况方案的实施。

17.3.2　方案设计与仿真

1. 方案编辑与设计

1) 修建地铁的仿真实现

如图 17-19 所示，在节点层新建"车站、码头"类型的节点，或者将已有的节点修改为"车站、码头"类型，图中圆点表示地铁站。地铁站设置完成后，在路段层中，选中其中一个地铁站，此时随着鼠标的移动便出现用虚线表示的待定路段，再点击另一个地铁站，则弹出编辑路段的窗口，在道路类型中选择"轨道交通线路"，其他信息可以根据实际情况填写，点击确定后，完成轨道交通线路构建，以黑白相间的线段表示。当地铁修建策略完成后，可根据实际需求实施地铁修建策略。

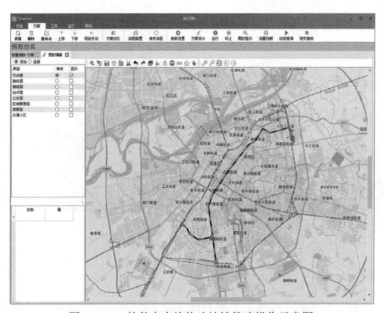

图 17-19　软件中实施修建地铁策略操作示意图

2) 改善路侧停车的仿真实现

此处平台的基础数据库信息和分析模型库配置，与前述小节中修建地铁的仿真实现配置相同。对于改善路侧停车策略的实施可通过如下步骤进行操作：先进入平台的路网编辑界面，选中并显示路段层，再选中需要进行路侧停车改善的路段，如图 17-20 所示，右击此路段后选择修改，然后在弹出的窗口中选择管理信息栏，点击路侧停车情况的下拉框，有 6 种路侧停车情况可以选择，如图 17-21 所示。根据实际情况，对需要改善路侧停车状况的路段进行路侧停车情况设置，在平台进行一键式仿真，即可得到改善路侧停车后的仿真结果。

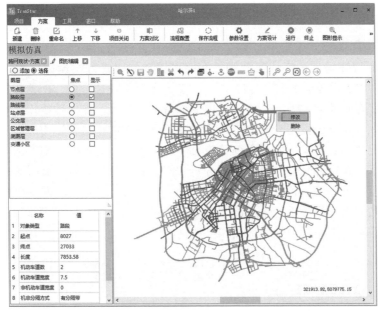

图 17-20　改善路侧停车策略中修改路段信息操作图

图 17-21　改善路侧停车策略中调整路段路侧停车情况操作图

3) 修建地铁和改善路侧停车的仿真实现

在上文中,已单独描述修建地铁和路侧停车改善策略的实施。为了进一步缓解哈尔滨市的交通拥堵,在城市虚拟交通系统仿真平台中实施修建地铁策略后,辅以实施改善路侧停车状况策略。故在修建地铁策略的数据库基础上,再进一步实施改善路侧停车策略即可，具体操作如前两小节内容所述。

2. 仿真模块配置

在软件的图形编辑界面完成修建地铁和路侧停车的改善方案设计与编辑后，重新对仿真模块进行配置，如图 17-22 所示。在方案组织设计方面，配置静态数据库导入功能，在新建对比方案后将基础方案的数据库导入，在此数据库的基础上进行策略实施；在交通需求分析方面，因为在基础方案中已进行过交通需求分析，分析结果已随基础方案一同导入新建方案中，无需重新运行；在交通运行分析方面，导入机动车交通分配、网络运能分析和网络特征分析功能，分析策略实施对现状交通运行的影响；公共交通分析在基础方案中已分析过，因此在新建方案中不再对公共交通进行分析；最后配置方案综合评估和分析结果展示模块，对策略实施后的仿真结果进行定量化评估和可视化输出。

图 17-22　实施修建地铁和改善路侧停车策略的仿真模块配置图

17.3.3　案例结果评价

1. 方案仿真结果

通过平台的一键式快速仿真，可得到哈尔滨市修建地铁后、改善路侧停车和调整地铁分担率的仿真结果。哈尔滨市修建地铁后，交通仿真系统状态的可视化图像如图 17-23 所示，包括机动车路段交通量分布、机动车路段交通负荷分布、机动车交叉口交通量分布以及路段 $PM_{2.5}$ 排放量分布。除交通量与污染物排放的图像显示以外，哈尔滨市虚拟交通系统仿真平台同样可以输出方案仿真结果数据表格和研究报告，如图 17-24 所示。

2. 方案评价分析

在此案例中，通过哈尔滨市虚拟交通系统仿真平台，建立现状交通的基础方案数据库，基于此基础数据库完成 4 种方案的仿真。为了方便比较各个方案之间的仿真结果，将四种方案内容分别对应 4 种方案名称，如表 17-1 所示。方案 1 是面向交通建设的新建地铁策略的仿真实现，方案 2 是路侧停车改善策略的仿真实现，方案 3 和方案 4 均为新建地铁和路侧停车改善两种策略的仿真实现，不同之处在于方案 3 中的地铁分担率设置为 5%,而方案 4 中的地铁分担率设置为 10%,以此探讨不同地铁分担率对城市交通情况的影响。

(a) 机动车路段交通量分布

(b) 机动车路段交通负荷分布

(c) 机动车交叉口交通量分布

(d) 路段PM$_{2.5}$排放量分布

图 17-23   方案仿真结果图形显示

城市交通网络交通信息汇总表

1. 道路网络基础信息

交通网络道路路段总个数	13748	
实际参与评价的路段总个数	13748	
交通网络道路总里程	1975	km
实际参与评价的道路总里程	1975	km
其中,高架路长度	53	km
快速路长度	105	km
主干路长度	179	km
次干路长度	175	km
支路长度	1316	km
城郊公路长度	32	km
高速公路长度	116	km
交通网络道路交叉口总个数	4681	
实际参与评价网络交通节点总个数	4681	
其中,立体交叉口	0	
信号控制交叉口	931	
信号控制渠化交叉口	3	
环形交叉口	38	
主路优先权交叉口	539	
无控制交叉口	3170	

运输周转量在交通网络上的分布:

高架路占	11.94	%
快速路占	19.76	%
主干路占	38.05	%
次干路占	11.76	%
支路占	16.39	%
城郊公路占	0.51	%
高速公路占	1.59	%

(2) 道路网络平均路段交通量(单向)

平均道路路段交通量	622	pcu/hr
平均道路路段通行能力	1349	pcu/hr
平均道路路段饱和度(v/c)	0.461	

不同交通量等级的道路里程分布:

0-500 pcu/hr	3017	km
500-1000 pcu/hr	260	km
1000-2000 pcu/hr	275	km
2000-5000 pcu/hr	302	km
>5000 pcu/hr	96	km

不同交通量等级的道路里程分布比例:

0-500 pcu/hr	76.37	%
500-1000 pcu/hr	6.57	%
1000-2000 pcu/hr	6.97	%
2000-5000 pcu/hr	7.66	%
>5000 pcu/hr	2.44	%

图 17-24   方案仿真结果数据表格与研究报告

表 17-1　方案名称以及对应的方案内容表

方案名称	方案内容
方案 1	修建地铁的仿真实现方案
方案 2	改善路侧停车的仿真实现方案
方案 3	修建地铁和改善停车的仿真实现方案 (地铁分担率设置为 5%)
方案 4	修建地铁和改善停车的仿真实现方案 (地铁分担率设置为 10%)

网络运行效率方面，图 17-25 展示了现状和 4 个方案的平均行程车速对比，从图中可以看出，4 种策略方案的实施均可以在一定程度上提升路网的平均行程车速。在 4 个方案中，方案 4 最好，其次是方案 3、方案 2，最后是方案 1。方案 1 对应修建地铁的仿真实现方案，从图中可以看出，其对路网平均行程车速的提升很微弱；相比较而言，方案 3 对于路网平均行程车速的提升效果却非常明显。上述结果表明即使新建地铁，但如果不改善路侧停车，路网平均行程车速仍无法有效提高。

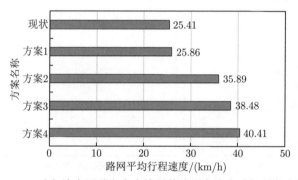

图 17-25　哈尔滨市四种方案实施后的路网高峰小时行程车速变化

综合交通系统经济性能评价方面，表 17-2 给出各个方案的综合交通系统经济性能评价指标，可以看出 4 个方案均在不同程度上降低了路网经济成本。其中，方案 4 最显著，其次是方案 3 和方案 2，最后是方案 1。在方案 4 中，全交通网络总成本平均每小时降低 285.97 万元，次优的方案 3 少降低约 70 万元；方案 1 中的各项指标值与其他 3 项方案相差较大，方案 1 对于城市交通问题的缓解效果不明显。

表 17-2　各个方案的综合交通系统经济性能评价指标

综合交通系统经济性能评价指标	方案 1	方案 2	方案 3	方案 4
全交通网络总成本/(万元/h)	−7.82	−133.98	−217.14	−285.97
小汽车时间成本/(万元/h)	−6.65	−113.54	−156.74	−190.03
小汽车运营成本/(万元/h)	−0.73	−19.17	−49.48	−76.47
全网络机动车运营成本/(万元/h)	−0.74	−19.18	−55.9	−88.65
交通拥堵直接经济损失/(万元/h)	−6.62	−100.22	−124.51	−140.98

环境影响与能源消耗评价方面，表 17-3 给出各个方案的环境影响与能源消耗评价指标，可以看出 4 个方案均在不同程度上降低了路网交通能源消耗和污染排放。同样是方案 4 最好，其次是方案 3 和方案 2，最后是方案 1。方案 4 中路网能源消耗总量平均每小时减少约 42.87t 燃油，次优的方案 3 少减少约 15t 燃油，此外，方案 3 实施后的单位客运周转量能源消耗不减反增，可能是地铁分担率不高导致能源消耗增加。

表 17-3　各个方案的环境影响与能源消耗评价指标

环境影响与能源消耗评价指标	方案 1	方案 2	方案 3	方案 4
路网能源消耗总量/(t 燃油/h)	−0.51	−11.99	−28.38	−42.87
单位客运周转量能源消耗/(L 燃油/人 · 百 km)	1.32	−0.1	2.5	−2.64
路网 CO 排放总量/(t/h)	−0.02	−0.43	−1.1	−1.7
路网 HC 排放总量/(t/h)	0	−0.06	−0.14	−0.21
路网 NO_x 排放总量/(t/h)	0	−0.03	−0.07	−0.11
路网 PM_{10} 排放总量/(t/h)	0	−0.02	−0.06	−0.09
路网 $PM_{2.5}$ 排放总量/(t/h)	0	0	0	0
路网全部污染物排放总量/(t/h)	−0.02	−0.54	−1.36	−2.1

总而言之，哈尔滨市工程建设占道严重和路侧停车混乱引发一系列交通问题，导致作为省会城市的哈尔滨交通拥堵排名靠前。虚拟交通仿真结果表明，只完成地铁的修建，对现状交通的改善十分有限；但是当地铁的分担率达到 5%，特别是达到 10% 后，再辅以对路侧停车秩序的治理，两项措施双管齐下，哈尔滨市的交通拥堵问题能够得到有效缓解。此外，未来可再考虑公交专用道、交通微循环组织等手段来缓解哈尔滨市的交通拥堵问题，全方位、多层次地实现哈尔滨交通系统的优化升级。

17.4　面向交通规划的案例分析

17.4.1　案例简介

1. 场景介绍

1) 建成区路网密度稀疏

如表 17-4 所示，对哈尔滨市的建成区道路网密度进行分析，2020 年，关于城市建成区平均路网密度，国家的建议值为 8km/km²[4]，哈尔滨市建成区道路密度最高的行政区为道里区，也仅为 6.04km/km²，距离国家建议值有一定差距。另外，对于除道里区外的其他行政区，道路网密度值平均在 4km/km² 左右，只有国家建议值的一半。

2) 路网结构不合理

与规划标准相比较，哈尔滨市城市主干路和次干路比例偏低，对交通需求的承载能力有待强化。如表 17-5 所示，规范值建议城市主干路比例为 0.8~1.2，而哈尔滨市的环城高速内、三环内以及二环内的道路网络的主干路比例均低于 0.8；规范值建议城市次干路比例为 1.2~1.4，而哈尔滨市的环城高速内、三环内以及二环内的道路网络的次干路比例最大值仅为 0.61，约是标准最低值的 $1/2$[5]。

表 17-4　哈尔滨市建成区道路网密度分析　（单位：km/km^2）

国家建议值 (2020 年)	哈市平均	道里区	南岗区	松北区	香坊区	道外区	呼兰区	阿城区	平房区
8	4.94	6.04	5.74	4.89	4.71	4.54	3.88	3.79	3.59

表 17-5　哈尔滨市道路网络结构分析　（单位：km/km^2）

范围	快速路	主干路	次干路	支路
规范值	0.4~0.5	0.8~1.2	1.2~1.4	3~4
环城高速内	0.28	0.32	0.31	2.34
三环内 (含)	0.58	0.60	0.61	3.48
二环内 (含)	0.65	0.74	0.57	5.69

2. 解决思路

哈尔滨市交通主要矛盾在于：哈尔滨市交通网络结构存在大量的通道瓶颈，道路贯通性差的问题尤其突出；近年来，机动车增长过快，目前道路基础设施建设所能够提供的交通供给有限。城市快速路网体系尚未完全形成，部分道路的建设未达到规划标准，快速路不能充分发挥骨干路网功能，无法对日益增长的交通需求进行有效疏导。

因此，对于哈尔滨市快速路网体系，需要改建现有道路以及新修部分道路，尽快建成"三环一联十射"的快速路网体系，通过规划并建成优良的快速路系统，缓解哈尔滨市的交通拥堵问题。在哈尔滨市虚拟交通仿真平台中，对哈尔滨市主城区进行城市快速道路规划的精细化仿真，在仿真策略中提高城市快速路在道路网络中的比例，综合评估快速路规划对哈尔滨市道路网络压力的分担作用。

17.4.2　方案设计与仿真

1. 方案编辑与设计

在软件的图形编辑界面中，点击显示路段层，并将焦点选中在路段层上，对城市道路网络进行编辑；此外，在"添加"视图中可以新建道路，在"单选"视图中，双击道路网络中的具体路段可以修改其属性。如图 17-26 所示，点开道路类型的下拉框，将道路类型设置为"城市快速干道"，机动车道宽度、机动车车道数和道路名称等根据实际情况进行设置。根据快速路规划方案，对哈尔滨市的道路网络进行对应调整，将调整后的道路网络保存，供平台运行仿真使用。图 17-27

展示了哈尔滨市现状路网的道路等级分布情况，图 17-28 展示了实施快速路规划后哈尔滨市路网的道路等级分布情况。

图 17-26 哈尔滨市虚拟交通系统仿真平台快速路规划策略实施操作图

图 17-27 哈尔滨市现状道路网络等级分布图

图 17-28　哈尔滨市实施快速路规划后道路网络等级分布图

2. 仿真模块配置

在哈尔滨市综合交通网络数据库的基础上，根据交通规划专业知识和哈尔滨市的实际交通情况，将道路网络中的部分道路类型调整为城市快速干道，以此完成哈尔滨市快速路规划策略的仿真实现。面向快速路规划策略的仿真模块配置如图 17-29 所示，方案组织设计层面，主要是实现哈尔滨市综合交通网络数据库的导入；交通需求与公共交通分析已在基础方案中配置分析过，无需添加；该案例主要是对实施快速路策略后的交通运行进行分析，通过配置多路径交通分配方式对机动车交通进行分配，从交叉口和路段两个层面出发，通过计算机动车和非机动车的交通负荷等指标对网络运能进行分析，在网络特征分析模块下配置交通负荷下分方式网络最短时耗分析功能；最后配置方案综合评估和分析结果展示模块，对策略实施后的仿真结果进行定量化评估及可视化输出。

图 17-29　实施快速路规划策略的仿真模块配置图

17.4.3 案例结果评价

1. 方案仿真结果

经过前述在平台中的一键式快速仿真，得到哈尔滨市快速路网形成后的仿真结果。哈尔滨市整体交通系统状态的可视化图像如图 17-30 所示，包括机动车路段交通量分布、机动车路段交通负荷分布、机动车交叉口交通量分布以及路段 $PM_{2.5}$ 排放量分布。除交通量与污染物排放的图像显示以外，哈尔滨市虚拟交通系统仿真平台同样可以输出方案仿真结果数据表格和研究报告，如图 17-31 所示。

(a) 机动车路段交通量分布

(b) 机动车路段交通负荷分布

(c) 机动车交叉口交通量分布

(d) 路段 $PM_{2.5}$ 排放量分布

图 17-30 方案仿真结果图形显示 (彩插)

2. 方案评价分析

从运输的角度对实施快速路规划策略后的哈尔滨市交通状况进行评估，由表 17-6 可知，全网络机动车总 O-D 量为 19.0 万 pcu/h，全网总机动车运输能力为 520.8 万 pcu·km，全网络总机动车运输周转量为 264.6 万 pcu·km。表 17-7 展示 7 种不同类型的道路的运输周转量数值和占比，快速路的运输周转量最大，为

80.3 万 pcu·km，占比达到 30.34%，比排名第二的主干路运输周转量占比高出约 4%，因此快速路在交通运输系统中的地位十分重要，尽早地规划和建设快速路系统对缓解哈尔滨市的交通拥堵问题有较为重要的意义。

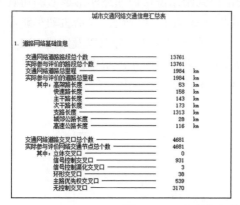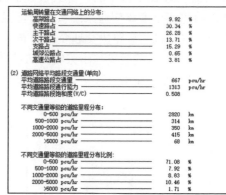

图 17-31　方案仿真结果数据表格与研究报告

表 17-6　哈尔滨市城市虚拟交通系统仿真平台机动车运输指标

指标	数值
全网络机动车总 O-D 量/(万 pcu/h)	19.0
全网络总机动车运输能力/(万 pcu·km)	520.8
全网络总机动车运输周转量/(万 pcu·km)	264.6

表 17-7　哈尔滨市城市虚拟交通系统仿真平台不同类型道路的运输周转量数值和占比

道路类型	运输周转量/(万 pcu·km)	运输周转量占比/%
高架路	26.2	9.92
快速路	80.3	30.34
主干路	69.5	26.28
次干路	36.3	13.71
支路	40.5	15.29
城郊公路	1.7	0.65
高速公路	10.1	3.81

　　机动车路段交通量差值分布方面，在哈尔滨市虚拟交通系统仿真平台中，对实施快速路规划策略后的方案进行仿真，得到机动车路段交通量差值分布如图 17-32 所示。部分道路的交通量差值较为明显，在 −50pcu/h 以下，多数路段的交通量差值在 −50～50pcu/h 之间，较少的道路的交通流量差值大于 50pcu/h。

　　网络运行效率方面，表 17-8 统计了实施快速路规划策略前后哈尔滨市路网的部分平均指标情况。总的来说，哈尔滨市快速路成网后，交通网络的行程速度提升、道路流量和交通负荷 (V/C) 下降，特别是对主路的影响更大。根据表 17-8 可知，在实施快速路规划策略后，哈尔滨市所有道路和除支路外道路的行程速度分别提升了 0.51km/h 和 1.93km/h，表明快速路成网后可提高路网交通行程速度，尤其是能较好地提高主路的交通行程速度。此外，两种场景下的道路流量分别降低了 14pcu/h 和 182pcu/h，表明快速路成网后可降低路网平均流量，尤其是能较好地降低主路的交通流量。另外，两种情景下的 V/C 分别下降了 0.04 和 0.07。

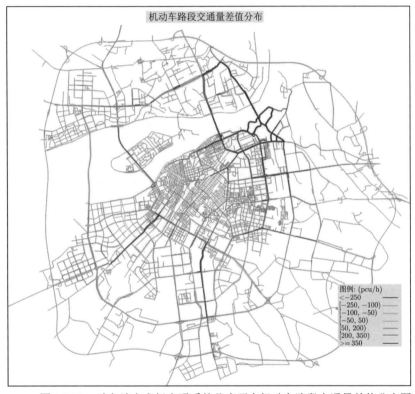

图 17-32　哈尔滨市虚拟交通系统仿真平台机动车路段交通量差值分布图 (彩插)

表 17-8　哈尔滨市城市虚拟交通系统仿真平台快速路规划完成后路网部分平均指标

场景	行程速度/(km/h)	道路流量/(pcu/h)	V/C
所有道路	13.78+0.51	699−14.00	0.56−0.04
除支路外道路	22.35+1.93	2043−182.00	0.77−0.07

环境影响与能源消耗评价方面，表 17-9 给出了实施快速路规划后，路网能源消耗总量、路网全部污染物排放总量、路网 CO、HC、NO_x 和 $PM_{2.5}$ 排放总量的变化。可以看出快速路规划策略在一定程度上降低了整个路网车辆的能源消耗

和污染物排放，对哈尔滨市主城区的环境保护具有积极意义。在哈尔滨市虚拟交通系统仿真平台中，实施面向交通规划的快速路规划策略后，哈尔滨市交通网络每小时燃油消耗量降低 1.81t，PM$_{2.5}$ 污染物排放量减少 0.01t。

表 17-9　快速路规划后整个交通网络的环境影响与能源消耗变化

指标	路网能源消耗总量/(t 燃油/h)	路网全部污染物排放总量/(t/h)	路网 CO 排放总量/(t/h)	路网 HC 排放总量/(t/h)	路网 NO$_x$ 排放总量/(t/h)	路网 PM$_{2.5}$ 排放总量/(t/h)
快速路规划后	−1.81	−0.12	−0.02	0	−0.02	−0.01

参 考 文 献

[1] 哈尔滨市统计局. 中国统计年鉴 2019[M]. 北京: 中国统计出版社, 2018-2019.

[2] 崔愿, 孙相军, 刘晨. 我国旅客出行发展趋势 [J]. 综合运输, 2018, 40(10): 1-6.

[3] 高德地图, 国家信息中心大数据发展部. 2019 年 Q3 中国主要城市交通分析报告 [EB/OL]. http://www.199it.com/archives/960501.html[2020-03-16].

[4] 新华社. 中共中央国务院关于进一步加强城市规划建设管理工作的若干意见 [EB/OL]. http://www.gov.cn/zhengce/2016-02/21/content_5044367.htm[2020-03-16].

[5] 国家技术监督局, 中华人民共和国建设部. 城市道路交通规划设计规范: GB 50220–95[S]. 北京: 中国计划出版社, 1995.

索　引

彩　　图

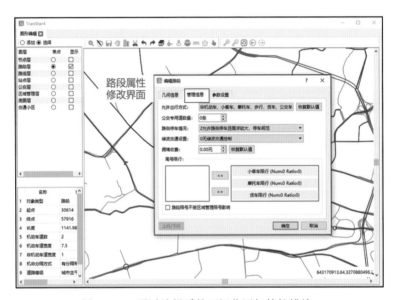

图 14-16　通过编辑系统可视化添加管控措施

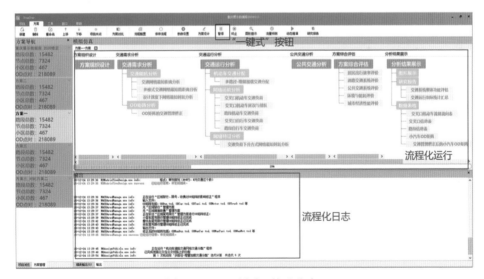

图 14-17　"一键式"快速仿真

(a) 机动车路段交通量分布

(b) 机动车路段交通负荷分布

(c) 机动车交叉口交通量分布

(d) 路段PM$_{2.5}$排放量分布

(e) 方案仿真结果评价研究报告

(f) 方案仿真结果数据表格

图 14-18　方案仿真结果数据表格、研究报告及图形显示 (部分示例)

(a) 机动车路段交通量分布

(b) 机动车路段交通负荷分布

(c) 机动车交叉口交通量分布

(d) 路段PM$_{10}$排放量分布

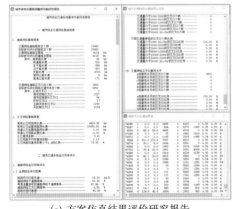

(e) 方案仿真结果评价研究报告

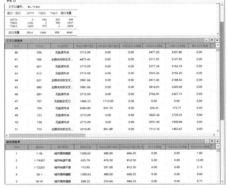

(f) 方案仿真结果数据表格

图 14-27　方案仿真结果数据表格、研究报告及图形显示

(a) 机动车路段交通量分布

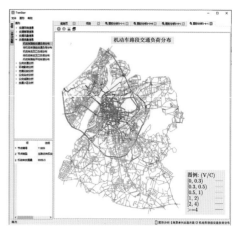

(b) 机动车路段交通负荷分布

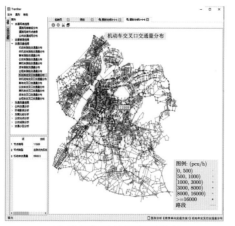

(c) 机动车交叉口交通量分布

(d) 路段PM$_{2.5}$排放量分布

(e) 方案仿真结果评价研究报告

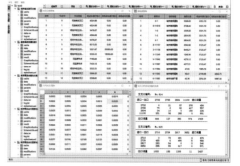

(f) 方案仿真结果数据表格

图 15-17　方案仿真结果数据表格、研究报告及图形显示

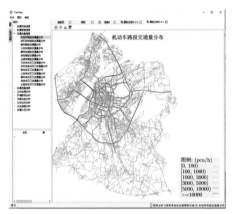

(a) 机动车路段交通量分布

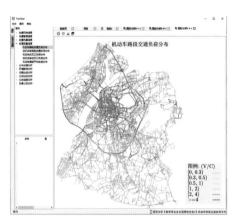

(b) 机动车路段交通负荷分布

(c) 机动车交叉口交通负荷分布

(d) 路段PM$_{2.5}$排放量分布

(e) 方案仿真结果评价研究报告

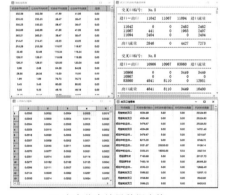

(f) 方案仿真结果数据表格

图 15-25　方案仿真结果数据表格、研究报告及图形显示

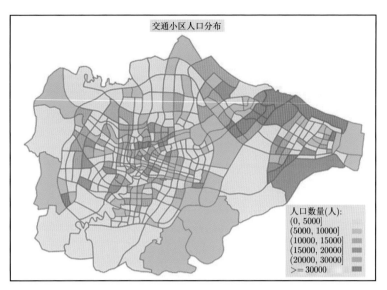

图 16-7　宁波市交通小区人口分布示意图

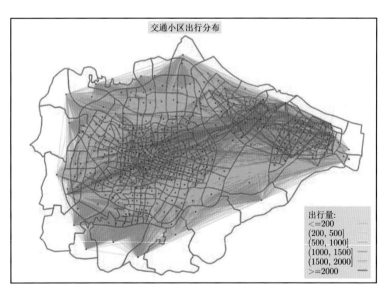

图 16-8　宁波市交通小区出行分布示意图

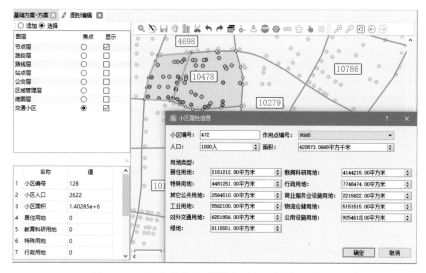

图 16-15 智能停车场所属交通小区构建示意图

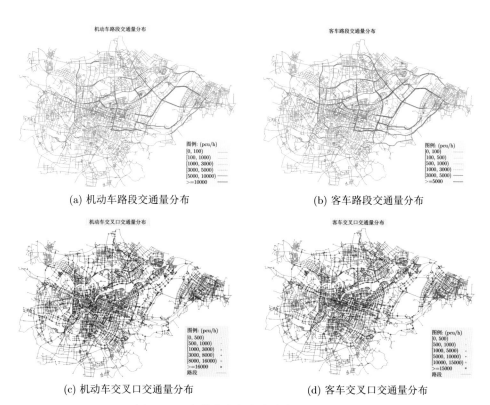

(a) 机动车路段交通量分布   (b) 客车路段交通量分布

(c) 机动车交叉口交通量分布   (d) 客车交叉口交通量分布

图 16-17 智能停车场方案仿真可视化结果

(a) 机动车路段交通量分布

(b) 机动车路段交通负荷分布

(c) 机动车交叉口交通量分布

(d) 路段PM$_{2.5}$排放量分布

图 17-30　方案仿真结果图形显示

图 17-32　哈尔滨市虚拟交通系统仿真平台机动车路段交通量差值分布图